现代教育技术教程
（第四版）

主　编　雷体南　李新平

参　编　李　钰　汪学均　宗　敏　姜　庆

　　　　郝　峰　高凤芬　雷成敏

华中科技大学出版社
http://press.hust.edu.cn
中国·武汉

内 容 提 要

本书由八章构成:第一章教育信息化与现代教育技术,对教育信息化和现代教育技术的相关概念以及现代教育技术的研究范畴、应用发展趋势进行了介绍;第二章教师信息技术应用能力要求与教师专业化发展,对教师专业化发展的相关概念以及信息时代教师信息技术应用能力要求、现代教育技术促进教师专业发展等内容进行了介绍;第三章信息化教学环境,对信息化教学环境的相关概念以及多媒体教室、多媒体网络教室、智慧教室、智慧校园、三通两平台等信息化教学环境的基本结构和教学功能进行了介绍;第四章信息化教学过程设计,对信息化教学设计的相关概念、过程以及信息化教学设计方案的编写方法进行了介绍;第五章信息化教学模式与学习方式,对信息化教学模式和信息化学习方式的相关概念、基于问题的探究式教学模式的内涵与结构、电子书包教学应用模式、翻转课堂教学模式、网络学习空间教学模式,以及几种常见的信息化学习方式进行了介绍;第六章信息化教学资源的设计,对信息化教学资源的相关概念以及多媒体课件的设计与开发过程进行了介绍;第七章信息化教学资源开发,对多媒体素材处理与集成的工具以及多媒体课件、教育电视、微课的设计与制作方法进行了介绍;第八章智慧教育理论与应用,对智慧教育的概念和内涵、人工智能及其教育应用、教育大数据及其应用进行了介绍。

本书既可作为高等院校师范生现代教育技术公共课的教材,也可作为教育硕士现代教育技术公共课以及各级各类学校在职教师现代教育技术培训的教材。

图书在版编目(CIP)数据

现代教育技术教程/雷体南,李新平主编. —4 版. —武汉:华中科技大学出版社,2023.1(2025.7 重印)
ISBN 978-7-5680-9140-4

Ⅰ.①现…　Ⅱ.①雷…　②李…　Ⅲ.①教育技术学-教材　Ⅳ.①G40-057

中国国家版本馆 CIP 数据核字(2023)第 004982 号

现代教育技术教程(第四版)　　　　　　　　　　　　　　　　雷体南　李新平　主编
Xiandai Jiaoyu Jishu Jiaocheng(Di-si Ban)

策划编辑:曾　光
责任编辑:史永霞
封面设计:孢　子
责任监印:朱　玢
出版发行:华中科技大学出版社(中国·武汉)　　　　电话:(027)81321913
　　　　　武汉市东湖新技术开发区华工科技园　　　　邮编:430223
录　　排:武汉创易图文工作室
印　　刷:武汉市籍缘印刷厂
开　　本:787mm×1092mm　1/16
印　　张:19.25
字　　数:518 千字
版　　次:2025 年 7 月第 4 版第 4 次印刷
定　　价:49.00 元

▶ 第四版前言

　　21世纪,人类社会已进入信息时代,在信息化社会的现代教育中,以多媒体和网络技术为核心的现代教育技术的迅速发展,不仅使传统的教育观念、教育方法和教学组织形式发生了巨大的变革,还对教师的专业能力发展和知识结构更新提出了新的要求。为了应对这一挑战,教育部于2004年12月25日颁布了《中小学教师教育技术能力标准(试行)》(以下简称《标准》),《标准》从"意识与态度""知识与技能""应用与创新"及"社会责任"四个方面对中小学教师教育技术能力的培养提出了具体要求。本书以《标准》为编写依据,于2009年出版了第一版,并于2012年修订出版了第二版。

　　2010年,《国家中长期教育改革和发展规划纲要(2010—2020年)》正式发布,明确指出"信息技术对教育发展具有革命性影响",并提出将教育信息化纳入国家信息化发展整体战略。2012年,教育部正式发布了《教育信息化十年发展规划(2011—2020年)》,该规划作为我国教育信息化发展的国家战略,概括提出了我国教育信息化十年内的8项任务和5个行动计划。此后,这8项任务和5个行动计划的重点工程又被概括为"三通两平台"建设。为适应教育信息化的发展要求,全面提升中小学教师信息技术应用能力,促进信息技术与教育教学的深度融合,教育部又于2014年5月27日颁布了《中小学教师信息技术应用能力标准(试行)》(以下简称《能力标准》)。《能力标准》对中小学教师的信息技术应用能力提出了基本要求和发展性要求,是规范和引领中小学教师在教育教学和专业发展中有效应用信息技术的准则,是各地开展教师信息技术应用能力培养、培训和测评等工作的依据。本书以《能力标准》为依据,根据"三通两平台"的建设要求,在第一版和第二版的基础上进行了修改和完善,于2016年修订出版了第三版。

　　本书的目的是帮助学习者了解现代教育技术的相关知识,熟悉信息化教学环境的应用功能和基本操作,掌握信息化教学设计、信息技术与课程整合的基本理论和方法,学习信息化教学资源设计与开发的一般过程,为学习者成为一名合格的教师做好准备。

　　党的十八大以来,我国教育信息化事业实现了前所未有的快速发展,取得了全方位、历史性成就,时代发展要求我国教育信息化进入新阶段。我国教育信息化从1.0时代开始进入2.0时代。为深入贯彻落实党的十九大精神,加快教育现代化和教育强国建设,推进新时代教育信息化发展,培育创新驱动发展新引擎,2018年4月教育部印发《教育信息化2.0行动计划》,推动教育信息化转段升级。根据《教育信息化2.0行动计划》和《教师教育振兴行动计划(2018—2022年)》总体部署,为了服务国家"互联网+"、大数据、人工智能等重大战略,推动教师主动适应信息化、人工智能等新技术变革,积极有效开展教育教学,2019年3月,教育部制定发布《关于实施全国中小学教师信息技术应用能力提升工程2.0的意见》,着力推动全国中小学教师((含幼儿园、普通中小学、中等职业学校)提升信息技术应用能力。为了反映以上新发展、新要求,本书启动对第三版的修订。

本书在内容和编排体例上有如下特点。

1. 以《能力标准》和《关于实施全国中小学教师信息技术应用能力提升工程 2.0 的意见》为指导。本书在编写过程中,以《中小学教师信息技术应用能力标准(试行)》为指导,结合高等院校师范生的学习特点和当前中小学教师信息技术应用的实际情况,采用"基本知识为主、教学实践为辅、侧重能力培养"的原则组织结构内容,立足于"易学、易懂、易用"的编写策略。

2. 以信息化教学需要为依据。本书在编写过程中,结合中小学校信息技术应用的实际情况,注重信息化教学新思想、新方法、新环境和新模式在教学中的应用。

3. 以知行并举为原则。本书在编写过程中,坚持知识学习与能力训练并重的基本原则。本书系统地介绍了学科知识,提供了大量的学习案例,并根据学习内容设计了相应的实践活动,使学习者在学习掌握基本知识的同时,应用信息技术进行教育教学实践的能力也能得到同步发展。

本书由雷体南、李新平主持编写并负责全书的统稿。各章编写人员为:第一章由李新平撰写,第二章由汪学均撰写,第三章由郝峰撰写,第四章由姜庆撰写,第五章由宗敏撰写,第六章由雷体南、雷成敏撰写,第七章由李新平、高凤芬撰写,第八章由李钰撰写。

本书在编写过程中参考和引用了国内外大量的研究资料和相关文献,吸收了许多国内外专家学者的真知灼见。在此,我们向这些研究成果的作者表示诚挚的谢意。本书的出版得到了华中科技大学出版社的大力支持,在此一并表示衷心的感谢。

由于信息技术和现代教育技术还在不断发展,与之相关的教育应用研究也在不断深入,以及本书编者的水平有限,书中难免会有一些疏漏及不妥之处,望各位专家及读者提出宝贵意见。

编　者

2022 年 11 月

目 录

第一章　教育信息化与现代教育技术

◎ **▌核心概念▌** ......

信息技术
教育信息化/信息化教育
教育技术/现代教育技术

➤ **▌学习目标▌** ......

(1) 掌握信息技术、教育信息化、信息化教育、教育技术和现代教育技术的基本概念。

(2) 明确信息技术对教育的影响,深刻认识现代教育技术在教育教学改革中的重要作用。

(3) 理解教育信息化和信息化教育的区别与联系及信息化教育的最终目的。

(4) 了解现代教育技术的发展趋势,并时刻关注现代教育技术的发展方向和最新研究热点。

🔍 **▌知识概览▌** ......

```
                                          ┌─ 信息技术及其对教育的影响
                      ┌─ 信息技术与教育信息化 ─┤
                      │                    └─ 教育信息化与信息化教育
                      │
                      │                    ┌─ 什么是教育技术
                      │                    │
教育信息化与现代教育技术 ─┼─ 现代教育技术的概念 ─┤─ 什么是现代教育技术
                      │                    │
                      │                    └─ 现代教育技术在教育
                      │                       教学改革中的重要作
                      │                       用
                      │
                      │                    ┌─ 教育大数据的教育应用
                      │                    ├─ 人工智能技术的教育应用
                      │                    ├─ 虚拟现实技术的教育应用
                      └─ 现代教育技术的应用和发展趋势 ┼─ 云计算的教育应用
                                           ├─ 物联网的教育应用
                                           ├─ 移动互联网的教育应用
                                           └─ 智慧教育的发展
```

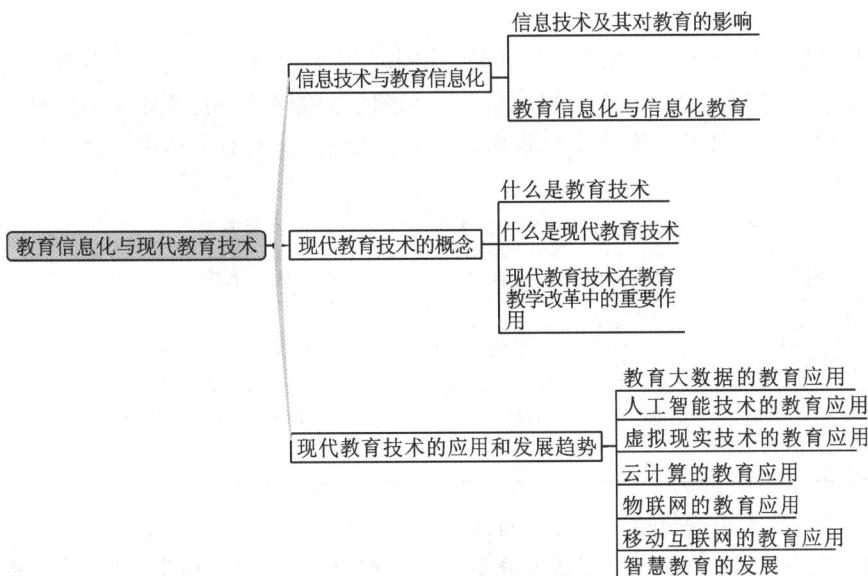

第一节　信息技术与教育信息化

　　面对世界范围内扑面而来的信息化浪潮,传统的教育系统正面临着严峻的挑战。现代信息技术进入教学,引起了教育系统的一系列巨大变化。这些变化深刻地改变着教育的生态与

1

面貌。以现代信息技术为支撑的现代教育技术在为信息时代的教育变革插上了腾飞翅膀的同时，也迫切需要教师重新审视和摆正自身的角色。

一、信息技术及其对教育的影响

（一）什么是信息技术

信息技术有很多种不同的定义，如联合国教科文组织（UNESCO）对信息技术的定义：应用在信息加工和处理中的科学、技术与工程的训练方法和管理技巧；上述方法和技巧的应用；计算机及人、机的相互作用；与之相应的社会、经济和文化等诸种事物。我们认为，信息技术是指人类对数据、语言、文字、声音、图画和影像等各种信息进行采集、处理、存储、传输和检索的经验、知识及其手段、工具的总和，即信息技术就是改造信息的技术。

在深入理解信息技术的含义之前，我们必须先弄清楚什么是信息及信息的加工处理究竟包括哪些方面。

信息的本质是什么，至今尚无一个统一的答案。我们认为，信息普遍存在于自然界、人类社会和思维活动之中，包括消息、信号（符号）、数据、资料、情报、新闻和知识等。信息是人们赖以生存和发展的重要资源，它既不是物质，也不是能量，而是当代社会的三大资源（信息与物质资源、能量资源并称为当代社会的三大资源）之一。

信息不经过加工处理是不能为人们所用的，也就是说，不经过加工处理的信息不可能发挥其真正的价值。信息处理主要是指信息的获取、加工处理（组织存储、加工、检索、表达、使用）、传递等一系列过程。因此在某种程度上说，信息技术可被看作是对信息进行加工处理的技术总和。

以前，人们曾把信息技术简单地理解为计算机技术。其实，计算机只是一种处理信息的工具，不能代表信息技术的全部。我们可以将信息技术理解为能够扩展、延伸人类信息器官功能、协助人们进行信息处理的一类技术的总称。表1-1从信息技术对人体信息器官的影响上对其基本内容做了界定。

表 1-1　人体信息器官与扩展人体信息器官的技术对照表

人体信息器官名称	人体信息器官功能	用来扩展人体信息器官功能的技术
感觉器官	获取信息	感测技术
传导神经网络	传递信息	通信技术
思维器官	加工和再生信息	计算机技术（智能技术）
效应器官	使用和反馈信息	控制技术

具体来讲，信息技术主要包括以下几方面技术。

（1）感测与识别技术——感觉器官功能的延长。它包括信息识别、信息提取、信息检测等技术。这类技术的总称是"传感技术"。它几乎可以扩展人类所有感觉器官的传感功能。传感技术、测量技术与通信技术相结合而产生的遥感和遥测技术，使人感知外部世界信息的能力得到进一步的加强。

（2）信息传递技术——传导神经网络功能的延长。它的作业是实现信息快速、可靠、安全的转移。各种通信技术都属于这个范畴。广播技术也是一种传递信息的技术。由于存储、记录可以看成是从"现在"向"未来"或从"过去"向"现在"传递信息的一种活动,消除和克服人们在时间和空间上的限制,因而也可将它看作是信息传递技术的一种。

（3）计算机和智能技术——思维器官功能的延长。信息处理包括对信息的编码、压缩和加密等。在对信息进行处理的基础上,还可形成一些新的更深层次的决策信息,这称为信息的"再生"。信息的处理与再生都有赖于现代电子计算机的超凡功能。

（4）控制技术——效应器官功能的延长。它是信息过程的最后环节,它的作用是根据输入指令对外部事物的运动状态进行干预,即信息施效,包括控制技术、显示技术等。

（二）信息技术对教育的影响

信息技术的发展给现代教育带来了发展的动力,为现代教育提供了丰富的信息资源与工具,信息技术的应用已成为现代教育技术的特征之一。因此,认识知识、信息及信息技术在现代教育中的重要性,对教育发展及其前景都有着不可低估的作用。

1. 信息技术对教育内容的影响

信息技术促进教育改革与学习革命,首先就是教育内容的改革与革命。现代技术,尤其是互联网的飞速普及,极大地扩展了学生的知识来源。信息时代的学生,不仅仅从包括家庭、社会、学校在内的本土文化环境及书本中获取知识,而且可通过卫星电视、国际互联网,从跨文化、跨时空的电子信息资源中汲取知识。知识资源的拓展,给学生发展提供了更广阔的天地,也向学校教育提出了新的课题——如何使学生在广阔的电子空间中得到充分的发展,成为信息时代所需要的人才。

第一,信息时代需要有知识的人才。人类知识财富需要代代相传,传授前人积累的知识仍然是学校教育的主要内容之一。信息社会的知识时效性比以往任何时候都强,知识更新的周期比以往任何时候都短。因此,知识的拥有不仅是对前人积累的知识的继承,更重要的是对知识的更新。

第二,信息社会不仅需要会学习的人才,同时还需要具有协作能力的人才。有些人认为,整天与计算机打交道会令人失去情感,失去人际协作能力,由此推断出信息社会中只需要与机器打交道,不需要感情,不需要人际协作的结论。其实不然。计算机网络技术的发展,虽然减少了人际交流的机会,但是并不意味着降低了人际沟通和协作的重要性。如果说工业化中采用机器的结果是以流水线的集体劳作方式代替了个体劳动方式,从而显示人际协作的重要性,那么,信息社会中的远距离交流模式是以网络化的更为精密的系统协调代替了流水线式的协调。团体意识、分工合作观念、相互理解、相互尊重和相互协调等都是信息社会中的人们必须具备的能力与品质。很多企业都更看重具有合作精神的员工,愿意给他们更多的发展机会。

第三,信息社会需要身心健康的人才。无论在什么社会,人都必须学会生存。生存的最基本条件就是能够适应环境,因此,最基本的生存能力就是适应环境的能力。信息技术加快了整个社会的活动节奏,只有身心健康的人才能在信息社会中生存与发展。近年来美国、日本等发达国家出现的青少年吸毒率、自杀率、犯罪率上升的现象已经为我们敲响了警钟。可见,技术的高度发达可以提高物质文明水平,而与之相适应的精神文明建设则非技术所能及。教育是塑造人类灵魂的工程,是精神文明建设的主要途径。为社会培养身心健康的人才是教育的时代使命。

2. 信息技术对教学方法的影响

建构主义理论提出,知识并不是简单地由教师传递给学生,而是学习过程中学习者在大脑中主动地进行建构而形成的。信息时代的学习环境极大地丰富了学生的知识来源,超文本计算机教学软件和互联网信息系统给学生带来了更多的学习机会。信息技术和与其相伴随的学习环境必然带来教学方法上的革命。在信息时代教与学的方法将产生根本的变革。

第一,教师把"讲"变为"导"。曾经有人怀疑信息时代精心设计的多媒体计算机教学软件将会代替教师的角色,其实不然,信息时代教师仍然是一个非常重要的教育角色。但是,教的方法已经有本质上的变革,"教"师应该变为"导"师。工业革命以前,一个人可以通晓百科,一位老师可以包揽从天文地理到人文科技的所有课程,但随着人类知识的积累、丰富,出现了分科教学的学校教育。一个人可以成为物理学家或化学家,而通晓百科的通才已经不可能存在了。信息时代,信息与知识的爆炸性膨胀,使任何一个人都无法避免要不断更新知识,以求跟上时代的步伐。所以,站在讲台上的教师,即使是对着一位十来岁的小学生,也不一定各方面都比学生懂得多。因此,传统课堂教学中,教师的讲课应该变为向导式的引导教学。在介绍了基本的知识以后,教师的主要任务是引导学生进行积极主动的学习与探索活动。只有这样,才能充分发挥学生的潜在能力及丰富的信息资源的作用,达到教学效果的质与量的高水平。

第二,学生把"听"变为"学"。在信息时代的教学过程中,学生应该承担更多的责任,具有更强的自主性,因而具有更大的创造性。信息时代,教科书与教师不是仅有的知识来源,学生除了从课堂上学习知识外,更重要的是运用学习的技能,从丰富的学习资源中探索与汲取知识。这种建立在学生兴趣与自觉性上的学习,将会使学生所获得的知识更加深刻。总而言之,信息技术给教育带来了前所未有的改变和挑战,这对于每一个教育工作者来说,新世纪的教育改革任重道远。

3. 信息技术对教师的影响

《基础教育课程改革纲要(试行)》指出:"大力推进信息技术在教学过程中的普遍应用,促进信息技术与学科课程的整合,逐步实现教学内容的呈现方式、学生的学习方式、教师的教学方式和师生互动方式的变革,充分发挥信息技术的优势,为学生的学习和发展提供丰富多彩的教育环境和有力的学习工具。"这也就对每一位教师实施新课程提出了新的要求,创新地运用信息技术也就成为教师实施新课程建设的重要素养之一。

第一,信息技术扩展了教师的概念。随着计算机软件技术的发展,计算机的智能特征使它成为新一代的电子教师。这就使教师分为两类:一类是在教育中从事教学活动的传统教师;另一类是基于计算机软件的电子教师。尽管目前电子教师还主要是担负着辅助教学的职能,但已经成为对传统教师的有力补充。

第二,信息技术促使教师的基本功和技能技巧的现代化。信息技术使教师这个角色的职能更新更趋向于多元化,对教师教学基本功的要求就更高。除了具有原来的基本功外,还要具有信息技术的基本功,如编写信息化教学教案,设计信息化教学过程,收集、处理各种信息,对信息资源进行及时调控、反馈等。

第三,信息技术改变教师的教学方式。教师的"讲"变为"导","教"师变为"导"师,学生的"听"变成了"学"。

第四,信息技术使教师的角色重新定位。在传统教学中,教师的主要职能是传道、授业、解惑。信息技术使教师的角色发生了重大变化,从"以教师为中心"转变为"以学生为中心",教师变为学习的主导者、启发者、帮助者和促进者,其作用力来自信息技术。从教学规律看,信息技术都采用超文本形式,克服了传统教学知识结构的缺陷,符合现代教育认知规律;从教学模式看,信息技术既可以进行个别化自主学习,又能形成相互协作学习;从教学内容看,信息技术集声、文、图、像于一体,使知识容量大,内容充实、形象,更具吸引力,为学习者创造了一个更大的时空范围;从教学手段看,信息技术强调以计算机为中心的作用,从根本上改变了传统教学中教师、学生、教材的格局,使学校的功能和结构、教与学的功能和结构发生了相应的变化。信息技术使教师的教学观念、思想行为发生巨大变化。信息技术的应用,使教师成为教学活动的设计者、操作者和组织者,教学软件的编制者,从而出现了诸如指导型教师、伙伴型教师、科研型教师、学习型教师等各种类型的教师。

4．信息技术对学生学习的影响

信息时代的降临使人类的生存方式和学习方式经历着一场历史性的巨大变革,知识和信息总量正以指数级的速度增长,由此带来的是学生学习方式的巨大转变。

第一,信息技术对学生的学习能力提出更高的要求。在信息技术主导的时代里,没有任何一种知识或技能可以成为一个人终身的学识,终身学习已成为每个人所必需的。个人要跟上不断变化的新形势,就必须具备学习能力。也就是说,个体的学习能力已成为一项最基本的生存能力,只有不断地学习才能适应未来社会的不断变化。

第二,信息技术使传统认知工具发生变化。信息技术与学科课程的整合,使得传统的认知工具得到了充实,学生可以利用信息技术作为认知工具进行更有效的学习。认知工具包括以下几个方面(李克东,2001)。一是作为课程学习内容和学习资源的获取工具。获取和占有信息是处理和应用信息的前提,将信息技术作为信息获取工具,是学生发现和获取信息的一种良好途径。二是作为情境探究和发现学习的工具。信息技术与学科课程整合可以根据一定的课程学习内容,利用多媒体和网络开发工具将课程内容以多媒体、超文本、友好交互等方式转化为数字化学习资源,根据教学需要,创设一定的情境,让学生在这些情境中探究和发现。三是作为协作学习和交流的通信工具。在传统的课堂教学中,由于人数、教学内容和课时等因素的限制,协作学习通常无法顺利开展,而信息技术为有效实现协作学习提供了良好的技术基础和支持环境。四是作为自我评测和信息反馈的工具。信息技术可以为学生提供十分高效和准确的学习评测系统,学生可以不断地了解自己的学习情况,发现各种问题,为不断进步打下基础。

第三,信息技术使学生的学习角色发生转变。在网络信息时代,受教育者个体的发展水平,将越来越取决于个体不断利用信息技术进行自我学习和自我教育的能力。信息时代要求培养信息型的人才,而信息型人才带来的则是学生传统角色的转变。传统的"填鸭式"教学使学生学习相对比较被动,而信息时代则要求学生主动地采取多种学习方式进行学习,使传统单一的学习方式多样化,学生变为学习的主体,主动参与到学习活动中,由单纯的被动接受者转变为主动的学习者甚至创造者,通过小组协作学习等方式进行探究学习。

二、教育信息化与信息化教育

(一) 什么是教育信息化

信息化(informationalization)这个概念是同信息产业(information industry)、信息社会(information society)等概念相伴而生的,最早起源于日本。信息化并不是国际上普遍接受的概念,而仅仅在日本、中国和俄罗斯有所使用,其中在中国使用最普遍。"信息化"概念于1967年由日本科学技术和经济研究团体提出,其基本看法是,今后人类社会将是一个以信息产业为主体的信息化社会。信息化被用来描述社会进化过程:在工业社会,有形的物质生产占主导地位,而信息社会的主要特征是无形的信息生产创造价值,并占据主导地位。"信息化"一词就是用来描述上述社会进化过程的。可见,信息化概念从一开始就是从社会经济结构演进的角度提出来的,是与信息革命等紧密相连的概念。

在中文中,"化"是用来表达某种应用及其过程、状态或结果的特定用词。所谓信息化,可以理解为信息的应用或应用的过程、状态或结果。信息化不仅仅表现为信息技术的发展和信息基础设施的建设。从本质上讲,信息化是现代社会生产方式和生活方式由传统模式向以信息为基础的生存模式的转变,这一转变为各社会主体共同分享信息资源、提高劳动生产率和生活质量提供了一个前所未有的生存空间。所以,信息化的精髓在于信息与社会传统的融合与聚变,改变社会生产、社会生活及人自身的思想观念等。

教育信息化是关系到整个教育改革和教育现代化的系统工程,发展教育信息化是使我国现有的教育系统适应信息时代对新一代公民教育的基本要求。教育信息化无论从概念上还是从内涵上来说,都与信息通信技术(ICT)保持着紧密的关系。1993年,在NII报告中就专门列出了教育信息化的目标:"通过信息网络来实现按需教育、远程课堂,并提供最好的教师和教材,以及虚拟的实验环境……以虚拟图书馆、虚拟博物馆、电子报刊、网上游戏、视频点播、交互式电视等手段支撑起学习化社区和方便的生活。"

从一些学术论文的研究来看,教育信息化的概念主要有以下几种。

(1) 教育信息化是指在教育与教学领域的各个方面,在先进的教育思想指导下,积极应用信息技术,深入开发、广泛利用信息资源,培养适应信息社会要求的创新人才,加速实现教育现代化的系统工程。

(2) 教育信息化是指在教育领域全面深入地运用现代化信息技术来促进教育改革和教育发展的过程,其结果必然是形成一种全新的教育形态——信息化教育。

(3) 教育信息化是指在教育中普遍运用现代信息技术,开发教育资源,优化教育过程,以培养和提高学生的信息素养,促进教育现代化的过程。

(4) 教育信息化即在教育过程中比较全面地运用以计算机、多媒体、网络等为基础的现代信息技术,促进教育的全面改革,使之进一步适应信息化社会对教育发展提出的各种要求。

上述定义均从不同角度涉及了教育信息化概念的主要内容,如:强调了教育信息化是一个动态的不断发展的过程,界定了教育信息化的领域及范围,突出了教育信息化的原始动力和直接目的——现代信息技术的教育应用,体现了信息资源在教育信息化过程中的核心地位等。

通过对国内已有教育信息化定义的整合,并参照国家信息化定义,我们认为:教育信息化是指在国家及教育部门的统一规划和组织下,在教育系统的各个领域全面深入地应用现代信息技术,促进教育改革和加速实现教育现代化的过程。

从技术上看,教育信息化的基本特点是数字化、网络化、智能化和多媒化。

数字化:从广义上讲,信息技术古已有之,但我们现在所说的信息技术,主要是指以计算机为基础的数字化技术。数字化使得教育技术系统的设备简单、性能可靠和标准统一。

网络化:当今的数字化信息网络做到了"天网"(如数字卫星通信系统、移动数字通信系统)和"地网"(目前以因特网为主)合一。网络化的优点是资源共享、时空不限、多向互动和便于合作。

智能化：人工智能将成为信息化教学系统的核心技术，智能化将使得系统能够做到教学行为人性化、人机通信自然化、繁杂任务代理化。

多媒化：以计算机为基础的多媒体技术使得信息媒体设备一体化、信息表征多元化、真实现象虚拟化。

（二）什么是信息化教育

信息技术以教育信息化的形式促进教育的结果是达到一种新的教育形态——信息化教育。所谓信息化教育，就是在现代教育思想、教育理论的指导下，主要运用现代信息技术来实现开发教育资源，优化教育过程，以培养和提高学生信息素养为重要目标的一种新的教育方式。也就是说，信息化教育是以现代教育理论为指导、以新型教学模式为核心、以现代信息技术为支撑、以丰富的教育资源为基础的教育方式。

教育信息化与信息化教育既有区别又有联系。可以把教育信息化看作一个追求信息化教育的过程。教育信息化比较注重教学环境的建设，为教学提供信息化的物质保证，而信息化教育则比较侧重于对教育教学的研究和支持，重点关注如何将信息技术有效地运用于教育教学之中。

从教育层面看，信息化教育具有以下显著特征。

（1）教材多媒化：教材多媒化就是利用多媒体特别是超媒体技术，建立教学内容的结构化、动态化、形象化表示。随着网络线路带宽的不断提升，现在大多数网上课件都实现了多媒化，它们不但包含文字和图形，还能呈现声音、动画、录像及模拟的三维景象。

（2）资源全球化：利用网络，特别是互联网，可以使全世界的教育资源连成一个信息海洋，供广大教育用户共享。网上的教育资源有许多类型，包括教育网站、电子书刊、虚拟图书馆、虚拟软件库和新闻组等。

（3）教学个性化：利用人工智能技术构建的智能导师系统能够根据学生的不同个性特点和需求进行教学并提供帮助。为了做到这一点，学生个性的测定，特别是认知方式的检测，将成为教育研究的重要课题。

（4）学习自主化：由于以学生为主体的教育思想日益得到认同，故利用信息技术支持自主学习成为必然发展趋向。事实上，超文本/超媒体之类的电子教材已经为自主学习提供了极其便利的条件。

（5）活动合作化：通过合作方式进行学习活动也是当前国际教育的发展方向。信息技术在支持合作学习方面可以起重要作用，其形式包括通过计算机合作（网上合作学习）、在计算机面前合作（如小组作业）和与计算机合作（计算机扮演学生同伴角色）。

（6）管理自动化：利用计算机管理教学过程的系统叫作计算机管理教学（CMI）系统，它包括计算机测试与评分、学习问题诊断、学习任务分配等功能。最近的发展趋向是在网络上建立电子学档，其中包含学生身份信息、活动记录、评价信息、电子作品等。利用电子学档可以支持教学评价的改革，实现面向学习过程的评价。

（7）环境虚拟化：教育环境虚拟化意味着教学活动可以在很大程度上脱离物理空间和时间的限制，这是电子网络化教育的重要特征。目前已经涌现出一系列虚拟化的教育环境，由此带来的必然是虚拟教育。虚拟教育可分为校内模式和校外模式，校内模式是利用局域网开展网上教育，校外模式是指利用广域网进行远程教育。在许多建设了校园网的学校，如果能够充分开发网络的虚拟教育功能，就可以做到虚拟教育与实在教育结合、校内教育与校外教育贯通,这也是未来信息化学校的发展方向。

（8）系统开放化:在网络平台上可以建设一个开放性的教育系统,支持按需学习、弹性学习和终身学习。

（三）信息化教育的目的

信息化教育以素质教育为最高目标,因而信息化教育的目的是培养面向 21 世纪,能够参与国际化竞争的人才和具有创新精神及实践能力的劳动者,提高全民族的综合素质,加速弥合与发达国家之间的"数字鸿沟"。

1. 培养学习者的信息素养

信息化教育的首要目标是提高学习者的信息素养。信息素养是指人所具有的对信息进行识别、加工、利用、创新、管理的知识、能力与情意等各方面基本品质的总和。信息素养的内容主要包括信息意识、信息知识、信息能力、信息道德等几个方面。信息化教育应该培养学习者利用信息系统主动获取信息的能力、对信息进行分析和评价的能力、对信息进行处理和运用的能力,以及养成良好的信息伦理道德观念。

2. 培养学习者的创新精神与实践能力

信息化教育是以培养人的创新精神和创新能力为基本价值取向的教育。它不同于传统教育的最显著特征是关注人的发展。创新性与主体性密不可分,创新精神是主体性体现的最高层次。没有积极主动的学习,也就谈不上创新精神的培养。因此,信息化教育能充分发挥学生的主体作用,通过学生主动的思考、探索、发现、创造,使他们成为学习的主人。

信息化教育以现代教育技术为支撑,强调信息技术与学科课程教学的有机融合,不是把信息技术仅仅作为辅助教或辅助学的工具,而是强调要把信息技术作为促进学生自主学习的认知工具和情感激励工具,利用信息技术所提供的自主探索、多重交互、合作学习、资源共享等学习环境,把学生的主动性、积极性充分调动起来,使学生的创新思维与实践能力在整合过程中得到有效的锻炼。

信息化教育就是利用现代信息技术手段,通过信息技术与学科课程教学的有效整合来实现一种理想的学习环境和全新的、能充分体现学生主体作用的学习方式,从而彻底改革传统的教学结构和教育本质,达到培养大批创新人才的目的。

3. 培养学习者的自主学习能力与协作学习能力

联合国教科文组织提出,教育必须培养学习者,使其学会学习与学会合作,以帮助其具备面对未来社会挑战的能力。因而,自主学习能力与协作学习能力的培养也是信息化教育的重要目标之一。

信息化教育让学生真正成为学习的主体,让学生积极能动地参与教学活动,积极主动地进行学习认识和学习实践活动。让学生真正成为教学主体,不仅是指教学的目标是增进学生的主体性,更是指教学过程是随着学习内部矛盾的发展而展开的学生自我教育、自我活动和自我拓潜的过程,是提高学生的主体性、培养学生的自学能力和交往能力、充分拓展学生潜能的过程。

在信息化教育中,现代信息技术的应用改变了学生认识事物的过程,改变了传统的教学模式,能产生由学生控制的非线性的发现式学习环境,更利于学生的自主探索学习,培养学生的自主学习能力。

作为信息化教育的目标之一,协作学习有利于促进学生高级认知能力的发展,有助于学生协作意识、技巧、能力、责任心等方面的素质的培养,因而受到广大教育工作者的普遍关注。但是,在传统的课堂教学中,由于人数、教学内容等种种因素的限制,协作学习能力的培养常常使得教师有心无力。在信息化教育中,现代信息技术尤其是多媒体技术和网络通信技术的应用,为实现协作式学习、培养学习者的合作精神与协作能力提供了良好的技术基础和支持环境,大大地扩大了协作的范围,有效地推动了学习者协作学习能力的培养。

4. 培养学习者的终身学习能力

1965 年,联合国教科文组织在《论终身教育的报告》中首次提出终身教育的概念。国际教育委员会的坎德加富尔说:"唯有全面的终身教育才能培养完善的人,我们再也不能刻苦地一劳永逸地获取知识了,而需要终身学习如何去建立一个不断演进的知识体系。"如果没有终身学习的意识和能力,就难以在 21 世纪生存。建立终身学习体系已经成为 21 世纪世界教育改革和发展的共同趋势。信息化教育的另一个重要目标就是培养学习者的终身学习能力。

在信息化教育中,以网络技术、多媒体技术及计算机技术为代表的信息技术为终身学习理想的实现提供了一个全新的教育平台,终身教育正在由理念变为现实。信息技术的飞速发展为终身学习提供了新的契机和活力,学习型社会和社会化学习的局面正在形成。信息化教育秉承终身学习的理念,不仅要求教师在课程教学中注重学生终身学习能力的培养,教会他们学习的方法和技能,而且要营造一个宽松、和谐、民主的文化氛围以利于终身学习的进行。同时,教师自身也本着终身学习、教学相长的理念不断充实和寻求自我的可持续发展,给学生身正为范的人格示范,以及学而不厌、诲人不倦的人师精神。在教学过程中,教师要提高信息化教学能力,学生要提高信息化学习能力。

(四)我国教育信息化的发展

教育信息化是衡量一个国家和地区教育发展水平的重要标志,实现教育现代化、创新教学模式、提高教育质量,迫切需要大力推进教育信息化。2010 年 7 月,国务院发布的《国家中长期教育改革和发展规划纲要(2010—2020 年)》中指出:要加快教育信息基础设施建设,到 2020 年,基本建成覆盖城乡各级各类学校的教育信息化体系,促进教育内容、教学手段和方法现代化;同时,要加强优质教育资源的开发与应用,强化信息技术应用;强调提高教师应用信息技术水平,更新教学观念,改进教学方法,提高教学效果;鼓励学生利用信息手段主动学习、自主学习,增强运用信息技术分析、解决问题的能力。2012 年 3 月,教育部印发《教育信息化十年发展规划(2011—2020 年)》,提出了教育信息化的发展目标、发展任务、行动计划和保障措施,进一步为教育信息化的发展指明了方向和前进的道路。

要大力推进"三通两平台"建设,即宽带网络校校通、优质资源班班通、网络学习空间人人通,建设教育管理公共服务平台、教育资源公共服务平台。力争实现四个新突破,即教育信息化基础设施建设新突破、优质数字教育资源共建共享新突破、信息技术与教育教学深度融合新突破、教育信息化科学发展机制新突破。

2018 年 4 月教育部印发《教育信息化 2.0 行动计划》,引领推动教育信息化转段升级。新时代赋予了教育信息化新的使命,我国教育信息化已从 1.0 时代进入 2.0 时代。教育信息化 2.0 行动计划指出,没有信息化就没有现代化,教育信息化是教育现代化的基本内涵和显著特征,是"教育现代化 2035"的重点内容和重要标志。教育信息化具有突破时空限制、快速复制传播、呈现手段丰富的独特优势,必将成为促进教育公平、提高教育质量的有效手段,必将成为构建泛在学习环境、实现全民终身学习的有力支撑,必将带来教育科学决策和综合治理能力的大幅提高。以教育信息化支撑引领教育现代化,是新时代我国教育改革发展的战略选择,对于构建教育强国和人力资源强国具有重要意义。通过实施教育信息化 2.0 行动计划,到 2022 年基本实现"三全两高一大"的发展目标,即教学应用覆盖全体教师、学习应用覆盖全体适龄学生、数字校园建设覆盖全体学校,信息化应用水平和师生信息素养普遍提高,建成"互联网＋教育"大平台,推动从教育专用资源向教育大资源转变、从提升师生信息技术应用能力向全面提升其信息素养转变、从融合应用向创新发展转变,努力构建"互联网＋"条件下的人才培养新模式、发展基于互联网的教育服务新模式、探索信息时代教育治理新模式。

教育信息化 1.0 和教育信息化 2.0 的各维度特征比较如表 1-2 所示。

表 1-2　教育信息化 1.0 和教育信息化 2.0 的各维度特征比较

维　　度	教育信息化 1.0	教育信息化 2.0
时间跨度	党的十九大以前	党的十九大以后一段时期
技术触点	计算机和半导体技术	大数据和智能信息技术
核心理念	应用基础上的融合发展	融合基础上的创新发展
建设重心	关注物的建设	关注人的发展
目标任务	教育教学的数字化和网络化	教育教学的智能化,重构教育生态
发展动力	资金投入与技术应用	技术创新与机制创新
发展愿景	走出具有中国特色的教育信息化发展路子	形成具有国际先进水平的教育信息化中国智慧和中国方案
教育改革	全面推动,外生变量	支撑促进,内生变量

教育信息化 2.0 行动计划的主要任务:

(1) 继续深入推进"三通两平台",实现三个方面普及应用。"宽带网络校校通"实现提速增智,所有学校全部接入互联网,带宽满足信息化教学需求,无线校园和智能设备应用逐步普及。"优质资源班班通"和"网络学习空间人人通"实现提质增效,在"课堂用、经常用、普遍用"的基础上,形成"校校用平台、班班用资源、人人用空间"。教育资源公共服务平台和教育管理公共服务平台实现融合发展。实现信息化教与学应用覆盖全体教师和全体适龄学生,数字校园建设覆盖各级各类学校。

(2) 持续推动信息技术与教育深度融合,促进两个方面水平提高。促进教育信息化从融合应用向创新发展的高阶演进,信息技术和智能技术深度融入教育全过程,推动改进教学、优化管理、提升绩效。全面提升师生信息素养,推动从技术应用向能力素质拓展,使之具备良好的信息思维,适应信息社会发展的要求,应用信息技术解决教学、学习、生活中问题的能力成为必备的基本素质。加强教育信息化从研究到应用的系统部署、纵深推进,形成研究一代、示范一代、应用一代、普及一代的创新引领、压茬推进的可持续发展态势。

(3) 构建一体化的"互联网＋教育"大平台。引入"平台＋教育"服务模式,整合各级各类教育资源公共服务平台和支持系统,逐步实现资源平台、管理平台的互通、衔接与开放,建成国家数字教育资源公共服务体系。充分发挥市场在资源配置中的作用,融合众筹众创,实现数字资源、优秀师资、教育数据、信息红利的有效共享,助力教育服务供给模式升级和教育治理水平提升。

实践活动 1-1

浏览教育网站

【活动目标】

(1)了解本专业现有的网络教育资源;

(2)了解浏览教育网站的具体步骤;

(3)能够对本专业现有的网络教育资源进行评价,并对不足之处提出相应的对策。

【活动任务】

通过老师提供的链接进入相关网站,在老师的指导下浏览网络教育资源,并组成小组进行网络教育资源的评价。

【活动步骤】

(1)通过文字资料了解什么是网络教育资源,以及网络教育资源的评价标准是什么;

(2)单击老师提供的链接进入本专业的网络教育资源网站,浏览各种网络教育资源;

(3)分小组讨论,对不同的网络教育资源设计进行评价,指出不足之处并给出相应对策。

【活动成果】

各小组采用现场演讲或 PPT 展示的方式向其他同学讲述本小组的学习结果。

第二节　现代教育技术的概念

21 世纪的竞争是经济的竞争,是科学技术的竞争,是综合国力的竞争,但说到底是人才的竞争,是教育的竞争!所以,当务之急是我国教育的现代化,推动教育从"应试教育"向"素质教育"转变!为实现这一目标,教育技术肩负着巨大的历史使命!它是教育信息化、教育现代化和教育改革的必然选择,是提高全民素质的必由之路!

一、什么是教育技术

教育技术是技术的子范畴,教育技术就是人类在教育教学活动过程中所运用的一切物质工具、方法技能和知识经验的综合体,它分为有形(物化形态)技术和无形(观念形态)技术两大类。有形技术主要指在教育教学活动中所运用的物质工具,它往往通过黑板、粉笔等传统教具,或者幻灯、投影仪、电影、视听器材、计算机、网络、卫星等各种教育教学媒体表现出来。无形技术既包括在解决教育教学问题过程中所运用的技巧、策略、方法,又包括其中所蕴含的教学思想、理论等。有形技术是教育技术的依托,无形技术是教育技术的灵魂,这才是教育技术的真正内涵。

(一)AECT94 定义

1994 年美国教育传播与技术协会(Association for Educational Communications and

Technology,简称 AECT)出版了《教学技术:领域的定义和范畴》一书。该书是在美国教育传播与技术协会的主持下,通过美国众多教育技术专家的积极参与,并举行一系列专题学术会议进行研究讨论,历时 5 年时间,最后由巴巴拉·西尔斯(Barbara B. Seels)和丽塔·里奇(Rita C. Richey)总结成文。所以该书实际是美国教育技术学术界的集体研究成果。书中所给出的教育技术的定义和教育技术的研究领域,不仅反映了当时美国教育技术学术界,而且在很大程度上也反映了当时国际教育技术学术界对教育技术的看法。

1994 年美国教育传播与技术协会所发表的教育技术领域定义(简称 AECT94 定义)的英文全文如下:

Instructional Technology is the theory and practice of design, development, utilization, management and evaluation of processes and resources for learning.

"教育技术是为了促进学生的学习,对有关的学习过程与学习资源进行设计、开发、利用、管理和评价的理论和实践。"

AECT94 定义中的学习是指由经验引起的行为、知识、能力的相对持久变化。影响并促进学习既是教育技术的出发点,又是最终目的和归宿,教育技术所包含的各个部分都要围绕促进学习来进行,这体现了以学习者为中心的思想。

教育技术的研究对象是有关学习过程和学习资源。但这里所说的学习过程(即 AECT94 定义所说的学习过程),根据西尔斯和里奇原著中的本意,是指广义的学习过程,既包括无教师参与的学习过程,也包括有教师参与的学习过程。而有教师参与的学习过程通常又称为教学过程。所以,更确切地说,AECT94 定义中的学习过程,实际是"学与教"的过程,或者说包括学习过程和教学过程两个方面。过程是指为了达到预定学习效果而采取的一系列操作或活动,是一个包括输入、行为和输出的序列。过程通常是程序化的,但不总是这样。当过程由一系列正式的步骤组成时,它是程序化的;当过程顺序不是很有序时,过程就不一定是程序化的。过程的设计是否合理,取决于我们对学习资源、学习内容、学习者的有机安排。学习资源并非仅指用于教学过程的设备和材料,而是指在学习过程中可被学习者利用的一切要素。学习资源有人力资源和非人力资源之分。人力资源包括教师、同伴、小组、群体等;非人力资源包括各种教学设施、教学材料和教学媒体等。这些学习资源既可以单独使用,也可以组合使用。

用 AECT94 定义来观察教育技术实践十分方便。首先,教育技术的目的是促进学习。关于学习过程,教育技术改变过去仅以口耳相传的教学方式,将媒体的使用和媒体对信息的传递能力、对学生认知水平的影响及学生的接受效率等因素考虑在内,使教学方法在符合现代教育思想的条件下更充实且更具活力。关于学习资源,教育技术将人、媒体、信息、环境等均看成是帮助和促进学习的可用资源,研究如何使这些资源在学习过程中更好地发挥作用及如何开发更具价值的教学信息资源,这种极具系统论色彩的研究方法使其对问题的探究更深入更彻底。

教育技术的五个范畴,包括设计、开发、利用、管理和评价,它们既是工作过程,也是工作方法,具体含义如图 1-1 所示。

1. 设计

设计是详细说明学习条件的过程,其目的是生成策略或产品。这里的设计既包括微观层次的设计,又包括宏观层次的设计。微观层次的设计如某一课、某一单元的设计或微观的信息设计,宏观层次的设计如教学系统的设计。

从设计范畴的理论研究和实际探索的落脚点出发,可将设计范畴分为教学系统设计、讯息

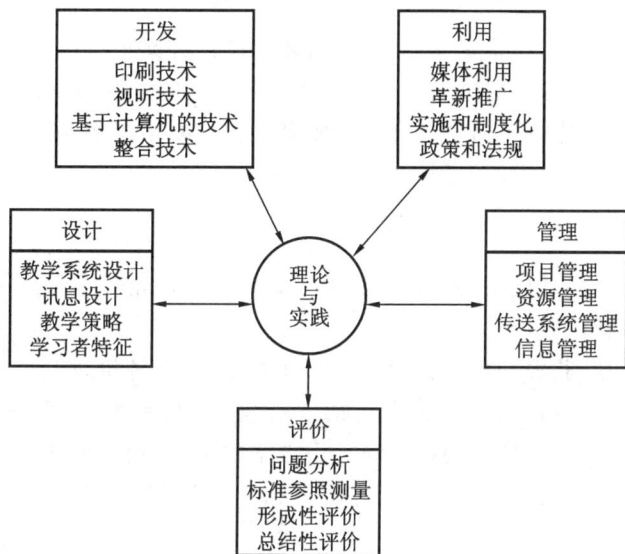

图 1-1　教育技术的五个范畴

设计、教学策略和学习者特征四个子领域。其中：教学系统设计是一个包括分析、设计、开发、实施和评价教学等步骤的有组织的过程；讯息设计主要指运用有关心理学原理来设计传递信息与反馈信息的呈现内容、呈现方式及人机交互等，讯息设计常常与媒体和学习任务的性质有关；教学策略是对具体的教学内容、教学活动程序、方法、媒体等因素的总体考虑；学习者特征是指影响学习过程有效性的学习者经验背景的各个方面，包括智力因素、非智力因素，以及文化背景、宗教背景等。

2. 开发

开发是指针对学习资源和学习过程，按照事先设计好的方案予以实施，将其转化为物理形式的过程。技术是开发范畴的驱动力量。从技术发展的历史过程来划分，可将开发范畴分为印刷技术、视听技术、基于计算机的技术和整合技术四个子领域。这种划分并不是简单地对技术进行分类，而是基于一定的理论与设计原则对各种开发技术特征的详细阐释。

印刷技术是主要通过机械或照相印刷过程制作、发送材料（如书和静态视觉材料）的方法，包括文本、图形和照片等形式的呈示和复制，即文本材料和视觉材料的开发，它们在很大程度上依赖于有关人的视知觉、阅读、信息加工过程及学习的理论。视听技术是通过机械或电子设备来制作或发送材料以呈现听觉和视觉信息的方法。视听技术能够根据行为主义和认知心理学的原理开发线性动态的视觉信息。基于计算机的技术是利用基于微处理器和有关教学资源来制作和发送材料的方法。基于计算机的技术通常包括硬件和软件两个方面。随着计算机技术的进一步发展，特别是网络通信、多媒体、数据库、人工智能、专家系统、人机界面技术的进步，基于计算机的教学系统正朝着集成化方向发展，把信息资源、工具、在线帮助、监测系统、情境、教学和管理等功能都综合在一个系统环境中，这种方法就是整合技术。这种技术的特征是学习者可以在各种信息资源中进行高度的交互活动。

3. 利用

利用是通过教与学的过程和资源来促进学习者进行学习活动的过程。利用范畴包括四个子领域:媒体利用、革新推广、实施和制度化、政策和法规。

媒体利用是对学习资源的系统使用,是依据教学设计方案进行决策的过程。革新推广是为了使改革的成果能被采纳而通过有计划的策略进行传播的过程。实施是组织中的个人对革新成果的合理使用,制度化的目的是要将革新成果整合到整个组织结构中。政策和法规是影响和规范教育技术推广和使用的强制性规则和行为。

4. 管理

管理指的是通过计划、组织、协调和监督来控制教学。管理范畴分为项目管理、资源管理、传送系统管理和信息管理四个子领域。

项目管理是指计划、监督和控制教学设计和开发项目;资源管理是指计划、监督和控制资源分配以支持系统和服务;传送系统管理包括计划、监督和控制那些组织教学材料分发的方法,是用于向学习者呈现教学信息的媒体和使用方法的组合;信息管理包括计划、监视和控制信息的存储、转换或处理,其目的是为学习提供资源。管理范畴的发展趋势是管理决策将越来越依靠信息。

5. 评价

评价是对一个事物的价值的确定。在教育技术领域中,评价是对计划、产品、项目、过程、目标或课程的质量、有效性或价值的正式确定。评价范畴包括问题分析、标准参照测量、形成性评价和总结性评价。

问题分析是指使用信息收集和决策策略来确定问题的本质和范围。问题分析是教学评价的前端步骤,因为目标和约束条件都要在这个步骤中阐明。标准参照测量是确定学习者对预定内容的掌握程度的技术。标准参照测量使学生知道相对于标准来说,他们目前所达到的程度。形成性评价包括收集达标方面的信息,并使用这些信息作为进一步发展的基础。总结性评价包括收集达标方面的信息和使用这些信息来做出利用方面的决策。关于形成性评价和总结性评价的区别,斯泰克(Bob Stake)有一句很好的总结:“当厨师品尝汤时,那是形成性评价;当客人品尝汤时,那就是总结性评价”。对于教育技术来说,既要注重对教育教学系统的总结性评价,更要注重形成性评价并以此作为质量监控的主要措施。为此应及时对教育、教学过程中存在的问题进行分析,并参照规范要求(标准)进行定量的测量与比较。

教育技术的五个范畴,即设计、开发、利用、管理和评价,既相互独立又相互渗透,其中设计、开发、利用是教育技术研究中相对独立的内容或阶段,前者的输出是后者的输入,后者的输入是前者的输出。另外,虽然研究者的工作可以集中在一个范畴里,但他们需要其他范畴的理论与实践的研究成果。实践者则经常需要同时考虑几个或所有范畴的功能。这五个范畴之间的关系不是一个线性的关系,它们都围绕“理论与实践”开展工作,并通过“理论与实践”相互作用、相互联系。

需要指出:AECT94 定义在英文表达上将原来的“Educational Technology”改为“Instructional Technology”,汉语直译为教学技术。因此,有人认为教育技术只关心技术在学校教育中的应用,而教学技术则可以包括技术在教学与培训中的应用;也有人认为教育技术的概念范围太宽泛,而教学技术则集中于教学问题。但在一般情况下,国际上将这两个术语作为同义词,并且国内也习惯于教育技术的称呼,因此本书不刻意讨论它们的区别。

（二）AECT2005 定义

2005 年,美国教育传播与技术协会对教育技术的新定义是:

Educational Technology is the study and ethical practice of facilitating learning and improving performance by creating, using, and managing appropriate technological processes and resources.

"教育技术是通过创造、使用、管理适当的技术过程和资源,促进学习和改善绩效的研究和符合道德规范的实践。"

新的定义表明如下几个方面。

（1）界定的概念名称是"教育技术"（Educational Technology）,而不是"教学技术"（Instructional Technology）。

（2）教育技术有两大领域:"研究"（study）和"符合道德规范的实践"（ethical practice）。

（3）教育技术有双重目的:"促进学习"（facilitating learning）和"改善绩效"（improving performance）。由此看出,随着事业的发展,教育技术的目的已从"为了学习"（for learning）扩展到进一步"促进学习"而不是"控制或强迫学习"（facilitating rather than controlling or causing learning）,扩展到学习之外的"绩效"的改善方面,扩展到对学校教育与企事业人员培训的双重考虑,扩展到教学效果、企业效益与教育投入（成本）等多因素的整体评价。

（4）教育技术有三大范畴:"创造"（creating）、"使用"（using）、"管理"（managing）。

（5）教育技术有两大对象:"过程"和"资源"。新定义中,"过程"和"资源"之前有一个限定词"appropriate technological",它表明教育技术是指"适当的技术性的""过程"与"资源",这与AECT94 定义中的"学习过程"与"学习资源"有一定区别。

（6）教育技术的主要特征在于其技术性。这具体表现在两个方面:一是教育技术研究的重点是适当的技术性过程与技术性资源;二是技术实践的"符合道德规范"性、技术工具与方法运用的先进性、技术使用效果的高绩效性。

（三）AECT2017 定义

2017 年,美国教育传播与技术协会对教育技术的新定义是:

Educational technology is the study and ethical application of theory, research, and best practices to advance knowledge as well as mediate and improve learning and performance through the strategic design, management and implementation of learning and instructional processes and resources.

"教育技术是通过对教与学的过程和资源进行战略设计、管理与实施以促进知识发展,调节和提升学习进程及学习绩效的理论、研究及优质实践的符合道德规范的应用。"

2017 年的定义中去掉了"technological"这个词,改回了"learning and instructional",同时又在定义中加入了"strategic"这个词,表明 AECT 认为,要实现良好的学习效果并推动知识的迭代,教育技术界必须:

（1）回归到对教学（教与学二者）过程和教学资源的关注上来。

（2）通过宏观的、战略层面上对教学过程和教学资源的设计、管理与实施来实现。

虽然 AECT 2017 定义没有直接强调"技术",但要实施对教学过程和教学资源的战略设计、管理与实施（比如,基于大数据的教学设计）,必须借助技术手段。只不过这样的提法,使人更关注教学本身的设计、管理与实施,而不至于过多地关注技术。

二、什么是现代教育技术

随着教育技术的发展,研究者不断尝试将技术运用到教学之中,让枯燥静态的学习内容生动活泼地展示在同学们面前,从而大大提高了教学效果。另一方面,这种运用也对教师提出了更高的要求,我们必须寻找现代教育技术与学科整合的最佳结合点,实现课堂教学最优化。

"现代教育技术"是 20 世纪 90 年代以后在国内被大量使用的一个术语,并与教育技术并行通用的一个概念,两者没有本质的区别。但是现代教育技术带有强烈的现代化、信息化色彩,以现代信息技术(计算机、多媒体、网络、数字音像、卫星广播、虚拟现实、人工智能等技术)对教育资源的开发和在教育中的应用为核心。

所谓现代教育技术,是指以现代教育理论为指导,以系统方法为基础,以现代信息技术为手段,通过对教与学过程和教与学资源的设计、开发、利用、管理和评价,以实现教学过程优化的理论与实践。

与教育技术定义比较,该定义强调必须运用现代教育理论和现代信息技术;不但研究学习过程,还要研究教学过程;强调现代教育技术追求的目标是实现教学过程优化。

我们可以从以下五个方面来理解该定义的基本思想。

第一,现代教育技术的应用必须要以现代教育理论做指导。现代教育技术的应用是教育思想的体现。应用现代教育技术,首先必须考虑能充分体现教师的指导作用、充分发挥学生认知主体地位的新教育思想。

第二,现代教育技术要充分运用各种信息技术。当前应用于教育中的现代信息技术主要包括模拟与数字音像技术、卫星广播电视技术、计算机多媒体技术、人工智能技术、互联网络通信技术和虚拟现实仿真技术,等等。对现代信息技术的使用,应根据教学实际的需要加以选择,同时,不能一味地追求高档设备而抛弃常规的音像技术,要避免出现高级设备低级使用的现象。

第三,现代教育技术的核心方法是系统方法。将系统科学与教育、教学进行整合,运用教育设计的理论和方法分析和解决教学问题。

第四,现代教育技术以优化教与学过程和教与学资源为任务,这就要求不仅要研究教与学资源,还必须重视研究教与学过程,即对教学模式的研究。

第五,现代教育技术的应用包括设计(设计教学过程、教学软件、教学环境和教学模式)、开发(开发教学软件、硬件、课程和教学模式)、利用(应用于实际教学过程中)、评价和管理五个基本环节。而且,随着现代信息技术的发展,教育技术的应用方式也在不断地发展。

三、现代教育技术在教育教学改革中的重要作用

随着现代信息技术、科学技术的发展,科技成果迅速进入教育领域。现代教育技术以其强劲的势头,成为教育改革和发展的突破口,并发挥着越来越重要的作用。

(一)现代教育技术为教育信息化提供技术支持和智力支持

要实现教育现代化,首先必须实现教育信息化。教育信息化的基本特点是在教学过程中比较全面地使用以计算机多媒体和网络通信为基础的现代化信息技术。教育技术能为教育信

息化提供智力支持和技术支持。

在智力支持方面,教育技术能提供现代教育观念,以及中国电教界几十年来积累的宝贵经验和方法;在技术支持方面,教育技术能为教育信息化提供大量学习资源、大量人才及各种先进设备。

只有依靠教育技术的长足进步,才能尽早实现我国教育信息化的目标,才能缩短与世界其他教育技术先进国家的差距。对于科教兴国和提高全民素质,现代教育技术起着至关重要的作用。

(二)现代教育技术的应用有利于提高学科教学质量

作为现代教育技术的重要组成部分,教学媒体与教学设计都有助于激发学生的学习积极性。合理使用教学媒体,使呈现的教学内容形象、生动、感染力强,能有效地激发学生的学习兴趣与动机。通过教学过程与媒体组合的设计,可进一步激发学生的求知欲。另外,利用现代教育技术可提供大量的音像教材等学习资源,在学科教学过程中辅助使用这些内容和资源,有利于帮助学生形成概念、掌握规律,方便教师在课堂教学过程中突破重点和难点,提高学生对知识的巩固程度。

(三)现代教育技术在教育中的应用将进一步促进教育改革

现代教育技术在各级各类教育中广泛应用,正在或已经改变了教育的诸多方面,并将进一步推动教育教学改革。

1. 在教育观念方面

现代教育技术真正树立了以学生为主体、教师为主导的现代教育思想、观念,使教师从单纯地讲授知识转变为主要设计教学过程,学生从单纯地接受知识转变为主要依靠自学。同时,现代教育技术的发展淡化了学校的概念,网络教学、远程教育的发展,使学校成为虚拟、开放、社会化的学校。另外,现代教育技术的发展使受教育者逐步树立了终身教育的观念。

2. 在教学模式方面

现代教育技术的应用对传统的教育模式提出了挑战,要求教师的角色(讲授者→指导者)、学生的地位(接受者→主体)、媒体的作用(演示工具→认识工具)及教学过程(传统的逻辑分析讲授过程→通过发现问题、探究问题使学生获得知识、培养能力)进行变革,从而构建能适应现代教育的新型教学模式。

3. 在教育信息呈现方面

利用现代教育技术可使教学信息以多种形式呈现。特别是多媒体教学系统,为教和学增加了新的维度和方向,形成了整体化、多通道、全方位的教育信息加工、传输模式,为培养和发展学生的思维能力闯出了新路子。

另外,现代教育技术使教学组织形式、教学原则、教材形式和教学评价方法等方面发生的改变也将促进教育教学的改革。

第三节　现代教育技术的应用和发展趋势

随着计算机技术、卫星通信技术、网络技术、教育大数据、人工智能技术、虚拟现实技术等在教育领域应用研究的不断深入,现代教育技术快速发展,其发展趋势表现在以下几个方面。

一、教育大数据的教育应用

大数据(big data)是一个 IT 行业术语,是指无法在一定时间范围内用常规软件工具进行捕捉、管理和处理的数据集合,是需要新处理模式才能具有更强的决策力、洞察发现力和流程优化能力的海量、高增长率和多样化的信息资产。大数据需要具备 5V 的特点(IBM 提出):volume(大量)、velocity(高速)、variety(多样)、value(低价值密度)、veracity(真实性)。

大数据与教育的结合已成为时代发展的必然要求。教育大数据是指整个教育活动过程中所产生的以及根据教育需要采集到的,一切用于教育发展并可创造巨大潜在价值的数据集合。教育大数据的价值体现在与教育主流业务的深度融合以及持续推动教育系统的智慧化变革上,具体表现在驱动教育管理科学化、驱动教学模式改革、驱动个性化学习真正实现、驱动教育评价体系重构、驱动科学研究范式转型、驱动教育服务更具人性化。

二、人工智能技术的教育应用

智能辅助教学系统由于具有"教学决策"模块、"学生模型"模块和"自然语言接口",因而具有能与人类优秀教师相媲美的下述功能:

(1) 了解每个学生的学习能力、认知特点和当前知识水平;

(2) 能根据学生的不同特点选择最适当的教学内容和教学方法,并可对学生进行有针对性的个别指导;

(3) 允许学生用自然语言与"计算机导师"进行人机对话。

三、虚拟现实技术的教育应用

虚拟现实(virtual reality,简称 VR)教学模式是一种最新的教育技术应用模式,是多媒体技术的进一步发展。多媒体技术提供的是交互界面,而虚拟现实技术提供的则是交互空间,即计算机媒体、三维空间加声音。其主要特征可概括为实时交互性(real-time interactive)、多感知性(multi-sensation)、存在感(presence)和自主性(autonomy)。虚拟现实技术提供了高度逼真的模拟环境,使用者在其中成为虚拟真实世界的参与者,成为屏幕上活动的一部分。使用者完全沉浸于其中而无法将其与真实世界区分开来,给人以较强的临场感和逼真感。

虚拟现实技术是计算机科学与技术的延伸,它与多媒体声像、人机接口、通信与机器人技术密切相关。完整的人体跟踪界面包括带有提供三维视频效果的头戴显示器、有精细感觉又在景物范围内产生运动的数据手套,以及其他身体运动跟踪装置。虚拟现实技术的应用几乎包括人类活动的全部领域,如在医学中仿真各种外科手术,包括一般的开刀直至复杂的人体器官更换。学生不必冒医疗事故风险就可以反复练习病房中的各种实际操作。上地理课时,虚拟现实技术可以把学生带到非洲或美洲旅行,让他们欣赏那里的自然景色和风光;上物理课时,学生可以在虚拟世界中观察原子、离子,目睹各种物理现象,等等。在教育技术领域中,虚拟社区、虚拟学校是现在正在研究的重要内容。

国务院印发的《新一代人工智能发展规划》指出,智能教育是利用智能技术加快推动人才培养模式、教学方法改革,开展智能校园建设、开发立体综合教学场、开发智能教育助理,推动人工智能在教学、资源建设、管理等全流程应用,建立以学习者为中心的教育环境,提供精准推送的教育服务,实现日常教育和终身教育定制化。

四、云计算的教育应用

云计算在教育领域中的迁移称为"教育云",是未来教育信息化的基础架构,包括了教育信息化所必需的一切硬件计算资源,这些资源经虚拟化之后,向教育机构、教育从业人员和学员提供一个良好的平台。

教育云包括云计算辅助教学(cloud computing assisted instructions,CCAI)和云计算辅助教育(cloud computing based education,CCBE)等形式。

(1)促进教育公平。云计算应用于教育时,教育信息资源存储在"云"上,只要有了连接网络的终端设备和信息资源访问权限,无论身处偏僻的山区,还是繁华的城市,人人都拥有公平使用这些优质信息资源的权利。由众多优秀教师提供的教育信息资源可以被教育欠发达地区的师生所共享,这也在一定程度上缓解了优秀教师资源分布不均的矛盾。

(2)降低教育成本。云计算大大降低了学校教育资源建设中的软硬件成本。有了云计算,学校就可以继续使用这些较旧的计算机,从而可以大大降低学校教育资源建设中的硬件成本。一个大的区域或高层教育部门,可以集中租用云服务,以减少重复投资,提高信息资源利用率,倡导"绿色教育"。

(3)变革教学活动方式。教育信息化系统迁入"云"之后,师生可以随时随地进行教学活动,促进移动学习。

(4)提高管理效率。云计算在学校的应用将进一步推动教育信息化的深入实施。通过云教育平台,学校管理者可以向师生发布各种信息,及时获得师生的信息反馈。

(5)助推终身教育。终身教育主张在每一个人需要的时刻以最好的方式为其提供必要的知识和技能,这就对国民的终身教育提出更高的要求。政府的人力资源和社会保障部门、工会、妇联以及各种行业协会可以组织各类专业技术人员开发高质量的培训、教育信息资源,在云平台上发布。属于不同行业、不同群体的个体可以根据需要自由选单,按需学习。

五、物联网的教育应用

物联网在欧美被称为 the Internet of things(IOT),强调 anything connection。中国科学院姚建铨院士指出:凡是由传感器、传感技术及利用某种物体相互作用而感知物体的特征,按约定的协议,实现任何时刻、任何地点、任何物体、任何人,实现所有人与人、物与物、人与物之间互联、互通,进行信息交换和通信,实现智能化的识别、定位、跟踪、监控和管理的一种网络,即可称为物联网。因此,物联网是传感网与因特网、移动通信网三网高效融合的产物,是信息系统与物理系统高效融合的产物(又称为信息物理融合系统)。

典型的物联网由三大部分组成,即 RFID 系统、中间件 Savant 系统和 Internet 系统。目前,对物联网在教育中的研究与应用虽尚处于起步阶段,但这一问题的探讨将给教育带来极大的变革。

（1）有利于建立全面和主动的教学管理体系。利用现有物联网的核心技术——RFID技术的支持,有利于完善教学管理的组织系统、评价和考核系统,从而对教学的质量建立保障和监控体系。

（2）有利于构建完全交互与智能的教研环境。利用传感网络,可实现教学环境的实时信息反馈。将大型科研设备纳入物联网,可有效改变目前教研资源不平衡问题,经过授权后的研究者可以在全球范围内控制该设备,科研过程数据也可以被实时采集并以适当的方式提供,最终实现教学科研的数字化、网络化与智能化。利用嵌入了传感芯片的教学设施,不但能够像多媒体设施一样,对教学中的结构化信息进行处理,也可对常规多媒体设施所不能处理的非结构化信息,诸如学生的思维、体会、情感、意志等进行整合,从而真正实现教学环境的智能和交互。

（3）有利于重构创新和开放的教学模式。依托物联网强大的物质和信息资源优势来建立基于物联网的科学探究模式。在该模式中,学习者可以最大限度地利用物联网资源,并在发掘物联网信息的同时促进高级思维能力的发展;更能引导学习者在每次知识建构、剖析、探讨和问题解决中进行反思、总结和提炼有价值的内容,并在物联网上与其他学习者共享。

（4）有利于拓展学习空间、培养学习者的自主学习能力。物联网能为学习者的常规学习、课后学习、区域合作学习提供支撑环境,拓展学习空间,有利于学习者的自主学习和满足个性化学习需要。学习者可以通过物联网,探究任何感兴趣的问题并及时地得到解决。

六、移动互联网的教育应用

移动互联网的英文名为"mobile Internet",简称MI,指用户能够利用手机、PDA或者其他手持终端通过通信线路接入网络。

移动教育(mobile education)是指依托目前比较成熟的无线移动网络、国际互联网以及多媒体技术,学生和教师通过使用移动设备(如手机等)来更为方便灵活地实现交互式教学活动。移动教育系统主要由四部分组成,即国际互联网、移动教育网、移动台和教学服务器,其具体功能有:

（1）学校对教师的教学活动通知;

（2）教师对学生的教学活动通知;

（3）学生对教师提出问题;

（4）教师对学生的问题进行浏览以及答疑;

（5）学生对考试分数的查询。

七、智慧教育的发展

智慧教育是在国家教育方针的指导下,以新时代信息技术为支撑,通过感知、采集、存储、分析各种教育教学相关数据,构建以学习者为中心的资源适配、开放合作、体验优化的教育生态,促进教育教学全方位改革创新的过程。

从2012年智慧教育研究框架初步提出,信息技术为智慧教育的实现提供了强有力的保障,为学生的个性化学习和创新能力培养提供了有效途径。近年来,新一代技术与教育相结合,再次碰撞出更为亮眼的火花。基于人工智能、大数据、区块链等技术的智慧学习、智慧环境、智慧评价等研究越来越丰富,智慧教育在教育领域的应用不断深入和快速发展。

实践活动 1-2

学校现代教育技术发展调查

【活动目标】

通过参观所在学校现代教育技术环境和了解其历史发展的状况,感受我国现代教育技术的发展历程。

【活动任务】

1. 在任课教师或相关技术人员的带领下参观所在学校的教育技术环境,通过教师或相关技术人员的讲解与介绍,了解所在学校教育技术环境的基本构成与功能。

2. 浏览中小学网站,了解中小学网站的管理功能和教育功能。

3. 在参观完学校教育技术设施后,分组进行讨论并且分配任务,随后撰写调查报告。

【活动步骤】

1. 参观教育技术环境,并做好记录。

① 你参观的这个教育技术环境是:(在相应的选项前面打√)

☐ 智慧教室　　☐ 多媒体网络教室　　☐ 微格教室　　☐ 多媒体综合教室

☐ 语音教室　　☐ 录播教室　　　　　☐ 其他

② 构成这个教育技术环境的主要硬件设施有哪些? 请简单列举。

_____　　_____　　_____

_____　　_____　　_____

③ 你参观的这个教育技术环境可以实现哪些功能?(在相应的选项前面打√)

☐ 课堂教学　　☐ 教务管理　　☐ 自主学习　　☐ 协作学习

☐ 远程学习　　☐ 资源管理　　☐ 其他

④ 你认为还有哪些不足的地方?

☐ 教学环境较差　　　　　☐ 教学设备明显不足　　☐ 教学手段单一

☐ 缺乏系统且全套的支持机制　　☐ 教学技术落后

2. 浏览所在学校的网站,并思考以下问题:

① 学校网站有哪些栏目?(在相应的选项前面打√)

☐ 学校介绍　☐ 招生信息　☐ 就业信息　☐ 师资力量　☐ 新闻发布

☐ 教学设备　☐ 科研成果　☐ 机构设置　☐ 校长信箱　☐ 校园论坛

☐ 校际交流　☐ 学校招聘　☐ 学习园地　☐ 个人空间　☐ 教学素材

☐ 校内生活　☐ 校史回顾　☐ 网上调查　☐ 邮件服务　☐ 教育资源

☐ 法规指南　☐ 校友录　　☐ 留言板

② 上述栏目都显示了你所在学校承担的功能。学校什么时候开始有这些功能的? 在这之前学校的教育技术环境状况如何? 是如何一步步发展的? 请在调查了解后简要地写在下面。

_____

③ 浏览了所在学校网站后,你有什么感想?

_____

3. 在参观结束后,分组讨论并交流一下参观和学习心得,并且根据所了解的情况撰写一份关于所在学校现代教育技术发展的调查报告。

【活动成果】

向其他同学展示自己参观了解的结果且相互交流,对活动任务中的问题进行深入的思考,并提交一份完整的关于学校现代化教育技术发展的调查报告及自己的活动心得。

本 章 小 结

教育信息化关系到整个教育改革和教育现代化的系统工程,发展教育信息化是使我国现有的教育系统适应信息时代对新一代公民教育的基本要求。教育中要普遍运用现代信息技术,开发教育资源,优化教育过程,以培养和提高学生的信息素养,实现信息化教育。本章比较详细地介绍了信息技术、教育信息化和信息化教育的基本概念以及它们的相互关系,在对AECT94、定义 2005 定义及 2017 定义的讨论基础上,阐述了现代教育技术的概念和应用发展趋势,包括教育大数据的应用、虚拟现实技术的应用、人工智能技术的应用、云计算的教育应用,以及物联网的教育应用、移动互联网的教育应用、智慧教育的发展等。

本 章 练 习

1. 名词解释:

信息技术　教育信息化　信息化教育　教育技术　现代教育技术。

2. 简述教育信息化与信息化教育的区别和联系,并结合自己的感受论述教育信息化给我们的生活和学习产生了什么样的影响。

3. 简述教育技术和现代教育技术的关系。

第二章　教师信息技术应用能力要求与教师专业化发展

◎ **核心概念** ......

教师信息技术应用能力
教师专业化
教师专业化发展

➤➤➤ **学习目标** ......

（1）了解信息时代对教师信息技术应用能力的要求。
（2）知道信息时代教师如何进行角色的转换。
（3）掌握教师专业化的概念。
（4）掌握运用信息技术促进教师专业化发展的技能。

知识概览 ......

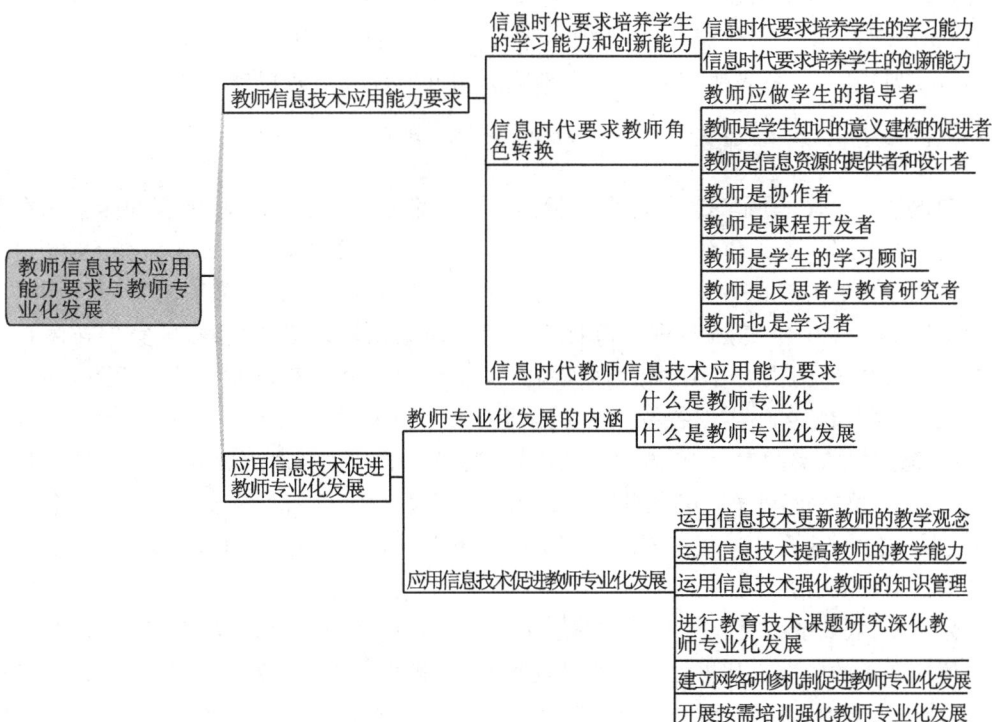

第一节　教师信息技术应用能力要求

随着教育信息化进程的加快,多媒体技术、通信技术、网络技术等已逐渐渗透到教育的各个方面。互联网、电子邮件、卫星远程通信、传真通信、虚拟现实等新的教育媒体的运用,强烈地冲击着人们的教育思想观念,改变着教育教学的环境、过程、方式和方法。信息时代一方面要求培养学生的学习能力和创新能力,另一方面要求教师的角色也要发生转变,提高教师的信息技术应用能力。

一、信息时代要求培养学生的学习能力和创新能力

(一)信息时代要求培养学生的学习能力

随着21世纪的来临,以多媒体技术和网络技术为核心的当代信息技术,正以惊人的速度改变着人们的生存方式和学习方式,信息、知识呈几何级数急剧增加。人类的科学知识在19世纪是每50年增加一倍,20世纪70年代是每5年增加一倍,20世纪80年代是每3年增加一倍;而在信息时代,数字化的信息量则是12个月翻一番。为了应对这个变化的世界,每个人都要有强过以往任何时代的学习能力。

学习能力可以说是人类获得个体行为经验所必需的能力,它具体表现为:获取信息的能力(包括感知能力、阅读能力、搜集资料的能力),加工、应用、创造信息的能力(包括记忆能力、思维能力、表达能力、动手操作能力、创造能力等),学习的调控能力(包括确定学习目的、制订和调整学习计划、培养学习兴趣、克服学习困难等),自我意识和自我超越的能力。

(二)信息时代要求培养学生的创新能力

在知识经济时代,国家的创新能力包括知识创新能力和技术创新能力,是决定该国在国际竞争和世界总格局中的地位的重要因素。1995年,江泽民同志在全国科技大会上提出"创新是一个民族进步的灵魂,是一个国家兴旺发达的不竭动力"的论断,首先引发了科技界对于创新问题的讨论。1997年底,中国科学院提出了建设国家创新体系的报告,国家创新体系的基础是教育。1999年6月,中共中央、国务院在《关于深化教育改革全面推进素质教育的决定》中明确提出,要"以培养学生创新精神和实践能力为重点"实施素质教育。

社会的进步、人类的发展、科技的飞跃,归根到底在于人才的创造性劳动。21世纪是创新的世纪,21世纪的激烈竞争呼唤创新人才。哈佛大学校长普西曾经深刻地指出,一个人是否具有创造力,是"一流人才和三流人才之间的分水岭"。因此,高度的创新能力是21世纪人才所必备的基本素质。

具体说来,创新能力是人类所具有的运用一切信息创造出某种新颖、独特、有社会价值或个人价值的产品的能力。从思维活动的过程来看,创新能力作为一种复杂的、高层次的智慧活动,是多种认知能力、多种思维方式共同作用的结果。它要求人们具备扎实的基础知识、广阔的视野,以及善于综合开拓新领域的能力、掌握创新知识的方法论,尤其是具备良好的创造技能。它反映的是创新主体的行为技巧和运用能力,主要包括信息加工能力、动手能力、熟练掌握和运用创新技术的能力与创新结果的能力。它是深刻的认知能力、敏锐的观察能力、丰富的

想象能力、创新性的思维能力的综合体。其中深刻的认知能力是基础,敏锐的观察能力是关键,丰富的想象能力和创新性的思维能力则是其重要支柱。

一个没有创新能力的人,很难在人才竞争愈加激烈的知识经济时代立足,更不要说发展了。这就要求我们21世纪的主人们转变观念,把自己培养成为创新人才,在学习中自觉突出和强化创新能力的培养,以使自己成为适应知识经济时代发展需要的优秀人才。

现代教育技术要求教师改变过去的教学观念,从以传授知识为主转变为侧重学生能力的培养。在信息社会中,知识更新快,学习者在学校学习的知识只是其人生中所学知识的一小部分。因此,教师传授的知识是远不能满足需要的,每个人必须学会自己学习。在教学过程中,教师不仅要注重讲授知识,更重要的是培养学生的能力。在课堂教学中教师可采用研究型教学方式,使学生积极参与、主动交流,帮助学生发现规律、掌握知识,激发学生的创造欲,促进学生的思维能力、想象能力和创新能力的发展,培养学生的科学精神。

二、信息时代要求教师角色转换

信息时代是一个网络时代,网络化学习成为人们获得信息与知识的主要途径。传统的教育教学方式已经不能适应信息时代的要求,教师只有实现自身角色转换,才能适应信息时代教育发展的根本要求。教师角色的转换主要表现在以下一些方面。

(一)教师应做学生的指导者

在网络时代,学生很容易从外部数据资源中获得信息,教师的角色不再是信息的垄断者、讲授者或良好知识体系的呈现者,其主要职能已从"教"转变为"导"——引导、指导、诱导、辅导和教导。正如美国著名教育家杜威所说,教师是一个引导者,他掌握着舵,引导学生用力把船划向前方。教师的主要责任应该是组织课堂教学活动,疏导学生交流,引导学生思考,解答学生疑惑,使学生最终能够独立地学习并在该课程结束后能继续自主地进行学习。师生关系的定位应该是学生为主、教师为辅,而不是教师为主、学生为辅。

(二)教师是学生知识的意义建构的促进者

在建构主义的学习环境下,教师的作用将不再仅仅局限于将一套组织得很好的知识集合清楚明晰地讲解或呈现出来,更主要的是激发学生的学习兴趣,努力促使学生将当前的学习内容所反映的事物尽量和自己已经知道的事物联系起来,并通过创设符合教学内容要求的教学情境、提示新旧知识之间联系的线索,帮助学生建构当前所学知识的意义,并且尽可能地组织协作学习,开展讨论与交流,并对协作学习过程进行引导,使之朝着有利于知识的意义建构的方向发展。如:提出适当的问题,以引起学生的思考和讨论;在讨论中设法把问题一步步引向深入,以加强学生对所学内容的理解;启发诱导学生自己去发现规律,自己去评价、纠正错误。

(三)教师是信息资源的提供者和设计者

教师已不再单凭一支粉笔、一张嘴进行教学。投影仪、幻灯、录音、录像,尤其是计算机在教学中的广泛应用,给教师教学提供了更广阔的空间,但同时也给教学设计提出了更高的要求。教师要选择合适的教学媒体并进行相应的设计,发挥各种媒体在教学中的优势,为学生提供使其学习得以深入的支架。在一个基于多媒体计算机和网络通信技术的学习环境中,为了支持学习者主动探索和完成对所学知识的意义建构,教师在学习者学习的过程中,要为其提供各种信息资源,并且对信息资源进行设计。教师的任务有二:一是确定某主题所需信息资源的种类和每种资源在学习过程中所起的作用;二是担任在线专职信息查询顾问。这不仅要求教师掌握多媒体技术及与此相关的网络通信技术,学会在网上查找信息,能够设计开发先进的教学资源,并将它们融于教学活动中,为学习者创设必要的、最佳的学习环境,而且要求教师帮助学习者学会如何获取并有效地利用信息资源,完成对知识的主动探索和意义建构。

(四)教师是协作者

以网络为主的技术构造了一个全球化的课堂,使地理上分离的研究单位及个体之间的合作成为可能,为更公平地获取知识和信息提供了途径。这同时也对教育改革提出了重大的挑战——建立新型的合作关系,改变以往制度上分离及个体之间的工作相互隔离的状况。网络环境下的合作可以是在教学准备的过程中,不同国家或地区的教师的合作,如设计课程、讨论教学方法和教学模式的革新、分享经验、讨论难题的解决办法及合作开发教学软件等;还可以是教师与学生通过网络进行正式或非正式的交流与研讨,促使学生在合作的学习环境中发展批判性思维和创造性思维的能力。

在传统的教学中,教师之间也曾尝试过群体协作,共同努力完成某件事情或解决某一难题。但传统教学中的协作仅仅局限于教师之间,而且是在很小范围内的教师之间的协作,没有或很少有学生的参与。建构主义的学习理论特别强调协作学习,并将协作视为建构主义学习环境的要素之一。而这里的协作是一种新型的互相协作关系,它强调学生的参与,强调学生在教师的组织和引导下一起讨论和交流,共同地批判、考察各种理论观点,对问题提出自己的看法、论据及有关的材料,并对别人的观点做出分析和评论。通过这样的协作学习,教师和每位学生的思维和智慧就可以为整个学习者群体所共享,整个学习群体共同完成对所学知识的意义建构,多媒体和网络通信技术的发展为这种新型的协作学习环境提供了技术上的支持。在这种新型的协作学习环境中,教师作为群体协作者的作用体现在组织协作学习,并对协作学习过程进行引导,与学生建立良好而和谐的师生关系上。除了师生间的协作学习外,教师之间通过网络通信也可以进行超越时空和地域的协作,打破以往封闭自锁、各自为战、相互隔绝的学习与研究。

(五)教师是课程开发者

教材的编制是对教材的第一次开发,教师备课、教学是对教材的第二次开发。在传统的教学中,教师以一门课程开发者的角色而存在,但在信息时代,在建构主义的学习环境下,教师作为课程开发者的作用发生了很大的变化。教育技术专家指出,教师在开发课程体系时需要有一种建构主义的眼光,必须考虑社会生活每一方面的剧烈变革对课程体系和教学模式的影响。在制定新的课程体系时必须与其他教师通力合作,将社会需要放在首位,改变传统课程体系中的一些内容,重新确定基于一系列新的技能、技巧之上的课程体系及课程结构,重新组织课程的教学形式、教学策略,不断评价、完善新的课程体系。这对于教师来说无疑是巨大的挑战。

(六)教师是学生的学习顾问

在建构主义的学习环境下,学习除了学生之间的协作学习外,个别化学习也是其主要形式。因此,为了适应和促进学生的个别化学习,使每一个学习者都能获得适合各自需要的教学帮助,使每一个人的潜力都能得到最大的发挥,教师必将扮演学生学习顾问的角色。作为学生学习顾问的教师将独自或与他人合作给学生以一定的宏观引导和帮助,如确定学生为完成学业所需的知识和技能,帮助学生选择一种适合其特点的、能有效完成学业的学习计划,指引学生在学术研究方面的进展,对学生的学习进展情况给予一定的检查、评价等,其最终的目的在于促进学生的有效学习。

(七)教师是反思者与教育研究者

反思是教师教学能力提高的一条重要途径。教师要不断对自己的教学工作进行反思和评价,提高对自己教学活动的洞察力,发现和分析其中存在的问题,并提出改进的方案。另外,教师之间也可以进行观察分析,讨论交流,从而帮助彼此发现问题,共同提高教学水平。

做教育研究者是提高教师职业专业化水平的必然途径,同时也是教师自我价值实现的重要方面。当新技术把教师从繁重的教学工作中解放出来后,教师将拥有更多的时间和精力从事教育科研,实现由"教书匠"向"研究者"的角色转换,成为名副其实的教育专家。著名教育家叶澜教授认为,以往对传递知识功能的强调,使人们忽视了教师工作的创造性特征。信息时代的教师将面临更多更新颖的教育教学问题,如研究怎样使学生提高他们处理信息的能力,研究不同的学习情境创设对学生学习产生的影响,研究如何利用新技术提高学生高层次思维和解决问题的能力,对网络提供的教学材料进行研究和评价并加以修改,为设计多媒体提供资料和数据等。

教师的教育研究能力主要是指研究学生及教育实践的能力。教师的大量研究是结合自己的实践工作与对象开展的。教师的研究能力首先表现为对自己教育实践的反思能力,善于从中发现问题,对日常工作保持一份敏感和探索的习惯,不断地改进自己的工作并形成理性认识。从这个意义上,教育研究成了教师作为专业人员的一种生活方式,他自己创造着自己的专业生活质量,这是教师在专业工作中自主性和自主能力的最高表现形式。其次,教师研究能力的进一步发展则是对新的教育问题、思想、方法等多方面的探索和创造能力,运用多方面的经验和知识,综合地、创造性地形成解决新问题的能力,这使教师的工作更富有创造性和内在魅力。另外,教师创造意识和能力的形成及在教育实践中的成功,会使教师十分看重对学生创造意识和能力的培养。毫无疑问,这是未来教育十分期望实现的价值。

(八)教师也是学习者

未来的社会是一个学习终身化的社会。教师职业的特点决定了教师必然是终身的学习者。教师的责任之一,就是自身的培训,教师必须终身不断地培训自己。为了适应现代社会的挑战,为了学生的未来,教师要不断地接受新的知识,转变教育思想和观念,特别要掌握现代教育技术,具备操作现代教育教学媒体的能力,并借助技术手段进行学习,发挥现代教育技术的作用,提高教育的质量和效益。

综上所述,信息时代教师的角色将发生重大转变,且信息时代对教师能力的要求更高。教师不仅要精通教学内容,熟悉学生的心理特点,掌握学生的认知规律,掌握现代化的教育技术,充分利用人类学习资源,设计开发有效的教学资源,对学生的学习给予宏观的引导和具体的帮助,而且要时时提高自身的素质。因而,教师的新角色较之以往传统的知识传输者角色更为多元和复杂。

三、信息时代教师信息技术应用能力要求

为提高我国中小学教师教育技术能力水平,促进教师专业能力发展,2004 年 12 月 15 日,教育部借鉴国外教师教育技术标准,结合我国教育国情,颁布了《中小学教师教育技术能力标准(试行)》。这是我国第一个中小学教师专业能力标准,它从意识与态度、知识与技能、应用与创新、社会责任等四个方面详细规定了中小学教师应该具备的教育技术能力要求。

随着我国教育信息化的深入发展,为全面贯彻党的十八届三中全会精神,落实教育规划纲要,构建教师队伍建设标准体系,全面提升中小学教师信息技术应用能力,促进信息技术与教育教学深度融合,教育部 2014 年 5 月 27 日颁布了《中小学教师信息技术应用能力标准(试行)》(简称《能力标准》)。

《能力标准》根据我国中小学校信息技术实际条件的不同、师生信息技术应用情境的差异,对教师在教育教学和专业发展中应用信息技术提出了基本要求和发展性要求。其中:①应用信息技术优化课堂教学的能力为基本要求,主要包括教师利用信息技术进行讲解、启发、示范、指导、评价等教学活动应具备的能力;②应用信息技术转变学习方式的能力为发展性要求,主要针对教师在学生具备网络学习环境或相应设备的条件下,利用信息技术支持学生开展自主、合作、探究等学习活动所应具有的能力。本标准根据教师教育教学工作与专业发展主线,将信息技术应用能力区分为技术素养、计划与准备、组织与管理、评估与诊断、学习与发展五个维度。表 2-1 所示为《能力标准》基本内容。师范生是明日之教师,是未来中小学教师队伍的主要后备军,对中小学教师的信息技术应用能力要求也应该是师范生努力达到的标准。

表 2-1 《能力标准》基本内容

维度	Ⅰ.应用信息技术优化课堂教学	Ⅱ.应用信息技术转变学习方式
技术素养	1.理解信息技术对改进课堂教学的作用,具有主动运用信息技术优化课堂教学的意识	1.了解信息时代对人才培养的新要求,具有主动探索和运用信息技术变革学生学习方式的意识
	2.了解多媒体教学环境的类型与功能,熟练操作常用设备	2.掌握互联网、移动设备及其他新技术的常用操作,了解其对教育教学的支持作用
	3.了解与教学相关的通用软件及学科软件的功能及特点,并能熟练应用	3.探索使用支持学生自主、合作、探究学习的网络教学平台等技术资源
	4.通过多种途径获取数字教育资源,掌握加工、制作和管理数字教育资源的工具与方法	4.利用技术手段整合多方资源,实现学校、家庭、社会相连接,拓展学生的学习空间
	5.具备信息道德与信息安全意识,能够以身示范	5.帮助学生树立信息道德与信息安全意识,培养学生良好行为习惯

续表

维度	Ⅰ.应用信息技术优化课堂教学	Ⅱ.应用信息技术转变学习方式
计划与准备	6.依据课程标准、学习目标、学生特征和技术条件,选择适当的教学方法,找准运用信息技术解决教学问题的契合点	6.依据课程标准、学习目标、学生特征和技术条件,选择适当的教学方法,确定运用信息技术培养学生综合能力的契合点
	7.设计有效实现学习目标的信息化教学过程	7.设计有助于学生进行自主、合作、探究学习的信息化教学过程与学习活动
	8.根据教学需要,合理选择与使用技术资源	8.合理选择与使用技术资源,为学生提供丰富的学习机会和个性化的学习体验
	9.加工制作有效支持课堂教学的数字教育资源	9.设计学习指导策略与方法,促进学生的合作、交流、探索、反思与创造
	10.确保相关设备与技术资源在课堂教学环境中正常使用	10.确保学生便捷、安全地访问网络和利用资源
	11.预见信息技术应用过程中可能出现的问题,制订应对方案	11.预见学生在信息化环境中进行自主、合作、探究学习可能遇到的问题,制订应对方案
组织与管理	12.利用技术支持,改进教学方式,有效实施课堂教学	12.利用技术支持,转变学习方式,有效开展学生自主、合作、探究学习
	13.让每个学生平等地接触技术资源,激发学生学习兴趣,保持学生学习注意力	13.让学生在集体、小组和个别学习中平等获得技术资源和参与学习活动的机会
	14.在信息化教学过程中,观察和收集学生的课堂反馈,对教学行为进行有效调整	14.有效使用技术工具收集学生学习反馈,对学习活动进行及时指导和适当干预
	15.灵活处置课堂教学中因技术故障引发的意外状况	15.灵活处置学生在信息化环境中开展学习活动发生的意外状况
	16.鼓励学生参与教学过程,引导学生提升技术素养并发挥其技术优势	16.支持学生积极探索使用新的技术资源,创造性地开展学习活动

维度	Ⅰ.应用信息技术优化课堂教学	Ⅱ.应用信息技术转变学习方式
评估与诊断	17.根据学习目标科学设计并实施信息化教学评价方案	17.根据学习目标科学设计并实施信息化教学评价方案,并合理选取或加工利用评价工具
	18.尝试利用技术工具收集学生学习过程信息,并能整理与分析,发现教学问题,提出针对性的改进措施	18.综合利用技术手段进行学情分析,为促进学生的个性化学习提供依据
	19.尝试利用技术工具开展测验、练习等工作,提高评价工作效率	19.引导学生利用评价工具开展自评与互评,做好过程性和总结性评价
	20.尝试建立学生学习电子档案,为学生综合素质评价提供支持	20.利用技术手段持续收集学生学习过程及结果的关键信息,建立学生学习电子档案,为学生综合素质评价提供支持
学习与发展	21.理解信息技术对教师专业发展的作用,具备主动运用信息技术促进自我反思与发展的意识	
	22.利用教师网络研修社区,积极参与技术支持的专业发展活动,养成网络学习的习惯,不断提升教育教学能力	
	23.利用信息技术与专家和同行建立并保持业务联系,依托学习共同体,促进自身专业成长	
	24.掌握专业发展所需的技术手段和方法,提升信息技术环境下的自主学习能力	
	25.有效参与信息技术支持下的校本研修,实现学用结合	

《能力标准》中涉及的术语如下。

(1)多媒体教学环境:包括简易多媒体教学环境与交互多媒体教学环境。简易多媒体教学环境主要由多媒体计算机、投影机、电视机等构成,以呈现数字教育资源为主。交互多媒体教学环境主要由多媒体计算机、交互式电子白板、触控电视等构成,在支持数字教育资源呈现的同时还能实现人机交互。

(2)通用软件:是指广泛应用于教育教学活动中的通用性软件,例如办公软件、即时交流软件、音视频编辑软件等。

(3)学科软件:是指特别适用于某些学科的软件,如几何画板、在线地图、听力训练软件、虚拟实验室等。

(4)数字教育资源:是对教学素材、多媒体课件、主题学习资源包、电子书、专题网站等各类与教育教学内容相关的数字资源的统称。

(5)信息化教学:与传统教学相对而言,泛指以信息技术支持为显著特征的教学形态。

(6)技术资源:是对通用软件、学科软件、数字教育资源和网络教学平台等资源的统称。

(7)网络教学平台:是对能够为教育教学活动开展提供支持的网络平台的统称,如网络资源平台、网络互动平台、课程管理平台、在线测评系统、在线教学与学习空间等。

(8)移动设备:是对便携式计算通信设备的统称,如笔记本电脑、平板电脑、智能手机等。

(9)评价工具:是指开展评价所使用的各种支持工具,如试卷、调查问卷、测试量表、评价量规、观察记录表、成长记录或电子档案袋等。

(10)教师网络研修社区:是指支持教师进行学习、交流、研讨等活动的网络平台,一般具备个人空间、教师工作坊等功能,能够建立不同类型的学习共同体,汇聚与生成研修资源,支持教师进行常态化研修。

2018 年 4 月教育部印发《教育信息化 2.0 行动计划》，提出发展智能教育。为了推动教师主动适应信息化、人工智能等新技术变革，积极有效开展教育教学，2019 年 3 月，教育部制定发布《关于实施全国中小学教师信息技术应用能力提升工程 2.0 的意见》。2021 年 8 月 25 日教育部制定发布《全国中小学教师信息技术应用能力提升工程 2.0 校本应用考核指南》，考核指南中提出了中小学教师分别在多媒体教学环境、混合学习环境、智慧学习环境三种教学环境下应具备的 30 项微能力。

中小学教师信息化教育教学能力发展框架如表 2-2 所示。

表 2-2　中小学教师信息化教育教学能力发展框架

维度	信息技术应用环境		
	多媒体教学环境	混合学习环境	智慧学习环境
学情分析	A1 技术支持的学情分析	B1 技术支持的测验与练习	
教学设计	A2 数字教育资源获取与评价 A3 演示文稿设计与制作 A4 数字教育资源管理	B2 微课程设计与制作 B3 探究型学习活动设计	C1 跨学科学习活动设计 C2 创造真实学习情境
学法指导	A5 技术支持的课堂导入 A6 技术支持的课堂讲授 A7 技术支持的总结提升 A8 技术支持的方法指导 A9 学生信息道德培养 A10 学生信息安全意识培养	B4 技术支持的发现与解决问题 B5 学习小组组织与管理 B6 技术支持的展示交流 B7 家校交流与合作 B8 公平管理技术资源	C3 创新解决问题的方法 C4 支持学生创造性学习与表达 C5 基于数据的个别化指导
学业评价	A11 评价量规设计与应用 A12 评价数据的伴随性采集 A13 数据可视化呈现与解读	B9 自评与互评活动的组织 B10 档案袋评价	C6 应用数据分析模型 C7 创建数据分析微模型

【阅读材料】

思 维 导 图

思维导图，又叫心智图，是表达发散性思维的有效的图形思维工具。思维导图是一种革命性的思维工具，简单却又极其有效。思维导图运用图文并重的技巧，把各级主题的关系用相互隶属与相关的层级图表现出来，把主题的关键词与图像、颜色等建立记忆链接。思维导图充分运用左、右脑的机能，利用记忆、阅读、思维的规律，协助人们在科学与艺术、逻辑与想象之间平衡发展，从而开启人类大脑的无限潜能。思维导图因此具有人类思维的强大功能。

近年来，思维导图完整的逻辑架构及全脑思考的方法在世界范围内被广泛应用于学习及工作中，不仅大大缩短了所需时间，降低了物质资源消耗，而且对于个人或公司绩效的大幅度提升也产生了令人无法忽视的巨大功效。

思维导图是英国人托尼·巴赞（Tony Buzan）创造的一种记录笔记的方法。托尼·巴赞是世界级的著名作家。他是一个演讲者，是为政府、商业机构、各行各业、学校提供有关大脑、学习和思维技巧方面信息的顾问,他是思维导图的创始人(见图2-1)。

图 2-1　托尼·巴赞与思维导图

思维导图被称为瑞士军刀般的思维工具。和传统的直线记录方法完全不同,思维导图以直观形象的图示建立起各个概念之间的联系,如图 2-2 所示。

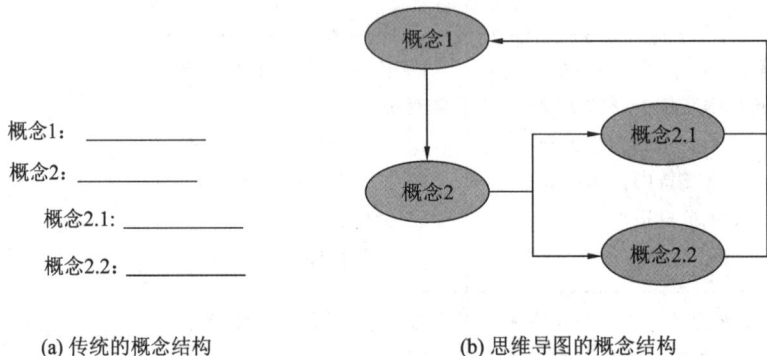

概念1:＿＿＿＿＿＿

概念2:＿＿＿＿＿＿

 概念2.1:＿＿＿＿＿＿

 概念2.2:＿＿＿＿＿＿

(a) 传统的概念结构　　　　　　　　(b) 思维导图的概念结构

图 2-2　思维导图与传统记笔记方式的比较

思维导图和传统的记笔记方法相比有较大的优势:①它顺应了大脑的自然思维模式,可以让我们的各种观点自然地在图上表达出来;②能够加强记忆,因为在图示中通过使用关键词,既可以积极地听讲,又能强迫我们在做笔记的时候就思考句子的要点到底是什么;③激发右脑,因为在创作导图的时候还使用颜色、形状和想象力。科学研究发现,人的大脑是由两部分组成的。左大脑负责逻辑、词汇、数字,而右大脑负责形象思维、直觉、创造力和想象力。所以,图像的使用加深了我们的记忆,因为使用者可以把关键词和颜色、图案联系起来。

其实,思维导图不仅可以用于做笔记,还可以用于制订计划、组织讨论等。例如讨论问题时,可以由一人担任秘书工作,把整个讨论用思维导图的形式画出来,如图 2-3 所示。

思维导图的具体做法包括以下几个步骤。

首先准备几张白纸和不同颜色的笔,把主题画在纸的中央,主题可以用关键词和图像来表示。所谓关键词,是表达核心意思的字词,关键词应该是具体的、有意义的,这样才有助于我们进行回忆。

然后开始考虑"次主题",也就是在上一层主题下的延伸。在"次主题"后,罗列更为详细的要点。这个时候要注意的是,不要强迫自己用一定的顺序或结构来罗列要点。任何一个要点

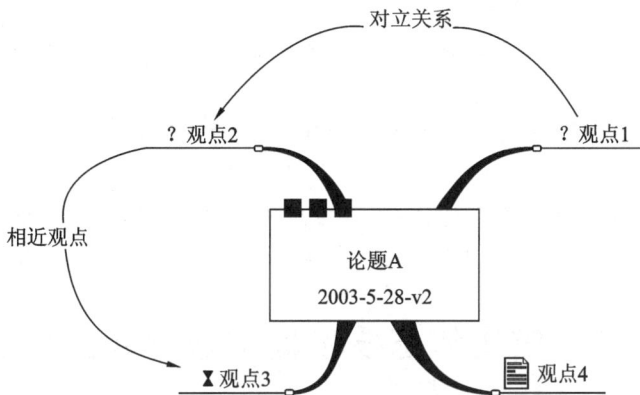

图 2-3　思维导图用于讨论

出现的时候,尽可以自然地将它用"关键词"的方式表达出来,并把它和最相关的"次主题"连接起来。

最后整理思维过程。在完成思维导图后,再用阿拉伯数字把它们标记出来。任何一个"次主题"都要用一种不同的颜色来表示。而且,如果可能的话,要尽可能用图像来表达一个关键词,这可以大大加深记忆。

现在,计算机已经在许多方面取代了"纸+笔",在制作思维导图上,计算机也以它的操作快捷、图像形式多样和容量大的特点显示了其相对于"纸+笔"工具的优势。现在,制作思维导图的软件很多,如 Inspiration、mindmanager、PersonalBrain、brainstorm 等,这些软件各有优缺点,在实际应用中可以根据需要进行选择。这些软件都非常容易掌握,不仅教师可以使用,学生也可以使用。

欲了解更多有关思维导图的内容,请以"思维导图"为关键词检索浏览互联网上的信息。

实践活动 2-1

运用搜索引擎获取学习信息资源

【活动目标】

通过该实践活动学习者要达到以下要求:

(1)学会如何使用思维导图制订素材搜集的计划;

(2)掌握如何通过搜索引擎寻找、搜集教学使用的各种资源;

(3)学会如何分类整理搜集到的教学资源。

【活动任务】

假设你是教师,要准备一堂课的教学活动,需要获取相关的教学资源。要怎么找资料呢,又如何把它们分类、整理从而为教学服务呢?你来试试吧。

【活动步骤】

第一步,阅读教材与教参,了解学生对教学素材(文本、图形、图像、动画、音频、视频、网站、课件等)的偏爱。

第二步,运用思维导图制订素材搜集计划,即不同的教学过程需要哪些素材,并确定搜索关键词。

第三步,用百度、谷歌等搜索引擎搜索各种教学素材(文本、图形、图像、动画、音频、视频、网站、课件等),并保存下载的素材。

第四步,浏览这些资源,筛选出你认为能为教学服务的素材,并建立相应的文件夹对素材进行分类存放。

第五步,根据教学需要,对素材进行适当的处理、编辑并选择合适的素材组成教学材料。

【活动成果】

了解关于素材搜集计划的思维导图;能够独立使用搜索引擎寻找或查找所需资料,能独立搜索关于某一主题的文本、图形、图像、动画、音频、视频等资源并分类存放在相应的文件夹中。

第二节　应用信息技术促进教师专业化发展

一、教师专业化发展的内涵

(一)什么是教师专业化

一种职业要被认可为一种专业,应该具备如下基本特征。

(1)专业的社会功能属性。一种专门职业要具有不可或缺的社会功能,它决定了从业人员必须具备较高的专业道德规范和专业素养,以更好地履行专业职责,承担社会责任。

(2)专业的完整理论与成熟技能。这是一种专门职业成为专业的理论依据与技能保障。完整的专业理论为具体专业活动提供指导,并指明方向。它要求从事人员必须经过训练,掌握专业知识和专业技能,否则难以胜此重任。

(3)专业的自主权和组织性。一个公认的专业要有强大的专业组织以保证专业权限、专业水准,提升专业地位。

世界上最早提出教师职业专业化是1966年,国际劳工组织和联合国教科文组织在《关于教师地位的建议》中,首次以官方文件形式对教师专业化做出说明:应把教育工作视为专门的职业,这种职业要求教师经过严格的、持续的学习,获得并保持专门的知识和特别的技术。

目前,我国已经有了成熟的师范教育体系、教师资格认证机制及相对完善的教师职称评定体系。这些都为我国的教师专业化提供了良好的基础。

(二)什么是教师专业化发展

教师专业化发展是指教师在整个专业生涯中,通过终身专业训练,习得教育专业知识技能,实施专业自主,表现专业道德,逐步提高自身从教素质,成为一个良好的教育专业工作者的专业成长过程,即从一个“普通人”成长为一个“教育者”的专业发展过程。

教师专业化发展的基本内涵是:第一,教师专业既包括学科专业性,也包括教育专业性,国家对教师任职既有规定的学历标准,也有必要的教育知识、教育能力和职业道德的要求;第二,国家有教师教育的专门机构、专门教育内容和措施;第三,国家有对教师资格和教师教育机构的认定制度和管理制度;第四,教师专业发展是一个持续不断的过程,教师专业化也是一个发展的概念,既是一种状态,又是一个不断深化的过程。

教师专业化与教师专业化发展是两个相通但不相同的概念。教师专业化主要强调教师群体外在的专业性提升,而教师专业化发展主要指教师个体的内在的专业化提高。教师专业化发展有两个目标取向：一是"专业发展"目标取向，即不断改善专业发展制度，促进教师专业能力发展；二是"组织发展"目标取向，即不断整合专业组织，争取更大的专业权力。

二、应用信息技术促进教师专业化发展

（一）运用信息技术更新教师的教学观念

1. 教师自身的角色发生改变

当今世界科技日新月异，已经是一个网络无处不在的时代。教师作为教学系统的一个重要组成部分，应该在一个开放、自由的系统中与学生进行"视界的融合"。改变传统的教师权威角色，就是要运用现代信息技术，以互联网为平台，与学生进行平等对话与交流，打破传统教育教学观念的束缚，从自我封闭状态走向自由、开放、澄明的交互状态。

2. 教师要重新定位教学活动中的学生

在传统的教学活动中，教师是知识与学术的权威，对学生进行"填鸭式"的教学；学生只是被动地、接受式地学习，没有自主权。在这种教学状态下，学生严重缺乏学习的积极性、主动性、创造性。在今天的互联网背景下，学生进行探究式学习，借助网络搜索资料进行创造性的学习。学生的学习积极性、主动性得到了充分的发挥，学生不再只是一个"井底之蛙"，在某些方面很可能"弟子不必不如师"。所以，在网络的支持下，教师要重新审视自己的教学对象。

3. 教师要对教育中介进行再认识

教育中介是指那些在受教育者与教育者之间起桥梁作用的物质与意识的东西。教育中介包括物质中介与精神中介。教育物质中介主要指教学工具和教学内容。传统的教学活动中教师有一支粉笔、一本教材、一块黑板就能进行教学；网络时代的教学活动中，传统的黑板加粉笔的教室已经成为多媒体教室了，教师必须具备信息技术的素质才能进行教学活动。教学的工具也发生了变化，投影仪、电脑、音响、麦克风等信息技术设备远远优越于粉笔的功能，教师需要再认识教学工具。教学内容当然也不再是孔子时代的"六艺"，也不再是"四书五经"和"一本一纲"（教材和教学大纲），而是包括教材在内的多方面的知识内容。教师要重新认识教学内容。

（二）运用信息技术提高教师的教学能力

近年来，随着基础教育课程改革的试验与推广、中小学教育信息化的普及、素质教育的全面推进，对传统的教学方式和教学手段进行改革势在必行。教育信息化实践证明，以信息技术为核心的现代教育技术对于改进教学、提高教学效益具有不可替代的作用。提升教师的教育技术能力水平，是促进教师专业化发展的重要方面。

教育教学能力主要是指教师的从教能力，它是教师在教学实践中将教育科学理论知识、技术内化为教师自己的应用知识和技能的过程中产生的。它不是由理论到实践的直接运用和过渡，也不是对现成的教学理论、知识和技术的被动接受，而是教师在实际的教育教学情境中，对教学场景的感知，对复杂而具体的实际问题的发现、观察、分析和对方案的寻找，经过反复的感悟、反思和研究而获得的。如今，一名教师仅具有教育理论素养和学科教学知识是远远不够

的,还必须掌握一定的教学方法和教育技术手段,通过这些方法和手段把先进的教育理念和教学内容贯彻到教育教学过程之中,融入教学实践活动中去。因此,教育技术的应用能力在教师整体专业素质中占据重要地位,对于其开展高质量的教育教学活动具有十分重要的作用,是推进教育信息化、实施素质教育的基础性条件之一。

(三)运用信息技术强化教师的知识管理

随着社会的发展变迁,教育技术逐渐成为教师专业发展的核心动力,可以渗透到教师专业化发展的各个层面。而面对知识的迅速更新,对知识进行管理成为每个人必须具备的基本能力。知识管理并不是简单地对知识进行记录或将这些知识进行简单分类然后存储在文件夹中,而是首先对知识进行筛选,然后经过系统化梳理让零碎的知识有条理地存储在大脑中,并与他人分享知识。知识管理包括学习知识、保存知识、分享知识和使用知识。能够帮助我们进行知识管理的工具很多,比如:Google Reader 不仅可以作为学习工具,还可以作为保存知识和与他人共享知识的工具;博客或微博可以作为保存知识、分享知识的工具,同时也可以帮助使用者梳理知识,开展反思性学习。教师可以把自己在日常教学中遇到的问题或感悟、收获等写在博客中,便于日后的整理和利用,从而开展对教学问题的集体讨论,以促进深入思考。另外,教师可以利用微软开发的 OneNote 等软件来进行知识管理。

(四)进行教育技术课题研究深化教师专业化发展

1. 教学反思是教师开展教育教学研究的切入点

教学反思是教师在教学实践中批判地审视自己的教学行为及其所依据的观念、思想、教学结果、教学理论、教学背景,或者给予肯定、支持和强化,或者给予否定、思索和修正,从而不断提高自身主体性的过程。教师借助行为研究,不断探究,解决自身和教学目的、教学工具等方面的问题,将"学会教学"与"学会学习"统一起来,努力提升教学实践的合理性,使自己成为学者型教师。新一轮基础教育课程改革倡导教师进行教学反思,成为反思型实践者,以提高教师的专业化素质,增强其进一步解读和实施新课程的能力。教学反思的策略很多,有个体反思、群体反思和综合反思等。其中个体反思是实施其他一切反思策略的根基和原动力。

2. 校本研究是教师展开研究和专业成长的依托

校本研究就是以教师为研究主体,以解决在课程实施过程中教师所面对的各种具体问题为对象,由专业理论人员共同参与的一种教研活动方式。在开展教育技术校本研究活动中,学校作为课程改革与实施的最基本的单位,最重要的就是把立足点定位在充分利用本校特色、资源上,在上级教研主管部门的指导下,注重搞好校本研究的三个结合:一是与课堂教学改革、教学创新相结合;二是与提高教育教学质量相结合;三是与提升教师整体素质相结合。在教学实践和日常活动中所体会及获取到的经验(教学反思)有时是零碎的、不系统的,只有经过教师们的"去粗取精,去伪存真"的加工制作过程,才能形成系统的理性化的认识,而课题则恰恰是教学科研工作的一个有效载体。广大教师应立足课堂,从教学实际出发,积极参与课题研究,边实践、边研究、边整合。

3. 行动研究是教师提高科研能力最有效的方法

行动研究是指教师在从事教育实践过程中,对自己的实践过程进行研究,融教育理论与实践于一体的一种教育研究方法。行动研究较适合于没有接受过严格教育实验训练的中小学教师使用,符合中小学教育科研的发展战略,有利于改变中小学教师的职业形象,提高中小学教师的教育科研素养,促进教师专业化发展,对于提高中小学教育教学质量具有十分重要的意义。教师承担的研究任务和教师的教学行为直接相关,而且教师不是被动地执行专家提供的教学方案,而是在尝试和思考的过程中对方案进行评价和修改,与专家形成协作关系。专家更多的是负责理念的引领,而教师更多的关注实践上的可行性。最终在先进教学理念的引领下获得符合教学实际需求的教学改革方案。

(五)建立网络研修机制促进教师专业化发展

网络研修是一种以网络为基础开展教研工作的新方式,它借助网络,不受时空和人员限制,为广大一线教师提供了内容丰富、理念新颖、技术先进、实用便捷的优秀课程资源,创设教师与教师、教师与专业人员及时交流、平等探讨的活动平台和环境,促进课程改革实验的决策者、设计者、研究者与实施者的多元对话。它能发挥教师在教研活动中的主体作用,使城乡学校和教师能够网络研修平等获取信息资源和对话交流,弥补传统教研模式的不足。开展基于网络的教学研究,是创新教研形式、拓宽教学研究途径、缩小城乡教育资源差异、实现教育均衡发展的有效途径。

(六)开展按需培训强化教师专业化发展

为全面提升中小学教师信息技术应用能力,教育部于 2013 年 10 月 25 日印发《教育部关于实施全国中小学教师信息技术应用能力提升工程的意见》,启动全国中小学教师信息技术应用能力提升工程。提升工程围绕"应用"这一核心任务,将"培训、测评、应用"相结合,以农村教师为重点,拟到 2017 年底完成全国 1000 多万中小学(含幼儿园)教师新一轮提升培训,建立教师主动应用机制,推动每个教师在课堂教学和日常工作中有效应用信息技术。提升工程主要包括以下四项内容。

1. 建立教师信息技术应用能力标准体系

围绕深入推进基础教育课程改革和促进教师转变教育教学方式的现实需求,吸收借鉴国内外信息技术应用经验和最新成果,研究制订我国中小学教师信息技术应用能力标准、培训课程标准和能力测评指南等,有效引领广大教师提升信息技术应用能力、学科教学能力和专业自主发展能力。

2. 按照一线教师需求开展全员培训

采取符合信息技术特点的培训新模式,利用互联网,推行网络研修与现场实践相结合的混合式培训,推动移动学习,支持教师使用手机、平板电脑等移动终端进行便捷有效的学习。利用资源共建共享服务平台,建立培训资源建设新机制,汇聚各地培训课程资源和培训服务信息,促进资源交易与交换,引领各地重点建设典型案例资源,加工生成性资源,开发微课程资源,满足教师个性化学习需求。

3. 开展教师信息技术应用能力测评

建立网络测评系统,通过案例开展情境测评,为教师提供便捷有效的测评服务,让教师及时了解自身能力水平,明确不足,查漏补缺,以评促学、以评促用。

4.建立推动教师主动应用信息技术的机制

将信息技术应用能力与教师管理挂钩,推动教师养成良好的应用习惯,将信息技术融于课堂教学、师生交流等各个环节,助推教师"激发教育创新,拓展成长空间,成就发展梦想"。

提升工程的实施将全面提升广大中小学教师信息技术应用能力,进一步破解教育信息化发展瓶颈问题,促进教师转变教学方式,深入推进基础教育课程改革,推动教师终身学习,有效促进专业自主发展。

实践活动 2-2

建立自己的云空间

【活动目标】

(1)学会自己申请教育云空间账号,能在自己的空间写文章,并上传照片、视频等资源。

(2)学会设置栏目分类和空间的装扮。

(3)学会如何访问他人的空间,并对他人的作品进行评论。

【活动任务】

在老师的指导下注册并登录武汉市教育云平台,然后进入自己的云空间,并根据自己的喜好进行空间装扮;然后会在云空间"我的文章"栏目中编辑文字和图片等;通过链接访问其他同学的空间,并留下自己的评论;学会上传照片和管理"我的相册"。

【活动步骤】

第一步,打开武汉教育云首页 https://www.wuhaneduyun.cn/,单击"立即注册",按照网页上的提示,完成云平台账号的申请。

第二步,回到武汉教育云首页,登录自己的账号,进入自己的空间主页,选择合适的界面风格进行装扮并设置好栏目分类,然后保存。

第三步,发表文章。单击"文章"按钮进入编辑状态,将文字和图片添加到编辑框后,在编辑框下面设置文章的分类、访问权限、置顶模式等内容,然后单击"发表"提交文章,返回空间主页。

第四步,上传照片。单击空间主页菜单上"相册"按钮,上传照片并进行管理。

第五步,回到空间主页,通过"通讯录"搜索其他同学的名字进入其空间主页,访问其他同学发表的文章并留下自己的评论。

【活动成果】

拥有自己的空间,发表文章,并在文章内容中插入图片;对同学的空间以实名制进行评论;建立自己的相册并上传照片,记录美好瞬间。

本 章 小 结

在信息时代教师的角色发生了重大转变,教师不仅要精通教学内容,熟悉学生的心理特点,掌握学生的认知规律,还必须具有信息技术的应用能力,充分利用、设计和开发有效的教学资源,对学生的学习给予宏观的引导和具体的帮助,而且要不断提高自身素质。本章介绍了信息时代教师角色的变化和教师应具备的信息技术应用能力要求,阐述了教师专业化和教师专业化发展的概念以及应用信息技术促进教师专业化发展的策略。

本 章 练 习

1. 名词解释：

教师信息技术应用能力　教师专业化　教师专业化发展。

2. 结合《中小学教师教育技术能力标准（试行）》和《中小学教师信息技术应用能力标准（试行）》，简述信息时代教师的信息技术应用能力要求。

3. 信息时代要求培养学生的学习能力和创新能力，对教师提出了更高的要求，请结合自己的认识，谈谈信息时代学生的角色应该发生怎样的变化。

4. 简述信息时代如何应用信息技术促进教师专业化发展。

第三章 信息化教学环境

核心概念 ......

信息化教学   信息化教学环境
多媒体教学系统   交互式电子白板
电子书包   智慧教室
智慧校园   三通两平台

学习目标 ......

（1）理解信息化教学环境的概念、组成及其特点。

（2）了解多媒体教室、多媒体教学系统等多媒体教学环境的组成，并能熟练操作其中的主要设备，初步了解利用各种多媒体教学环境组织和实施教学活动的方法。

（3）理解交互式电子白板的概念，进而了解交互式电子白板教学系统的结构和功能，并能够熟练操作交互式电子白板。

（4）理解电子书包的概念，并了解电子书包的系统结构、基本功能和电子书包对学习的技术支持。

（5）理解智慧教室概念，进而了解智慧校园的特点。

（6）了解三通两平台概念，掌握三通两平台应用。

知识概览 ......

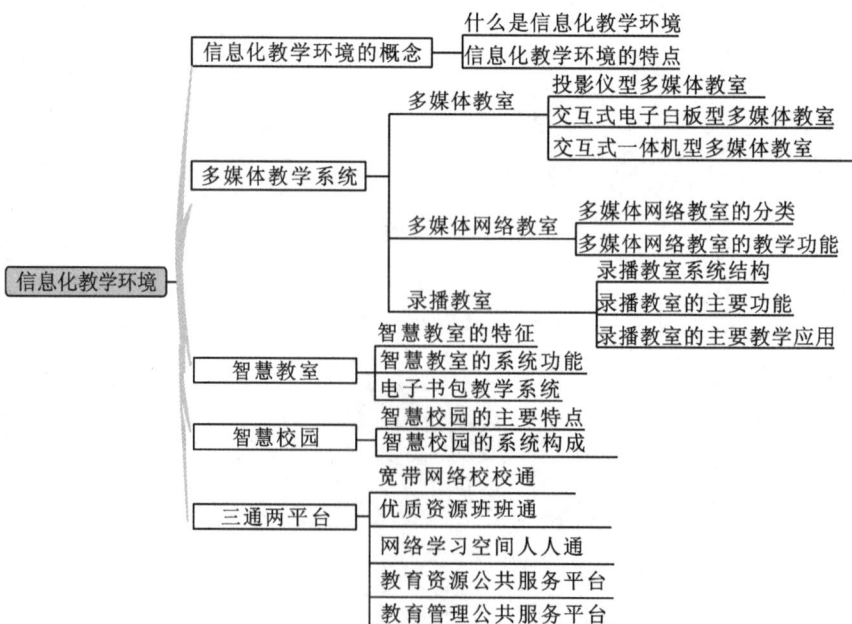

第一节 信息化教学环境的概念

一、什么是信息化教学环境

教学环境是教学活动得以进行的物质保证,即影响教学活动的各种外部条件,它是教育资源在空间和时间上组合变换的结果。不同资源组合所产生的教学环境具有各自的优势。从教学论的角度来看,教学环境是构成教学活动的一个重要因素。在教学实践中,教学环境对教学活动的顺利进行和对学生的身心健康发展都发挥着极其重要的影响。正如本杰明·布鲁姆所指出的,教学环境是一种能够塑造和强化学生行为的重要力量。

教学环境有广义和狭义之分。从广义上说,社会制度、法规政策、科学技术、师资力量、家庭条件、亲朋邻里等,都属于教学环境,因为这些因素在一定程度上制约或影响着教学活动的成效。从狭义的角度,即从学校教学工作的角度来看,教学环境主要指学校教学活动的场所、各种教学设施、校园文化和师生人际关系等。

信息化教学环境是与传统教学环境完全不同的一种新形式的教学环境,它建立在多媒体计算机和互联网基础之上,是在现代教育理论指导下,充分运用现代信息技术建立的能实现教学信息的获取和呈现方式多样化,有利于自主学习及协作学习的现代教学环境。信息化教学环境有利于学习者获取广泛的教学信息和相关资料。教学信息的呈现多媒体化,信息反馈及时,有利于教学个性化、学习自主化、作业协同化,便于施教者的指导和调控,为教学活动提供了有利的空间。

信息化教学环境有广义和狭义之分。从广义上说,信息社会中与教育、教学有关的各种要素皆属信息化教学环境,如:公共通信网络、现代媒体资讯等。从狭义上说,信息化教学环境主要是指开展信息化教学的硬件环境、软件环境、时空环境、文化信息环境、人文环境等,如图 3-1 所示。本章所讨论的信息化教学环境主要是指适应课堂教学的硬件环境(多媒体教学系统、校园网)和基于网络学习的软件环境(网络互动学习平台)。

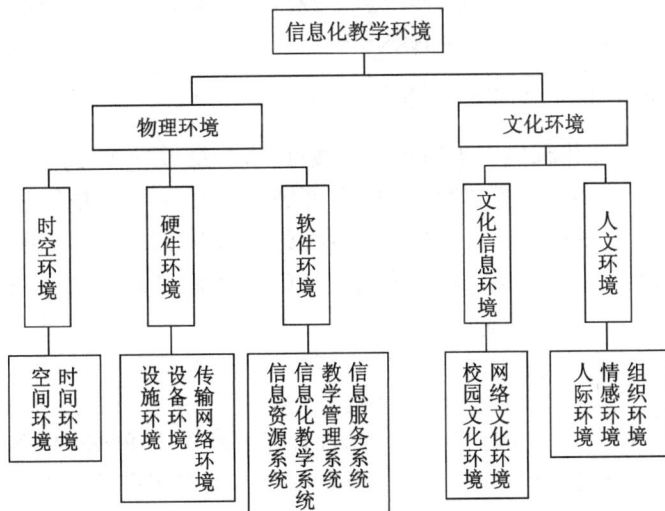

图 3-1 信息化教学环境的结构

二、信息化教学环境的特点

信息化教学环境中信息的传递方式和学生对知识信息加工的手段、方法与传统教学环境截然不同。利用现代教育技术手段的支持,信息化教学环境调动尽可能多的教学媒体、信息资源,构建了一个良好的学习环境。在教师的组织和指导下,信息化教学环境能充分发挥学生的主动性、积极性、创造性,使学生能够真正成为知识信息的主动建构者,达到良好的教学效果。

我们知道,以计算机为主的现代教学媒体(主要指多媒体计算机、教学网络、校园网和互联网)的出现带来了传统教学媒体所无法具备的特性:计算机交互性、多媒体特性、超文本特性、网络特性。这些特性能够使学生在课堂上的地位有所改变,使学生能够真正积极主动地探索知识,而不再是被动地接受知识信息,成为知识信息的主动建构者。在这种模式下,教师是课堂教学的组织者、指导者,学生建构意义的帮助者、促进者,而不是知识的灌输者和课堂的主宰。信息化教学环境具有如下特点。

1. 信息源丰富,知识量大

现代教育技术手段为课堂教学所提供的教学环境,使得课堂上信息的来源变得丰富多彩,教师和课本不再是唯一的信息源。多种媒体的运用不仅能够扩大知识信息的含量,还可以充分调动学生的多种感官,为学生提供一个良好的学习情境。

2. 学生学习主动、积极

现代教育技术手段的加入,尤其是多媒体计算机和网络的加入,使教师的主要作用不再是提供信息,而是培养学生自身获取知识的能力,指导学生的学习探索活动,让学生主动思考、主动探索、主动发现,从而形成一种新的教学活动进程的稳定结构形式。在整个进程中,教师有时处于中心地位(以便起主导作用),但并非自始至终如此;学生有时处于传递—接受学习状态(这时教师要特别注意帮助学生建立“新知”与“旧知”之间的联系以便使学生实现有意义的学习),但更多的时候是在教师指导下进行主动思考与探索;教学媒体有时作为辅助教学的教具,有时作为学生自主学习的认知工具;教材既是教师向学生传递的内容,也是学生建构意义的对象。可见,这样有利于提高学生的主动性和积极性。

3. 个别化教学,有利于因材施教

计算机的交互性给学生提供了个别化学习的可能,学生可以通过多媒体技术完整呈现学习内容与过程,自主选择学习内容的难易、进度,并随时与教师、同学进行交互。在现代教育技术手段所构造的教学环境下,学生可逐步摆脱传统的教师中心模式,学生由传统的被迫学习变为独立的主动学习,在学习过程中包含更多的主动获取知识、处理信息、促进发展的成分,有利于因材施教。

4. 互助互动,培养协作式学习

计算机的网络特性有利于实现培养合作精神并促进高级认知能力发展的协作式学习。在网络的帮助下,学习者通过互相协同、互相竞争或角色扮演等多种不同形式来参加学习,这对于问题的深化理解和知识的掌握运用很有好处,而且对认知能力的发展、合作精神的培养和良好人际关系的形成也有明显的促进作用。

5. 有利于创新精神的培养和信息能力的发展

多媒体的超文本特性与网络特性的结合，为培养学生的信息获取、信息分析与信息加工能力营造了理想的环境。众所周知，互联网是世界上最大的知识库、资源库，它拥有最丰富的信息资源，而且这些知识库和资源库都是按照符合人类联想思维的超文本结构组织起来的，因而特别适合于学生进行"自主发现、自主探索"式的学习，这样就为学生发散性思维、创造性思维的发展，以及创新能力的孕育提供了肥沃的土壤。

第二节 多媒体教学系统

多媒体教学系统是信息化环境的重要组成部分，是实现信息化教学的基础条件。多媒体教学系统是一个广义的概念，一般指由硬件、软件、教学内容、教学管理机构组成的一体化教学系统。它集声音、图像、视频和文字等媒体为一体，能产生生动活泼的效果，逐步打破"一块黑板、一板粉笔、一张嘴巴众人听"的教师灌输为主的传统教法，构建起新型的教学模式。运用多媒体教学系统进行教学有助于提高学生学习的兴趣和记忆能力；同时，它充分利用多媒体的表现力、参与性、重现力和受控性强的特点，能达到传授知识、开发智力、培养能力、实现因材施教和个别化教学的目的。本节讨论的多媒体教学系统是指由多媒体硬件设备组成的适应课堂教学的教学系统，主要包括多媒体教室、多媒体网络教室和录播教室。

一、多媒体教室

多媒体可以理解为直接作用于人感官的文字、图形图像、动画、声音和视频等各种媒体的统称，即综合多种信息载体的表现形式和传递方式的一种技术。多媒体技术不是各种信息媒体的简单复合，它是一种把文本、图形、图像、动画和声音等形式的信息结合在一起，并通过计算机进行综合处理和控制，能支持完成一系列交互式操作的信息技术。

多媒体教室一般指的是将多种媒体有机地组成一个整体置于一个教室内，使之具有多种功能。教师可以根据教学需要使用不同的媒体，以达到优化教学过程、提高教学质量的目的。它要求所有设备有机地组合在一起，使教师能够灵活控制，控制操作越直观、越简单越好。

多媒体教室种类较多，不同硬件的不同搭配便构成了不同类型的多媒体教室。本节按照计算机所连接的显示设备不同，将多媒体教室分为投影仪型多媒体教室、交互式电子白板型多媒体教室、交互式一体机型多媒体教室三种基本类型。

（一）投影仪型多媒体教室

投影仪型多媒体教室的基本配置包括一台多媒体计算机、一台投影机及幕布。扩展配置包括视频展示台、影碟机、录音卡座、功效、音箱等，它们通过多媒体集成控制系统（又称中央控制系统，简称中控系统）连成一体。视音频信号可直接输入输出，并通过控制面板（见图 3-2）统一操控，整个系统可与校园电视系统或计算机网络连接。由于采用多媒体投影机显示，因此显示画面大，图像清晰，教学效果好。投影机型多媒体教室的结构如图 3-3 所示。

1）中央控制系统

中央控制系统是多媒体教室各种设备连接的桥梁和控制中枢，一般由视、音频矩阵模块、VGA 处理模块、控制码录入模块、继电器模块、控制面板、控制软件等组成。它可以使教师通

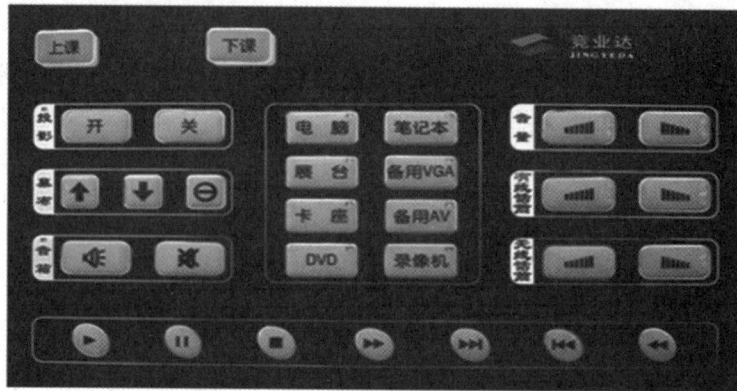

图 3-2 控制面板

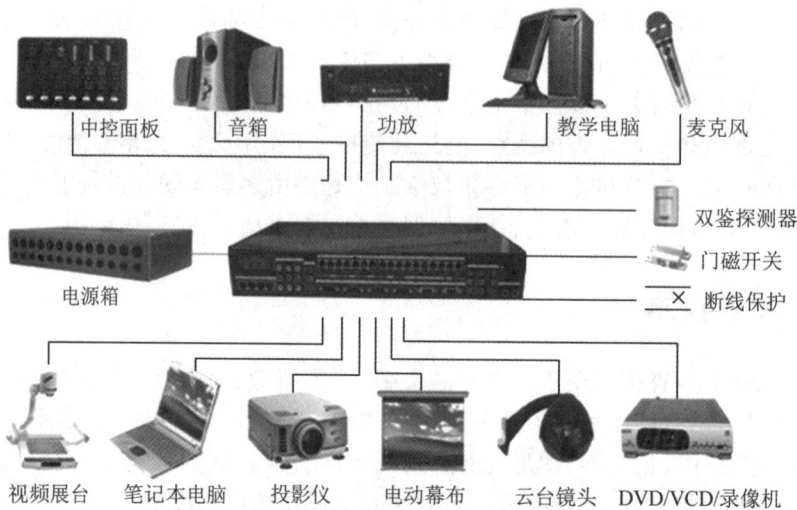

图 3-3 投影仪型多媒体教室的结构图

过控制面板、鼠标或电脑触摸屏中的某种控制方式来自如地控制各种媒体。目前控制系统的控制方式较多,面板控制和电脑界面控制差异较大,性能指标相差也较大。有的控制面板让教师一看一目了然,较简单,运用起来十分方便。将多媒体教室的录像机信号、影碟机信号、录音卡座信号、实物展示台的 AV 信号、台式电脑或笔记本电脑的 VGA 信号、音频系统、电动银幕和电动窗帘的电源控制信号等输入到多媒体集中控制系统主机,一般可随意切换和调整各种媒体的画面、声音及相关设备(电动银幕、窗帘、照明等),从而完成教学任务。

2)多媒体计算机

多媒体计算机是多媒体教室的核心媒体。作为一个综合使用的多媒体教室,教室使用频率高,运行软件多,对图像、图形要求较高,为满足教学需要,在配备多媒体计算机时,应配置当前市场上的主流产品且参数相对较高的产品。多媒体电脑与控制系统主机相连,安装相应的软件,可以实现电脑触摸式操作或鼠标操作的所有功能,使显示器与投影屏幕同步显示画面。

3)视频展示台

视频展示台又称实物展示台,主要用于显示文稿、图片、胶片等,有的可以连接显微镜,如图 3-4 所示。实物展示台主要由上方悬挂的摄像头和底部的平面展台两部分组成,现在大部分展台在侧面还装配了照明光源。摄像头能根据实际需要,完成旋转、变焦、自动或手动聚焦等操作。平面展台可放置要显示的实物、文稿,为使实物或文稿有较好的色还原性和获得较清晰的图像,在展示台两侧或后面配备了照明光源。平面展台底部也配备了光源,能清晰显示幻灯片和胶片,且具有正像、负像、正片、负片等功能。

4)投影仪

多媒体投影仪一般是吊装于多媒体教室内的,使多媒体画面能投射到大屏幕上。目前市场上多媒体投影仪主流技术以 3LCD 投影和 DLP 投影两种类型比较常用。3LCD 的投影技术是一种透射式投影技术,将灯泡发出的光分解成红、绿、蓝三种颜色的光,每种颜色分别透过各自的液晶板,最后通过棱镜显现出明亮清晰的图像。DLP 的投影技术是以数字微镜装置 DMD 芯片作为成像器件,通过调节反射光实现投射图像的一种投影技术。LCD 投影仪如图 3-5 所示。

图 3-4 实物展示台

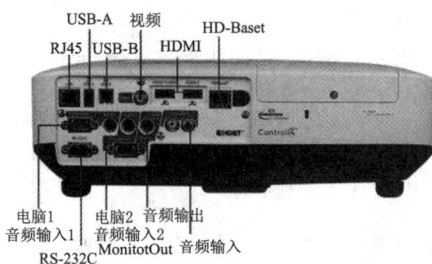

图 3-5 LCD 投影仪

5)音响系统

音响系统应包括功放、音箱、无线麦克风、有线麦克风、调音台和均衡器。无线麦克风的配备是为了满足教师能够边板书边讲课,活动范围较大时使用,它要求无线麦克风具有高灵敏度、高隔离度、强抗干扰能力、高信噪比(S/N)等功能,避免相邻多媒体教室互相串扰,减少外界干扰。调音台和均衡器是用于多个音源的调整和减少音频产生自激啸叫的。功放和音箱的配置要根据教室的大小、人数的多少而定,在容纳 100 人左右的教室里需要配备 100 W 以上的功放;在 150 人以上的教室里应配备 150 W 以上的功放或增加前置放大器。音箱和功放配备时应尽量选择专业级、失真小、噪音低、频响曲线平滑、功放与音箱功率阻抗相匹配的产品,安装时应尽可能地使整个教室的声压均匀。

(二)交互式电子白板型多媒体教室

交互式电子白板型多媒体教室主要由电子白板、投影仪、中控、计算机、多媒体展示台等设备组成,如图 3-6 所示。

1. 交互式电子白板概述

交互式电子白板(interactive whiteboard,也称电子交互白板、交互白板)是一个与数字投影仪及计算机连接在一起的具有触摸感应的白板,投影仪将计算机屏幕的图像投射在白板上,用户通过直接触控电子白板或使用一支特殊的笔就可以对计算机进行操控。交互式电子白板是一种先进的教育或会议辅助人机交互设备,配合使用投影仪、计算机等工具,可以轻松实现书写、标注、几何画图、编辑、打印、存储和远程交互共享等功能。

交互式电子白板型多媒体教室的基本配置包括一台多媒体计算机、一台投影仪(超短焦)、

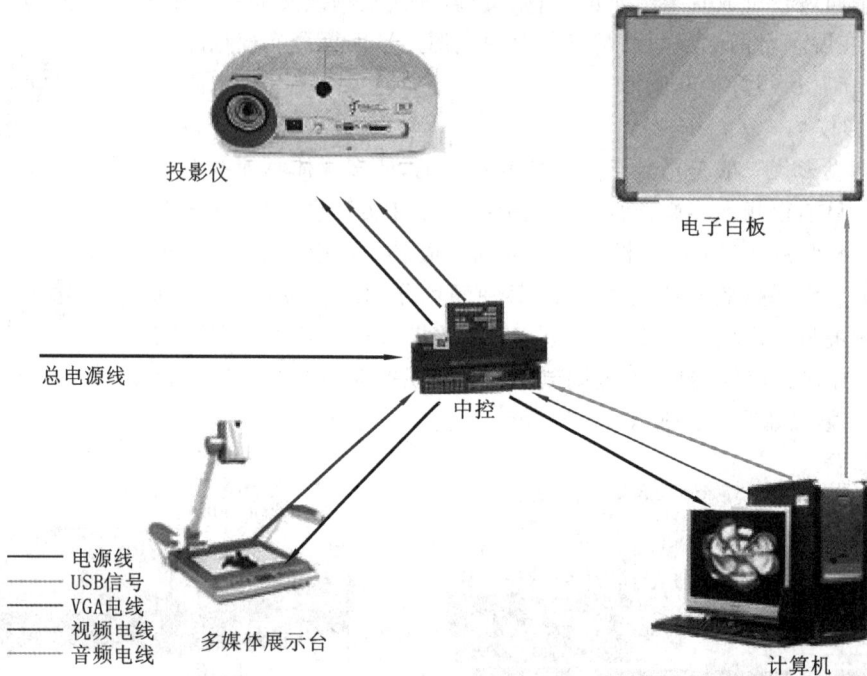

图 3-6　交互式电子白板型多媒体教室

一块交互式电子白板,扩展配置包括中控、多媒体展示台、影碟机、录音卡座、功效、音箱等。该类型的多媒体教室中,通过与投影仪、计算机的配合使用,交互式电子白板可以成为大型的书写屏,对投射到白板上的任何画面,可用书写笔或手指直接在电子白板上书写、触摸,表现出与计算机之间更为强大的交互功能以及更为出色的演示效果。

交互式电子白板的硬件系统主要包括交互式电子白板、计算机系统和投影设备等基本组件。电子白板同时是计算机的显示器,感应笔具有书写笔和计算机鼠标的双重功能。笔尖可以在电子白板上书写,同时笔尖相当于鼠标左键,可以单击和双击。笔筒上的按钮相当于鼠标右键。计算机的显示内容通过投影仪投射到白板上。当感应笔在白板上书写或操作时,通过电磁感应以及白板与计算机之间的馈线将数字信息输送到计算机中,并迅速(以人眼难以区分的快捷速度)通过投影仪投射到白板上呈现出来,从而实现交互白板的各类基本操作。

交互式电子白板的软件系统是整个交互式电子白板系统的核心,硬件安装后,白板的功能特点如何主要取决于软件系统。虽然当前市场上交互式电子白板的品牌众多、技术复杂且软硬件价格跨度大,但其内置的软件系统在系统架构上却是大同小异的。

2. 交互式电子白板常用功能

交互式电子白板在功能上既继承了普通黑板和"计算机＋投影仪"等教育装备所具有的功能,也在电子技术与计算机软件技术的支持下,创新发展了其特有的功能。

(1)编辑功能:可以对每一个对象进行编辑,包括复制、粘贴、删除、组合、锁定、图层调整、平移、缩放、旋转等;也可以对已经制作好的课件,在交互白板的注解模式下,对原有的课件进行控制和批注,甚至可以在一些视频文件上进行标注。

(2)绘图功能:交互式电子白板提供了不同性能的书写笔,用户可以用书写笔或手指直接在感应白板上进行书写、绘图等。利用画图功能,可以直接在白板上画出各种规范的圆、直线、矩形等图形,有效提高了画图的速度及效果。

(3)书写功能:利用电子笔在电子白板上随意书写、标注、任意擦除,更有普通笔、毛笔、荧光笔、排笔4种书写、标注的笔形选择,可随意调整笔的粗细和颜色,书写不同大小的文字和不同粗细的线条。在课堂上的习题练习环节教师可以随时利用交互式电子白板的编辑书写功能修改白板上的例题,举一反三地讲解教学内容,这样不仅给学生提供了更多回顾新知识的机会,而且会使学生对每一种题型的解法都记忆犹新。交互式电子白板的这种功能使得教师在课堂上可以灵活处理文字内容。

(4)屏幕录制功能:屏幕捕获工具允许教师将其他文件中的有用信息提取出来,供教学使用;也可以让教师将课堂上的教学记录成图片格式(包括PPT讲稿、Flash动画、鼠标运动轨迹、电子白板的板书内容等),供课后教学研讨或学生复习之用;还可以将捕获的图片保存至资源库中,供以后随时调用。

(5)交互控制功能:包括探照灯、投票器、屏幕幕布和放大镜等。

探照灯:可以对探照灯进行拉伸、缩放和移动,用电子笔按住探照灯光斑的蓝色边缘进行拖拽就可以自由改变光斑的形状和大小。部分品牌的交互式电子白板可以选择探照灯的光斑形状,例如圆形、三角形、方形、五角星形等,探照灯的背景色彩、背景图片和背景透明度都可以进行调节。调节探照灯的光斑形状和背景透明度的目的就是对需要突出的内容做重点显示,在课堂教学中利用探照灯功能将教师希望学生观察的重点变成学生注意的焦点,同时屏蔽其他教学内容。

投票器:交互式电子白板可以将课堂即时反馈互动系统IRS(俗称"投票器")、无线手写板(俗称"小白板")、手机、摄像头等结合起来共同使用。

屏幕幕布:实现上下、左右拉幕,对屏幕上的内容进行遮挡与呈现,被遮挡的内容可以是Word文档、PowerPoint幻灯片和图片等所有类型的资源,可以根据需要有针对性地展示特定的教学内容,无须任何加工,留出有针对性的信息供演示,方便教学课件的演示,就可以使原来静态的资源具有互动的特征和互动性的使用方式。

放大镜:单击放大镜按钮后,可以在交互式电子白板上画出一个矩形区域,可以随意将选定矩形区域进行放大或缩小,这样可使教学重点内容看得更清楚,有助于改善师生之间互动交流的效果。

(6)资源库功能:交互式电子白板具有强大的资源库功能,包括内置资源、自创资源和网络资源。同时,交互式电子白板具有开放式的图库管理中心、模板管理中心、页面管理中心,可自由插入图片、课件、模板。图库里面有各种各样的图表、地图、专门的背景和多样化的图片,包括各种支持教学、跨科目领域的数据,以及常用的背景库、图库、链接库等,内容非常丰富,涉及领域非常广,其内容可任意添加或删除、导出及分支导入。

内置资源:购买白板时内部自带的资源。在进行视频分析时,将内置资源里的学科专门软件(数学中常用的工具,如量角器、标尺、圆规、XY圆点、网格生成器、分数生成器、计算器、动态几何绘图板等)单独列出来分析,如此一来,既可以使分析更聚焦,也可以使分析更具实用性。

自创资源:此类资源是教师本人或同事以往保存的教学素材。有的来自网络下载,有的是教师在现成的资源基础上自己修改制作的,还有一些是教师在课前利用各类资料自己创造、自行组织的。

网络资源:课上师生利用互联网或局域网即时性查找的资源。网络资源是交互式电子白板的一个重要特色,只要与网络相连,交互式电子白板就可以显示网络上的任何内容。教师可以利用网络在线搜索资源,即时进行显示和播放。而且,交互式电子白板和网络的交流是双向的,既可以从网络上下载和播放资源,也可以向网络上上传资源。

另外,交互式电子白板还有一些其他的常用工具,如数字时钟、录音机、指针等。

(7)网络链接、导入导出功能:支持文本和图片的超链接,以便链接到其他页面或应用程序,可以使用超链接添加声音和视频文件;可以将课堂板书在白板上的所有记录内容导出为PPT 文件或常用的图片和网页,可将页面上的各个对象存储到图库,并随时提取出来,也可将图库导出为一个文件,并可以在其他位置导入图库。

交互式电子白板提供的网络链接功能可以实现资源共享、网络同步教学、视频会议等。交互式电子白板应用于教学中主要体现在网络同步教学方面,通过与网络链接,创建服务器,可以为身处异地的师生建立共享网络,然后连接网络,建立网络同步教学系统。交互式电子白板的网络链接功能其实也为优质教育资源的共享提供了一个很好的平台,偏远山区联网地方的教师可以通过网络观摩城市教师的优质课。

(三)交互式一体机型多媒体教室

交互式一体机型多媒体教室的基本配置主要是一台交互式一体机,如图 3-7 所示。交互式一体机将红外触控技术、智能化办公教学软件、多媒体网络通信技术、高清平板显示技术等多项技术综合于一体,整合了投影仪、电子白板、计算机(可选项)、电视、触摸功能设备等多种设备,将传统的显示终端提升为功能全面的人机交互设备。通过一体机可以实现书写、批注、绘画、多媒体娱乐以及计算机操作,直接打开设备即可轻松演绎精彩的互动课堂。它完全替代"投影+计算机+功放音响+电子讲台+高清视频展示台"等传统复杂教学模式,只需一台设备,即可满足多媒体教学需求。

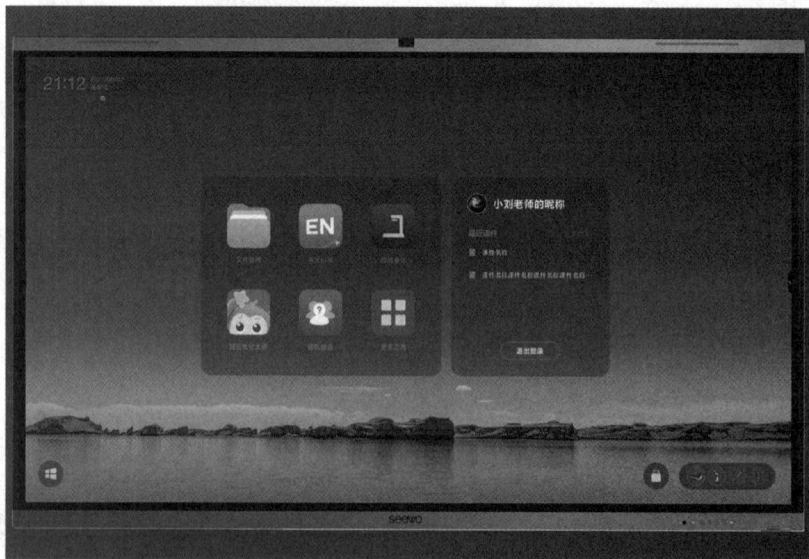

图 3-7　交互式一体机

其主要功能如下:

(1)书写擦除功能:可使用不同类型和颜色的笔在屏幕上进行标注,手写识别汉字、英文和擦除功能。

（2）图形绘制功能：可进行多种图形的绘制，包括矩形、三角形、圆形、梯形、线等，可进行颜色填充、大小调整、旋转等操作。

（3）课件批注功能：可随意对 PPT、Word、Excel 等文档进行书写批注，并进行保存。

（4）资源库功能：教学交互一体机搭载丰富资源库，可进行教学资源的调用。

（5）屏幕缩放功能：可进行触屏操作，实现屏幕图像的放大、缩小，对所书写和批注的内容进行快速定位。

实践活动 3-1

多媒体教室设备操作

【活动目标】

（1）认识电子白板和一体机的硬件和软件的作用和功能。

（2）熟练电子白板和一体机的操作方法。

【活动任务】

在教师的带领下观摩所在学校的多媒体教室，仔细观察各种设备是如何连接的，并对照产品说明书了解各种设备的外部结构、基本功能，以及各种接口、按钮的名称、作用及使用方法，做好详细记录。

【活动步骤】

（一）熟悉设备

设 备 名 称	设 备 型 号	基 本 功 能	使用注意事项
投影仪			
电子白板			
计算机			
中控系统			

（二）使用多媒体教室

1. 开启多媒体教学系统。

按下系统开关，自动接通一体机的各路的电源，接着按下计算机开关，电子白板驱动自动启动，多媒体教学系统开启。

2. 播放媒体信息。

在播放媒体信息之前要调节音响的音量，可以操作计算机播放音视频文件，也可以在电子白板上进行触摸操作播放文件。

电子白板不仅可以播放媒体文件，还可以进行白板教学，与学生进行互动。用电子笔或者用手指在电子白板上进行基本的课堂教学操作，如写字、画图、演算过程等。

将实物（包括文档、书籍、立体实物等）放在实物展示台上，将采集的图片或者活动视频进行播放和编辑。

3. 关闭多媒体教学系统。

实验结束后，首先将计算机和电子白板打开的文件进行保存并关闭。最后，按下关闭计算机的按钮和系统关闭按钮。

【活动成果】

使用多媒体教室，可促进学生思考问题，总结实践过程中的不足，记录下你所使用的多媒体教学系统的特点,以及在使用多媒体系统进行教学时应注意的问题。

二、多媒体网络教室

多媒体网络教室也称网络化多媒体教室或网络化电子教室,通常指的是在普通机房或普通教学网络的基础上,利用多媒体技术和网络技术,通过音视频传输卡、信号传输线、控制部件、耳机、麦克风等设备实现教师机和学生机之间屏幕和声音的交互切换,并且具有多种教学功能的教学系统。

多媒体网络教室是校园网络最基本的组成部分,它不仅具有各种媒体信息处理功能和人机交互功能,更重要的是能实现网上多媒体信息的传输和共享。

(一)多媒体网络教室的分类

多媒体网络教室有很多类型,本节根据硬件和软件系统的搭配不同可将其分为标准型多媒体网络教室、基于网络教学平台的网络教室、移动网络教室。

1. 标准型多媒体网络教室

标准型多媒体网络教室(见图 3-8)是指网络教室中没有网络教学平台,但至少具备教师机、多台学生机、交换机、投影仪(电子白板)、幕布与多媒体电子教室系统等设备的网络教室。在此基础上,根据实际情况,还可以配置多种扩展设备,如中控系统、扩音器、视频展示台、互动反馈系统、液晶书写屏、录课软件等。

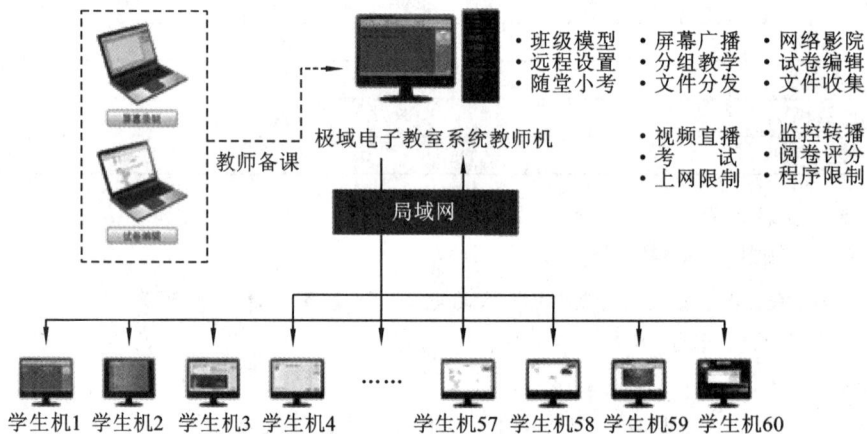

图 3-8　标准型多媒体网络教室

2. 基于网络教学平台的网络教室

基于网络教学平台的网络教室(见图 3-9)是指在标准型多媒体网络教室的基础上还配备网络教学平台的网络教室。该教室里的计算机首先属于一个局域网,联通校园网、城域网、广域网。网络教学平台的搭建可以建立在不同范围的网络中,该教室通过网络可以访问网络教学平台。网络教学平台应具有课程内容资源管理、在线交流、考试管理、系统管理等功能。

3. 移动网络教室

移动网络教室(见图 3-10)是多媒体网络教室的一种延伸,主要是把网络教室中的台式计算

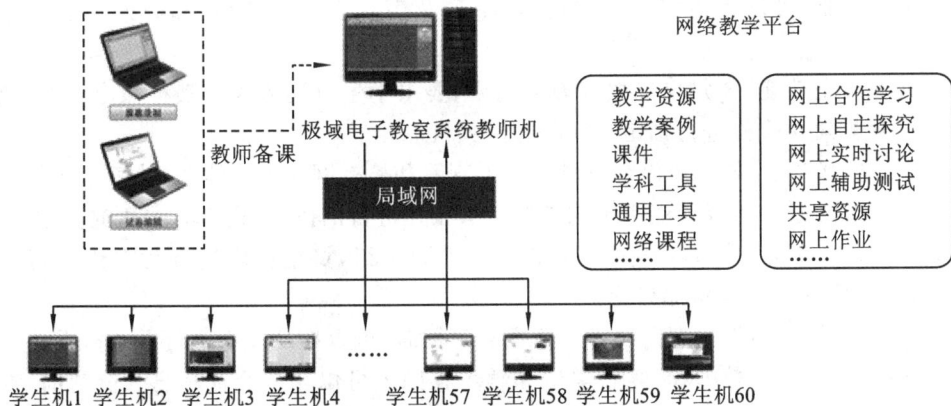

网络教学平台

教学资源　　网上合作学习
教学案例　　网上自主探究
课件　　　　网上实时讨论
学科工具　　网上辅助测试
通用工具　　共享资源
网络课程　　网上作业
……　　　　……

极域电子教室系统教师机

教师备课

局域网

学生机1　学生机2　学生机3　学生机4　……　学生机57　学生机58　学生机59　学生机60

图 3-9　基于网络教学平台的网络教室

机变换为笔记本计算机或移动学习终端,使整个网络教室具有可移动性。移动教室从基础硬件环境看,是以多媒体笔记本计算机(移动终端)、移动无线网络为核心构成的计算机多媒体教室。

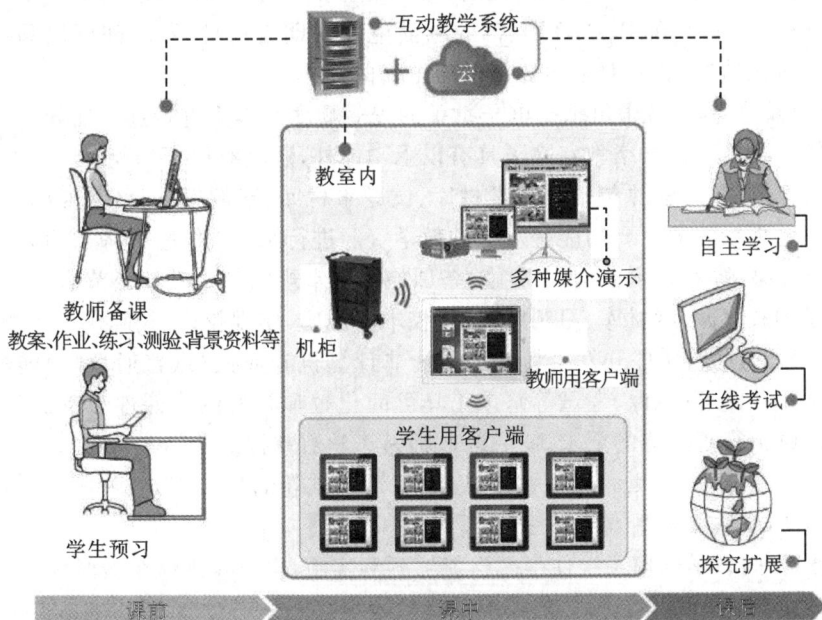

互动教学系统

教室内

多种媒介演示

自主学习

教师备课
教案、作业、练习、测验背景资料等

机柜

教师用客户端

在线考试

学生用客户端

学生预习

探究扩展

课前　　　　课中　　　　课后

图 3-10　移动网络教室

(二) 多媒体网络教室的教学功能

多媒体网络教室提供了一个先进的多学科授课环境及学习平台,利用了视觉、听觉同步教学的手段,使学生多种感官参与学习,提高了知识接收的效率,充分发挥了计算机辅助教学的作用,从根本上改变并促进了师生之间的信息交流、资源共享和教学合作。

标准型多媒体教室的主要功能如下。

(1) 实时广播教学功能:教师可以将屏幕内容或讲话声音传递给全体学生、部分学生或单个学生。实时广播包括屏幕广播和声音广播。屏幕广播不仅在一定程度上发挥黑板的作用,还可以插入各种精美图片、音视频动画和图像,丰富黑板的功能,提高课堂教学效果;声音广播则使网络教室增添了语音教学功能。

（2）示范功能：可以将指定学生的屏幕、话音及声音广播给全体、部分或个别学生进行示范。

（3）远程控制功能：教师可以根据教学需要，要求学生机远程执行某种命令，达到相应的控制效果。比如对学生机进行锁定、解锁或开、关机等。

（4）学习监督功能：教师可以在自己机器上观看和检查网络上全体学生、某个小组学生或个别学生的屏幕信息。监督功能不影响被监督者正在进行的操作，也不会被察觉。

（5）分组讨论功能：教师可任意指定 2～16 人为一组，将全体学生分为多组进行分组讨论，教师也可加入任何一组参加讨论。

（6）电子举手功能：学生有问题提出或需要帮助时，可以按功能键进行电子举手。

（7）在线交流功能：教师和学生、学生和学生在网上可以相互交流信息。交流时，在双方的屏幕上将出现交谈的窗口，显示收、发双方的信息。

（8）学籍管理功能：可对学生的姓名、学号、班级、年龄等学籍信息进行管理并显示在屏幕上。

（9）联机考试功能：教师运用此功能时，可以先指定一个正确答案，再通过屏幕或声音将试题发送给学生，学生按 A、B、C、D 回答，收卷后电脑立即自动批卷，教师可以马上了解学生对所学知识的掌握情况，从而对教学效果做出正确的评估。

（10）自动辅导功能：教师可依据电子举手的先后顺序对学生进行逐一辅导。

基于网络教学平台的网络教室除了具有以上功能外，还具有以下功能。

（1）资源管理：教学资源包括媒体素材库、试题素材库、案例库、网络课件库、文献资料库等。教学资源管理系统的主要功能是对各种教学资源进行采集、管理、检索和利用。

（2）电子备课：将教学准备、教学实施、备课检查等常规的各个教学环节有机组织起来，形成定位到课堂的教案库、素材库、习题库，组建校本资源库，实现校内、校际优质资源共享。

（3）课件开发：网络课件开发工具就是要让非计算机专业人员（普通教师）能够方便地构建网络课件和相关内容（备课、考试等），该工具可简化教师开发网络课件和备课的过程，降低课件开发对教师计算机技能的要求，使一般教师易于学习掌握。

（4）网络练习与考试：测评系统包括试题库、测验试卷的生成工具、测试过程控制系统和测试结果分析工具、作业布置与批阅工具。

（5）教务管理：教学管理系统使得教学能够顺利实施，也可实现整个教学管理过程的现代化和管理的规范化，另外还能及时、准确地反映教学现状，分析教学效果。

移动网络教室的主要功能如下。

（1）移动教学：教师可以通过无线多媒体教学系统将演示内容显示在学生笔记本（或电子书）上，教师可在班级范围内移动。

（2）班内互动：利用无线多媒体教学系统，可以帮助教师在课堂上更加高效、直观地进行互动教学。

（3）班外互通：利用教学平台，教师可随时随地安全地获取、编辑、使用教学资源。

（4）校外互通：利用教学平台，可以实现备课、授课、资源共享、教学研讨、学习管理、教学评价等。

三、录播教室

录播教室，一般是指全自动录播教室，在做过隔音处理的教室里，通过摄像机（摄像头）、拾音设备等将课程现场摄录的视频、音频、电子设备的图像信号进行整合同步录制,生成标准化的流媒体文件,用于对外直播、存储、后期编辑、点播。

(一)录播教室系统结构

录播教室主要由多媒体教室系统(讲台、中控、笔记本电脑、投影仪、电子白板等)、录播系统、自动跟踪及场景切换系统、"一键式"控制系统等构成。全自动录播教室拓扑图如图 3-11 所示。

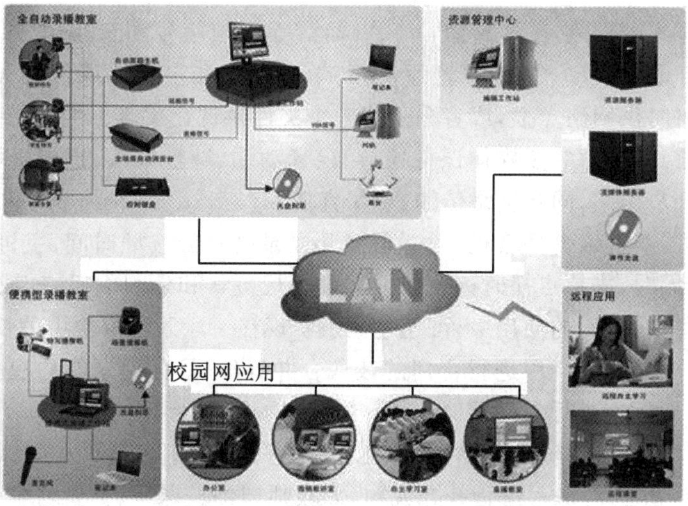

图 3-11　全自动录播教室拓扑图

1．多媒体教室系统

一般全自动录播教室都配备有一套完整的多媒体教室系统。

2．录播系统

录播系统具有同步录制、实时直播、在线点播、实时导播、自动跟踪、多方交互、后期编辑等多种功能,录制的文件存储在本地,功能主要集中在一台设备内。

3．自动跟踪及场景切换系统

自动跟踪及场景切换系统主要包括教师自动跟踪系统、学生自动跟踪系统、板书及场景交互自动跟踪系统、场景自动切换系统。

(1)教师自动跟踪系统:自动识别教师位置,并实时自动控制摄像头跟踪拍摄,确保在教师任意走动的情况下,自动跟踪系统仍能准确、实时地跟拍教师,并能根据教师与摄像机距离的远近控制摄像机的变焦,使教师画面大小始终保持在预先设置的范围值内。

(2)学生自动跟踪系统:当学生发言时,自动对学生进行跟踪拍摄;当学生发言完毕,自动跟踪系统就自动回复到预先设定的场景。

(3)板书及场景交互自动跟踪系统:自动跟踪板书的书写及讲解的行为,并实时控制摄像头拍摄板书内容,板书字迹清晰可见。当教师与学生交互时,场景交互实时控制摄像头跟踪拍摄交互内容,能够从侧面拍摄双方面对面的交互画面。

(4)场景自动切换系统:是实现全自动录制的必需设备,可根据录制内容的差异,预先定义情境逻辑,设置相应参数,在教师视频、学生视频、板书视频、交互视频和计算机画面之间进行无缝切换,实现视频片段的全自动录制。

4."一键式"控制系统

教师可通过安装于讲台上的面板实现"一键式"自动录制:教师轻按录制按钮,开始录制;结束后再轻按停止按钮,视频片段录制完成。

(二)录播教室的主要功能

(1)同步录制:同步录制各种高清、VGA、标清等视频信号和音频信号,实现教师与学生的完全常态教学互动并自动拍摄,将教师视频、学生视频和多媒体课件的 VGA 图像三流合一,录制成一个文件,供网络点播,或者分录成三个文件供课后编辑。

(2)课堂直播:将教师的多媒体课件播放、鼠标动作、键盘录入、黑板板书、教师讲解实况和学生提问实况同步压缩,同步网络传输,现场直播。

(3)课堂编辑:索引编辑及管理,对一段或几段录制资源按照时间、主讲人、科目、类别及权限等自动分类,同时,支持点播时按照相关字段进行检索和索引编辑,形成对这段课堂精品录像的索引。这样,在以后的使用中,可通过索引实现在一段录像资源中的快速切换和定位。

(4)裁剪合并编辑:对资源进行合理的裁剪合并等编辑,无论录制的视频是几路,都基于统一时间戳进行,即无论进行怎样裁剪合并,各路视频均可做到同步播放。

(5)同步资料编辑:在直播过程中实时地对一些资料编辑。

(6)离线资料编辑:对课程进行补充说明,如教师、时间、课程、主要内容、听这堂课学生应该具备的基础知识、历史背景交代、扩展知识及课后练习等。

(7)课堂点播:支持 C/S 和 B/S 两种模式,可在教室中点播,用来完成教学过程,也可以在其他浏览器上由学生自主点播使用,开展自主学习。

(三)录播教室的主要教学应用

1)网络课件制作

系统能自动生成可供网络点播的网络课件,后期可对录像文件进行删减、合成、索引等编辑,也可导入非线编平台进行专业编辑,方便用户教与学的综合应用、优质精品课件的评比等。

2)优质课程资源库建设

录播教室可以为学校进行优质课程资源库建设和课件上传提供开放式管理平台。教师上课完成时,录制的课件可直接上传到服务器;配合数字媒体资源存储管理系统,还可提供 B/S 结构的资源管理平台,为教师资源上传点播提供开放式管理平台。同时,管理平台全面支持基于内部园区网或广域网终端对课件库资源的授权访问、浏览查询、下载导出应用。

3)远程互动教学

利用"录播"系统,实现校内班级之间的互动,支持跨校区互动,支持两点或多点的校际互动教室之间的互动教学。

4)网络教研活动

随着网络技术的运用普及,学校从单纯的教室课堂发展到了与网络课堂相结合的多模式教学活动。通过全自动课程录播系统,用户可以进行课件的网络直播和课后点播、示范性教学、学生远程学习、远程互动教学等。用户可以随时随地进行观摩、学习,不再受空间和时间的限制。

5）微格教学评估

教师的教学技能训练一直是学校关注的重点，以往在教室现场听课的方式无法正确客观地对教师进行评估。根据微格教学的特点，可在录播系统中嵌入微格教学评估系统，学校通过系统内的各项技术指标进行评测评估，通过远程对教师的教学技能进行客观的综合评估，以训练教师的各项教学技能，从而使教学水平得以提高。

第三节 智慧教室

智慧教室是为教学活动提供智慧教育应用服务的教室空间及其软硬件装备的总和。智慧教室是在物联网、云计算、大数据等新兴信息技术的推动下，教室信息化建设的最新形态。立足教学活动需求，提供智慧化的应用服务是智慧教室的核心使命，达成最优化的教学效果是智慧教室的终极目标。运用智慧技术，提供智慧化服务和功能，对智慧教室实现智慧管理，满足教学活动的高交互特性是智慧教室区别于以往多媒体教室和网络化教室的主要特征。

智慧教室如图 3-12 所示。

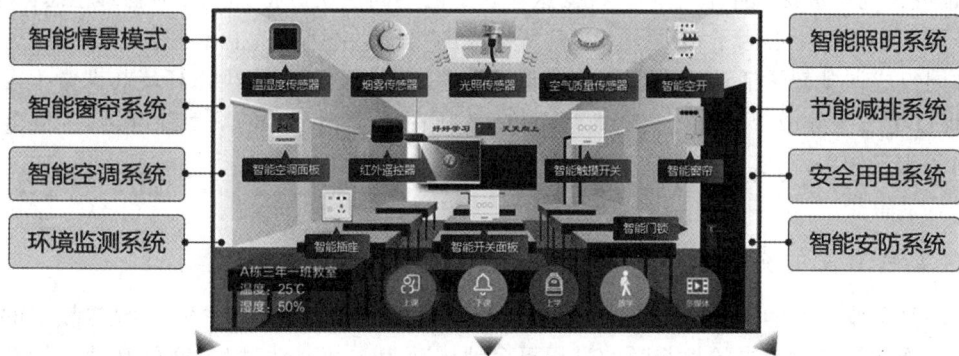

图 3-12 智慧教室

（一）智慧教室的特征

1. 智慧教室的人性化

智慧教室的使用主体是教与学活动的人，所以智慧教室的设计应更多地体现对于教室使用者即教学者与学习者的关注。在相应技术的支持下，在技术设计与应用上更多地体现以人为本的精神，如在教室设计方面应体现绿色环保和无障碍设计。无障碍设计也是智慧教室人性化特性表现，通过标准化的设计，智能无障碍的课堂可以满足一些特殊人群学习者的需求。智慧教室的人性化还应体现在智慧教室能充分解放教师被教学技术的束缚，更多地关注于教学过程本身。

2. 智慧教室的混合性

智慧教室的混合性主要体现在多种教与学活动的混合、正式学习与非正式学习的混合、虚拟课堂与真实课堂的混合上。智慧教室可以实现多种教与学活动的混合。

3. 智慧教室的开放性

智慧教室的开放性主要体现在课堂教学组织形式的开放以及教学资源的开放上。

4. 智慧教室的智能性

智慧教室应是一个智能化的教室。智能性主要表现在智慧教室实际上是一个嵌入了计算、信息设备和多模态的传感装置的智能学习空间,教室各组成要素都具有自然便捷的交互接口,以支持教与学主体方便地获得智慧教室中计算机系统的服务。

5. 智慧教室的生态性

教育生态学是研究教育与其周围生态环境之间相互作用的规律和机理的科学。基于教育生态学的视角,智慧教室应是一种平等、和谐、开放的生态系统。课堂教学生态包括两大基本构成要素,即生命体——课堂教学生态主体和生命成长赖以发生的环境——课堂教学生态环境。课堂生态主体包括教师和学生。在课堂生命体和其生长环境所构成的生态关系中,作为主体的可以是个体,也可以是群体。多个教师个体可以组成教师种群,多个学生个体也可以组成学生种群,教师种群和学生种群可以共同组成师生群落,不同的师生群落(包括虚拟的和现实的)也可共同构成课堂生态主体。根据这些因子的不同性质可将其划分为物理生态因子、生命生态因子和人为生态因子等类别。它们所构成的物理生态环境、生命生态环境和人为生态环境共同组成课堂教学活动赖以发生的课堂教学生态环境。而课堂生态环境与课堂生态主体之间、课堂生态主体内部各部分之间教师个体、教师种群、学生个体、学生种群、师生群落的相互影响和相互作用,则实现着彼此间的有机联系和物质循环、能量流动与信息流通,并共同构成课堂教学生态。

6. 智慧教室的交互性

互动是课堂教学的重要组成部分,也是有效课堂教学的体现形式之一。智慧教室的交互性主要体现在智慧教室中的教与学的过程更多地体现为一种互动过程,这种互动包括教学者与学习者之间的互动,学习者与学习者之间的互动,教学者、学习者与教学资源、学习资源之间的互动,课堂教学主体与课堂设备之间的人机互动,现实课堂与虚拟课堂中的人、资源与设备的互动等。

(二)智慧教室的系统功能

智慧教室的功能要充分体现智慧教室的特性特征,智慧教室的系统功能主要由内容呈现系统、学习资源系统、实时记录系统、在线测试和评价系统和网络感知系统组成。这五个系统共用教室内的信息资源和各种软硬件资源,在完成各自功能的同时,相互联动与协调。

1. 内容呈现系统

内容呈现系统是智慧教室的重要部分,也是开展课堂教学的基础。设计良好的内容呈现系统可以提高教学内容的传递效果。内容呈现系统包括交互演示子系统、虚拟现实子系统,通常由黑板、交互式电子白板(双板)、移动终端、电子书包、虚拟设备等组成,其基本功能如下。

(1)呈现教师的演示文稿、教学软件、操作过程等。

(2)呈现学生移动终端或者电子书包上的内容、作品以及操作过程等。

(3)呈现教师与学习资源互动内容。

（4）呈现教师与学生互动内容。

（5）呈现学生与学习资源互动内容。

（6）实现虚拟教学环境,模拟出现实物理环境不容易实现的虚拟教学环境。

2．学习资源系统

学习资源系统包括学习资源存储、分发系统和教学过程录播系统。学习资源存储、分发系统将开发的资源放置在云端,师生可在上课过程中实时同步课程资源,并保存教学过程中的生成性资源。此外,对于课堂教学过程,学习资源系统可实时录制并存储到云端。学习资源系统通常由电子书包、课堂教学资源、学习过程记录、云服务平台等构成,可实现以下功能:上传教师开发的教学资源、同步学生终端内的学习资源、录制师生上课过程、存储教学过程。

3．实时记录系统

实时记录系统主要是在现在学校流行的录播系统上增加记录学生学习轨迹与教师教学轨迹的功能。教师对教学视频进行分析、反思教学过程、撰写反思日志,为教师教学决策和学生自主学习提供参考和有效数据支持。

4．在线测试和评价系统

在线测试和评价系统主要包括教师可以利用即时反馈系统在教学的过程中随机出题进行意见征集和应答反馈,以收集学生对某一具体内容和问题的观点或掌握情况,反馈结果可以及时呈现,便于教师及时调整自己的教学内容或过程。

另外,在课程教学之初和课程学习结束之时,可以利用在线测试系统,对学生的预习情况和本堂课程的学习情况进行测试,测试结果通过学习支持系统的后台运算,可以及时提供测试分析结果。

5．网络感知系统

在物理环境中,智慧教室给教室主体提供了高交互的教与学设备,能够有效支持教室主体对于学习资源的获取、处理和呈现。智能环境控制则给教室主体提供了良好的外在环境,从光、温、声、背景音乐、空气质量等方面根据课堂的实时状态进行调节。创意空间布局则主要考虑给学习者提供更为人性化的桌椅设施,以及根据教与学活动的需要能够方便实施桌椅的组合,形成学习小组,以利于小组学习活动的开展。

（三）电子书包教学系统

近年来,随着无线网络技术、移动通信技术等现代信息技术的发展,移动学习、一对一数字化学习、电子书包等成为信息技术支撑教学应用创新的新热点。目前,各个省、市已经相继在各个地方的中小学校推行电子书包的试点工作。电子书包在教育教学中的应用虽还远远没有达到可以普及推广的程度,但单就现阶段已经取得的研究成果来看,我们有理由相信,电子书包在某些方面确实有着其他媒体技术所不可比拟的教学应用价值。电子书包教学应用是一个创新推广的过程,教师作为电子书包创新推广的引领团队,有必要掌握电子书包的相关知识,为后续的电子书包引进及教学整合工作奠定基础。

1．电子书包的概念

电子书包作为信息技术教育应用的一种新形态,其提出的初衷是为了减轻广大中小学生的身体负担,使学生不再背着沉重的书包上学。虽然电子书包在国内外推广了很多年,但却始终没有形成一个明确统一的定义。

国外对电子书包概念界定的代表性观点主要有三种:从资源的角度看,电子书包是个人数字资源库,可以存储课内课外所需的文本、图片、视频、音频及其他类型的数字材料;从应用的角度看,电子书包是数字化的协作学习空间,不同内容间实现了无缝访问,允许师生、生生同步或异步交流与共享资源;从技术的角度看,电子书包是一种支持非正式学习的通用网络设施,学生可以使用基于蓝牙、无线网络等技术的设备,随时随地登录、退出电子书包,管理自己的数字资源。

国内对电子书包也没有统一的定义。华东师范大学的吴永和、祝智庭等认为,"电子书包是整合了电子课本阅读器、虚拟学具以及连通无缝学习服务的个人学习终端";江苏省电教馆馆长朱选文认为,"电子书包是软件与硬件的结合,以学生为使用主体,基于网络学习资源,以电脑、专用阅读器等设备为终端的综合性教育应用系统,真正实现课堂教学的电子化、数字化";上海电教馆的张迪梅认为,"电子书包是集学、练、评、估的便携式电子课堂,是学生、教师的互动平台,也是学生、教师、教学、教研、科研、教育行政、家庭的交流平台"。

电子书包不等同于电子教材,它使用 IT 技术,结合图像、视频、音频等多媒体技术,整合多方优势资源,服务于课堂教学、学习情况分析、课外辅导,为学生学习提供帮助和支持,充分体现以生为本的理念。同时,一些电子书包除了满足学生需要,还拓宽业务,可为教师提供教学、师生沟通、家校沟通等服务。

2. 电子书包的系统结构

电子书包是未来智能教室中数字化教与学系统的一部分,在教学中的应用一般需与电子白板、投影仪、无线接入通道、教师机和资源伺服系统来共同构建,如图 3-13 所示。

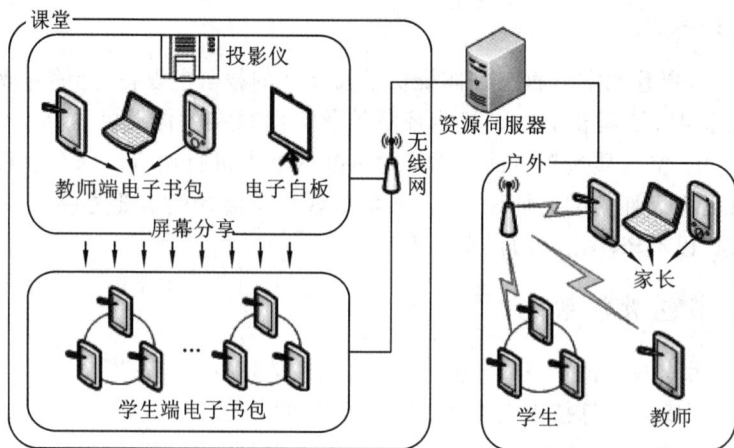

图 3-13　未来智能教室中数字化教与学系统

基于电子书包的数字化教学系统包括两种教学环境:课堂教学环境和户外教学环境。电子书包的移动性可使课堂教学环境拓展到户外真实的教学生活情境中,克服固定时空限制所造成的学习困难,从而实现"随意教室"、"随身学习"以及"高互动学习机制"。其中,资源服务器是把计算处理过的有效信息通过网络的手段提供给连接服务器和其他终端的一种系统,终端机器可快速得到所需的信息。

3. 电子书包系统构成要素

国内外理论研究与教学应用实践表明,电子书包是运用计算机技术、新型网络技术等现代信息技术和教育技术构建出来的一种面向学生个性发展的移动基础教育综合服务系统,多采用"教育内容＋移动终端＋虚拟工具＋网络服务平台"的模式搭建,如图 3-14 所示。

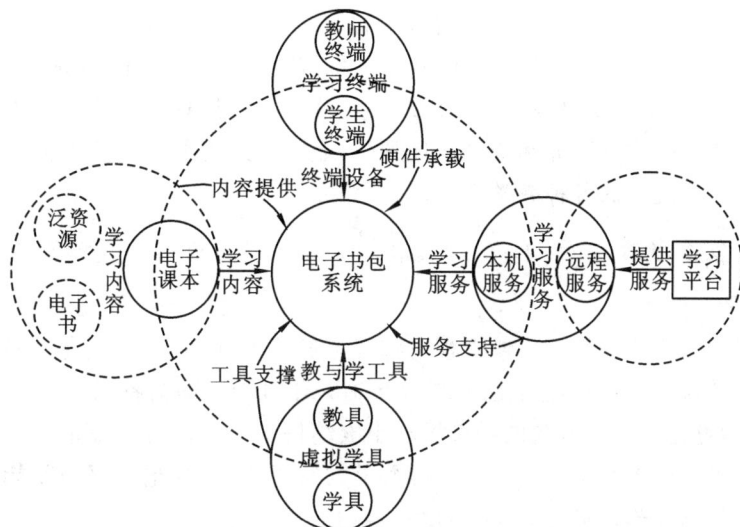

图 3-14　电子书包系统构成要素

（1）学习终端。学习终端即电子书包终端,根据使用者的不同,电子书包终端又分为教师终端和学生终端。电子书包终端是一类对教学过程具有辅助作用的电子装备的统称,目前,主要有 PDA、Tablet PC、Notebook 等几种装备形态,且市场上比较常见的电子书包终端平台主要有 iOS、Android、Windows Mobile 等。

（2）学习内容。学习内容是学习者使用电子书包进行学习的主要学习对象,其中电子课本是电子书包中核心的学习内容。William D. Chesser 将电子课本分为三种类型:一是将纸质版教材直接导出为 PDF 格式文件,产品静态,制作成本低;二是动态展示纸质版的所有内容,产品由 XML 格式文件代替了 PDF 格式文件,文本和窗口会自动进行调整以适应不同屏幕的大小;三是具有交互性并嵌入媒体,如嵌入视频,或直接能从内容链到外部系统,从而提升电子课本的交互性,可以说是对纸质课本进行了全新设计。其中第三种电子课本显然是研究者希望的电子课本的发展趋势。

（3）虚拟学具。虚拟学具是一种虚拟的学习工具,是相对于传统教学中学生使用的学习工具来定义的。虚拟工具是服务于学习活动的教学软件系统,主要表现为两种类型:一种是将传统物理性的学习工具以数字化、虚拟化的形式呈现,如电子词典、虚拟直尺等;另一种则是结合认知科学和学习理论的研究成果而设计的用以支持学习活动优化的新兴工具,如概念地图工具、群件工具等。从教与学的角度来看,可以将虚拟工具分为虚拟教具和虚拟学具。教具主要配备在教师端的电子书包系统中,将配合与支持学生端的"学",通过班级教具集实现对学生端个人学具集的管理与组织。学具主要配备在学生端的电子书包系统中,核心层是个人学具集,然后才是班级学具集和社会学具集。

（4）学习服务。学习服务是电子书包系统为学习者提供的各种底层服务,支撑实现个性

59

化学习的需求,最终呈现为用户提供的各种功能及服务,是教与学资源和工具发挥作用的有效保证。在电子课本与电子书包标准总体项目组近期提交的电子课本与电子书包术语标准草案中,将学习服务根据学习类型分为本机学习服务、班级学习服务和社会学习服务。学习服务的服务体系主要包括三大模块:电子书包(个人学习环境、学具支持的客户端系统)、学习公共服务平台(政府、第三方、相关企业)以及服务提供商。

综上,电子课本是学生学习的主要内容,在电子书包中处于核心地位;学习终端是系统的硬件支撑,是进行学习的主要媒介,不同的硬件设备需要对电子课本内容进行自适应以呈现各自能解析的内容;学习服务是最终呈现给用户的各种功能及服务,学习服务平台为电子书包系统提供各种安全的网络学习服务和资源管理平台;虚拟学具是作为教与学过程的支持工具,主要服务于电子书包系统中的各种教学活动。

4. 电子书包系统配置

1) 硬件配置

电子书包终端与一般的笔记本或平板电脑有着显著的区别,它是在充分考虑中小学生的学习需求和认知特点的基础上进行定制的,主要有以下几个方面的特点。

第一,手势运算化。电子书包的触摸屏和小电笔搭配使用的方式更适合中小学生的认知特点。只要用小电笔或者直接用手指触碰屏幕上的符号或文字,电子书包就能实现把具体的手势转化为过程控制和输入信息。

第二,便携美观化。电子书包的屏幕大小多为 8.9 英寸,重量大多在 1kg 以内,显示屏的分辨率在 1024 像素×600 像素以上,内置的显示芯片为独立的三维图形加速显卡,具有完善的多媒体编辑与处理系统。这样一方面,能够超清晰地显示图像和相关学习媒体内容,另一方面,电子书包简洁、美观、便携的特性极易激发学生的学习使用兴趣。

第三,耐用长效化。电子书包的使用对象为中小学生,硬件的配置应该相对于传统的配置更加经久耐用,其中硬盘通过 50cm 防跌落试验配置,能有效防止轻微的震荡导致的电子书包损害。

2) 软件配置

电子书包中内置的各种软件资源主要是用来辅助或支持学生的认知活动和个性化发展的。根据使用目的的不同,这些软件资源可以划分为以下几种类型。

第一,教学辅助软件。根据学科以及学科内容的不同,教学辅助软件可分为多种,如英语教学中常用的"背单词"软件、数学教学中常用的"小学数学伴侣"软件等。

第二,绘图应用软件。电子书包系统内嵌的绘图软件可方便地替代学习者的美术笔和彩笔。如 ArtRage 绘图软件,可以模仿多种自然画笔,配合电子书包的手写屏幕,能充分地调动学生的动手实践能力和发散思维能力。

第三,教育游戏软件。电子书包提供的教育游戏软件与一般意义上的游戏软件不同,教师可以根据学生的认知能力和学习的阶段与学科,有针对性地设置游戏,如在学习英语发音问题上,游戏题材主要集中在音节发音辨析方面,"小矮人的夹心饼干"这类游戏通过辨析单词中辅音字母组合的发音规律,帮助小矮人兄弟做一个美味的夹心饼干。益智类的教育游戏可以寓教于乐,使学生在快乐愉悦的环境中实现知识意义的建构。目前,常见的教育益智类游戏主要有拼图、迷宫等类型的教育小游戏。

第四,电子阅读软件。电子阅读软件种类繁多,包括有声和无声两种,其中 Foxit 是一款可以打开电子课本的无声阅读软件,帮助中小学生减轻书包重量,轻松又轻便。它还支持高亮、下划线、箭头、圈住等多种标记方式,学生边学习边做笔记,就像纸质书一样方便。有声阅读软件如"语音精灵"、"My Reader"、"声音魔法师"等,则能充分调动学生的视听觉感官,激发学生的学习兴趣和学习动机。

第五,信息管理软件。电子书包的信息管理软件包括个人信息管理软件和家长监督软件。个人信息管理软件主要完成通讯录、日程安排、任务计划、日历、电子日记、便签备忘、密码管理、网址收藏等诸多功能;而家长监督软件则使家长能够远程控制学生的上网时间和浏览内容,并通过查看上网记录跟踪学生的学习情况。

3)网络服务配置

电子书包网络服务主要是给学生提供实时的网络教学内容和其他辅助性的学习资源。随着电子书包技术的不断更新和发展,学习的网络服务资源完善程度将会成为衡量电子书包质量的重要指标。目前,常见的网络服务主要有以下几种。

第一,网络资源中心,主要是为学生提供所有资料的下载中心。比如 Icox 电子书包侧重于收集重点学校的考试资料,如 5·3 电子书包 S1 收录了一线科学备考"5 年高考 3 年模拟"、"知识清单"等系列顶级教辅。这些资源汇总了历年的考试知识,能帮助学生在最短时间内获取最有效的信息。

第二,在线学习中心,通过在线设置的网上课堂、实施答疑、在线考试、心理测评等,让学生和教师具有共同学习和交流的平台,使学生不仅能参与到名师讲堂,而且能及时解决学习过程中遇到的各种问题。

第三,辅导教学模块。电子书包的辅导教学模块分成家庭作业和一对一家教两个功能模块。家庭作业主要是提供在线的老师布置作业、发布作业、批改作业功能,家长查看作业、作业签字等课外作业功能。而一对一家教则主要是通过提供即时通信工具,让学生或学生家长可即时利用通信工具与教师和学校进行一对一的沟通和交流。电子书包网络服务是电子书包能够成功推广到数字化课堂教学过程中的关键点之一,只有开发强大的网络服务平台,不断满足学生和教师对数字化资源和信息的需求,培养学生驾驭信息、科学解决问题的能力,才能更好地被教师、学生和家长所接受。

当前,电子书包在国内的发展主要表现为三种形态。第一种是以低端笔记本或上网本为硬件基础,以受限的用户权限加上学习软件构成电子书包的软件基础。这类电子书包的优点是学习软件开发成本低,可以运行绝大多数软件,但其耗电量大,使用时间有限,且学习者仍有收到不良软件或内容的影响。第二种是以专门的芯片配以小尺寸液晶屏和键盘为硬件基础,以专门为其开发适应其特有平台的软件或系统为软件基础。这种类型的电子书包的优点是专有性好,能对学习者的学习行为进行良好的管理,防止学习者运行其他与学习内容不相关的程序或软件,缺点是可扩展性差,软件开发成本高。第三种是以现有的智能手机或平板电脑为硬件基础,以现存或开发在其系统上的学习软件为软件基础。这种类型的电子书包的优点是可扩展性好,软件开发成本低,能符合大部分学习者的认知偏好,且不用单独购买设备,在已有的智能手机或平板电脑上只要通过软件商店下载相关程序即可。

5. 电子书包的功能

电子书包有着十分丰富、深刻、发展的内涵,而不是简单地将书本装进电脑。电子书包是集学、练、评、拓的活动的、立体的、网络化的、便携式的"电子课堂",是由新的教学理念和教育技术所构成的一种数字化学习空间,是学生、教师的互动平台,也是学生、教师、教学、科研、教育行政主管部门、家庭的交流平台。

1) 教师备课功能

教师安装电子书包系统的教师端软件后,即可在家中或办公室备课、编辑试卷,为学生准备各类教学资源。所制作的试卷或录制的视频资料只需拷贝到学校网络教室的教师主机上,即可直接使用。

(1) 录制屏幕操作:利用电子教室系统的屏幕录制功能可以将重要的教学操作过程或展示内容以 ASF 等常用视频格式录制下来,既能在课堂上广播给学生,又可以上传到相关网站,供学生点播自学。

(2) 创建标准化试卷:通过电子教室系统的"试卷编辑"功能,可预先创建、编辑试题,便于随堂测验或阶段考试;试卷内容支持单选、多选、判断、论述等多种题型。

2) 教学内容展示功能

电子书包系统拥有投影广播、屏幕广播、网络影院、视频直播四大广播功能,同时具有学生演示功能,便于教师快速广播指定学生的演示操作,极大方便了各种媒体形式教学内容的展示。

(1) 投影广播:教师无须安装专用软件,只需将自带的教师端电子书包终端与网络机房的教师机连接,即可通过投影广播功能,将电子书包画面直接广播给学生端电子书包,不仅避免了以往 U 盘传输数据的不安全性,也便于教师直接操作自己电子书包中的各类软件并直接广播给学生,无须在多媒体教室教师机中再次安装,可节省大量时间。

(2) 屏幕广播:教师通过屏幕广播,可将演示文稿、Word 等各种形式的教学内容广播给学生,并能够流畅无延时地广播 Direct3D、DirectDraw、OpenGL、游戏、全屏电影等;在讲授过程中,教师可调用屏幕笔,让学生清晰完整地看到整个解题过程。

(3) 网络影院:教师通过网络影院,可将 WMV、ASF 等主流格式视频以流媒体方式无延迟地播放给学生,并自动记忆播放位置,便于下次继续播放,提高了音视频资源在教学中的应用质量。

(4) 视频直播:教师通过视频直播,可将外接 VCD、DVD、录像机、摄像机的音视频信号广播给学生,拓展了教师可利用的教学资源,最大限度地丰富课堂教学内容。

(5) 学生演示:教师通过学生演示功能可调用任何一个学生机屏幕,并广播到其他学生机上,方便教师及时发现学生中的典型个案,开展示范教学,促进学生间智慧共享,激发学习动力,提升教学效果。

3) 教学组织与师生互动功能

(1) 一对一交互:学生机通过"举手"功能可以向教师求助;教师也可以通过屏幕监控,发现学生的学习困难,并可用语音、文字、演示操作等方式进行个性化指导。

(2) 分组教学:教师通过分组功能可创建多个小组,并指定组长。各小组内部、小组之间可进行团队学习。组内可通过语音、文字等方式进行自由研讨。

(3) 收作业:教师单击"文件收集",即可从部分或全体学生机上强制收取各种格式的作业,并可以方便地通过文件收集的日志查看收集到的作业情况,无须每个学生单独提交作业。

(4) 分发文件:教师单击"文件分发",以更人性化的"拖拽"方式将教师机相关文件分发给学生,并可以分发不同目录下的文件或分发目录。"文件分发"便于教师快速发放作业、资料等,节省课堂时间,进一步提高课堂效率。

（5）交作业：学生通过作业提交功能，可主动将作业提交到教师机中的指定文件夹下，便于作业管理，节省收取作业的时间。

4）教学管理功能

（1）班级管理：可在同一个网络教室系统中对不同上课班级进行管理，提供缩略图示、图标、详细排列三种方式显示所管理的班级，方便教师操作。

（2）分组管理：教师可在同一个班级中新建、删除、保存、重命名不同小组，添加、删除小组成员，并可将分组信息与班级模型匹配并永久保存，下次上课可直接调用。

（3）远程监控：通过监控转播功能，在不影响学生操作的情况下，可远程监看学生机屏幕。教师可设定显示的学生屏幕数、切换时间及是否显示警告信息等，并可保存学生机屏幕画面截图。

（4）远程命令：教师通过一系列远程命令，可远程控制学生机的开机、关机、重启及应用程序的启动与关闭等。

（5）远程设置：通过远程设置功能，教师可对学生机的桌面主题、背景、屏保、音量、卸载密码、进程保护、断线锁屏、热键退出等进行统一设置。

（6）学生限制：通过学生限制的系列设定，教师可对学生机的 U 盘使用、网页浏览、程序运行、打印、发言等进行限制设定。

（7）黑屏警告：当学生上课开小差或扰乱课堂秩序时，可通过"黑屏"功能将学生机变成黑屏，提醒其集中注意力。

（8）断线锁屏：上课时，如果学生试图断开网络连接、逃避教师监控，系统会自动锁定学生机键盘、鼠标和屏幕。

5）便捷的教学测评功能

（1）随堂小考：教师可在课堂教学中随时出题，组织学生抢答或全班统一作答，并通过系统自动评分、分析试卷，帮助教师及时掌握学生学习情况，调整教学策略。

（2）试卷编辑：教师通过试卷编辑功能可创建和编辑试卷，试卷内容支持单选题、多选题、判断题和论述题四种题型，并支持题中插入图片，可指定试卷名称、班级、总分、考试时间等信息。教师可在电子书包终端编辑，亦可用其他机器创建、编辑、保存后拷贝到多媒体网络教室教师机上直接使用。

（3）在线考试：教师单击"开始考试"，可打开、预览编辑好的试卷，将试题发送到学生端，进行在线考试。教师可设定考试时间，暂停、恢复考试；"在线考试"同时支持学生断线重连后恢复考试，支持自动收卷、提前收卷等功能。

（4）阅卷评分：系统会自动对单选、多选、判断题等评分，形成柱状结果分析图；教师可以对论述题进行评分并添加注释；阅卷后，教师可以将带有批注的试卷统一发送给学生；"阅卷评分"帮助教师、学生及时了解教与学的情况，促进教学改进。

6. 电子书包对学习的技术支持

电子书包作为第二次数字化聚合的产物，融合了第一、二代教学媒体的特性，并在一定程度上延伸了计算机的媒体特性，突破了计算机辅助教学的集中化特点，使学习者开展个别化的学习成为可能。电子书包不是简单意义上的硬件终端，而是集硬件、数字资源、虚拟工具和服务平台于一体的数字化学与教的系统平台。与传统媒体相比，电子书包不仅具备一般移动媒体的基本特性，还具有个性化、按需服务等多方面的优势。电子书包在教育教学中的应用，有望使人们所期待的"教育无处不在,学习随时随地""个性化学习""因材施教"等教育理想成为现实。

第一,电子书包整合了海量资源,为教学提供丰富的资源。一方面,电子书包整合了学生学习所需的教材、教辅、工具书等结构化的数字化教学资源包,为学习者提供丰富的数字化学习材料。另一方面,学习者可随时接入网络,方便快捷地获取海量资源。

第二,电子书包支持个性化按需学习。电子书包不仅能根据教学目标、教学内容和学习者特征等为学习者提供全面反映学习主题的结构化教学资源,还能为学习者提供辅助其进行拓展学习所需要的拓展性材料以及方便其搜索与主题相关资源的搜索工具和绿色网络资源。此外,电子书包支持学习者依据自身学习能力、学习习惯制订学习计划、学习内容、学习速度,把握自身学习进度,可有效解决传统教学过程中学习者"吃不饱""吃不了"的问题。电子书包在教育教学中的应用,真正使教师从繁重的备课任务中解脱出来,依托电子书包平台,教师可针对学习者学习情况进行个别指导,对学习者的个性化学习进行宏观、科学的监督。

第三,电子书包支持教师与学生、学生与学生、教师与资源、学生与资源、教师与服务、学生与服务等多种形式的交互。一方面,电子书包平台强大的统计与分析功能,可以对教师的教学效果和学生的学习效果形成及时反馈,相比于传统课堂,教师能更快更全面地掌握课堂教学情况,从而能通过调整教学方向和教学策略来实现高效教学;学生则能快速直观地了解自己对相关知识点的掌握情况以及与班级同学之间的差距,进行有针对性的查漏补缺、巩固提高。另一方面,电子书包平台整合了多种形式的社会性网络工具,使师生摆脱时空限制进行学习交流,使多种形式教学活动的开展成为可能,可极大地丰富课堂教学形式。

第四节　智慧校园

智慧校园支持无处不在的网络学习,融合创新的网络科研、透明高效的校务治理、丰富多彩的校园文化、方便周到的校园生活。在理论研究上,黄荣怀从数字校园的建设进程角度提出数字校园的"四代"建设观。他认为第四代数字校园(智慧校园)能够有效支持教与学,丰富学校的校园文化,真正拓展学校的时空维度,以面向服务为基本理念,基于新型通信网络技术构建业务流程、资源共享、智能灵活的教育教学环境。有研究者强调物联网技术在智慧校园建设中的作用,如:沈洁等认为,智慧校园是一种将人、设备、环境、资源以及社会因素,在信息化背景下有机整合的一种独特的校园系统,它以物联网技术为基础,以信息的相关性为核心,通过多平台的信息传递手段提供及时的双向交流平台,简单说,就是更智能的学校;周彤等认为,智慧校园是以物联网为基础的智慧化的校园工作、学习和生活一体化环境,这个一体化环境以各种应用服务系统为载体,将教学、科研、管理和校园生活进行充分融合。有研究者认为,智慧校园是各种技术的综合应用;也有研究者认为,智慧校园的建设不仅仅是物联网技术的应用,那只是感知部分,应更多考虑技术的特点,突出应用和服务。

一、智慧校园的主要特点

(1) 环境全面感知。智慧校园中的全面感知包括两个方面:一是传感器可以随时随地感知、捕获和传递有关人、设备、资源的信息;二是对学习者个体特征(学习偏好、认知特征、注意状态、学习风格等)和学习情境(学习时间、学习空间、学习伙伴、学习活动等)的感知、捕获和传递。

（2）网络无缝互通。基于网络和通信技术，特别是移动互联网技术，智慧校园支持所有软件系统和硬件设备的连接，信息感知后可迅速、实时地传递，这是所有用户按照全新的方式协作学习、协同工作的基础。

（3）海量数据支撑。依据数据挖掘和建模技术，智慧校园可以在"海量"校园数据的基础上构建模型，建立预测方法，对新到的信息进行趋势分析、展望和预测；同时智慧校园可综合各方面的数据、信息、规则等内容，通过智能推理，做出快速反应、主动应对，更多地体现智能、聪慧的特点。

（4）开放学习环境。教育的核心理念是创新能力的培养，校园面临要从"封闭"走向"开放"的诉求。智慧校园支持拓展资源环境，让学生冲破教科书的限制；支持拓展时间环境，让学习从课上拓展到课下；支持拓展空间环境，让有效学习在真实情境和虚拟情境中都能得以发生。

（5）师生个性服务。智慧校园环境及其功能均以个性服务为理念，各种关键技术的应用均以有效解决师生在校园生活、学习、工作中的诸多实际需求为目的，并成为现实中不可或缺的组成部分。

（6）充分共享、灵活配置的教育云平台。智慧校园中所有数据的收集、存储、处理、服务必须是以教育云平台为基础，实现智慧校园中大数据的云计算处理，从而实现数据的快速处理和资源共享。建有教育云服务平台，能实现教育资源的按需动态分配和技术服务的充分共享。具有统一的教育资源建设标准和存储规范，能实现教育资源的高效检索和智能汇聚，能提供海量的优质教育资源，并与教学系统无缝对接，满足教学需求。

（7）蕴含教育智慧的学习社区。具有家校互通的沟通平台和学习社区，教师、学生、家长能够及时互动，分享教育经验与智慧。能整合各种社会力量，共同促进学生快速健康成长。

因此，智慧校园是指一种以面向师生个性化服务为理念，以教育云平台为基础，蕴含教育智慧的学习社区，能全面感知物理环境，识别学习者个体特征和学习情境，提供无缝互通的网络通信，有效支持教学过程分析、评价和智能决策的开放教育教学环境和便利舒适的生活环境。

二、智慧校园的系统构成

智慧校园系统基于教育云平台构建，包括智慧校园管理系统、智能教学系统、移动学习系统、数字化实验系统、教育资源平台、智慧校园文化系统、家校通系统和数字图书馆系统，如图3-15 所示。

1. 教 育 云 平 台

教育云平台是智慧校园的底层支撑，采用先进的虚拟化技术，利用硬件服务，构建了校区全新的、动态扩展的、分布式存储教育数据中心。

2. 教 育 资 源 平 台

教育资源平台是七个子系统的接入口。通过整合各类学校的教学资源，建立了涵盖各学科的素材库、课件库、教案库、电子教材库、试题库、名师讲堂库、同步视频课堂库等优质的教学资源，实现了跨校共享。

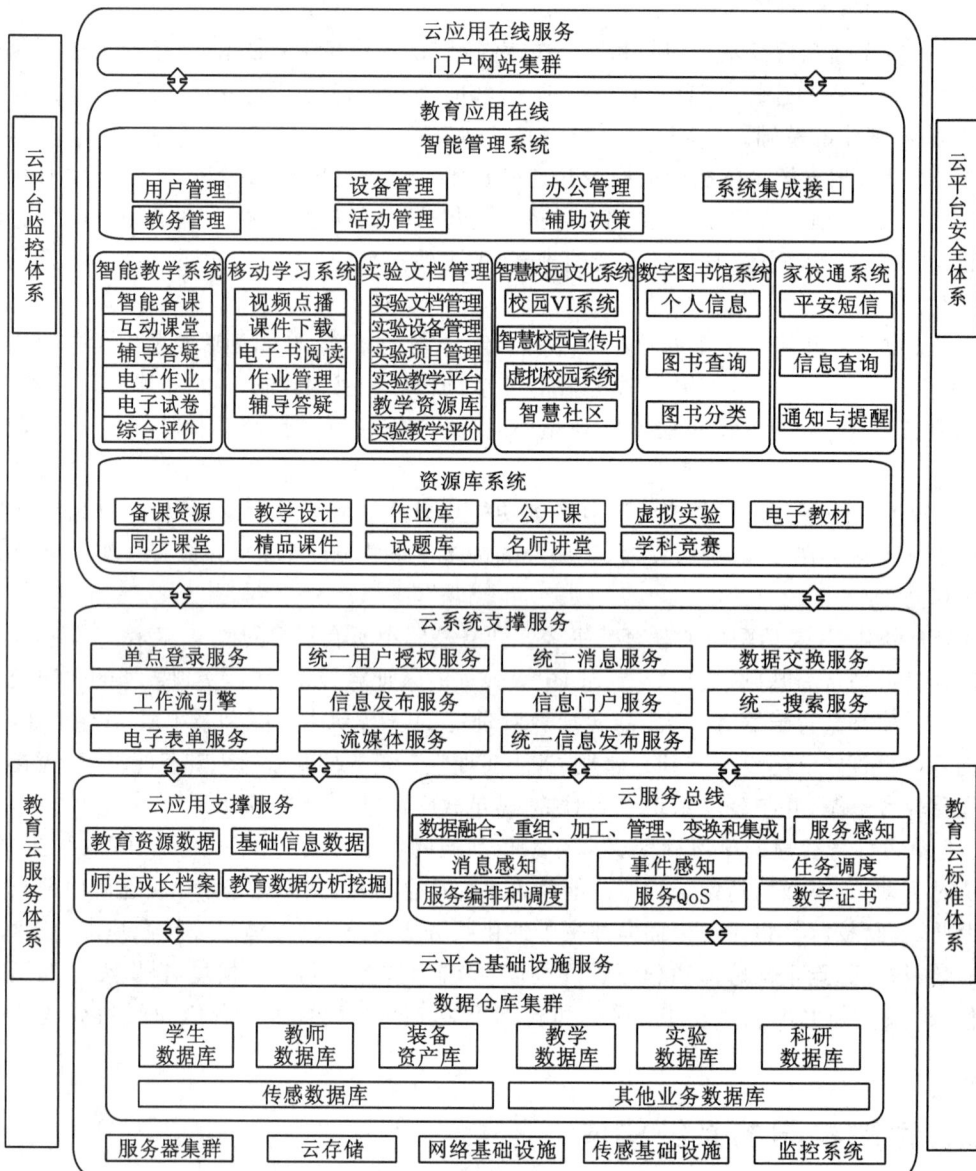

图 3-15　智慧校园系统架构图

3．智能管理系统

智能管理系统以先进的物联网技术为基础，实现了校园进出人员身份管理、考勤管理、学校资产监控与数据泄密管理、办公管理、教学活动管理、教学设备管理、教务管理和安防管理智能化。

4．智能教学系统

智能教学系统依托教学资源平台，为教师编写教案、制作课件、批改作业和辅导答疑提供智能化服务。该系统包括智能备课系统、互动课堂系统、辅导答疑系统、电子作业系统和综合评价系统五部分。

5. 移动学习系统

移动学习系统主要以电子书包、手机等移动学习终端为载体,基于统一的教育资源平台支持,实现任何时间、任何地点的个性化学习。该系统主要包括电子教材阅读、课堂笔记、课件下载和信息订阅、教学视频点播、作业下载和提交、辅导答疑、考勤信息和成绩查询、学习工具等。

6. 数字化实验系统

数字化实验系统主要由传感器、数据采集器、计算机、实验教学平台和多媒体互动投影系统组成。该系统实现了从实验数据采集、传输、处理和生成输出全过程数字化,为学校师生创设了开放、协作的科学探究实验环境。该系统还具有实验教学管理、实验设备管理、实验室开放管理和实验成绩管理功能,并与智慧校园其他子系统无缝对接。

7. 家校通系统

家校通系统实现了家校沟通无障碍。老师和家长之间,可以直接使用家校通系统互动交流。譬如,学校向家长报告学生在校情况、发布通知、布置作业,家长查询学校的规章制度、课程安排,或与老师一起切磋教育心得等,十分便捷。

8. 智慧校园文化系统

智慧校园文化系统由校园多媒体信息发布系统、虚拟校园交互式演示系统和智慧学习社区三部分组成。校园多媒体信息发布系统以数字化方式展示学校形象与文化特色。虚拟校园交互式演示系统通过虚拟现实技术逼真再现校园的地形地貌、建筑物、绿化、运动设施及场地等,并可以在校园主页以各种方式进行导览,展示学校形象。智慧学习社区整合了博客、QQ等多种功能,为学生、教师和家长提供了一个便捷交流互动的平台,包括智慧讲坛、创意乐园、智慧活动、名师支招、智慧之星等,为广大教师交流教学经验、分享教学智慧,为学生分享学习心得,开展科技创新活动提供有效的支持。

9. 数字图书馆系统

数字图书馆系统是为了适应图书馆未来的发展要求,满足示范学校对馆藏资源充分共享、高效管理等方面的实际需求构建的。本系统包含了目前图书馆管理业务的每个环节,具备系统图书采访、图书编目、图书流通、期刊管理、公共查询、系统管理等功能,并与本区 e 卡通系统无缝对接,实现成员馆馆藏资源的互借、互还和互通。

第五节　三通两平台

2012 年 3 月教育部正式颁布《教育信息化十年发展规划(2011—2020 年)》,提出我国教育信息化未来十年的 8 项任务和 5 个行动计划的重点工程,概括为"三通两平台"。2012 年 9 月5 日,在全国教育信息化工作电视电话会议上,刘延东副总理(时任国务委员)提出:"十二五"期间,要以建设好"三通两平台"为抓手,也就是"宽带网络校校通、优质资源班班通、网络学习空间人人通",建设教育资源公共服务平台和教育管理公共服务平台。"三通两平台"的本质是促进信息技术与教育教学的深度融合,通过信息技术的深化应用促进教与学的变革,提高人才培养的质量和效率,最终达到提升我国综合国力的目标。"三通两平台"中"两平台"是基础,是通过信息化建设工作实现的,而"三通"则主要强调应用效果。

经过"十二五"期间的发展,实现了"三通两平台"建设与应用快速推进、教师信息技术应用能力明显提升、信息化技术水平显著提高、信息化对教育改革发展的推动作用大幅提升。2018年4月教育部颁布的《教育信息化2.0行动计划》提出,继续深入推进"三通两平台",实现三个方面普及应用。"宽带网络校校通"实现提速增智,所有学校全部接入互联网,带宽满足信息化教学需求,无线校园和智能设备应用逐步普及。"优质资源班班通"和"网络学习空间人人通"实现提质增效,在"课堂用、经常用、普遍用"的基础上,形成"校校用平台、班班用资源、人人用空间"。教育资源公共服务平台和教育管理公共服务平台实现融合发展。实现信息化教与学应用覆盖全体教师和全体适龄学生,数字校园建设覆盖各级各类学校。

(一)宽带网络校校通

"宽带网络校校通"是以校为本的教育信息化软硬件基础设施建设与应用,重点解决两个问题:一是基本解决各级各类学校的宽带接入,二是基本完成各级各类学校网络条件下的基本教学环境建设。主要包括:

(1)学校实现宽带接入互联网络,有条件的学校建立校园网、提供无线接入。宽带网络接入条件的建设方式是"政府投资建设,企业运营维护,学校持续使用"。

(2)学校建设能联网的多媒体教室和计算机教室。

(3)为教师提供用于网络教学的信息化设备、软件工具和教学资源。

(4)为学生提供用于网络学习的联网计算机、电子书包等信息化设备。

(二)优质资源班班通

"优质资源班班通"是指班级信息化教育教学应用。要形成丰富的各级各类优质教育资源,并且将这些资源推送到每一个班级,充分利用互联网、多媒体教学设备、各种工具软件和优质教育资源全面开展班级教育教学活动,促进教学模式与教学方法创新,提高教育教学质量,促进教育均衡发展。重点推进"专递课堂"、"名师课堂"和"名校网络课堂"的建设。2020年3月,教育部印发《关于加强"三个课堂"应用的指导意见》,明确到2022年,全面实现"三个课堂"在广大中小学的常态化按需应用,根本改变开不齐开不足开不好课问题,持续优化教师教学能力和信息素养,有效弥合区域、城乡、校际差距。

1. 专递课堂

"专递课堂"是指利用网上同步上课的方式,以区域中心学校作为主讲端,通过网络云平台,以交互录播为核心,实现"一校带多点,一校带多校",确保教学点"开足课、开好课"。"专递课堂"专门为薄弱学校和教学点输入优质的数字化教学资源和优良的师资资源,以提升教与学的质量。(见图3-16)

2. 名师课堂

"名师课堂"是指组织特级教师、教学名师开设网络课堂,形成更多更好的优质网络教育资源,探索网上教研活动的组织形态,使名师资源得到更大范围的共享。"名师课堂"打破时空局限,通过组建实践共同体,来促进教师之间隐性教育教学知识与经验的流动和共享,扩大名师资源共享的范围,实现教师教学能力的提升。(见图3-17)

图 3-16 专递课堂(锐捷)

图 3-17 名师课堂

3. 名校网络课堂

"名校网络课堂"是指利用网络课堂的形式,使名校丰富的教育资源更多更广地扩散,让更多的学生受益。"名校网络课堂"通过"资源＋服务"一体化的形式,帮助学校更好地吸收和利用优质资源,将优质资源转化为促进自身学校发展和转型的内生力量。(见图 3-18)

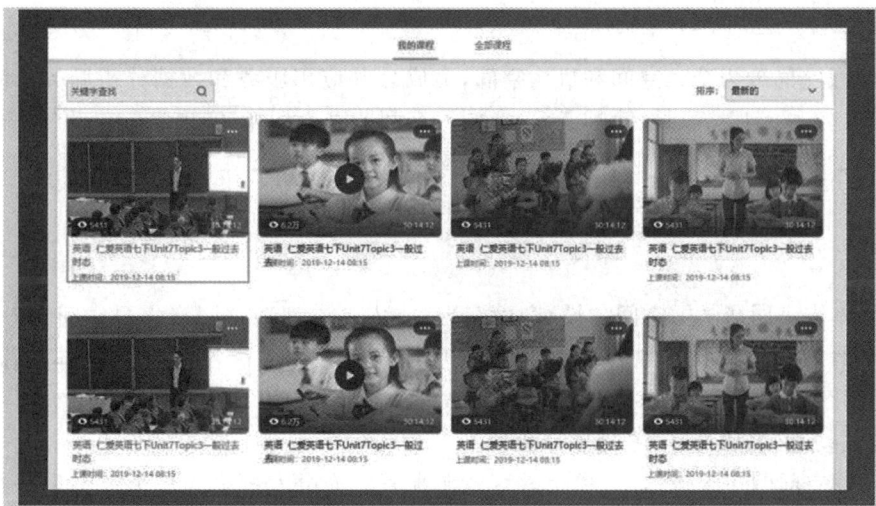

图 3-18 名校网络课堂

三个课堂的应用与发展,形成了相互融合、一体化的趋势,逐渐形成了一个既相互独立又相互关联的大系统,共同推动着义务教育优质均衡发展这一目标的实现。三者关系如图 3-19 所示。

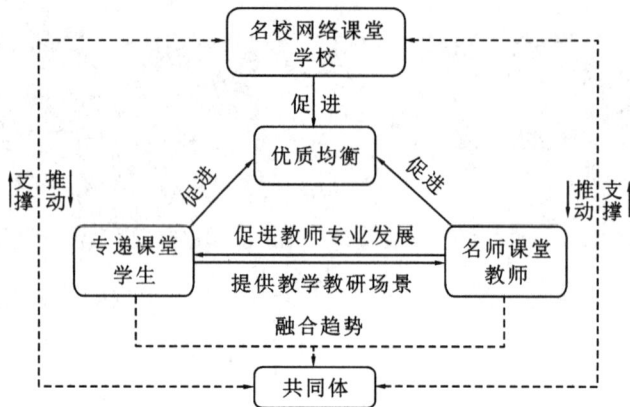

图 3-19　三个课堂之间的关系

(三)网络学习空间人人通

2018 年,教育部发布的《网络学习空间建设与应用指南》强调,网络学习空间是指由教育主管部门或学校认定的,融资源、服务、数据为一体,支持共享、交互、创新的实名制网络学习场所。

1. 建设目的

到 2022 年,面向各级各类教育、全体教师和适龄学生,全面普及绿色安全、可管可控、功能完备、特色鲜明的实名制空间。引领教育服务模式创新,促进教育体制机制变革,推动教育教学模式创新,促进教育公平,适应教育现代化发展要求。

2. 网络学习空间的构成

网络学习空间分为个人空间和机构空间,集成公共应用服务和数据分析服务。应支持不同角色用户(教师、学生、家长、管理者等)在同一空间的身份切换,实现"一人一空间"。支持不同角色之间的互联互通,实现信息沟通与数据交换,支持各类公共应用服务汇聚与调用,实现服务贯通。网络学习空间功能框架如图 3-20 所示。

3. 主要任务

(1) 整体推进网络学习空间建设,全面实现"一人一空间"。"网络学习空间人人通"依托国家数字教育资源公共服务体系,区域整体推进,使空间成为各级各类学校、全体教师、适龄学生教育信息化应用的主要入口,实现"一人一空间,人人用空间",鼓励教师应用空间开展备课授课、家校互动、网络研修、学习指导等活动。

(2) 发挥空间的主渠道作用,优化教育资源配置。充分发挥空间作为数字教育资源共建共享主渠道作用,创新教育资源供给模式,扩大教育资源的有效供给。支持师生免费获取国家和地方提供的各类公益性资源,共享生成性资源,自由选购个性化资源。利用空间构建名师工作室、学习共同体等方式,提供跨班级、跨学校、跨区域开放教育教学服务,实现从教育资源服务向教育、教学、个性化学习服务的转型,服务育人全过程,支撑教育改革发展,促进教育公平。

(3) 推动管理者率先应用,促进教育治理现代化。教育管理者要善于利用空间开展工作,提高教育治理能力。利用空间开展家校联系、教育教学、综合实践、体质健康管理和监测,创设

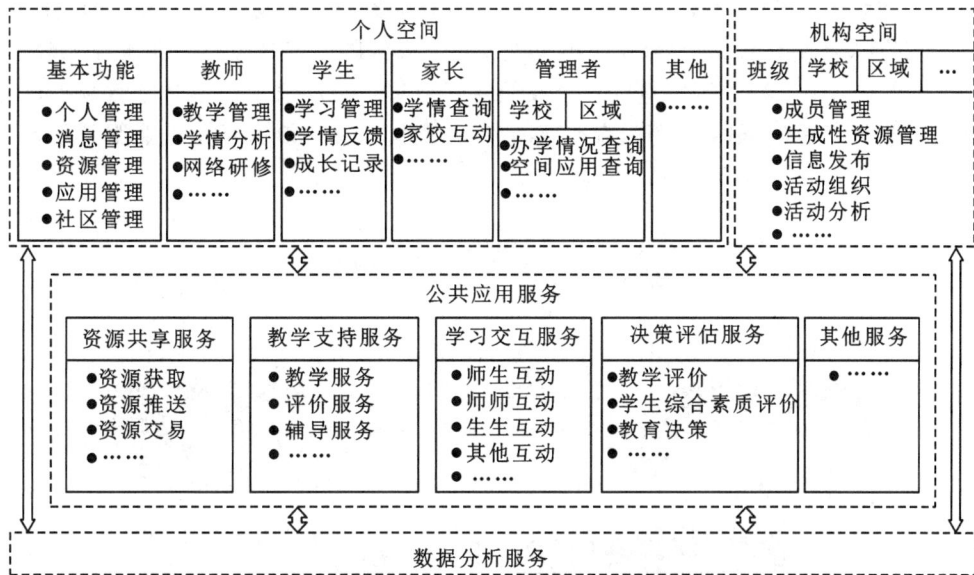

图 3-20 网络学习空间功能框架

教育环境,推进教育教学方式变革,培养学生的创新思维和创新能力,开展基于数据的教育教学和学生综合素质评价,实现个性化教学和精准化施策,促进教育治理现代化。

（4）组织教师创新应用,实现教学应用常态化。要利用空间突破课堂时空界限,实施项目式教学、探究式教学、混合式教学等新模式,利用空间进行学习评价和问题诊断,开展差异性和个性化的教学与指导,促进教育公平,提高教学质量。主要应用形式有:利用空间备课授课;家校互动;网络研修;在线辅导;协同教研;协同开发优质教学资源等。

（5）引导学生主动应用,实现学习应用常态化。要引导学生利用空间参与课内外教学活动、研学活动,伴随性地记录成长过程,管理和展现学习成果,记录综合素质评价过程性数据。主要应用形式有:利用空间组建学习共同体;利用空间中的丰富资源与服务进行探究学习;利用学习诊断学习、学习预警等可视化分析结果,发现问题,改善学习。

（6）鼓励家长积极应用,实现家校互动常态化。通过多种途径,使家长意识到空间是学生学习、获取公共教育资源服务、参与学校和班级教学活动、寻求学习帮助的重要途径,认识到空间是家校互动的开放环境。鼓励家长利用空间动态跟踪孩子的学习过程,了解孩子的发展情况,引导孩子科学、规范地使用空间,增强家校互动,实现家校共育。

（四）教育资源公共服务平台

教育资源公共服务平台是由国家或区域政府投资建设、通过网络学习空间提供数字教育资源公共服务的平台。利用云计算模式可以最大限度实现软、硬件资源的集约共享,降低学校信息化成本和建设难度;推动资源建设与使用良性互动,提高应用水平。

教育资源公共服务平台建设的意义主要是扩大优质资源的覆盖面,国家数字教育资源公共服务体系建设遵循统一的标准规范,提出了用户认证、数据交换、资源共享、基础数据服务等规范,有助于各级教育行政部门解决公共服务平台重复建设和传统资源供给方式带来的供需分离、共享不畅等困难。全国师生依托网络学习空间参与教育资源公共服务平台的共建共享。网络学习空间、班级集体空间、主题资源空间、名师空间、机构管理空间等各种空间应用模式,再加上各级教育行政部门的教育资源中心,共同构成国家教育资源公共服务平台,如图 3-21 所示。2022 年 3 月由教育部指导、中央电化教育馆主办的国家智慧教育公共服务平台正式上线运行,如图 3-22 所示。国家智慧教育公共服务平台聚合了国家中小学智慧教育平台、国家职业教育智慧教育平台、国家高等教育智慧教育平台、国家 24365 大学生就业服务平台等,可提供丰富的课程资源和教育服务。

图 3-21　国家教育资源公共服务平台

(五) 教育管理公共服务平台

教育管理公共服务平台建设的首期目标,是为教育管理公共服务提供准确的数据。平台建设的基本构思是"两级建设,五级应用",通过应用系统收集和汇总数据。强调"两级建设,五级应用",两级建设是指中央和省两级建设,五级应用是指统一组织开发中央、省、地(市)、县、学校五级应用系统,部署在中央和省两级数据中心,各省通过省级数据中心为所属地(市)、县、学校提供应用服务。

教育管理公共服务平台的主要功能是:协同办公、公文流转、学籍管理、教务成绩管理、学生综合素质管理、学生成长管理、党建管理、数据填报、人事管理、档案管理等。

图 3-22　国家智慧教育公共服务平台

深圳市教育公共服务平台如图 3-23 所示,武汉市教育云平台如图 3-24 所示。

图 3-23　深圳市教育公共服务平台

图 3-24　武汉市教育云平台

本 章 小 结

　　信息化教学环境是在现代教育理论指导下,建立在多媒体计算机和互联网基础之上,充分运用现代信息技术建立的,能实现教学信息的获取途径和呈现方式多样化,有利于自主学习及协作学习的现代教学环境。它与传统教学环境是完全不同的。在不同的教学环境,教师的教学过程和模式也是不同的,因此在教学中一定要了解信息化教学环境的特点和功能,以实现信息化教学设计过程和结果的最优化。本章详细地介绍了多媒体教学系统、智慧教室、智慧校园、三通两平台等内容,为教师教学时使用这些教学媒体提供了理论支持。

本 章 练 习

　　1. 名词解释:
　　信息化教学环境　多媒体教学系统　交互式电子白板　电子书包　三通两平台。
　　2. 信息化教学环境与传统的教学环境有什么不同? 结合自己的实际体验谈谈你的看法。
　　3. 上述我们介绍了多种类型的信息化教学环境,它们有什么共同的特点呢? 又有哪些不同呢?
　　4. 有人说"信息化教学设备不能提高课堂的学习效率,反而使教学变得形式化、复杂化",对此你有什么看法?

第四章 信息化教学过程设计

核心概念
教学设计
信息化教学设计

学习目标
（1）准确把握教学设计和信息化教学设计的内涵。

（2）掌握教学设计的基本原理，并初步具有应用系统方法分析教学问题和解决教学问题的能力。

（3）掌握学习需要分析、学习者分析、学习内容分析和目标的分析与确定、教学策略的制定、教学媒体的选择和利用及教学设计成果评价的基本方法。

（4）掌握信息化教学设计的基本方法，并能根据其方法分析教学问题，编写信息化教学设计方案，以解决实际的教学问题。

知识概览

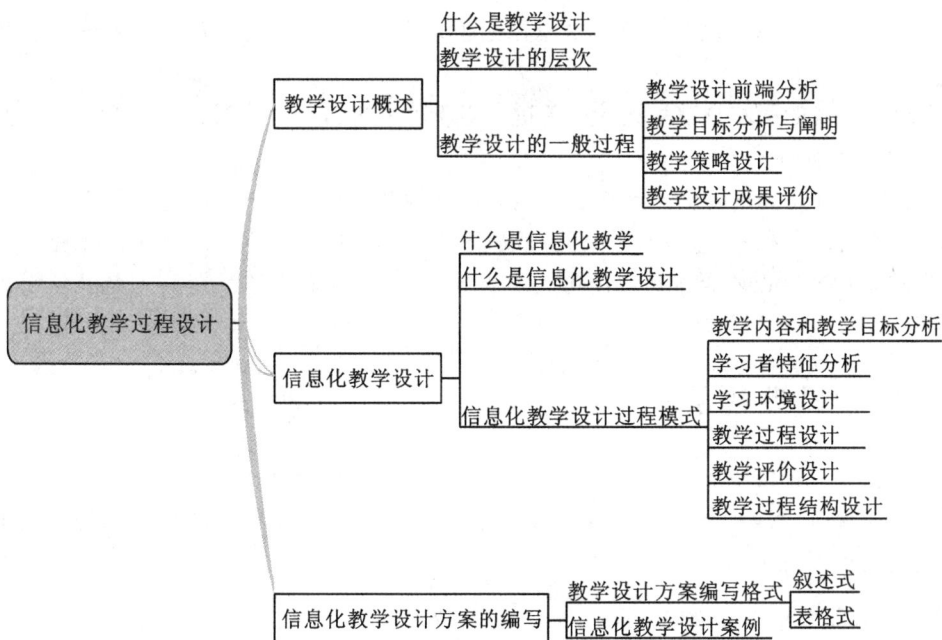

第一节 教学设计概述

在教育技术的五个研究范畴中,教学设计被认为是"教育技术对整个教育科学领域具有最大理论贡献的一个范畴",在教育技术学科体系中占据着核心地位。我国对教学设计的研究开始于 20 世纪 80 年代中期,经过二十多年的研究,在理论和实践方面都取得了很大的成果。

一、什么是教学设计

关于教学设计的定义比较多,各个定义的侧重点也有所不同,但这些定义有共同的认识:首先,教学设计的目的是优化教学,否则,教学设计的整个工作是没有意义的;其次,教学设计运用的是系统方法;再次,教学设计要遵循教育教学的基本原理,设计包括整个教学过程和学习过程。我们认为教学设计是运用系统方法分析"教"与"学"过程中的问题,并建立解决问题的方案和策略,实施解决方案,对实施结果进行评价,并对以上步骤进行修正的过程。其根本目的是促进学习者的学习。

教学设计的一般特征有以下几点。

(1)教学的计划、开发、传递和评价是建立在系统理论基础上的。虽然在执行时它们似乎是按照一定的先后顺序,但实质上它们之间的有机联系是非线性的,其中创造性地分析、解决问题是它们的核心。

(2)教学目的的确定必须建立在对系统环境分析上,即从需求分析中确定问题,形成教学目的。

(3)学习目标使用可观察的行为术语来描述,使师生双方对学习产生的结果都很清楚,便于学习者主动参与学习及教师准确地对学习是否发生进行判断,为评价学生的学习提供测量标准。

(4)对学习者的了解是教学设计的关键。对学习者进行特征分析正是教学设计了解学习者和关心学习活动的表现。

(5)教学设计研究的工作重点在教学策略的计划和媒体材料的选择与开发上。

(6)评价是设计和修改过程的一部分。教学系统设计根据科学原理制定的策略必须经过多次反复的试行和修正才能达到最优化效果。所以,评价所提供的反馈信息是教学设计的重要调控信息。

二、教学设计的层次

教学设计是一个解决问题的过程,根据教学中问题范围、大小的不同,教学设计也相应地具有不同的层次,即教学设计的基本原理与方法可用于设计不同层次的教学系统。教学设计一般可归纳为以下三个层次。

1. 以"系统"为中心的层次——教学系统设计

这里所指的系统是特指比较大、比较综合和复杂的教学系统,例如,一个学校或一个新专业的课程设置和实施计划等。这一层次的设计通常包括系统目的、目标的确定,实现目标的方案的建立、试行和评价、修改等,内容涉及面广,设计难度大。因此,教学系统设计需要由教学设计人员、学科专家、教师、行政管理人员,甚至包含有关学生组成的设计小组来共同完成。

2. 以"课堂"为中心的层次——教学过程设计

教学过程设计是针对一门课程或一个单元,甚至是一节课或某个知识点的教学过程进行的教学设计。我们把它分为两个方面:一是课程教学设计,它主要根据课程规定的总的教学目标,在教学内容和教学对象分析的基础上,设计出每个单元、章节的教学目标和各知识点的设计;二是课堂教学设计,它是在课程目标体系的指导下,选择教学媒体,指定教学策略,形成课堂教学过程的结构方案,付诸教学实践,并进行评价与修改的设计。课程教学设计一般由教师或教研组来完成,也可以由教学设计人员、学科专家、教师共同完成,以保证课程规定的总的教学目标的实现。课堂教学设计由任课教师完成。

3. 以"产品"为中心的层次——教学产品设计

教学设计的最初发展是从以"产品"为中心的层次开始的,它把教学中需要使用的媒体、材料、教学包等当作产品来进行设计。教学产品的类型、内容和教学功能常常由教学设计人员、教师和学科专家共同确定。简单的教学产品可由教师自己设计与制作,比较复杂的教学产品有时还需吸收媒体专家和媒体技术人员参加,对产品进行设计、开发、测试和评价。

以上三个层次是教学设计发展过程中逐渐形成的,它们紧密联系。教学过程是整个教育过程的关键,教学过程设计在教学设计的三个层次中处于中心地位。

三、教学设计的一般过程

教学设计是一个分析教学任务、设计教学方案,并对方案进行试行、评价和修改的过程,是一个分析问题、解决问题的过程。教学设计从明确目标、把握内容、制订策略到权衡利弊,即从教什么和为什么教、怎样教、教得怎样几个方面入手,形成各个层次。教学设计共分为前端分析、教学目标的分析与设计、教学过程设计及教学评价四个部分,如图 4-1 所示。

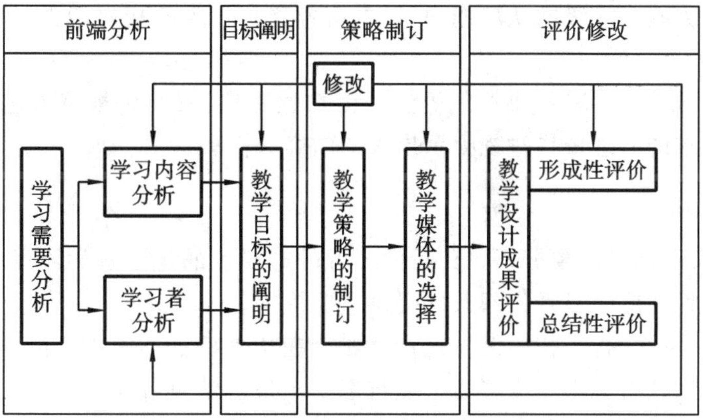

图 4-1 教学设计的过程模型

(一)教学设计前端分析

教学设计的前端分析是指在教学设计开始的时候,对一些直接影响教学设计的因素和环节进行分析,包括学习需要分析、学习内容分析和学习者分析。

1. 学习需要分析

学习需要是指学习期望达到的状况和学习目前的状况之间的差距。在这里,期望来自社会和学生自身两个方面,是社会和学生自己对其能力素质及其发展的要求。目前的状况是指学生群体和个体在能力素质方面已达到的水平。期望的状况和目前的状况之间的差距揭示出学生在学习过程中存在的问题,而问题的存在也说明了通过教学去解决这个问题的必要性。

学习需要分析是教学设计前端分析中的一个重要组成部分,是指通过系统的分析发现教学中存在的问题,确定问题的性质,论证问题解决的必要性和可行性。其分析方法主要有两种,即内部参照分析法(常模参照测验分析法)和外部参照分析法(标准参照测验分析法)。

2. 学习内容分析

学习内容是指为实现教学目标,要求学生系统学习的知识、技能和行为经验的总和。

学习内容分析也称教学内容分析,是指对学生从起始能力(教学之前已具备的知识、技能等)转化为教学目标所规定的终点能力(满足学习需要后学生所形成的知识、技能等)所需要学习的从属先决知识、技能和态度及其关系进行详细剖析的过程。学习内容分析体现了以"学"为中心的教学思想。学习内容分析的结果是确定了切实可行的总的教学目标,为了完成这个总的教学目标,学生必须掌握哪些相应的具体知识、技能,以及形成什么样的态度。分析方法主要有以下几种。

(1)归类分析法:归类分析法主要是研究对有关信息进行分类的方法,旨在鉴别为实现教学目标而需要学习的知识点。

(2)图解分析法:图解分析法是一种用直观性方法揭示学习内容要素及其相互关系的内容分析法,用于对认知学习内容的分析。图解分析的结果是简明扼要、提纲挈领地从内容和逻辑上高度概括学习内容的一套图表或符号。

(3)层级分析法:层级分析法是用来揭示教学目标所需掌握的从属技能的内容分析法。这是一个逆向分析的过程,即从已确定的教学目标考虑,要求学习者获得教学目标规定的能力,他们必须具有哪些次一级的从属能力,而要培养这次一级的从属能力,又需要具备哪些再次一级的从属能力。

(4)信息加工分析法:信息加工分析法是由加涅提出来的,是根据人脑对信息的加工过程,将教学目标要求的心理操作过程揭示出来的内容分析法。

3. 学习者分析

学习者分析又称教学对象分析。分析学习者的主要目的是了解学习者的能力、特征及风格,为教学外部条件适应学习者内部条件提供重要依据。

第一,初始能力的分析。初始能力是指学习者在从事特定学习内容的学习前已经具备的知识和技能基础,以及有关学习内容的认识与态度。预估学习者初始能力的目的是了解三方面的内容:一是学习者是否具备了从事新的学习所必须具备的知识和技能基础;二是学习者对将要学习的内容知道了多少;三是学习者的学习态度。

第二,学习者一般特征的分析。学习者的一般特征是指学习者具有的与具体学科内容无关但影响其学习的生理、心理和社会特征,包括年龄、性别、认知成熟度、学习动机和生活经验等内容。在教学过程中,教师应把握学习者一般特征方面的特点,并以此作为集中教学时选择教学内容、制定教学策略等工作的依据;同时还要充分重视学习者在一般特征方面的差异,并以此作为制定个别化学习的策略、进行个别辅导等工作的依据。

第三,学习风格的分析。学习风格是学习者持续一贯的带有个性特征的学习方式,是学习策略和学习倾向的综合。学习策略指学习者为完成学习任务或实现学习目标而采用的一系列步骤,其中某一特定步骤称为学习方法。每一个学生在学习过程中表现出不同的学习倾向,包括学习情绪、态度、动机、坚持性,以及对学习环境、学习内容等方面的偏爱。有些学习策略和学习倾向可能会随着学习环境、学习内容的变化而变化,而有些则表现出持续一贯性。那些持续一贯地表现出来的学习策略和学习倾向,构成了学习者通常所采用的学习方式,即学习风格。在分析教学对象的时候要对学习风格做出诊断和验明,其主要目的是在承认和尊重学生学习风格存在差异的前提下,为设计出有利于因材施教的教学方案提供依据。

(二)教学目标分析与阐明

通过学习需要分析确定了教学设计项目的教学目标,通过学习内容分析确定了完成教学目标所必须掌握的各个知识点与从属技能项目,通过对教学对象初始能力的分析确定了教学起点,至此,教与学的内容框架基本确定了。接下来的工作就是要阐明教学目标。

1. 教学目的与教学目标

虽然目的和目标都是指某种行为活动的指向,但两者是有差别的。一般而言,目的比较抽象,是某种行为活动普遍性、同一性的宗旨或方针;目标则比较具体,是指对某种行为活动的个别化、特殊化、阶段性的追求。

2. 教学目标的分类

美国教育心理学家布鲁姆(Bloom)将教育目标分为三个领域:认知领域、情感领域和动作技能领域。

(1)认知领域是教育领域中运用最广泛的领域。布鲁姆把认知领域的教学目标分为六类:知识、领会、运用、分析、综合和评价。(详细内容不再阐述。)

(2)情感领域:情感是人对客观事物的态度的一种反映,表现为对外界刺激的肯定或否定。情感学习既与形成或改变态度、提高鉴赏能力、更新价值观念等方面有关,也影响认知的发展和动作技能的形成,所以它是教育的一个非常重要的方面。克拉斯伍(Krathwohl)等人在1964年将情感领域的教学目标由低到高划分为五级:接受或注意、反应、价值化、组织、价值或价值体系的性格化。

(3)动作技能领域:动作技能涉及骨骼和肌肉的使用、发展和调适,主要通过职业培训、实验课、体育课等科目进行学习与掌握。辛普森(Simpson)等人在1972年将动作技能领域的教学目标分为七级:直觉、定向、有指导的反应、机械动作、复杂的外显行为、适应、创新。

我国教育部《基础教育课程改革纲要(试行)》对课程目标从知识与技能、过程与方法、情感态度与价值观三个方面提出了要求,构成了新课程的"三维目标"。新课程的"三维目标"指向学生全面发展,注重学生在品德、才智、审美等方面的成长,是国家新课程基本理念的重要体现之一。

知识与技能:强调基础知识和基本技能的获得。基础知识主要包括人类生存所不可或缺的核心知识和学科基本知识;基本能力是指获取、收集、处理、运用信息的能力,创新精神和实践能力,终身学习的能力。

过程与方法:突出的是让学生"学会学习",使学生获得知识的过程同时成为获得学习方法和能力发展的过程。主要包括人类生存所不可或缺的过程与方法。过程指应答性学习环境和交往、体验。方法包括基本的学习方式(自主学习、合作学习、探究学习)和具体的学习方式(发现式学习、小组式学习、交往式学习等)。

情感态度与价值观:不仅专注于人的理性发展,更致力于教育的终极目的即人格完善。情感不仅指学习兴趣、学习责任,更重要的是乐观的生活态度、求实的科学态度、宽容的人生态度。价值观不仅强调个人价值,更强调个人价值和社会价值的统一;不仅强调科学价值,更强调科学价值和人文价值的统一;不仅强调人类价值,更强调人类价值和自然价值的统一,从而使学生内心确立起对真善美的价值追求以及人与自然和谐和可持续发展的理念。

3. 教学目标的编写方法

1) ABCD 编写方法

ABCD 编写方法基本上反映了行为主义的观点,强调用行为术语来描述学习目标。下面是依据 ABCD 编写方法编写的实例,并用符号标明了它的构成要素。

$$\underset{A}{\underline{\text{初中二年级学生}}} \ , \ \underset{C}{\underline{\text{在观察各种云的图片时}}} \ , \ \underset{B}{\underline{\text{应能将卷云、层云和雨云分别标记出来}}} \ ,$$

$$\underset{D}{\underline{\text{准确率达 } 90\%}} 。$$

对象 A(audience):需要完成行为的学生、学习者或教学对象。如上例中的"初中二年级学生"。

行为 B(behavior):描述行为及其结果的基本方法是使用一个动宾结构的短语,其中表述行为的动词说明学习的类型,宾语则用来说明学生的行为结果或学生所做的事情。上面例子中"将卷云、层云和雨云分别标记出来"中的"标记"就是动宾结构短语中的行为动词,而"卷云、层云和雨云"则是动宾结构短语中的宾语。

条件 C(condition):学生在证实其相应的行为及其结果时,总是在一定的情境条件下进行的,也就是说在学生证实其终点行为时,常提出相应的限制条件。例如"可以借助字典"、"通过小组讨论"等都包含相关条件。行为的条件一般包括环境因素、人的因素、设备因素、信息因素和问题明确性的因素等。

行为的标准 D(degree):行为完成质量的可接受的最低衡量依据。在教学目标编写时采用什么程度的标准要依据教学内容的实际要求,应当以大多数学生在经过必要的努力之后都能做到的事情作为行为的标准。行为的标准一般从行为的速度和准确性等方面进行描述。例如"在 5 分钟以内"、"误差在 1 mm 以内"、"准确率达 90%"等都包含了教学目标中的有关标准。

2) 内部过程和外显行为相结合的编写方法

教育心理学家格朗伦(Gronlund)1978 年就指出,在编写教学目标时应首先明确陈述如理解、记忆、欣赏、掌握等内部的心理变化,然后再列举反映这些内部变化的行为表现样例。

例如,理解杠杆的原理:

● 能举出三种生活中采用杠杆原理的实例;
● 能用自己的语言说明杠杆的平衡条件;
● 能写出杠杆实例中的力臂和力矩的关系式。

这里"理解杠杆的原理"是教学目标的一般陈述,旨在理解。而理解是一个内部的心理过程,不能直接测量和观察。例中为了使"理解"能够得到测量和观察,利用了三个能证明学生是否具备"理解"能力的行为实例进行描述。值得注意的是,这里利用内部过程和外显行为相结合的方法描述的教学目标强调的是"理解",而不是表明"理解"的具体行为样例。格朗伦的方法强调例证的列举能力,既避免了用内部心理过程表述目标的抽象性,也避免了行为目标的局限性。

(三)教学策略设计

教学策略设计主要包括教学媒体的选择和教学策略的制订两个部分。教学目标确定后,就要进行教学策略的设计。教学策略是实现教学目标的重要手段,是教学设计研究的重点。选择有效的教学方法和教学手段,是实施有效教学的必要条件。通过教学策略的设计,明确教学的形式、手段和方法,即"怎样教"的问题,促使教学过程的最优化。教学媒体的选择实际上属于教学策略的研究范畴,把它单列出来,是为了突出教学媒体在教学设计中的重要地位。

1. 教学媒体的选择

教学媒体选择工作的程序主要分为以下三个步骤。

第一,媒体使用目标的确定。媒体使用目标是指媒体在实现教学目标的任务中将要完成的职能。按其职能分类,可把使用目标分为事实性、情景性、示范性、原理性、探究性等几类。

第二,媒体类型的选择。媒体类型是根据学习类型与媒体功能关系二维矩阵中的功能大小进行选择的。

对不同的科目内容和不同的学习习惯类型,不同媒体所产生的功能大小是不同的。这必须通过大量的教学实践试验探索其规律。

第三,媒体内容的选择。媒体内容的选择通常包括画面资料、画面的组合序列、教师的活动、语言的运用和刺激强度等的选择。

2. 教学策略的制订

教学策略是对完成特定的教学目标而采用的教学活动的教学程序、教学方法、教学组织形式和教学媒体等因素的总体考虑。教学程序的确定就是要确定教学内容各组成部分之间的先后顺序;教学方法的选择就是要通过讲授法、演示法、讨论法、练习法、实验法、示范-模仿法等不同方法的选择,来激发并维持学习者的注意和兴趣,传递教学内容;教学组织形式主要有集体授课、小组讨论和个别化学习三种形式,每种形式各有所长,应根据具体情况进行相应的选择;各种教学媒体具有各自的特点,需从教学目标、教学内容、教学对象、媒体特性及实际条件等方面,运用一定的媒体选择模型进行选择。

对于教学来说,没有任何单一的教学策略能够适应于所有的情况,有效的教学需要有可供选择的各种策略来达到不同的教学目标。最好的教学策略就是在一定的情况下达到特定目标的最有效的方法论体系。目前公认的基本教学策略有三种:生成性策略、替代性策略、指导性策略。每种教学策略的优缺点可以参阅其他教材来学习,这里不再详述。

(四)教学设计成果评价

经过前三个阶段的工作,就形成了相应的教学方案和媒体教学材料;然后进行教学实施;最后确定教学和学习是否达到目标,即进行教学评价。教学评价是指以教学目标为依据,制定科学的标准,运用一切有效的技术手段,对教学活动的过程及其结果进行测量,并给予价值判断的过程。教学评价是教学设计的一个重要组成部分。

依照不同的分类标准,教学评价可作不同的划分。例如:按评价标准的不同,可分为相对评价、绝对评价和自身评价;按评价内容的不同,可分为过程评价和成果评价;按评价功能的不同,可分为诊断性评价、形成性评价和总结性评价;按照评价分析方法的不同,又可分为定性评价和定量评价。一般情况下,对于教学设计成果的评价主要运用的是形成性评价和总结性评价。

第二节 信息化教学设计

教育部办公厅印发的《中小学教师信息技术应用能力标准(试行)》中指出:"中小学教师要将《能力标准》作为自身专业发展的重要依据。要主动适应信息化社会的挑战,充分利用各种学习机会,更新观念、补充知识、提升技能,不断增强信息技术应用能力。要养成良好的应用习惯,积极反思,勇于探索,将信息技术融于教学和师生交流等各个环节,转变教育教学方式,促进学生有效学习和个性化发展"。要求中小学教师应该具有信息化教学设计能力和信息化教学实践能力。

一、什么是信息化教学

信息化教学是在现代教育思想和理论的指导下,通过现代信息技术的运用,来实现开发教育资源、优化教学过程、培养学生信息素养和提高学生信息能力的新型教学方式。信息化教学的具体表现形式是信息技术与课程整合。信息化教学的实现将是一个漫长而艰辛的过程,是一个变革、转化的过程,是与教育改革不可分离的过程,是教育组织的结构发生变化的过程,是寻求教育现代化的过程,是教育组织系统中信息的含量逐步增大、信息的作用日益重要、信息活动越来越频繁的过程。

信息化教学体现了许多不同于传统教学的特性。1993年美国教育部组织了十多位资深专家(B. Means等)撰写了一份题为《用教育技术支持教育改革》的报告,为如何运用现代教育技术进行基础教育改革提供了指导性框架。该报告提出了信息化教学的若干特征,从表4-1中可以看出信息化教学与传统教学之间的明显差别。

表4-1 传统教学与信息化教学之特征对照表

教学过程要素	教学理念模式	
	传统教学	信息化教学
教学策略	教师导向	学生探索
讲授方式	说教性的讲授	交互性的指导
学习内容	单学科的独立模块	带逼真任务的多学科延伸模块
作业方式	个体作业	协同作业
教师角色	教师作为知识施予者	教师作为帮促者
分组方式	同质分组(按能力)	异质分组
评估方式	针对事实性知识和离散技能的评估	基于绩效的评估

信息化教学能够充分利用信息技术手段进行基于资源、基于合作、基于研究、基于问题等多种形式的学习,通过微型世界与计算机模拟使学生在意义丰富的"真实"的情境中主动建构知识。信息化教学强调学生是学习活动的主体,学生学习的效果取决于学生的学习方式与参与教学活动的程度。每个学生都拥有多种独立的智能,考核教学目标的达成情况时,不是用一个僵化的统一标准来衡量,传统教学对学生学习结果的反馈与评价一般注重一元化的主要以知识理解为标准的评价,而信息化教学可以借助技术手段,实现面向过程的表现式评价。

二、什么是信息化教学设计

信息化教学设计是在先进的教育理念和教学思想指导下,充分利用现代信息技术和信息资源,以学生为中心,运用系统方法分析教学问题,科学地安排教学过程的各个环节和要素,以实现教学过程优化的教学规划与准备的过程。目的是激励学生利用信息化环境进行探究、实践、思考、综合运用、解决问题等高级思维活动,培养学生的创新精神和实践能力。

信息化教学设计是在传统教学设计的基础上发展起来的,这是由于信息技术的发展引起教学环境的变化,从而引起教学活动的变化。与传统教学设计相比,信息化教学设计更加重视学习者的主体作用,通过各种新颖的学习方式,充分利用信息技术和信息资源,科学地安排教学过程中的各个要素,为学习者提供良好的信息化学习环境。

(一)信息化教学设计的基本原则

信息化教学设计的基本原则可以归纳为以下几项。

1. 以学生为中心,注重学习者学习能力的培养

以学生为中心是信息化环境下教学设计的首要原则。明确"以学生为中心"对于信息化环境下的教学设计有至关重要的指导意义,因为从"以学生为中心"出发还是从"以教师为中心"出发将得到两种不同的设计结果。

至于如何体现"以学生为中心",信息化环境下的教学设计可以从三个方面努力:①要在学习过程中充分发挥学生的主动性;②要让学生有多种机会在不同的情境下去应用他们所学的知识(将知识"外化");③要让学生能根据自身行为的反馈信息来形成对客观事物的认识和解决实际问题的方案(实现自我反馈)。

2. 充分利用各种信息资源来支持学习

为了支持学习者的主动探索并完成知识的意义建构,在学习过程中要为学习者提供各种信息资源(包括各种类型的教学媒体和教学资料)。但是必须明确:这里利用这些媒体和资料并非用于辅助教师的讲解和演示,而是用于支持学生的自主学习和协作学习。因此,对传统教学设计中有关"教学媒体的选择与设计"这一部分,将有全新的处理方式。例如在传统教学设计中,对媒体的呈现要根据教学目标、教学内容及学习者特征等做精心的设计。而在信息化教学设计中,由于把媒体的选择、使用与控制的权力交给了学生,这种设计就完全没有必要了。信息资源应如何获取、从哪里获取,以及如何有效地加以利用等问题,则是学生学习过程中迫切需要教师提供帮助的内容。显然,这些问题在传统教学设计中是不会碰到或是很少碰到的,而在信息化学习环境中,则成为亟待解决的普遍性问题。

3. 强调创设有意义的学习情境

信息化环境下的教学设计认为:学习总是与一定的社会文化背景即"情境"联系在一起的,在实际情境下进行学习,可以使学习者利用自己原有认知结构中的有关经验去"同化"当前学习到的新知识,从而赋予新知识以某种意义;如果原有经验不能同化新知识,则要引起"顺应"过程,即对原有认知结构进行改造与重组。总之,只有通过"同化"与"顺应",才能达到对新知识的意义建构。在传统的课堂讲授中,由于不能提供形象的、生动的"真实"情境,学习者对知识的意义建构普遍存在困难。

4. 强调"协作学习"与团队合作

信息化环境下的教学设计认为,学习者与周围环境的交互作用对于学习内容的理解(即对知识的意义建构)起着关键性的作用。学生在老师的组织和引导下一起讨论和交流,共同建立起学习群体并成为其中的一员。在这样的群体中,共同批判地考察各种理论、观点、信仰和假说,并进行协商和辩论,先内部协商(即和自身争辩到底哪一种观点正确),然后再相互协商(即对当前问题摆出各自的看法、论据及有关材料,并对别人的观点做出分析和评论)。

这种协作学习不仅指学生之间、师生之间的协作,也包括教师之间的协作,如实施跨年级和跨学科的基于资源的学习等。通过这样的协作学习环境,学习者群体(包括教师和每位学生)的思维与智慧就可以被整个群体所共享,即整个学习群体共同完成对所学知识的意义建构,而不是其中的某一位或某几位学生完成意义建构。

5. 强调针对学习过程的评价

信息化环境下的教学设计有着全新的评价观。教学评价的目的,一方面是要检验教学活动的结果;另一方面,它更主要的是应该具有激励功能。以往的教学评价更多的是体现前者。因为教学评价的标准掌握在教师和教育机构手里,学生只有被动地接受这种评判。在信息化的教学环境下,学生完全有权对自己的作品做出合理的评价,教师这时并不是作为一个标准的掌握者出现,而是作为一个引路人出现,他更多的是鼓励学生的创造,尊重学生的不同见解,以促进学生创新精神的养成,培养学生独立的人格。

(二)信息化教学设计的成果

信息化教学设计所产生的结果不是传统意义上的教案或课件,而是一个单元教学计划包,我们称之为"包件"(见图 4-2)。"包件"包括如下内容。

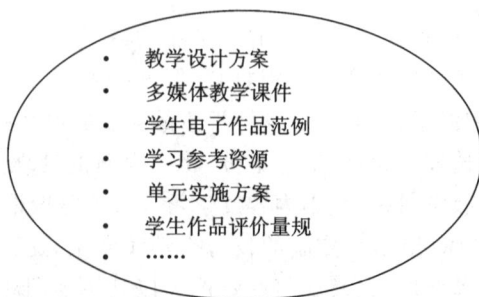

- 教学设计方案
- 多媒体教学课件
- 学生电子作品范例
- 学习参考资源
- 单元实施方案
- 学生作品评价量规
- ……

图 4-2　信息化教学设计的成果——"包件"

（1）教学设计方案：具体地描述教学单元的主题、学习目标、学习活动（教学过程）和学习资源等，其中学习活动和学习资源在很大程度上是由信息技术支持的，因此这种教学计划可称为信息化教学设计方案。

（2）多媒体教学课件：专门为教学活动开展而设计的各种计算机应用软件，是文本、图形、图像、声音和动画的集合体。

（3）学生电子作品范例：给学生提供参考用的电子作品，可以从各种电子信息源中选取或由教师自行制作。

（4）学习参考资源：为支持学生有效进行学习活动准备的各类辅助性材料，如软件工具、光盘资料、在线参考资料、参考书目、教师用的电子讲稿等。

（5）单元实施方案：包括教学活动的时间安排、学生分组办法及征求社会支持的措施等。

（6）学生作品评价量规：提供结构化的定量评价标准，从内容、技术、创意等方面详细规定了评级指标。利用这种量规来评价学生电子作品，可操作性强、准确性高，既可以让教师评，也可以让学生自评和互评。

三、信息化教学设计过程模式

信息化教学设计强调学生作为学习主体的能动性，尊重学生的个体差异，强调个体之间的协作与交流。虽然信息化教学设计并不完全等同于建构主义教学设计，但建构主义的教学设计思想已经被包容在信息化教学设计之中。信息化教学设计围绕教学任务这一核心展开，通过设计学习环境、教学活动及教学评价，实现教学过程的最优化。其中，学习效果形成性评价是设计过程的重要环节，它是修订的基础，是教学设计成果趋向完善的调控环节。信息化教学设计的具体设计过程如图 4-3 所示。

（一）教学内容和教学目标分析

在信息化教学设计中，分析教学目标是为了确定学生学习的主题，即与基本概念、基本原理、基本方法或基本过程有关的知识内容。教学内容是教学目标的知识载体，教学目标要通过一系列的教学内容才能体现出来。

在实际教学中，每门课程都由若干章节（或单元）组成，每一个教学单元（主题或课）都包含一定的知识。我们可以根据学科的特点，将教学内容分解为许多的知识点，确定每个知识点内容的属性（事实性知识、概念性知识、技能性知识、原理性知识和问题解决性知识等）；然后对教学内容（学习内容）与教学目标（学习目标）进行分析，确定各知识点对应的认知目标（识记、理解、应用、分析、综合、评价），如图 4-4 所示。

信息化教学设计强调知识的情境性、整体性，但真实的任务是否会体现教学目标、如何来体现，还需要我们对教学内容做深入分析。在编写教学目标时，还应避免传统教学目标分析过度抽象、过度细分、过度分散、过度单调的逻辑关系，而应该采用一种整体性的教学目标编写方法。但是，信息化教学设计这种重整体、轻细化的教学目标编写方式，并不意味着传统的教学目标分析方法（如归类分析法、层级分析法、信息加工分析法等）就没用了。信息化教学设计强调要在真实的学习情境中体现学习知识，对所学知识结构的详细分析将有助于设计更合理的真实任务与真实的学习环境，减少非学习范围的错误探索，提高学习效率。

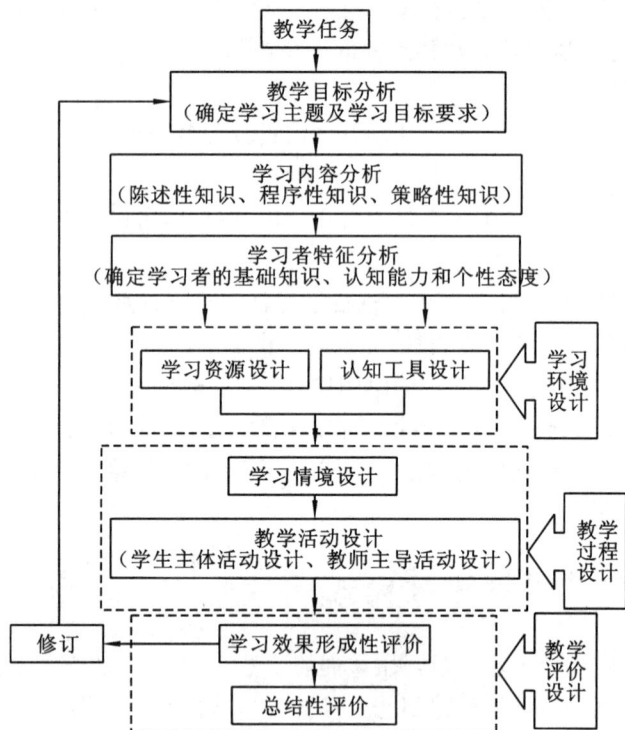

图 4-3　信息化教学设计过程模式

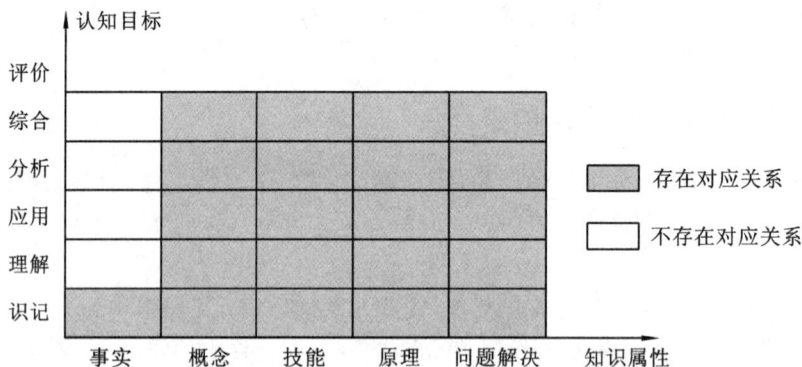

图 4-4　学习内容与认知目标分析模型图

（二）学习者特征分析

信息化教学设计中学生是学习的主体,是意义的主动建构者。从哲学角度看,学习者是学习的内因,外界环境是影响学习的外因,内因是事物发展变化的决定因素,外因则通过内因起作用。学习者特征分析涉及智力因素(知识基础、认知能力和认知结构变量)和非智力因素(兴趣、动机、情感、意志和性格等)两个方面。

对于学习者特征分析这个问题,许多学者已经进行了深入的研究并形成了一套完善的理论体系。确定学习者的知识基础一般采用分类测定法或二叉树探索法。学习者的认知能力(按照布鲁姆的教育目标分类理论划分为识记、理解、应用、分析、综合、评价六个等级)在教学实践中一般采用逼近法来进行测量。认知结构(个体观念的全部内容和组织)是影响新的意义学习与保持的关键因素,网络技术应用以后比较流行使用概念图来测定。测定学习风格和非智力因素的方法则主要包括问卷调查(包括各种量表)、行为观察、行为评定、自然实验以及作品分析等方法。

在信息化教学中,教师可以通过与学生的直接接触,对学生进行观察、了解、分析并通过上述很系统的一系列方法来分析确定学习者的特征,也可以借助多媒体网络技术来实现对学习者行为的监控、行为数据的收集与分析以及学习者深层学习特征的挖掘。目前,很多网络互动学习平台都集成了对学习者的"自分析"功能,能够根据学习者的学习情况(学习行为等)以及实时采集的过程信息等自动地进行学习情况分析并给出学习建议。电子书包作为近年来信息技术支撑教学应用创新的新热点,通过记录和分析学习者预习、上课、作业、辅导、评测等学习各个环节的学习数据,也能实现对学生学习情况的实时反馈,使教师能及时了解学生的学习能力和知识水平,从而设计出适合学生个性的学习情境与学习资源并提供适合的帮助和指导。

(三)学习环境设计

过去很长一段时间,教学设计的实践领域主要集中在媒体使用和信息传递的层面上。目前,随着以计算机多媒体和网络通信技术为主要标志的信息技术的发展,教学设计的研究重点已然开始从传统媒体传递的设计逐渐转向信息化学习环境的设计。

信息化学习环境是相对于传统的班级物理学习环境而言的,其内涵包含并远远超过了传统的物理学习环境,是物理环境、技术环境和人文环境的一种动态的组合。其中:物理环境设计主要包括校园文化建设、教室空间设计和教室文化建设三大方面;技术环境设计主要包括硬件媒体的选择以及硬件媒体所承载的学习资源和支持工具的设计;人文环境设计主要包括课堂氛围营造策略设计、交往动机激发策略设计以及课堂问题行为调控策略设计。由于信息化学习环境的概念比较广泛,本部分只针对信息化学习环境设计中最关键的、教师可操作的两个环节——学习资源设计和认知工具设计,进行重点阐述。

1. 学习资源设计

信息化环境下的学习资源是指经过数字化处理,可以在多媒体计算机或网络环境下运行的、可被学习者利用的一切多媒体材料。它能激发学生通过自主、合作、创新的方式来获取、分析和处理信息,从而使信息化学习成为可能。

教育部颁布的《教育资源建设技术规范(征求意见稿)》指出,常用的信息化教学资源主要包括9类:媒体素材(文本、图形/图像、音频、视频和动画)、试题、试卷、课件与网络课件、案例、文献资料、常见问题解答、资源目录索引和网络课程。当然,教师在进行教学设计时也可以根据实际需要,设计、开发和利用其他类型的资源,如电子教材、工具软件等。除了上述信息化教学资源之外,教师还可以设计利用常规的教学资源,如实物仪器、模型等。

在设计信息化教学资源时,若现成的资源中已有合用的,应尽可能地选取和运用,这样可以节省时间、经费和精力;当已有的资源不甚合适时,可先考虑对现有资源略做修改,以满足教学需求。以电子书包教学系统支持的教学资源设计为例,教师不仅可以借助网络,方便快捷地获取海量信息资源,还可以立足于电子书包教学系统内置的配套教材、教辅、工具书以及与知识点相关的课件、课例、媒体素材、演示实验、试题库、教学设计等数字化教学资源,根据教学需要,利用电子书包教学系统提供的技术支持工具,如课件制作工具(PPT、Flash)、文字处理工具(Word、WPS)等,对现有的资源进行选择、重组和利用。

如果选取和修改都不行,就要设计、编制新的、符合要求的学习资源。(具体可参照本书第六章和第七章。)

教师在设计教学资源时,首先应遵循以下基本原则。

1) 目标控制原则

教学目标是贯穿教学活动全过程的指导思想,它不仅规定教师的教学活动内容和方式,指导学生对知识内容的选择和吸收,而且还控制资源类型和资源内容的选择。以外语教学为例,让学生掌握语法规则和要求学生能就某个情境进行会话,是两种不同的教学目标。前者往往通过文字讲解并辅以各种实例来帮助学生形成语法概念;后者则往往通过反映实际情境的动画和声音素材,使学生在具体的语言环境中去掌握正确的言语技能。

2) 内容符合原则

学科内容不同,适用的教学资源也不同;即使同一学科,各章节的内容不一样,对教学资源的要求也不一样。以语文学科为例,散文和小说体裁的文章最好通过能提供活动影像的素材来体现,使学生有亲临其境的感觉,以加深对人物情节和主题思想的理解。对于数理学科中的某些定理和法则,由于概念比较抽象,最好通过动画或视频素材把事物的运动变化规律展现出来(或把微观的、不易观察的过程加以放大),以帮助学生掌握定理和规律。同是化学学科,在讲解化学反应时,最好用动画一步步模拟反应的过程;而在讲解分子式、分子结构以及元素周期表等内容时,则应使用图形或图表素材来展现。

3) 对象适应原则

不同年龄阶段的学生其认知结构有很大差别,教学资源的类型和内容必须与教学对象的年龄特征相适应,否则教学效果将大打折扣。在小学低年级阶段,各学科资源设计的重点应放在如何实施形象化教学以适应学生的直觉思维图式,因而应多采用图形、动画和音乐之类的媒体素材,使图、文、声并茂;在小学高年级阶段,则要把重点放在如何帮助学生完成由直觉思维向抽象思维的过渡,因而这一阶段的形象化教学可适当减少;在中学阶段,则应着重引导学生学习抽象概念,学会运用语言符号去揭示事物的内在规律,逐步发展学生的逻辑思维能力。

此外,教师要想将教学信息有效地呈现给学习者,除了必须遵循前述基本原则之外,还应运用心理学原理,尤其是视听心理学原理和规律指导教学资源的设计和开发,才有可能设计出符合学习者认知特点和视听心理特点的教学资源。

2. 认知工具设计

在信息化学习环境设计中,除了为学生提供丰富的、多样化的、适宜的学习资源支持外,还需要为学生提供或选择适宜的、帮助和促进学生对学习资源获取、分析、处理、编辑、制作等加工过程的认知工具。

认知工具是特指促进某特定认知过程的广义信息技术工具,主要指以计算机和通信网络相结合,用于帮助和促进认知过程的工具。学习者可以利用它来进行信息与资源的获取、处理、编辑、制作等,并可用其来表征自己的思想,与他人通信和协作。认知工具在帮助和促进认知过程中,在培养学生批判性思维、创造性思维和综合性思维中起着重要作用。常用的认知工具有六类:问题/任务表征工具、静态动态知识建模工具、绩效支持工具、信息搜集工具、协同工作工具、管理与评价工具。

计算机作为多媒体教学系统的重要组成部分,近年来,其作为辅助学生学习的有效认知工具正发挥着越来越重要的作用。教师在信息化教学设计中要充分发挥计算机作为认知工具的优势,以促进学生知识意义的建构和高阶思维能力的发展。计算机作为认知工具在教学中主要有以下几个方面的作用。

(1)作为课程学习的资源工具。信息化社会中,学习者能否占有信息、占有信息的及时程度,是学习者学习能否成功的关键。学习者发现所需信息,是学习者获取及加工信息的基础与前提。在信息化学习环境下,将信息技术作为信息获取的工具,是学习者发现与获取所需信息的一种良好途径。

(2)作为情境探究和发现学习工具。知识发生总是伴随着知识发生所依赖的真实情境,如果要让学习者理解这种知识,最好的方法是创设同样的情境,让学生具有真实的情境体验,在特定的情境中理解知识本身。教师在信息化教学设计中,应充分利用计算机的多媒体特性,将需要呈现的内容以多媒体、超文本、友好交互等方式进行集成、加工处理,将其转化为数字化学习资源,根据教学需要,创设一定的情境,激发学生的学习兴趣,引导学生自己去观察、去思考、去探索、去发现。

(3)作为协商学习和交流讨论的通信工具。信息技术支撑的信息化学习环境具有强大的通信功能,学生可以借助网络论坛、电子邮件、微博等网络通信工具,以及 QQ、微信等应用软件工具,实现相互之间的交流,参加各种类型的对话、协商、讨论活动,培养独立思考、求同存异、协作创新与团队合作的精神。

(4)作为知识建构和创作实践工具。在信息技术学习环境下,有助于学习者知识建构的工具平台非常多,有专门的工具型教学软件、一般工具软件以及计算机外接设备等。工具型教学软件不为教师提供具体的教学内容,而是提供一个展示、处理某类教学内容的平台,教师、学生可以利用这一工具来解决所面临的具体问题。"几何画板"是应用非常广泛的工具性教学软件,利用这一工具,学生可以绘制图形并对图形进行测量、伸缩、旋转等各种操作,从而研究和发现图形中的各种内在关系。其他很多学科也都有一些可以利用的工具型教学软件。一般工具软件,如文字处理软件、演示文稿软件、电子表格软件、数据库软件等,也可以用在教学中。常用于教学工具的计算机外接设备有传感器、MIDI 设备等。传感器用于实验教学,在国外的理科教学中的应用已经比较普遍。

(5)作为自我评测和学习反馈工具。测试是教学过程中十分重要的环节,计算机辅助测验是指用计算机编制和实施独立于计算机辅助教学的客观性测验。计算机辅助测验系统具有生成测验的功能,教师只要设计并录入试题的具体内容,测验模版就能按照所选择的形式和格式自动生成教师所需要的测验。通过多媒体作业与考试系统,按照不同组题策略选出的不同等级的测试题目,供学生进行联机测试,而后利用统计分析软件和学习反应信息测试分析系统分析测试成绩、发掘教学过程信息,学生借助统计图表可以进行学习水平的自我评价。通过信息发掘,教师可以诊断学生的学习问题,从而及时调整教学。

电子书包教学系统是硬件、资源、工具和服务有机融合的整体,其中,硬件是基础,是以平板电脑为主的教师终端和学生终端。与传统的台式电脑和笔记本电脑相比,平板电脑突破了时间、空间等客观因素的限制,是一种颇具市场影响力和教育应用前景的新兴电子产品。平板电脑以触摸屏作为基本的输入设备,是一种小型的、轻薄的、方便携带的个人电脑。平板电脑应用于教育教学实践,其核心价值不是作为传递知识经验的教学新媒介,而是作为一种认知工具,支持和扩充学生的思维过程和心智模式,帮助学生完成知识的加工、转换与表达,实现师生之间、生生之间的协作、交流与讨论。

有别于传统的计算机资源组织模式,目前市场上的主流平板平台采用应用程序(App)的方式组织资源,如 iOS 平台的 App Store、Android 平台的 Android Market 等。使用者可根据需要在相应的平板平台浏览和下载特定功能的应用工具,这些应用工具将帮助学习者获得学习所需的信息与资源,并支持其对所获取的信息资源进行选择、加工与重组。常用的平板教学应用工具有"思维导图""概念地图""统计图表"等信息加工与展示工具,"几何画板""图形计算器"等学科探究与发现工具,"印象笔记""智能个人助理"等信息记录与管理工具等。在电子书包教学系统支持的教学过程各个环节合理地整合各种应用工具,充分发挥平板电脑作为认知工具的优势,将丰富与创新课堂教学模式与方法,促进学生问题解决、协作创新等多方面能力的培养。

(四)教学过程设计

当与具体的课程内容相结合时,教学模式、教学策略的选择最终都会落实到具体的课堂教学活动设计(教学过程设计)上,并按照一定的时间顺序展开。

建构主义学习理论指出,学习者学习和发展的动力来源于学习者与环境之间的相互作用。学习者认知机能的发展、情感态度的变化都应归因于这种相互作用。以学习者的视角来看,这种相互作用便是学习活动。信息化学习环境下,学习者被赋予更多的责任、更大的学习自主性和开放性,而教师则由舞台上的主角变为幕后导演。这一转变极具挑战性,也对教师的信息化教学活动设计和组织能力提出了更高的要求。

1. 学习情境设计

建构主义学习理论认为,学习总是与一定的社会文化背景(即情境)相联系的。在信息化教学中,创设与当前学习主题相关的、尽可能真实的学习情境,引导学习者带着真实的任务进入学习情境,可以帮助学习者实现积极的意义建构。学习情境创设是一个很宽泛的概念,参与社会实践、播放有助于理解教学内容的视音频动画、向学习者提供丰富的多媒体教学资源以及虚拟真实的场景体验等有助于学习者理解掌握学习内容的情境,都属于情境创设的范畴。

学习情境的创设不仅有助于反映新旧知识的联系,便于学习者对知识进行重组与改造,而且有助于学习者实现知识的同化与顺应,完善学习者的知识结构。传统的以语言、动作、图片和简单的实物来烘托气氛的情境创设方式,虽然能在一定程度上丰富课堂教学形式,但却不能完全体现出实际生活情境所具有的生动性和丰富性,学生兴味索然,教师有心无力,教与学的效果往往难以达到预期的效果。随着计算机多媒体技术、网络通信技术、虚拟现实技术和人工智能技术等现代信息技术在教育教学中的应用,学习情境的创设变得直接、简单、高效,创设出来的学习情境更接近现实生活形态,更能激发学生的内部学习动机和学习兴趣,进而提高教学效率、创新教学模式与教学方法。

1)情境类型

利用现代信息技术创设学习情境的方式多种多样,其使用方法也因学科或学科内容的不同而呈现出较大的差异。根据情境创设的作用和一般方法的相似性,我们可以归纳出信息化学习情境的几种常见类型。

(1)问题情境。

2011 年修订的课程标准指出,教师要善于引导学生从真实的情境中发现问题,有针对性地展开讨论,提出问题解决的思路,使学生的认识逐步发展。问题情境是最常见和应用最广泛的一种情境,创设问题情境就是在教学内容和学生求知心理之间设障立疑,让学生处于"愤""悱"的状态,引导学生主动去发现问题、解决问题,促进学生思维能力和创造能力的发展。创设问题情境的方式多种多样,教师可以通过文字、图片、视频、动画等多种途径设置问题,也可以在其他创设情境的途径中交叉使用。

在设计问题情境时,教师要充分考虑学生的学习特点和知识接受能力的差异,依托课程学习总体目标框架,将总目标细分成一个个的小目标,在教学目标分析的基础上提出一系列的问题,以便学生能够通过解决一个个子问题、完成一个个子任务,逐步解决大问题、完成大任务。除此之外,教师在设计问题情境时还应充分考虑如下原则。

① 真实性原则:这里的真实性主要是指问题情境所体现的内容的真实性。问题情境的表现形式或呈现手段可以是虚拟的,但其内容必须是真实的。若问题情境不真实,将不利于学生对所学知识进行引申、推广和迁移运用。

② 适度性原则:情境是问题提出的基础,也是整个教学过程的基石。教师在设计问题情境时应充分考虑到学生的"最近发展区"。创设的问题情境过于复杂可能会使学习过程缺乏中心线索,学生不能在较短的时间内获得合乎需要的结果;过于简单,又达不到训练学生思维的目的,同样不能满足教学的需要。

③ 开放性原则:信息化教学过程中解决问题的目的不是让学生了解和掌握问题的标准答案,而是要鼓励学生积极参与,使其体验解决问题的过程,从而掌握解决问题的一般方法。创设的问题情境要能支撑学生依据问题所依存的情境对其中一些元素提出自己的界定或定义,激发学生解决问题的动机,对问题的理解和解决的方案形成自己的见解。

(2) 模拟实验情境。

实验是学生学习的重要方式之一,恰当的实验可以使学生把握事物的本质,加深对知识的理解和认识。但在传统教学中,实验的开展往往会受到时间、地点、实验条件等客观因素的限制,学生多半是通过听教师"讲实验"的方式来掌握实验过程与实验方法的,缺少自主探索发现的机会。信息化学习环境下,教师不仅可以利用一般的计算机多媒体技术,如 Flash 等,创设简单、实用的模拟实验动画,还可以利用虚拟现实技术等比较高端的信息技术手段模拟某种系统、现象或过程,为学生提供可更改参数的指标项和较为真实的虚拟实验场景。学生可以通过使用各种特殊装置将自己"投入"到该实验情境之中,操作、控制该情境,实现与该情境直接、自然的交互。

当然,真正意义上的学习情境不在于情境呈现方式及呈现技术的优劣,过度地追求实验情境呈现方式的科技含量,不仅会提高学生实验操作的难度,而且还容易喧宾夺主,分散学生的注意力,影响模拟实验学习的效果。因此,教师在创设模拟实验情境时,不仅要立足于教学需要,确保模拟实验所涉及的实验条件、实验环境和具体的操作与真实的实验类似,以此来提高模拟实验的科学合理性,使学生能真正吸收和消化所学知识,还要权衡利弊、因地制宜,以较为简洁又能满足教学需要的方式去创设模拟实验情境。

(3) 游戏情境。

信息化环境下数字化游戏情境的创设能为学习者提供一个丰富的视听多媒体学习环境,在这样的学习环境下,教师和学生同为游戏者,游戏情节本身就是学习目标,他们在精心设计的游戏情境中合作完成学习任务。

以贾斯珀系列(Jasper series)历险游戏为例,研究者通过设计贾斯珀历险的故事作为背景,让学生在这种背景中学习数学。整个故事分为"雪松河之旅""波恩牧场的营救任务""争取选票"三部分,其中的 12 段历险所涉及的开放性问题都有若干切实可行的解决方案。这些故事以录像的形式真实展现,利用了多媒体技术的优势和交互技术,为学生提供了将数学知识和其他学科知识整合的情境,使学生身临其境,帮助学生整合数学概念,在相互讨论中解决问题和习得知识。学生在游戏软件提供的轻松、愉快而又紧张激烈的氛围中,通过角色扮演交流互动。他们不是被动地接收信息,而是积极地参与到游戏中来,利用其原有的认知结构中的有关知识和经验,去同化当前学习到的新知识,赋予新知识以某种意义。学生通过游戏提供的情境获得生活经验,通过完成游戏中的任务提高利用数学知识来解决生活实际问题的能力,这大大激发了学生的学习兴趣并培养了其自主探索的精神。

(4) 协作情境。

在信息化教学设计中创设协作情境,就是利用如网络论坛、电子邮件等网络通信工具以及QQ、微信等软件交流工具,通过竞争、协作、伙伴和角色扮演等方式进行学习,针对某个问题展开讨论交流,共同完成学习任务。一般情况下,在信息化教学设计中创设协作学习情境包括以下几个步骤:对信息资源的整合、对学习任务和目标的确定、小组学习、小组学习成果的交流、教师总结与评价。协作情境与外部世界具有很高的类似性,容易实现知识向现实世界的迁移,有利于高级认知能力的发展、合作精神的培养和良好人际关系的形成。

在现代信息技术支持创设的网络协作情境中,所有的信息通过一种抽象意义的平台被融为一个整体,经学生个体和群体协作的形式进行处理,教师和学生个体的思维与智慧就可以被整个群体所共享。学生在这样的协作情境下,通过交流各自的思想、观点,传递信息,发展彼此的友情,通过优势互补,发展学生的合作意识、团体意识,培养学生终身学习的能力。

2) 情境创设中应注意的问题

不同的学习情境所能发挥的作用是不同的,且各种学习情境都有其自身的优缺点,不存在对任何教学目标、教学内容都适用的情境创设方法。但是,对于某些具体的教学目标来说,还是存在某种学习情境,其教学效果明显优于其他学习情境。因此,教师在设计信息化学习情境时,要充分考虑以下几个问题。

(1) 情境创设与教学内容的关系。

情境的创设是为了帮助学习者理解、内化学习内容。不同类型的教学内容需要不同的表现手段与表现方式,要求不同的学习方法。同时,不同的情境类型在不同类型的内容的学习中所起的效果也是不同的。从教学内容的类型上,提供学习资源的学习情境的创设易用于知识的学习,尤其是概念、规律等逻辑性较强的内容的学习。而真实情境则易用于态度情感和技能的学习,此外,还常用于启发学生思维、渲染环境气氛等。

(2) 情境创设与学习者的特征的关系。

学习是个性化的行为,是学生在原有的知识结构上的意义建构的过程。所以情境的创设要充分考虑学习者原有的知识、技能,考虑学习者的学习动机、态度,考虑学习者的年龄和心理发展特征。在综合分析的基础上,创设符合学习者的认知发展规律的情境,创设适合不同学习者特征的多样的情境,用符合学生认知心理的外部刺激去促进他们对新知识的同化与顺应,从而完成知识的意义建构。

(3) 情境创设与客观现实条件的关系。

建构主义学习理论强调应创设尽可能真实的学习情境,因为"真实"的情境更接近学生的生活体验。"真实"的学习情境更容易使学生了解自己所要解决的问题,也更容易启发学生学习的内部动机。最优化教学是教学活动的理想目标,良好的情境创设是提高教学效果的重要手段,但教学过程受到教师、学生、媒体等许多因素的影响,创设情境毕竟只是进行教学的一种手段,所以在情境创设中要综合考虑各种因素,尤其是客观现实,要考虑是否具备了创设情境的客观条件。

2. 学生活动设计

1) 学生活动设计

信息化学习环境下,学习活动的组织形式主要有两种:自主学习与协作学习。自主学习适合于信息化学习的知识获取阶段,即问题分析、资料搜索、问题确认等阶段;协作学习则更适合于知识的综合阶段,即问题解决、成果制作与展示、学习评价等阶段。教师在设计信息化学习活动组织形式时,可以将自主学习与协作学习相结合,使学生既能通过独立学习来自主解决问题,又能通过相互合作共同解决问题。

(1) 自主学习策略。

自主学习是与传统的接受学习相对应的一种学习方式。以学生作为学习的主体,通过学生独立的分析、探索、实践、质疑、创造等方法来实现学习目标。信息化教学设计中,自主学习策略的设计是最核心的环节,是促进学生主动完成意义建构的关键环节。目前比较常用的自主学习策略主要有以下几种。

① 支架式策略。支架式教学要围绕事先确定的学习主题,建立一个概念框架。框架的建立应遵循维果斯基的"最近发展区"理论,且要因人而异(每个学生的最近发展区并不相同),以便通过概念框架把学生的智力发展从一个水平引到一个更高水平,就像沿着脚手架那样一步步向上攀升。

② 抛锚式策略。在抛锚式教学中,要根据事先的学习主题在相关的实际情境中选定某个典型的真实事件或真实问题,即抛锚。然后围绕该问题展开进一步的学习:对给定问题进行假设,通过查询各种信息资料和逻辑推理对假设进行论证,根据论证的结果制订解决问题的计划,实施该计划并根据实施过程中的反馈,补充和完善原有认识。

③ 随机进入式策略。若要随机进入教学,则要能创设从不同侧面、不同角度表现学习主体的多种情境,以便供学生在自主探索过程中随意进入其中任意一种情境去学习。

信息化学习环境下的自主学习策略尽管形式多样,但相互之间却有着共通性,即它们的教学环节中都包含情境创设、协作学习,并在此基础上由学习者自身最终完成对所学知识的意义建构。教师在学习活动设计过程中,要根据活动的目的使用合适的自主学习策略,以充分发挥学生的主体作用,促进有效学习。

(2) 协作学习策略。

协作学习是指学习者以小组形式参与,为达到共同的学习目标,在一定的激励机制下为获得最大化个人和小组学习成果而合作互助的一切相关行为。协作学习有利于发展学生的交流沟通能力,且对于学生成绩的提高、批判性思维与创新性思维等思维能力的形成等都有明显的积极作用。常用的协作学习策略主要有课堂讨论、角色扮演、竞争、协同和伙伴。

① 课堂讨论。这种策略要求由教师引导整个协作学习的过程,通过提出问题组织学生通过多媒体网络教室等信息化学习环境进行全班性的学习交流。

② 角色扮演。角色扮演的形式有两种:一种是师生角色扮演,一种是情境角色扮演。师生角色扮演就是让不同的学生分别扮演学习者和指导者的角色,由学习者解答问题,指导者对

学习者的解答进行判别和分析,如果学习者在解答问题过程中遇到困难,则由指导者帮助学习者解决。情境角色扮演要求若干学生按照与当前学习主题密切相关的情境分别扮演其中不同的角色,以营造一种身临其境的气氛,使学生设身处地地去体验、理解学习内容和学习主题的要求。

③ 竞争。基于竞争的信息化协作学习,一般是由学习系统先提出一个问题,并提供学生解决问题的相关信息。学习者在开始学习时,先从在线学习者中选择一位竞争对手,并协商好竞争协议,然后开始各自独立地解决学习问题。学习过程中,学习者可以看到竞争对手以及自己所处的状态,并根据自己和对方的状态及时调整学习策略。

④ 协同。协同是指由多个学习者共同完成某个学习任务。信息技术环境下的网络学习平台支持多个学习者通过网络来解答系统所呈现的同一问题。他们之间的交流与协作是通过公共的在线工作区来实现的,一般都要进行紧密的合作分工才有可能解决问题。每个学习者都必须与其他学习者讨论,交流彼此的观点并共享集体智慧,最终在彼此之间达成一致的行动方案。学习者可选择自己认为最有效、最合适的合作方式。

⑤ 伙伴。伙伴是指协作者之间为了完成某项学习任务而结成的伙伴关系,伙伴之间可以对共同关心的问题展开讨论与协商,并从对方那里获得问题解决的思路与灵感。信息技术环境下的协作学习伙伴可以是学生,也可以由计算机充当。学习者可以通过网络查找正在学习同一学习内容的学习者,选择其中之一,经双方同意结为学习伙伴并通过聊天区等网络通信方式相互帮助。由计算机充当的学习伙伴需要人工智能技术的支持,即根据一定的策略,由计算机模拟的学习伙伴对学习者的学习状态进行判断,对学习者提出问题或为问题提供答案。

以上五种协作学习策略均要求学生积极参与,因而学生的主体作用均能得到较好的体现。但它们之间又略有不同:前两种对教师发挥主导作用的要求更多一些,而后三种更强调学生之间的相互激励和学生个体的独立探索。

2)教师活动设计

学习活动是一种发散式的创造思维过程,不同的学生所采用的学习路径、所遇到的困难各不相同,教师作为学生学习活动的组织者、指导者、帮促者,是学习活动顺利实施的重要保障。信息化学习环境下的教师指导活动伴随着学生的整个学习活动过程,因此,有必要对教师的教学指导活动进行设计。

(1)明确教学主导作用。

信息化教学中,教师不再是整个教学活动过程的中心,但教师的作用仍不可忽略,教师要明确自己在学生学习活动过程中所应起到的作用,从而对学生的学习活动做出正确的指导。

① 信息海洋的导航者。由于信息化学习资源十分丰富,教师需要根据学习主题,筛选学习资源、组织学习资源、传递学习资源,担负网络知识海洋中的"导航者"的责任。

② 情境观察的指导者。教师通过交代教学目标,引起学生注意,明确具体观察的要求;通过语言和动作指导观察的重点、特征部位等;提出具有思考性的问题,引导学生再次观察和思考;组织学生通过语言文字表述对观察结果的评论。

③ 学习过程的设计者。教师要围绕已经确定的主题,根据不同进度设计不同的学习问题:设计能引起争论的初始问题;设计能将讨论一步步引向深入的后续问题;设计稍稍超前于学生智力发展边界的提问性问题,引导学生做更深入的讨论。

④ 协作活动的辅导者。在协作学习活动中,教师应该善于发现每位学生发言中的积极因素并及时给以肯定和鼓励;适时地对于学生在讨论过程中的表现做出恰如其分的评价,引导学

生完成协作过程,达到协作学习的目的。

(2)明确活动目标。

信息化学习环境下,学生的每一项活动都要设定一定的活动目标,学生根据活动目标来调节、监控自己的自主学习活动,并根据活动目标来进行自我评价和同伴互评;教师根据活动目标来设计指导活动,适时地为学生提供指导、帮助和反馈。在目标设计时应注意:目标设计应适中,即达到目标所要求的知识和技能要符合学生的现有能力;目标的完成要依赖现有的信息化资源,依赖小组通过网络交流与协作平台、工具所开展的协作学习;目标的实现除了表现为学科知识的掌握之外,更要强调学生的自主学习能力、协作学习能力、问题解决能力和信息技术操作能力的发展和提高。

(3)确定教学指导形式。

信息化学习环境下,教师不仅可以通过面对面的形式对学生的学习活动进行观察、监督、指导、反馈和评价,还可以借助于网络平台、网络通信工具等对学生实施网上同步指导、网上异步指导。教师在确定教学指导形式时,需要了解每种指导形式的优缺点,明确在何时、何种情况下使用何种形式的指导,力求做到将三种指导形式结合起来,形成优势互补,促进学生信息化学习活动的顺利进行。

① 面对面指导。这是在传统的课堂教学中使用得最多的指导形式。信息化教学中教师不应排斥对学生实施面对面的指导,因为面对面的指导可以更好地促进师生之间的情感交流,并可以及时获得学生的情感反馈。但是,当学生人数较多时,面对面的指导是很难做到全面兼顾的。

② 网上同步指导。教师利用网络对学生进行同步指导使得教师的指导活动与学生的学习活动同步发生,它能最大限度地保证教师的指导与情感信息的同步传输,使得学生能在同一时间内获得及时的指导和教学反馈,教师也可以通过网络管理工具,实时了解学生的学习动态和学习活动反馈,灵活地对指导活动进行调整。网上同步指导实施的关键在于教师和学生必须同时在线。

③ 网上异步指导。教师网上异步指导给学生的自主学习提供了一个很大的空间,学生可以在课外学习的过程中就遇到的问题向教师求助,学习不受时间、空间的限制。对于在课堂时间内不能解答的问题,教师在课后可以通过电子邮件、班级论坛等对学生进行异步指导。网上异步指导的局限在于对学生在课外学习过程中遇到的问题或困难,教师不能及时地提供指导和帮助,且由于不能及时地获取学生的学习活动反馈,师生间的情感交流在一定程度上也受到了限制。

信息化学习环境下的教师指导活动伴随着学生的整个学习活动过程,在每一个学习活动中,什么时候应该放手让学生去做,什么时候有必要介入,是教师在进行教学活动设计时应该详细考虑的问题。信息化教学并不排斥教师的“教”,当学生需要了解一些背景知识或事实以及需要学习特定技能的时候,当大部分学生在学习活动的某一部分表现出极大的困惑或出现学习方向偏差的时候,教师就可以在活动过程中进行适当的点拨和指导,如:提出适当的问题以引导学生的思考和讨论;在讨论中设法把问题一步步引向深入以加深学生对所学内容的理解;启发诱导学生自己去发现规律、自己去纠正和补充错误或片面的认识等,或者插入适当的讲解,甚至是直接讲授。

3)不同信息化环境下的教学活动特点

信息化教学活动是在信息化教学环境中,教育者与学习者借助现代教育媒体、教育信息资源和教育技术方法所进行的双边教学活动。其中,信息化教学环境作为影响教学活动开展的外部环境,其所依托的信息技术的技术特征和教学特性在很大程度上决定了该信息化教学环境能给教学活动过程提供怎样的外部支持。因此,有必要对现阶段教育教学领域中几种比较常见的、使用比较广泛的信息化教学环境(多媒体教学环境、电子白板教学环境、网络教学环境以及电子书包教学环境)所具有的技术特征和教学特性进行分析,使广大中小学教师充分认识到不同信息化教学环境所能给教学活动过程提供的技术支持,了解不同信息化环境下的教学活动特点,从而设计出既符合课程教学要求又能体现信息化教学环境特征的教学活动,促进学生知识意义的建构和学习能力的生成。

多媒体(投影)教学环境作为目前大部分中小学校课堂的标准配置,支持师生之间面对面的双向交流。多媒体教室中的媒体设备主要起演示教学内容的作用,利用音视频多媒体的优势,以丰富的多媒体信息(文本、图形/图像、音频、视频、动画等)刺激学生的各种感知器官,突破教学重点、难点,从而优化教学过程,提高教学质量和效率。而且由于其结构相对简单,师生操作起来也比较方便。多媒体教室中的媒体设备主要起辅助教师教学的作用,虽然有时也可以用来展示学生的作品,但教师仍然是课堂的操控者和主导者,学生仍然只能被动地接收信息。这种教室多用于以教为主的教学,如果应用不当,很可能造成"人灌"变"电灌"的现象。

多媒体网络教室利用计算机网络技术彻底颠覆了"黑板+粉笔"的传统教学模式,可以将教学内容以多种媒体形式生动、形象地展示给学生,也可以利用软件解决方案轻松实现与Internet的无缝联接,从而大大扩展教学信息来源。多媒体网络教室可以有效地支持集体授课、自主学习、协作学习及探究性学习等多种教学方式,学生在各种教学方式下都可以方便地与教师进行交流。多媒体网络教室中的监控功能有利于发挥教师在课堂中的主导作用,教师可以实时监控学生的学习行为,及时发现、纠正学生学习过程中的问题,提高课堂教学效率,优化课堂教学效果。但是这类多媒体教学环境使用范围比较小,一般仅限于教室或学校内部,学生的协作空间较小,通常需要与Internet结合才能实现广泛的协作。

电子白板教学系统作为技术集成和资源整合的典型,集合了黑板、幻灯投影等技术的多功能优势,一方面能够呈现丰富的多媒体信息(内置资源、计算机和网络资源等),保存教师的教学过程;另一方面,其极强的交互技术优势在体现教师主导作用和学生主体地位的同时,还能够更好地实现教育促进学生发展的目标。电子白板进入课堂教学能激发多种多样的交互活动,促进探究性学习、自主学习、协作学习等多种教学活动的开展。教师可以将电子白板作为资源呈现工具,也可以使用电子白板特有的功能或技巧优化教学活动过程,还可以充分发挥电子白板的功能特性,将其有效整合于课堂教学中,引导学生自己去探索、发现和建构。

网络互动学习环境提供一整套基于网络教学服务的系统软件及网络教学资源,为实施全方位的数字化教学提供服务。基于网络环境的互动教学彻底打破了传统意义上的课堂教学空间限制,教学活动的开展可以不依赖于传统的教室,教师和学生通过联网的计算机,在网络教学支撑环境下进行教与学的活动。教师可以管理教学内容,控制教学进度,组织师生答疑,进行在线测试,实现同步和异步教学,展示个性化教学魅力。同时,网络教学支撑环境也为学生提供了基于课程的各种学习工具,如课程通知、答疑讨论(课程论坛、常见问题、自动答疑、邮件答疑)、课程作业、课程问卷、教学邮箱、学习笔记及在线测试等,方便学生在教师的指导下进行自主学习。教师和学生可以通过平台进行交流,学习者不仅可以与本课程的教师进行交流,还可以和不同地区、不同学校的学习伙伴进行协作交流,实现更大范围的协作学习。

电子书包是未来智能教室中数字化教与学系统的一部分,在课堂教学过程中一般需与电子白板、投影仪等教学设备结合起来使用。作为一种新型的移动媒体,电子书包在一定程度上突破了计算机辅助教学的集中化特点,极大地丰富了教学活动组织形式,使学习者开展多种形式的学习活动成为可能。电子书包整合了大量结构化的数字化教学资源,同时也支持随时接入网络获取海量网络资源。在电子书包教学环境下,学习者可以依据自身学习能力、学习习惯制订学习计划、学习内容、学习速度,把握自身学习进度,实现个性化按需学习。依托电子书包教学环境,教师和学生可以随时随地进行学习交流,并根据学习情况对学生进行个别指导,对学生的个性化学习进行宏观、科学的调控。另外,电子书包还可以跟踪记录学生的学习过程,实现对学生学习情况的过程性评价,并通过测试和统计对学生学习情况进行诊断,形成教学反馈。

表 4-2 所示为多媒体教学环境(多媒体教学环境和多媒体网络教学环境)、电子白板教学环境、网络互动学习环境、电子书包教学环境下的教学活动比较。

表 4-2　不同信息化环境下教学活动特点

比较项	环　境				
	多媒体(投影)教学环境	多媒体网络教学环境	电子白板(一体机)教学环境	网络互动学习环境	电子书包教学环境
教学活动范围	课内	课内	课内	课堂内外	课堂内外
资源类型	多媒体课件网络资源	多媒体课件网络资源	多媒体课件内置资源库网络资源	网络课程网络资源	多媒体课件内置资源库网络资源
教与学方法	集体授课教师利用网络资源教	集体授课自主学习协作学习探究性学习师生利用网络资源教与学	集体授课人(师生)机互动探究性学习教师利用网络资源教	远程学习(同步、异步)自主学习协作学习探究性学习学生利用网络资源学	集体授课自主学习协作学习探究性学习师生利用网络资源教与学
教师角色	讲授者	引导者、帮促者、协商者	讲授者、引导者	引导者、帮促者、协商者	引导者、帮促者、协商者
师生交互方式	面对面交流	面对面交流	面对面交流	在线交流	面对面交流在线交流
教学反馈及时性	实时反馈	实时反馈	实时反馈	实时与延时反馈	实时与延时反馈
教学评价方式	通过测验评价学生,强调结果	既通过测验也通过学生作品、实验报告和观点来评价,过程和结果同样重要	通过测验和学生作品评价学生,过程和结果同样重要	通过在线测验结果及学生学习记录来评价,过程和结果同样重要	通过在线测验结果及学生学习记录来评价,过程和结果同样重要

（五）教学评价设计

教学评价是指以教学目标为依据，制定科学的评价标准，运用一切有效的技术手段，对教学活动过程及其结果进行测定、衡量，并给以价值判断的过程。教学评价作为教学设计中一个极其重要的组成部分，对教与学的过程起着激励、导向、监督和调控的作用。

信息化教学强调学生自主学习、协作创新、问题解决等多方面能力的培养，与之相对应的教学评价也就更应该关注学生利用信息技术手段掌握知识技能的过程与方法以及相应各种能力的形成与发展。因此，信息化教学设计要改变以往评价主体单一、过分重视总结性评价的教学评价方法，强调多元评价主体、形成性评价、面向学习过程的评价，由学生本人、同伴、教师对学生在学习过程中的态度、兴趣、参与程度、任务完成情况等进行评估。

1. 教学评价类型

信息化环境下的教学评价方式多种多样，依据不同的分类标准可做不同的划分，常用的教学评价方法主要有以下几种。

（1）按照评价时间和评价功能的不同，教学评价的方式主要有诊断性评价、形成性评价和总结性评价，如表 4-3 所示。

表 4-3　诊断性评价、形成性评价和总结性评价的比较

比较项	评价类型		
	诊断性评价	形成性评价	总结性评价
定义	学习活动开始之前为使计划更有效地实施而进行的评价	学习过程中为引导或完善学习而进行的学习效果评量	学习活动告一段落时为把握最终活动成果而进行的评价
实施时间	学习活动之前	学习活动过程之中	学习活动之后
评价目的	了解学生学习情况，以便安排学习	了解学习过程，调整学习方案和指导方法	检验学习效果，评定学习成绩
评价方式	观察、调查、作业分析、测验	作业分析、观察、信息挖掘	考试或考察
作用	查明学习准备情况和不利因素	确定学习效果	评定学业成绩

信息化教学评价既要重视学生学习结果的评价，也要重视学生学习过程的评价。因此，教师在进行教学评价设计时应时刻关注学生自主学习、协作学习的过程，关注学生在解决问题的各个阶段所表现出来的问题发现、问题解决、合作交流、自主创新等方面的能力。如此，只有教学评价才能及时了解学生学习过程中所遇到的问题、所做出的努力和所取得的进步，才能及时帮助学生调整自己的学习行为（学习进度、学习方法、学习态度等），真正达到促进学习者能力提高与发展的目的。

（2）按照评价方法性质的不同，教学评价可划分为定性评价和定量评价。信息化学习环境下，学生问题解决、知识意义建构等能力的获得与发展是一个内隐的过程，因此，要判断学生的学习能力是否获得发展，仅仅依靠一系列的定量评价是远远不够的。教师在教学评价设计

过程中要注意将定量评价和定性评价相结合,如此才能全面地把握学生的学习过程与学习效果,达到教学评价的目的。

① 定性评价是对评价资料做"质"的分析,是运用分析/综合、比较/分类、归纳/演绎等逻辑分析的方法,对评价所获得的数据、资料进行加工。定性评价的结果有两种:一是描述性材料,数量化水平较低甚至毫无数量;另一种是与定量分析相结合而产生的,即包含数量化但以描述性为主的材料。一般情况下,定性评价不仅用于对成果或产品的检验分析,更重视对过程和要素相互关系的动态分析。信息化学习环境中的定性评价应当能够使学生感到自己有价值、受到尊重,并且有信心发展自己的能力。

② 定量评价是从"量"的角度,运用统计分析、多元分析等数学方法,在复杂纷乱的评价数据中总结出规律性的结论,定量评价的方向、范围必须由定性评价来规定。信息化学习环境下,教师要充分利用计算机等信息技术媒体所具有的学习统计与教学反馈功能,对学生的练习评测结果以及学习过程信息进行定量统计,及时形成教学反馈。

(3)从实施教学评价的主体来看,通常有学生自评、同伴互评、教师评价等。

2. 教学评价设计

信息化教学评价设计是一个完整的过程,教师在进行教学评价设计时,首先要确定教学评价的目的并在此基础上确定评价的内容。信息化教学评价的目的主要是促进学生自主学习、协作创新、问题解决等多方面能力的获得与发展。因此,在设计教学评价内容时,除了要对学生的知识获取过程和学习成果进行评价之外,还要评价学生的合作交流过程、学生的学习态度和学习能力等几个方面。

其次,教师要根据教学活动内容确定教学评价方式。信息化学习环境下,学生的学习是由一系列的学习活动组成的,不同的学习活动所应采取的评价手段和方式是有所差别的。信息化教学评价方式主要有以下几种。

① 在线测试。这是关于知识掌握内容的评价,试题的内容包括研究或解决的问题中包含的基本概念、基本原理,以及对这些知识和原理的理解和应用;试题的形式可以是主观题,也可以是客观题。学生在教师的引导下通过多媒体作业与考试系统,按照不同的组题策略选出不同等级的测试题目进行在线测试,并利用统计分析软件和学习反应信息分析系统分析测试成绩,形成学习反馈。

② 概念地图。将信息技术作为认知工具值得一提的是,有一种所谓的概念映像工具,是专门用来建立"概念地图"的。概念地图是指学习者对特定学习内容或学习主题建构的知识结构的一种视觉化表征。在识别与某一课题有关的概念后,教师引导学生通过沿着空间等级层次或时间先后顺序的维度,创建概念地图,以此识别和标识概念之间的相互关系。教师可以通过审视学生构建的概念地图,了解学生对于该学习内容或学习主题的掌握情况。

③ 电子作品。信息化学习过程中,学生可以通过将自己的学习成果或学习作品上传至班级学习空间(班级 QQ 群、班级论坛等),并通过计算机网络存储、传输、演示自己的电子作品。学生电子作品可以是电子作业、PPT 演示文稿、制作的网页等全面反映学生学习水平的作品作业,也可以是学习心得或学习感悟等总结反思类电子文稿。教师通过学生的电子作品,可以了解学生的整个学习情况。

④ 评价量规。量规是一种结构化的定量评价标准。它通常从与目标相关的多个方面详细规定评价指标,具有操作性好、准确性高的特点。在设计信息化教学评价时,应用评价量

规可以有效地降低评价的主观随意性,不但教师可以评,而且还可以让学生自评和同伴互评,从而使学生能够以科学的眼光审视自己和他人的表现,实现信息化评价主体的多元化。

在确定了评价的目标、内容和方法之后,教师需要确定评价的信息来源。在信息化学习环境下,评价的主要信息来源于评价量表、在线测试、活动记录,网络工具(博客、班级论坛等)为评价信息的获取提供了极大的方便,教师应根据实际情况,选择自己比较熟悉的信息收集工具,获取评价信息并进行处理。对于基于网络互动学习平台以及电子书包教学系统等信息化软环境所进行的教学评价设计,教师不仅可以完全依托于这些信息化技术支撑环境所具有的强大的阅卷统计和数据分析功能,对在线测试及实时采集的教学信息进行统计分析并形成教学反馈,还可以利用集成于这些信息化学习平台中的班级论坛、个人学习空间等网络工具收集和统计信息,作为教师实施教学评价的依据。

(六)教学过程结构设计

教学过程结构设计就是根据教学目标、教学内容和学习者特征,对教学中师生的活动过程、形式、媒体的使用时机和使用次数等要素进行整体化的安排,形成特定教学结构流程的过程。教学过程结构的设计是非常富有创造性的活动,教师利用类似于计算机的流程语言,从时间和空间两个维度来合理安排教学活动的基本程序,形成相应的教学结构流程图,直观、简明、清晰、明确地揭示教学的具体活动程序,并将其作为教学活动开展的依据。

课堂教学系统是由教师、学生、教学内容(包括纸质教材、电子教材、网络资源等)及教学媒体(既是教师教学的辅助工具,又是学生学习的认知工具)等基本要素组成。在一定的时空环境下,这几个基本要素之间的作用不同,产生的教学结构流程也是各不相同的。为了形成最佳的教学组织结构,教师在进行教学结构设计时,有必要遵循以下几个基本原则。

(1)系统化原则。教学过程结构的系统化就是教师在设计教学过程结构时要采用系统分析的方法去考察教学系统的各个要素,分析各要素的功能、作用及其相互之间的关系,从系统状态和相互联系中构思教学活动。

(2)整体化原则。所谓整体化原则,是指在进行教学过程结构设计时,要综合、整体地考虑教学过程及构成教学系统的诸要素,把它看作一个整体,而不是只注重一个或其中几个要素。要根据学习内容和教学目标的要求,合理协调各教学要素在教学中的地位与作用,确定教学媒体资源的应用,安排师生活动形式和活动程序,明确化、系统化、科学化地安排课堂的教学结构。

(3)最优化原则。基于最优化理论的教学过程结构设计原则是指要建立最优的标准体系以取得最好的教学效果,诸如最优的教学目标、最优的评价体系,选择或组合最佳的教学媒体、方法和程序。当然,教学过程结构设计的"最优化"并不等于"理想化",它在一定条件下是最好的,即最优的标准是相对的。

(4)多样化原则。教学过程结构设计的多样化原则是指在设计教学过程结构时不应恪守一种模式或一种程序,而应在反映教学活动规律的前提下采用多种方式和方法,从而使设计具有广泛的适用性和针对性。具体地讲,在教学实施过程中,根据不同的教学目标、不同的教学情境、不同的教学环节、不同的教学对象等多方面的差异,教师应相应地变化和调整教学过程结构,创造性地组织教学。

课堂教学过程结构实际上是前述各个分析和设计阶段成果的总和,即在进行课堂教学结构设计时,必须综合考虑教师主导活动的设计、学生主体活动的设计、学习情境的设计、教学资源的使用,以及认知工具的选择与提供及它们之间的相互联系。另外,由于教学评价在课堂教学中的特殊作用,在设计课堂教学结构时也要加以考虑。因此,信息化学习环境下课堂教学过程结构的具体设计内容可用图 4-5 来表示。

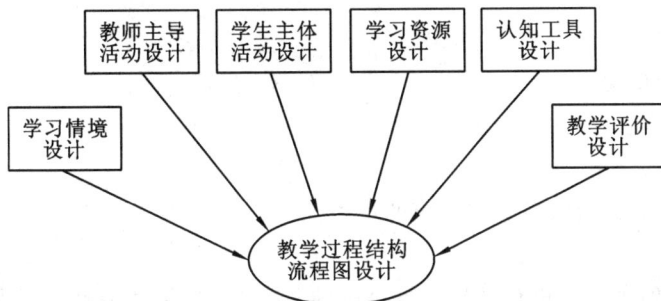

图 4-5   课堂教学过程结构流程图设计内容

为了形象直观地解释教学系统各要素之间的空间结构关系和时间进程关系,可借助一些常用的图形符号来表示课堂教学结构流程,如表 4-4 所示。

表 4-4   课堂教学结构流程图常用符号

符　　号	表示的意义
▭	教学内容与教师的活动
⬭	媒体的应用
▱	学生的活动
▱	学生利用媒体操作、学习
◇	教师进行逻辑判断

第三节   信息化教学设计方案的编写

通过以上一系列教学设计工作的实施,我们在进行教学以前,就会对其各个环节及其影响因素有一个全面、深刻的认识,为我们编写高质量的教学设计方案创造有利条件。教学设计方案不同于一般的教案,它建立在对学习过程的系统分析的基础上,因此更科学、更系统、更详细、更具体。

一、教学设计方案编写格式

教学设计方案主要有两种编写格式,即叙述式和表格式。不管哪种格式的教学设计方案都包括学生特征分析、教学目标分析、教学内容分析、教学资源与工具设计、教学活动过程设计、板书设计、教学评价等方面的描述。

（一）叙述式

1）概述

① 课题名称。

② 说明学科和年级。

③ 简要描述课题来源和所需课时。

④ 概述学习内容。

⑤ 概述这节课的价值以及学习内容的重要性。

2）学生特征分析

说明教师是以何种方式进行学生特征分析的，比如说是通过平时的观察、了解，或是通过预测题目的编制使用等。

① 智力因素：知识基础、认知结构变量、认知能力。

② 非智力因素：动机水平、归因类型、焦虑水平、学习风格。

3）教学目标分析

① 对该课题预计达到的教学目标做一个整体描述。

② 可以包括：简要描述学习结果；学生通过这节课的学习将学会什么知识，会完成哪些创造性产品，描述潜在的学习结果；描述这门课将鼓励哪种思考方式或交流技能等（逻辑推理能力、批判性思维、创造性解决问题的能力、观察和分类能力、比较能力、小组协作能力等）。

4）教学内容分析

根据对教学目标、学习者等的分析，将教学内容分解成一个个的知识点，学生通过完成相应知识点的学习，达到特定的教学目标。

5）教学资源与工具的设计

一方面，介绍学习者可用于完成学习任务的资源。

① 学生可能获得的学习环境（多媒体网络教室、微格教室或实地考察环境等）。

② 学科系列教材。

③ 学科百科全书。

④ 文本、图片或音视频资料。

⑤ 可用的多媒体课件。

⑥ 学校图书馆里特定的参考资料。

⑦ 参考网址（建议在每个网址后写上一句话，简要介绍通过该网址可以获得的信息）。

另一方面，为学生提供认知工具。

同时，描述需要的人力资源及其可获得情况：需要多少教师完成这节课，一个人够吗？在教室中需要有助手的角色吗？需要有其他学校的教师协作吗？是否需要一些工厂、博物馆以及其他团体中的协作者？……

6）教学活动过程设计

这一部分是该教学设计方案的关键所在。

首先，根据学习内容、学习目标和学习者的具体情况，设计真实的、能充分发挥学生主体性的学习情境。比如通过录像带再现历史事件，通过图片、声音、视频、动画等多媒体形式为学生的自主学习提供真实的情境，为学生的协作学习创设适当的网络环境，为学生设置角色扮演的情境等。

　　其次,针对不同的教学内容和目标选择适当的教学模式(对于同一个课题不同内容的学习,很可能会用到多种不同的模式,简要说明模式是如何应用的)。常用的信息化教学模式有基于问题的探究式教学模式、任务驱动式教学模式等。

　　然后设计自主学习策略。可选用的自主学习策略有很多。根据所选择的不同策略,对学生的自主学习应做不同的设计。

　　最后,画出教学流程图。同时,流程图中需要清楚标注每一个阶段的教学目标、媒体和相应的评价方式。

　　7）教学评价

　　创建量规,向学生展示他们将如何被评价(来自教师和小组其他成员的评价)。另外,可以创建一个自我评价表,这样学生可以用它对自己的学习进行评价。

　　8）帮助和总结

　　说明教师以何种方式向学生提供帮助和指导,可以针对不同的学习阶段设计相应的不同帮助和指导,针对不同的学生提出不同水平的要求,给予不同的帮助。

　　在学习结束后,对学生的学习做出简要总结。可以布置一些思考或练习题以强化学习效果,也可以提出一些问题或补充的链接,鼓励学生超越这门课,把思路拓展到其他内容领域。

（二）表格式

　　信息化教学设计方案还可以采用工作表格的形式来编写。表 4-5 是一个格式参考。

表 4-5　表格式信息化教学方案设计模板

设计者：＿＿＿＿＿＿＿＿　　执教者：＿＿＿＿＿＿＿＿　　课件制作者：＿＿＿＿＿＿＿＿
时间：＿＿＿＿年＿＿月＿＿日　所教学校＿＿＿＿＿＿＿＿＿＿＿　班级＿＿＿＿＿＿＿＿

教学题目					
学科		年级		学时	
教材					
一、教学内容简介					
二、学生特征分析 　(1)智力因素方面:知识基础、认知结构变量、认知能力等。 　(2)非智力因素方面:动机水平、归因类型、焦虑水平、学习风格等。					
三、教学目标 　1.知识与技能 　2.过程与方法 　3.情感态度与价值观					
四、教学内容分析					
1.知识点的划分与教学目标的确定					

课题名称	知识点	教学目标			
	1	识记	理解	应用	综合
	2				

2.教学目标的具体描述

知识点	学习目标	描述语句

3.分析教学的重点和难点

五、教学资源与工具的设计

知识点	学习目标	多媒体网络资源、工具及课件的内容、形式、来源	使用时间	多媒体网络资源、工具及课件的作用	使用的方法或教学策略

注:

六、教学活动过程设计

教学环节	教师活动	学生活动	媒体应用

七、板书设计

八、教学流程图(教学内容与教师活动、媒体的应用、学生的活动、学生利用媒体学习、教师进行逻辑判断)

教学内容与教师的活动　　媒体的应用　　学生的活动　　教师进行逻辑判断

九、形成性练习题和开放性思考题的设计

知识点	学习水平	题目内容

十、教学反思及修改意见

二、信息化教学设计案例

《生长素的生理作用》教学设计

<table>
<tr><td colspan="5">设计者：__钱生慧__   执教者：__钱生慧__
课件制作者：__钱生慧__
时间:2011 年 _4_ 月 _15_ 日　所教学校:__湖北大学附属中学__　班级:高一(1)</td></tr>
<tr><td>教学
题目</td><td colspan="4">生长素的生理作用</td></tr>
<tr><td>学科</td><td>生物</td><td>年级</td><td>高一</td><td>学时</td><td>1 课时</td></tr>
<tr><td>教材</td><td colspan="5">人教版高中生物必修 3</td></tr>
</table>

一、教学内容简介

《生长素的生理作用》包括生长素的生理作用及尝试运用生长素促进插条生根两部分内容。

本节通过"问题探讨",制造"矛盾",由此引起学生的认知冲突,激发起学习本节的兴趣。

关于生长素的生理作用,教材首先介绍生长素作为信息分子起作用这一特点,再详细说明生长素的作用与浓度、植物细胞的成熟情况、器官的种类等等有关,最后再简要介绍有关科学道理在农业生产中的应用。

尝试运用生长素促进插条生根的内容,主要是"探索生长素类似物促进插条生根的最适浓度"的探究活动。该探究活动侧重于科学技术在实际应用中的技术问题,要解决本探究活动中的问题,需要先做预实验。

二、学生特征分析

(1)认知水平:学生已经知道了什么是植物激素、植物产生向光性的原因,以及生长素的产生、极性运输和分布特点等知识,这为进一步学习生长素的生理作用奠定了基础。

(2)科学探究能力:具备了一定的操作能力和观察分析能力。

(3)思维品质:形成了一定的探究习惯,他们有探求欲、表现欲和成就欲。

三、教学目标

(一)知识与技能

(1)概述植物生长素的生理作用。

(2)应用生长素的生理作用特点解释根的向地性和顶端优势。

(3)简述生长素类似物在农业生产中的应用。(根据实际授课情况进行调整。)

(二)过程与方法

(1)通过完成部分探究实验,提高处理数据和分析数据的能力。

(2)通过构建数学模型,提高图、表间的转换能力。

(3)通过观察有关图片,提高分析资料、获取信息、归纳总结和语言表达能力。

(三)情感态度与价值观

形成主动参与的学习态度和体验合作学习的氛围。

四、教学内容分析		
（一）知识点的划分与学习目标的具体描述		
知识点	学习目标	描述语句
1. 生长素的生理作用	理解	概述生长素的生理作用。
2. 生长素生理作用的特点	识记、理解	说出生长素作用的两重性、不同器官对生长素的敏感性不同；描述植物顶端优势的现象；解释顶端优势形成原因；说明顶端优势解除的方法及应用。
3. 生长素类似物在生产实践中的应用	识记	举例说明生长素类似物在农业生产实践中的应用。
4. 尝试运用生长素类似物促进插条生根	识记、应用	了解预实验在科学研究中的作用；尝试运用生长素类似物促进插条生根。

（二）教学的重点和难点

重点：生长素的生理作用。

难点：应用生长素生理作用特点解释根的向地性和顶端优势。

五、教学资源与教学环境设计		
（一）教学环境		
多媒体教学环境	PPT 及自拍影像	
（二）教学资源		
知识点	学习目标	教学资源的形式、内容、作用
1. 生长素的生理作用	理解	自编 PPT 幻灯片，包括植物向光性图片、不同浓度 NAA 对绿豆芽胚轴的影响、不同浓度 2,4-D 对黄豆芽胚轴的影响、生长素浓度与所起作用的关系；主要为学生概述生长素的生理作用提供事实依据。
2. 生长素生理作用的特点	识记、理解	自编 PPT 幻灯片，包括生长素不同浓度对根、芽、茎的影响，学生实验图片，植物根的向地性和茎的背地性分析，植物顶端优势图片及形成原因过程图解；作用是引领学生理解并归纳生长素生理作用的特点。
3. 生长素类似物在生产实践中的应用	识记	自编 PPT 幻灯片，包括获得无子果实、防止落花落果、促进插条生根、除草剂在农田中的应用、盆景中调节植株形态等图片；作用是拓宽学生视野，进一步认识植物激素的作用。
4. 尝试运用生长素类似物促进插条生根	识记、应用	自拍学生课前实验影像、学生实验结果实物展示，使全体学生在实验小组介绍实验中亲历实验的全过程，并体验预实验在科学研究中的作用。

六、课堂教学过程设计			
教学环节	教 师 活 动	学 生 活 动	媒 体 演 示
复习旧知,提出问题	引入:通过上节课的学习,我们已经知道了植物向光生长的原因。请大家回想一下,植物为什么具有向光性? 看来,植物的生长与生长素浓度有关,那么,生长素的浓度越高,促进生长的作用是不是就越明显呢?	回答植物向光性的原因。 思考教师提出的问题。	在学生回答过程中,利用 PPT 展示图片及文字: "一、生长素的生理作用。 从细胞水平看,生长素可以影响细胞的伸长、分裂、分化。"
设计实验,体验过程	如果由你来设计实验,探究生长素浓度对植物生长的影响,你准备如何设计,说出你的思路。(教师提示学生注意:①如何设置自变量?②怎样观察或者检测因变量?③无关变量有哪些,如何控制?) 教师归纳学生的思路。 引导课外实验小组汇报课前实验过程。	小组讨论,设计实验。 汇报一般的设计思路。 课外实验小组汇报并演示实验过程,其他学生仔细聆听,感受实验过程。	PPT 出示探究的问题及黄豆芽胚轴图片:不同浓度的生长素对黄豆芽胚轴生长的影响?待图片消失后提示学生应注意的问题:①如何设置自变量?②怎样观察或者检测因变量?③无关变量有哪些,如何控制? PPT 显示实验设计思路。 PPT 展示学生实验过程。
分享数据,构建模型	组织学生分享实验结果,定性分析生长素类似物的作用特点。 组织学生定量分析生长素类似物的作用特点。 组织学生数、形转换	学生思考后定性描述。 学生定量分析。 组织学生数、形转换。	PPT 展示实验结果。 出示数形转换图。

体会科学方法	提出问题:从大家构建的图形来看,在所设置的浓度中,哪一浓度对胚轴的促进作用最大? 这一浓度对于所有浓度(包括那些我们还没有设置过的浓度)而言,其促进作用是否也是最大的呢? 如何进一步寻找促进胚轴生长的最适宜的浓度?说说你的思路。	学生观察,思考作答。 学生思考后回答。	出示预实验的定义: 预实验是在正式实验之前,用标准物质或只用少量样品进行实验,以便摸出最佳的实验条件,为正式实验打下基础。 出示预实验的作用: 通过预实验为正式实验选择最佳实验材料,通过预实验能准确地控制无关变量。
分析模型,得出结论	过渡: 关于细致实验的设计与实施,由于时间的关系,今天课堂上我们就不讨论了,希望有兴趣的同学加入我们课外实验小组中来,相信你亲手实践了,一定会有不一般的感受。 科学家使用多种材料,经过大量的实验,为我们构建了生长素浓度与茎的关系。大屏幕显示生长素浓度与所起作用的关系图。 提出问题:你能说出这幅图所表示的含义吗? 教师引导学生分析并适当评价。(将图形分成5段,进行分析。) 展示芽、根的曲线图,进一步引导学生分析。(从3个层次分析:同一器官、不同器官、同一浓度。) 引导学生归纳生长素的生理作用及特点。	 学生讨论、分析图形代表的生物学含义。 学生尝试将图形分成5段进行分析。 学生尝试从3个层次进行分析。 学生归纳整理。	PPT逐层显示。 PPT展示分析结果。 出示课本第50页第2段和第3段的结论。

应用知识，分析实例	**过渡：** 显示学生课外实验中提出的问题：根为什么向地生长，胚轴背地生长，请学生根据所学分析原因。 展示校园植物树冠图片，引导学生分析顶端优势。 图示分析结果。	学生根据生长素的作用及特点，讨论、分析根的向地性、茎的背地性。 看图并分析顶端优势。 结合图示，学生自我矫正。	图示学生实验发现。 图示校园植物。
简述应用，拓宽视野	**拓展：** 其实，人们认清生长素的生理作用及特点后，现在已将它广泛应用于生产实践，你知道生长素类似物在农业生产中有哪些应用吗？	学生列举日常生活中生长素类似物的应用。	出示下列图片： 获得无子果实； 防止落花落果； 促进插条生根； 除草剂在农田中的应用； 盆景中调节植株形态。
课堂小结，课后提升	课堂小结。 **课后提升：** 假如有一种用于麦田除草的除草剂刚刚研究出来。作为厂里的工程师，你的任务是研究这种除草剂在麦田除草时的浓度要求。请列出你的研究思路。 假如让你来设计这个产品的说明书，你认为除了浓度参考范围外，还应该在这个说明书中写些什么？	学生回顾本节课知识。	PPT显示本节核心知识。 PPT显示： 假如有一种用于麦田除草的除草剂刚刚研究出来。作为厂里的工程师，你的任务是研究这种除草剂在麦田除草时的浓度要求。请列出你的研究思路。 假如让你来设计这个产品的说明书，你认为除了浓度参考范围外，还应该在这个说明书中写些什么？

七、板书设计

第 2 节　生长素的生理作用

（一）生长素的生理作用

1. 作用

2. 特点

（二）体现两重性的实例

1. 根的向地性

2. 顶端优势

（三）生长素类似物在农业生产中的应用

促进扦插的枝条生根；促进子房发育成果实；防止落花落果；作除草剂等。

八、教学流程图（教学内容与教师活动、媒体应用、学生活动、学生利用媒体学习、教师进行逻辑判断）

开始

（一）复习旧知，提出问题

(1)通过上节课的学习，请大家回想一下，植物为什么具有向光性？
(2)植物的生长与生长素浓度有没有关系？
(3)生长素的浓度越高，促进生长的作用是不是就越明显呢？

PPT 探究问题

（二）设计实验，体验过程

不同浓度的生长素对黄豆芽胚轴生长的影响？
待图片消失后提示学生应注意的问题：
①如何设置自变量？②怎样观察或者检测因变量？③无关变量有哪些，如何控制？

分组设计实验，观看生物兴趣小组实验过程

PPT 实验结论

（三）分享数据，构建模型

组织学生分享实验结果，定性分析生长素类似物的作用特点。
分享数据，构建生长素类似物浓度与黄豆芽胚轴关系的坐标曲线模型。

PPT 展示模型

提问：在所设置的浓度中，哪一浓度对胚轴的促进作用最大？
如何进一步寻找促进胚轴生长最适宜的浓度？

（四）体会科学方法

续表

（五）分析模型,得出结论	分组讨论、分析图形代表的生物学含义。
	↓
	得出结论:生长素生理作用的特点——两重性
	↓
（六）应用知识,分析实例	PPT 展示植物树冠
	↓
	学生分组讨论、分析根的向地性、茎的背地性。
	↓
（七）简述应用,拓宽视野	学生列举日常生活中生长素类似物的应用。
	↓
	PPT 核心要点
	↓
（八）课堂小结,课后提升	课堂小结和作业布置

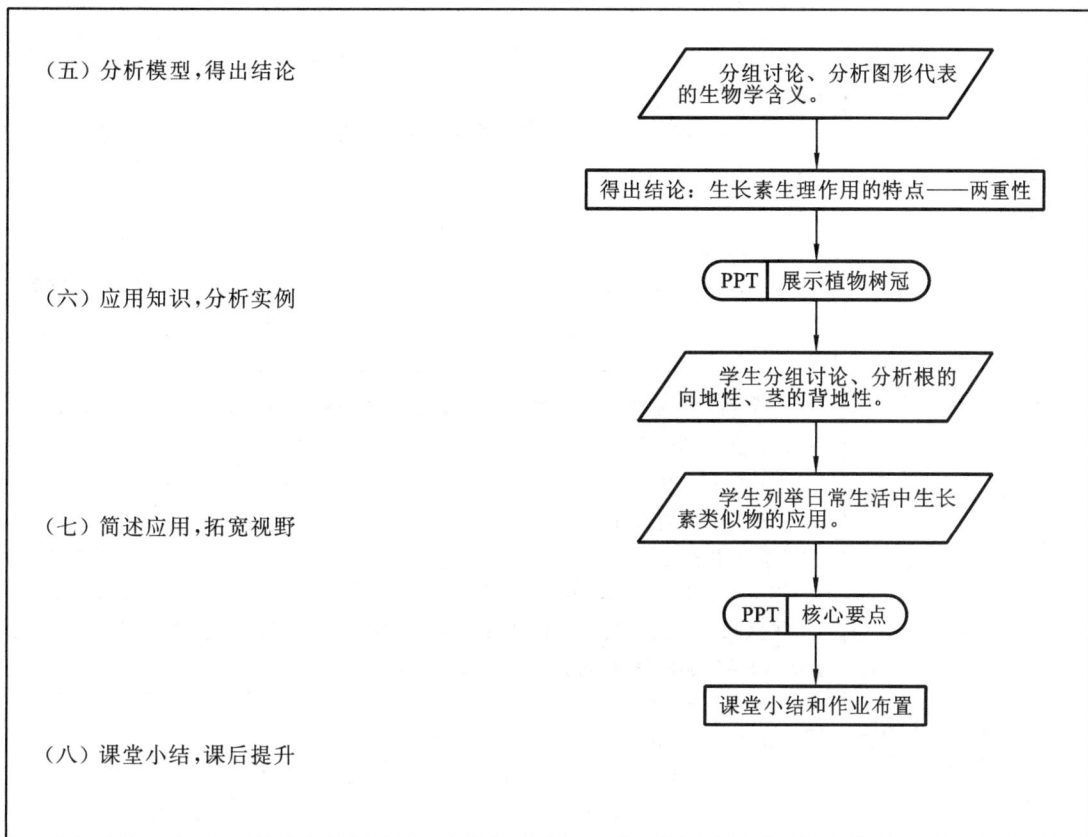

图例说明	▭ 教学内容与教师活动 ▭ 媒体应用 ▱ 学生活动

九、形成性练习题和开放性思考题的设计

知识点	学习水平	题 目 内 容
1. 生长素的生理作用	理解	（1）下图表示植物不同器官对生长素的反应。请观察后据图回答: 根 芽 茎 促进 O 抑制 A B 10^{-10} 10^{-8} 10^{-6} 10^{-4} 10^{-2} 生长素浓度/(mol/L)

1. 生长素的生理作用	理解	① 促进芽生长的生长素最适浓度是_____ mol·L^{-1},生长素的这一浓度对根的生长效应是_____。 ② A 点所对应的生长素浓度对茎生长的效应是_____。 ③ B 点所对应的生长素浓度对茎生长的效应是_____。 ④ 由此可见,不同浓度的生长素对同一器官的影响_____,同一浓度的生长素对不同器官的影响_____。 ⑤ 生长素的浓度为 $10^{-10} \sim 10^{-1}$ mol/L,对植物各器官的作用总的情况是_____。
2. 生长素生理作用的特点	识记、理解	(2) 下列实例中能体现植物生长素作用两重性的是(　　)。 A. 胚芽鞘的向光性 B. 茎的负向重力性 C. 无子番茄的培育 D. 顶端优势
3. 生长素类似物在生产实践中的应用	识记	(3) 大田中的茄果类在开花期,由于连续多日的暴风雨天气,严重影响了授粉受精,如果要保证产量,可采取的补救方法是(　　)。 A. 喷施 B 肥 B. 喷施 N、P 肥 C. 喷施一定浓度生长素类似物,促进果实发育 D. 以上三项措施都不行
4. 尝试运用生长素类似物促进插条生根	识记、应用	(4) 在"探究生长素类似物促进插条生根的最适浓度"的探究过程中,下列关于注意事项的说法中,不正确的是(　　)。 A. 在正式实验前先做一个预实验,目的是证实适宜浓度范围,摸索实验条件 B. 找准插条的上、下端,防止颠倒 C. 所用的每个插条都应留 3～4 个芽 D. 此探究实验不存在对照实验
十、教学反思及修改意见		

【案例分析】

该案例是基于初中生物《生长素的生理作用》一节的多媒体环境下的教学设计。教学内容包括生长素的生理作用及尝试运用生长素促进插条生根两部分。教师认真分析了学习者已经掌握了前置知识的前提下,组织课堂教学通过"问题探讨",制造"矛盾",引起学生的认知冲突,激发起学习本节的兴趣。课前拍摄学生实验影像、学生实验结果实物展示,使全体学生在实验小组介绍实验中亲历实验的全过程;在课堂上播放影像、PPT 等素材,充分体现了多媒体课堂的优势,成功创设了课上课下一体化的探究式教学情境,在探究活动中不断解决问题,不断讨论协商,引导学生学习的逐步深入。

【拓展阅读】

走进英特尔未来教育

英特尔未来教育(Intel Teach to the Future)项目是英特尔公司为支持计算机技术在课堂上的有效利用而设计的一个全球性的培训项目。该项目的目标是对一线的学科教师进行培训,使他们懂得如何促进探究型学习,能够将计算机的使用与现有课程密切结合,最终使学生能够提高学习成效。

1. 项目背景

英特尔未来教育项目是建立在 1998 年及 1999 年英特尔成功的 ACE(applying computers in education 在教学中使用计算机)项目基础上的。两年中,英特尔的 ACE 项目在有英特尔公司主要机构设施的社区及英特尔积极参与支持公立学校的社区培训了超过 3 300 名的教师。

英特尔的 ACE 项目取得了非常大的成功。项目的参与者制作出了超过 2 300 个备课教案,这些教案都很好地将技术整合到现有的教材与教学中。另外,在各个培训地有超过 95% 的参加培训教师报告他们学到了新的可以直接使学生受益的技能。

2. 课程特点

英特尔未来教育课程是英特尔 ACE 项目的更新课程,这个全球化的课程是由美国的计算机技术学院编制的。它由十个模块、每个模块四小时的文字教材及一张配套光盘组成。课程主要基于微软公司的 Office 专业软件套件,包括互联网的使用、网页设计和多媒体软件等,其中主要软件有 Word 2000、Excel 2000、PowerPoint 2000、Publisher 2000、Internet Explorer 等。

每个模块都遵循结对交流、教法研讨、动手操作、作品评估、单元计划修改、家庭作业等基本格式,要求教师选择一个他们目前在教的或在将来要教的单元作为正规课程的一部分,整合多媒体演示文稿、电子出版物、网站制作于该单元的教学中,最终制作出一个有效利用技术的、与国家课程标准相符合的完整单元计划。

英特尔未来教育是一种基于网络教育资源和信息技术的研究性课题学习,它与素质教育是一致的,代表了教育的发展方向。

3. 培训方式

英特尔未来教育项目是通过培训培训者、教师教教师的培训模式,将新的教育理念和教学方法传授给尽可能多的教育工作者。项目首先对省级项目执行机构所选拔出的骨干教师(主讲教师中的核心成员)进行培训,然后由骨干教师对一定数量的主讲教师进行培训,再由每一位主讲教师每年培训一定数量的一线学科教师。目前,项目基础课程的培训主要采取面授形式,在培训中,培训教师与受训教师之间有大量的互动交流以达到最佳的培训效果。

4. 英特尔未来教育的基础

英特尔未来教育建立在两个基础上,一是教育理论基础,二是信息技术基础。离开了教育理论就不能称为教育,离开了信息技术就不能称为未来。这两个基础在基于信息资源的学习上结合在一起,形成面向现代化和未来的教学模式。

(1)教育理论基础。

英特尔未来教育的教学模式是以学为中心的教学模式。教师讲得少,只是给学生适当的提示、引导,让学生在学习中充分利用现代信息技术和信息资源去主动发现、探索和研究知识,解决问题。教师的作用从讲授知识转变为指导学生掌握学习方法,学生的学习重心转到学会学习、掌握方法和培养能力上,教学的目的转到培养创新精神和实践能力上。

英特尔未来教育关注教学内容是否对学生的发展有意义,关注学生对学习过程、解决问题过程的体验,提倡课题学习和合作学习,提倡自主探索和相互协作。

(2)信息技术基础。

常用的信息技术基础包括以下几个方面的内容。

①使用计算机的技术:计算机的操作与维护技术。

②搜集和整理信息的技术:互联网的操作与搜索引擎的使用技术。

③运用计算机制作学习产品的技术:电子出版物、多媒体演示文稿及网站的制作技术。

英特尔未来教育培训项目吸纳了当今最新的技术,致力于把它们应用于课堂内的教与学活动,旨在推动科学技术在教育中的运用。所以无论教师还是学生,都必须熟练掌握和运用信息技术。

5. 英特尔未来教育的开放性和标准化

英特尔未来教育培训课程是如何开展英特尔未来教育的典型的、生动的范例,处处体现了英特尔未来教育的开放性和标准化的特点、要求和理念。

(1)开放性。

英特尔未来教育是以对学生发展有意义的问题展开的,学习资源主要来自开放的网络,自主的个别化学习和分组的合作学习相结合。学习的场所可以是学校、家庭、社区,也可以是网络环境。这些都反映了它的开放性。

(2)标准化。

英特尔未来教育的每一模块都有明确的目的,每一项活动都有活动的目标、方式、步骤和时间;有记录表、单元计划模板、实施计划和评价量规;有评价学生电子出版物、多媒体演示文稿及网站的量规;有教师和学生使用的各种模板,并对教学过程中可能出现的各种问题进行分析,找出相应的对策。这些都反映了它的标准化。

实施英特尔未来教育,应当处理好开放性和标准化的关系。开放性过小,势必限制学生能动性的发挥,培养创新精神和实践能力的力度会受影响;开放性过大,增大了教师指导学生的难度,教学效果难以保证。教学过程不按标准操作,某些教学环节就可能被忽视,教师难以自觉、有效地控制教学过程。所以实施英特尔未来教育要恰当而充分地体现开放性和标准化特点。

(资料来源:http://xdjyjs.jnxy.edu.cn/kechengxuxi/shugao/shu6-3.html,有修改)

实践活动 4-1

信息化教学方案设计

【活动目标】

(1)掌握信息化教学设计的基本原理和方法,能运用信息化教学设计技能进行课程教学设计、方案的设计和评价。

(2)促进专业素质的提高和教学技能的训练。

【活动任务】

根据自己的专业性质和特点,选取其中一节课或一个专题,设计一份信息化教学方案,将其付之于教学实践,并对教学设计方案进行评价。

【活动步骤】

（1）前期准备：熟悉并掌握信息化教学设计的方法，了解专业课程的性质和特点，了解课堂教学的特点。

（2）教学内容和教学对象的确定：选择教学对象，并结合自己所学专业选定其中某一节课或某个问题，进行一堂课的信息化教学设计。

（3）教学设计的前端分析：针对所选的内容和对象，根据信息化教学设计的一般步骤，做好学习需要分析、学习内容分析和学习者分析，以了解学习者在所教授内容方面的具体情况、内容的知识结构、学习者学习风格和初始能力等。

（4）小组讨论和评价：经过前面的步骤，撰写出教学设计提纲；和小组成员进行讨论，记下小组讨论的意见。

（5）根据小组讨论的意见，开始信息化教学方案的设计。注意学习任务的选取，学习资源和学习情境的设计。

（6）设计方案初稿完成后，通过小组讨论，对设计初稿进行评价，根据评价的意见进行修改，使其完善。

（7）根据信息化教学设计方案，选择教学媒体并制作课堂教学中需要的教学课件。

（8）根据信息化教学设计方案进行教师评价、自我评价和小组成员互评，并记录下评价意见。

（9）根据评价意见，修改信息化教学方案，形成最终文稿。

【活动成果】

设计完成时需提交如下成果：

（1）完整的信息化教学设计方案；

（2）整理教学评价的各方面的意见，并形成文稿。

本 章 小 结

信息化教学是在现代教育思想和理论的指导下，通过现代信息技术的运用，来实现开发教育资源、优化教学过程、培养学生信息素养、提高学生信息能力的新型教学方式。信息化教学体现了许多不同于传统教学的特性，因此，在进行信息化教学设计时，有必要遵循特定的设计模式和设计原则，通过对信息化教学设计过程的规范，实现信息化教学设计过程和结果的最优化。本章在详细介绍了信息化教学设计及其相关概念的基础上，构建了信息化教学设计的一般过程模式，通过对信息化教学设计各个阶段"做什么"以及"怎么做"的详细介绍和说明，为学习者提供了一个可操作、易操作的信息化教学设计规范。

本 章 练 习

1. 名词解释：

教学设计　信息化教学设计。

2. 信息化教学设计是在传统教学设计的基础上发展起来的，那么信息化教学设计与传统教学设计究竟有什么区别？试结合教学实际谈谈自己的看法。

3. 简述信息化教学设计的一般过程,并结合自己的理解谈谈如何利用信息化教学设计的过程模式来解决传统教学设计中存在的问题。

4. 有人认为"运用信息化教学设计的过程模式来进行教学设计,会使教学的过程机械、呆板、流于形式",试谈谈你对此观点的看法。

第五章 信息化教学模式与学习方式

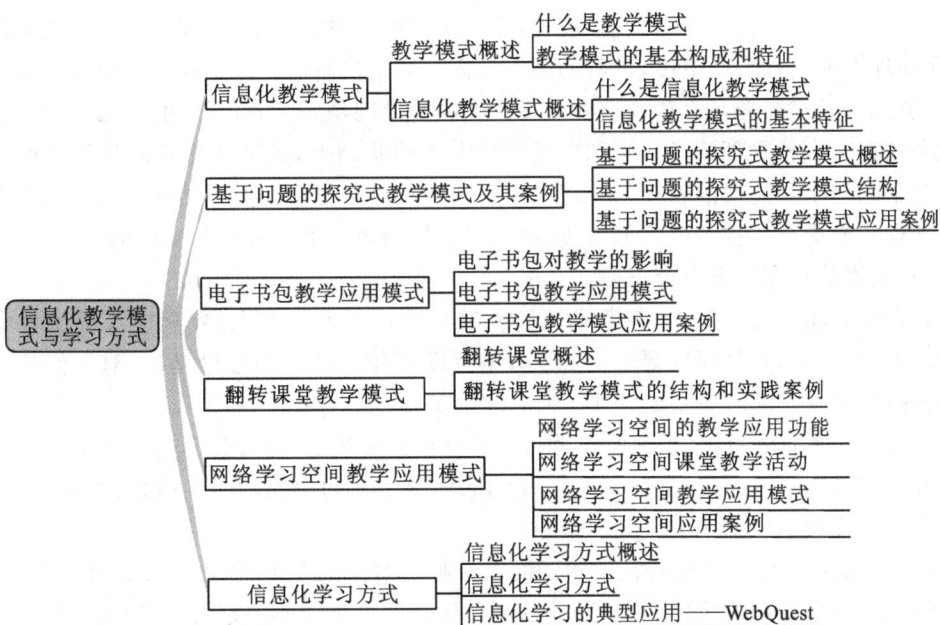

核心概念 ......

教学模式
信息化教学模式
基于问题的探究式教学模式
任务驱动教学模式
翻转课堂

学习目标 ......

（1）掌握信息化教学模式的概念、类型及结构。
（2）了解各种教学模式在实践中的应用，并能够灵活应用各种模式进行教学。
（3）了解信息化学习方式的概念、特征及应用。

知识概览 ......

- 信息化教学模式
  - 教学模式概述
    - 什么是教学模式
    - 教学模式的基本构成和特征
  - 信息化教学模式概述
    - 什么是信息化教学模式
    - 信息化教学模式的基本特征
- 基于问题的探究式教学模式及其案例
  - 基于问题的探究式教学模式概述
  - 基于问题的探究式教学模式结构
  - 基于问题的探究式教学模式应用案例
- 电子书包教学应用模式
  - 电子书包对教学的影响
  - 电子书包教学应用模式
  - 电子书包教学模式应用案例
- 翻转课堂教学模式
  - 翻转课堂概述
  - 翻转课堂教学模式的结构和实践案例
- 网络学习空间教学应用模式
  - 网络学习空间的教学应用功能
  - 网络学习空间课堂教学活动
  - 网络学习空间教学应用模式
  - 网络学习空间应用案例
- 信息化学习方式
  - 信息化学习方式概述
  - 信息化学习方式
  - 信息化学习的典型应用——WebQuest

（信息化教学模式与学习方式）

第一节　信息化教学模式

一、教学模式概述

当前,教育技术领域研究的一项重要命题,就是如何应用现代教育技术创新教学模式。传统教学论中对教学模式有过先期研究,但是,随着信息化教学的开展及现代教育技术学科的发展,人们更多地想从技术应用的视角来创新教学模式。对于教学人员来说,创新教学模式,就必须全面把握教学模式的内涵和构成要素,才能以此为依据指导实践创新。

(一) 什么是教学模式

1972 年,美国学者乔伊斯(B. Joyce)和威尔(M. Weil)出版了《当代西方教学模式》一书,由此将教学模式率先引进教学论研究领域,拉开了教学模式研究的序幕。20 世纪 80 年代,我国教学理论界开始对教学模式展开研究,目前教学模式已成为一个重要的研究领域。然而,对于"什么是教学模式"这个问题,人们仍未形成一致的看法。

对教学模式的概念之所以会出现多元界定,一方面是由于教学模式本身的复杂性和多样性,另一方面是由于研究者的出发点和研究视角的不同。英国传播学家丹尼斯·麦奎尔认为:模式……表明任何结构或过程的主要组成部分以及这些部分之间的关系。美国比较政治学家比尔和哈德格雷夫认为:模式是再现现实的一种理论性的、简化的形式。模式有三个显著的要点:一是模式是现实的再现,即模式是现实的抽象概括,来源于现实,但终归于指导现实的改变;二是模式是理论性的形式,是一种理论,而非工艺性方法、方案或计划;三是模式是简化的形式,是经理性高度抽象概括后,以简约明了的方式表达出来的。教学模式是指对理想教学活动的理论构造,是描述教与学活动结构或过程中各要素间稳定关系的简约化形式。简言之,教学模式是指在一定教育理论指导下和丰富的教学经验基础上,为完成特定的教学目标和内容而建立起来的稳定且简明的教学结构理论体系及其具体可操作的实践活动方式。对于教学模式概念的理解有必要从教学模式的本质特征出发,把握教学模式理论与实践的统一、内容与形式的统一,主要体现在以下三个方面。

(1) 从教学理论层面看,教学模式是一种教学结构理论。首先,教学模式接受教学理论(思想)的指导;其次,教学模式揭示了某一教学活动所赖以建立的理论基础,对人们从理论上认识和把握教学模式起着重要的作用。

(2) 从教学实践层面看,教学模式是具体可操作的实践活动方式。首先,教学模式是教学实践(经验)的基础;其次,它揭示了与某一教学活动相适应的教学方式、程序、步骤,为人们从实践上操作运用教学模式提供了具体指导。

(3) 教学模式是教学理论与教学实践的中介和桥梁。一方面,教学模式是对教学实践(经验)的概括化、抽象化和简约化的描述,可以上升到理论层次。另一方面,尽管教学模式带有理论的概括性、抽象性和简约性,但它又不比一般理论那样抽象,而是一般理论的具体化、程序化,能以明确的目的和具体的方式、手段指导实践。

（二）教学模式的基本构成和特征

1. 教学模式的基本构成

1）理论基础

理论基础是指教学模式所赖以建立的教学理论和思想。任何一种教学模式都是以一定的教学理论为基础，并在一定的教学思想指导下提出来的。离开一定的教学理论，教学模式就难以形成；离开一定的教学思想，教学模式也难以存在。而且，不同的教学理论，又会孕育出不同的教学模式；不同的教学思想，又会指导教师选用不同的模式和进行不同的操作方式。

2）教学目标

教学目标是指教学模式所能达到的教学结果，是教育者对某项活动在教育者身上将产生什么样的效果做出的预先估计。任何教学模式都是为了完成特定的教学目标而设计和展开的。教学目标在教学模式的构成要素中居于核心地位，对其他因素具有制约作用，也是教学评价的标准和尺度。

3）操作程序

操作程序是指教学在时间上展开的逻辑步骤及每个步骤的具体做法等。任何教学模式都具有一套独特的操作程序和步骤。由于教学过程的设计与实施要综合考虑学生、内容、方法、媒体等多方面因素，因此操作程序只能是基本的、相对的，而非僵化的和绝对的。

4）实现条件

实现条件是指为完成一定的教学目标，使教学模式发挥效用所需的各种条件。教学模式的实现条件包括多方面的内容，如教师、学生、教学内容、教学手段、教学的时空组合等。认真研究并保证教学模式的实现条件，可以更好地掌握和运用教学模式，成功地达到预期的教学目的。

5）教学评价

教学模式运用得如何是需要评价的，因而教学评价是教学模式的一个重要因素，包括评价方法和评价标准。由于各种教学模式在目标、操作程序、策略方法上的不同，评价方法和标准也存在着差异。一种教学模式一定要规定自己的评价方法和标准。

上述五个因素具有不同的功能，它们之间彼此联系，相互蕴含，相互制约，共同构成了一个完整的教学模式。如图 5-1 所示，理论基础是教学模式得以建立的基础；教学目标是教学模式的核心，制约着其他因素；操作程序是教学模式的环节和步骤；实现条件保证着教学模式的有效发挥；教学评价对教学过程进行着反馈和监控。

2. 教学模式的特征

教学模式作为一种反映或再现教学活动现实的理论性、简约性的表现形式，具有以下几个基本特征。

1）完整性

教学模式是教学现实和教学理论构想的统一，所以它有一套完整的结构和一系列的运行要求，体现着理论上的自圆其说和过程上的有始有终。

2）指向性

由于任何一种教学模式都是围绕着一定的教学目标设计的，而且每种模式的有效运用也是需要一定条件的，因此不存在对任何教学过程都适用的普遍有效的模式，也谈不上哪一种教

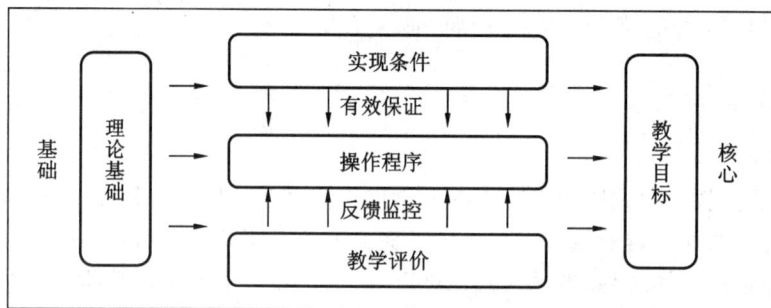

图 5-1　教学模式结构示意图

学模式是最好的教学模式。最好的教学模式就是,在一定情况下达到特定目标的最有效的教学模式。教学过程中在选择教学模式时必须注意不同教学模式的特点和性能,注意教学模式的指向性。

3）操作性

教学模式是一种具体化、操作化的教学思想或理论,它把某种教学理论或活动方式中的最核心的部分用简化的形式反映出来,为人们提供一个比抽象的理论具体得多的教学行为框架,具体地规定了教师的教学行为,使教师在课堂教学中有章可循,便于教师理解、把握和运用。

4）稳定性

教学模式是大量教学实践活动的理论概括,在一定程度上揭示了教学活动具有普遍性的规律。一般情况下,教学模式并不涉及具体的学科内容,所提供的程序对教学起着普遍的参照作用,具有一定的稳定性。但教学模式是依据一定的教学理论或教学思想提出来的,而一定的教学理论和教学思想又是一定社会实践的产物,因此,教学模式总是与一定历史时期社会政治、经济、科学、文化、教育的水平相联系,受到教育方针和教育目的的制约。因此,这种稳定性是相对的。

5）灵活性

并非针对特定的教学内容,体现某种理论或思想,又要在具体的教学过程中进行操作的教学模式,在运用的过程中必须考虑到学科的特点、教学的内容、现有的教学条件和师生的具体情况,进行细微的方法上的调整,以体现对学科特点的主动适应。

二、信息化教学模式概述

信息化环境下的教学既是对传统教学的继承,同时也是对技术环境下教学新模式的探索与建构的过程,是将各类教学模式的结构成分与技术应用条件进行"整合"的过程。教师是教学模式的实践者和创造者,丰富多变的实践情境是教学模式创新的源泉,信息技术则为教学模式的发展提供了丰富的资源、工具以及交流与合作平台。

（一）什么是信息化教学模式

随着教学改革的不断深入,信息技术与课程整合已成为教学研究的热点。信息技术与课程整合是指在课程教学过程中把信息技术、信息资源、信息方法、人力资源和课程内容有机结合,共同完成课程教学任务的一种新型的教学方式。信息化教学模式就是信息技术与课程整合的结果,其实质是要在先进的教育思想、教育理论的指导下,把以计算机及网络为核心的信息技术作为促进学生自主学习的认知工具与情感激励工具,丰富教学环境的创设工具,并将这些工具全面运用到各学科的教学过程中,使各种教学资源、教学要素和教学环节,经过组合、重构,相互融合,在整体优化的基础上,产生聚集效应,从而达到促进传统教学方式的根本变革(也就是促进以教师为中心的教学结构与教学模式的变革)和培养学生创新精神与实践能力的目标。

信息化教学模式是根据现代化教学环境中信息的传递方式和学生对知识信息加工的心理过程,充分利用现代教育技术手段的支持,调动尽可能多的教学媒体、信息资源,构建一个良好的学习环境,在教师的组织和指导下,充分发挥学生的主动性、积极性、创造性,使学生能够真正成为知识信息的主动建构者,达到良好的教学效果。[①] 信息化环境下的教学既是对传统教学的继承,同时也是对技术环境下教学新模式的探索与建构过程,是各类教学模式的结构成分与技术应用条件的"整合"过程;教师是教学模式的实践者和创造者,丰富多变的实践情境是教学模式创新的源泉;信息技术为教学模式的发展提供了丰富的资源、工具以及交流与合作平台。

按照教学的实现形式,可以将信息化教学模式划分为以下几种类型,表5-1列出了各种类型下相对比较典型的几个教学模式,并概括了各个模式的关键特征。

表 5-1 信息化教学模式

类　　型	典 型 模 式	特　　征
个别授导类	个别指导、练习、教学测试、智能辅导	计算机作为教师,内容特定,高度结构化
情境模拟类	教学模拟、游戏、微型世界、虚拟实验室	计算机产生模拟的情境,可操纵,可建构
调查研究类	案例学习、探究性学习、基于资源的学习	计算机提供信息资源与检索工具,低度结构性资源的利用
课堂授导类	电子讲稿、情境演示、课堂作业、小组讨论、课堂信息处理	计算机作为教具及助教,信息播送、收集与处理
远程授导类	虚拟教室,包括实时授递、异步学习、作业传送、小组讨论等	网络作为传播工具,一定程度的信息与学习工具集成
合作学习类	计算机支持合作学习、协同实验室、虚拟学伴、虚拟学社	计算机与网络作为虚拟社会,一定程度的情境、信息、学习工具的集成
学习工具类	效能工具、认知工具、通信工具、解题计算工具	计算机作为学习辅助工具,多种用法
集成系统类	集成学习环境,电子绩效支持系统,集成教育系统	授递、情境、信息资源、工具之综合

---

① 苑永波.信息化教学模式与传统教学模式的比较.中国电化教育,2001(8).

（二）信息化教学模式的基本特征

信息化教学模式的关键在于从现代教学媒体构成理想教学环境的角度,探讨如何充分发挥学生的主动性、积极性和创造性。我们知道,以计算机为主的现代教学媒体(主要指多媒体计算机、教学网络)的出现丰富了教学媒体的构成,使传统的教学环境呈现出交互性、多媒体性、超文本性和网络性等多种现代教学特性。这些特性改变了学习者的学习地位,使其能够从真正意义上探索知识,实现知识意义的主动建构。在信息化教学模式中,教师从知识的灌输者和课堂的主宰者转变成课堂教学的组织者、指导者和学生意义建构的帮助者、促进者。一般来说,信息化教学模式具有如下特点。

1）信息源丰富,有利于学习情境的创设

现代教育技术手段为课堂教学所提供的教学环境,使得课堂上信息的来源变得丰富多彩,教师和课本不再是唯一的信息源,多种媒体的运用不仅能够扩大知识信息的含量,还可以充分调动学生的多种感官,为学生提供一个良好的学习情境。

2）新型教学活动形式,有利于提高学生的主动性和积极性

现代教育技术手段的加入,尤其是多媒体计算机和网络的引入,教师的主要工作不再是向学生传递知识信息,而是培养学生自主获取知识信息的能力,指导学生的学习探索活动,让学生主动思考、探索和发现,从而形成一种新的教学活动形式。在这种教学活动形式中,学生有时也会处于"传递-接受"式的学习状态,但更多的是在教师指导下自主思考与主动探索;教学媒体有时作为辅助教学的教具,但更多的是作为学生自主学习的认知工具;而教材既是教师向学生传递的内容,也是学生建构知识和认知的对象。这种新型的教学活动形式有利于提高学生的主动性和积极性。

3）个别化教学,有利于因材施教

计算机的交互性为学生提供了个别化学习的可能,学生可以通过多媒体技术完整呈现学习的内容和过程,自主选择学习内容的难易和进度,并随时与教师、同学进行交互。在现代教育技术手段所营造的信息化学习环境中,学生可逐步摆脱传统的教师中心模式,由被动学习变为主动学习,有利于因材施教。

4）互助互动,有利于实现协作式学习

计算机的互动特性和网络特性有利于实现培养合作精神、促进高级认知能力发展的协作式学习。信息化学习环境下,学习者之间通过协同、竞争或分角色扮演等多种互动形式来参与学习,对于问题的深化理解和知识的掌握运用具有重要意义,而且对高级认知能力的发展、合作精神的培养和良好人际关系的形成也具有明显的促进作用。

5）超文本信息组织方式,有利于培养创新精神和信息能力

多媒体的超文本特性与网络特性的结合,为培养学生的信息获取、分析与加工能力营造了理想的环境。众所周知,因特网是世界上最大的知识库、资源库,它拥有最丰富的信息资源,而且这些知识库和资源库都是按照符合人类联想思维的超文本结构组织起来的,因而特别适合于学生进行"自主发现、自主探索"式的学习,有利于学生发散性思维的发展、创造性思维的发展和创新能力的培养。

随着信息技术的不断发展和在教育领域的深入应用,各级各类教师信息技术应用能力不断提高,在教学过程中不断创新教学模式和教学方法,丰富了信息化教学模式并且种类繁多。本章重点介绍几种典型的信息化教学模式。

第二节 基于问题的探究式教学模式及其案例

一、基于问题的探究式教学模式概述

《国家中长期教育改革和发展规划纲要(2010—2020年)》指出:教学要注重学思结合,倡导启发式、探究式、讨论式、参与式教学,帮助学生学会学习。探究式教学,符合当前课程改革中倡导的以学生为中心,提升学生探究能力这一要求,能够有效促进学习者知识与技能、过程与方法、情感态度与价值观的全面发展。基于问题的探究式教学模式正是在这样的背景下逐渐形成并发展起来的。

(一)什么是基于问题的探究式教学模式

基于问题的探究式教学改变了传统的课堂教学将知识从生活中分离出来的弊端,让学生在真实情境中学习,将知识和技能直接迁移为解决现实问题的能力,使学习从此变得有意义。"探究"就是"通过质疑寻求真理、信息和知识的过程",探究式教学就是让学生投入问题活动之中。这些问题提供有意义的活动机会,让学生在真实的背景中解决问题,培养高级思维。探究性教学模式的学习对象(即学习主题)是教材中的某一个或某几个知识点,且任何教材都是由一节节的课程内容组成的,而每一节课程内容又总是包含一个或几个知识点。这就表明,信息技术与课程整合的几乎所有日常教学活动(包括各种不同学科的常规课堂教学活动)都可以采用这种模式。事实上,基于问题的探究式教学模式,目前已经成为能满足各学科常规课堂教学需要的、最有效也是最常用的课内整合模式之一。

基于问题的探究式教学模式是指在教学过程中,学生在教师的指导下,通过以"自主、探究、合作"为特征的学习方式对当前教学内容中的主要知识点进行自主学习、深入探究并进行小组合作交流,从而较好地达到课程标准中关于认知目标与情感目标要求的一种教学模式。其中,认知目标涉及与学科相关的知识、概念、原理与能力的理解与掌握,情感目标则涉及感情、态度、价值观与思想品德的培养。在实施信息技术与课程深层次整合的过程中,各学科知识与能力(如阅读、写作、计算、看图、识图、实验以及上机操作等能力)的培养以及健康情感、正确价值观与优秀思想品德的形成,都可通过该教学模式使之逐步落实。

(二)基于问题的探究式教学模式的基本特征

基于问题的探究式教学模式的基本特征可以用一句话来概括:"主导、主体相结合",既重视发挥教师在教学过程中的主导作用,又充分体现学生在学习过程中的主体地位。具体表现在以下两个方面。

1. 高度重视教师在教学过程中的主导作用

尽管基于问题的探究式教学模式主要采用"自主、探究、合作"的学习方式,在教学过程中强调学生的自主学习和自主探究,但是它并不忽视教师在教学过程中的主导作用;相反,它通过下面四个环节使教师的主导作用在整个教学过程中得到全面的发挥。

(1)当前探究性学习的对象要由教师确定。如上所述,探究式教学模式的教学总是围绕课程中的某个知识点(即探究性学习的对象)而展开的,到底是哪个知识点不是随意确定的,更

不能由学生自由选择,而是要由教师根据教学目标的教学进度来确定的。

(2)进行探究之前的启发性问题要由教师提出。学习的对象确定后,为了使探究性学习切实取得成效,需要在探究之前向全班学生提出若干富有启发性、能引起学生深入思考并与当前学习对象密切相关的问题(以便全班学生带着这些问题去探究)。这一环节至关重要,所提出的问题是否具有启发性、是否能引起学生的深入思考,这是探究性学习能否取得效果乃至成败的关键。而这类问题必须由教师提出,也只能由教师提出(学生对当前学习对象初次接触,尚不了解,不可能由他们自己提出与当前学习对象密切相关又富有启发性的问题)。

(3)进行探究时要由教师提供多方面的帮助与指导。带着问题进行探究的过程,固然是由学生个人(或学习小组)去完成的,但在这一过程中需要教师提供有关的探究工具(例如几何画板、建模软件、仿真实验系统等)和相关的教学资源支持,以及对探究性学习中的方法、策略做必要的指导。如果这方面的学习支持与指导不落实、不到位,将会挫伤学生们的学习信心与学习积极性,使探究性学习的效果大打折扣,甚至完全落空。

(4)探究过程完成后要由教师帮助总结与提高。探究过程完成后,一般要先由学生个人(或学习小组)做总结,而不是直接由教师做总结。通过一次探究性学习虽然能取得不小的收获,但学生毕竟是初学者,总结起来难免有片面甚至错误之处,通过全班的讨论交流,集思广益、取长补短,在一定程度上可以克服这些片面甚至错误之处。不过,如果要让全班学生都能对当前学习对象达到比较深入的理解与掌握,即对所学的知识点都能从感性认识上升至理性思辨,都能做到不仅知其然而且知其所以然,那就还需要教师的帮助与提高。毕竟和学生相比,教师对整门课程有比较全面、透彻、深入的把握,可以做到高屋建瓴。

2. 充分体现学生在学习过程中的主体地位

基于问题的探究式教学模式因为采用"自主、探究、合作"的学习方式,所以在教学过程中特别强调学生的自主学习和自主探究,以及在此基础上实施的小组合作学习活动。由于在此过程中,学生们的主动性、积极性乃至创造性都能普遍地得到比较充分的发挥,因而这种教学模式不仅可以较深入地达到对知识技能的理解与掌握,更有利于创新思维与创新能力的形成与发展。

但是,为了使探究性教学真正取得成效,除了要充分调动学生的主动性、积极性,还需要有若干富有启发性问题的启发与引导,要有相关"探究工具""教学资源""策略"的帮助与支持,而这些都离不开教师主导作用的发挥。由此可见,探究式教学模式要想真正成功实施,光有学生方面的主动性、积极性还是不够的,还需要有教师方面的引导、帮助与支持。换句话说,基于问题的探究式教学模式的成功实施涉及两个方面——既要充分体现学生在学习过程中的主体地位,又要发挥教师在教学过程中的主导作用,离开其中的任何一方,探究性学习都只能无果而终。正因为如此,我们才认为"主导、主体相结合"是这种教学模式的最本质的特征。

二、基于问题的探究式教学模式结构

基于问题的探究式教学模式结构示意图如图 5-2 所示。

(一)创设情境

创设情境不仅是教师导入教学主题的需要,也是激发学生的学习动机和自主探究动机的需要。教师创设情境的方法多种多样:可以设置一个待探究的问题(此问题的解决需运用当前所学的知识),也可以播放一段与当前学习主题密切相关的视频录像,或是朗诵一首诗歌、放送

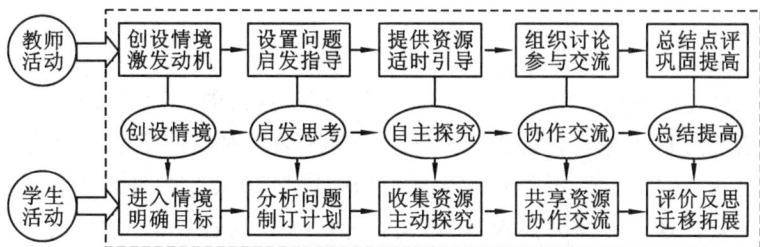

图 5-2 基于问题的探究式教学模式结构示意图

一段乐曲、讲一个生动的小故事、举一个典型的案例、演示专门制作的课件、设计一场活泼有趣的角色扮演……当然,所有这些活动都应有一个先决条件——必须与当前学习主题密切相关,否则达不到创设情境的目的。教师通过上述各种方法创设能激发学生学习动机和探究动机的情境,学生一旦进入教师创设的情境就可在情境的感染与作用下形成学习的心理准备,并产生探究的兴趣。

(二)启发思考

教师通过情境的创设激发起学生的学习兴趣和探究动机之后,教师应及时提出富有启发性而且能涵盖当前教学知识点的若干问题(切忌提出一些有明显答案或明知故问的问题),让学生带着这些问题去学习和掌握有关的知识、技能——这一过程也就是主动地、高效地完成当前学习任务的过程。在问题思考阶段,教师对于学生应当如何解决问题、应当利用何种认知工具或学习资源来解决问题,以及应当如何利用这些工具及资源,包括如何处理在探究过程中遇到的新问题等,都应给出具体的建议和指导;学生则要认真分析教师所提出的问题、明确自己所需完成的学习任务,并通过全面思考形成初步的探究方案。

(三)自主探究

在实施这一步骤的过程中,学生利用教师提供的认知工具和学习资源,或是利用在教师指导下从网上或其他途径获取的工具和资源,围绕教师提出的与某个知识点有关的问题进行自主探究。这类自主学习与自主探究活动包括:学生利用相关的认知工具(不同学科所需的认知工具不同)去收集与当前所学知识点有关的各种信息;学生主动地对所获得的信息进行分析、加工与评价;在分析、加工与评价基础上形成的、学生对当前所学知识的认识与理解,即由学生完成对当前所学知识意义的自主建构。在学生进行自主学习与自主探究的过程中,教师应密切关注学生的学习与探究过程,并要适时地为学生提供如何有效地获取和利用认知工具、学习资源以及有关学习方法策略等方面的指导。

(四)协作交流

为了进一步深化学生对当前所学知识意义的建构,应在自主探究的基础上,组织学生以讨论形式开展小组内或班级内的协作与交流——通过共享学习资源与学习成果,在协作与交流过程中进一步深化学生对当前所学知识的认识与理解。教师在此过程中应为学生提供协作交流的工具,同时要对如何开展集体讨论、如何面对小组成员的分歧等协作学习策略做适时的指导,而且教师在必要时也应参与学生的讨论和交流(不能只做场外指导)。协作交流的过程不仅是学生深入理解知识与情感内化的过程,也是学生了解和掌握多种学习方法的过程。

（五）总结提高

总结提高是实施探究式教学模式的最后一个步骤,其目的是通过师生的共同总结来补充和完善全班学生经过自主探究和协作交流这两个阶段以后对当前所学知识的认识与理解方面仍然存在的不足,以便更全面、更深刻地达到与当前所学知识点有关的教学目标的要求(包括认知目标与情感目标这两方面的要求)。在实施这一步骤的过程中,学生的活动包括讨论、反思、自我评价、相互评价;教师的活动包括点评学生的学习情况、提出与迁移拓展有关的问题并创设相关情境、对当前所学知识内容进行概括总结(以帮助学生了解当前所学知识点与其他相关知识点之间的内在联系)。其中"提出与迁移拓展有关的问题",可以要求学生应用所学知识去解决某个问题,也可以要求学生应用所学知识去完成某项作品。

三、基于问题的探究式教学模式应用案例

《函数 $y=A\sin(\omega x+\varphi)$ 的图象》教学设计案例

武汉市新洲一中　陈科

一、教学目标分析

（1）知识与技能:正确找出由函数 $y=\sin x$ 到 $y=A\sin(\omega x+\varphi)$ 的图象变换规律。

（2）过程与方法:通过对函数 $y=\sin x$ 到 $y=A\sin(\omega x+\varphi)$ 的图象变换规律的探索,体会由简单到复杂、由特殊到一般的化归思想。

（3）情感态度与价值观:通过对问题的自主探究,培养独立思考能力;在小组交流中,增强合作意识;在解决问题的难点时,培养解决问题抓主要矛盾的思想。

二、学习者分析

（1）智力因素方面:大部分学生基础知识比较好,对数学有一定兴趣、具备较好的数学能力等。

（2）非智力因素方面:学习动机不是特别强烈,需要引导和激发,也有部分同学有畏难情绪,会比较焦虑,在独立思维能力和抽象思维能力方面表现不强,需要加强小组合作学习,分组讨论。

三、教学内容分析

本节课内容是人民教育出版社出版的普通高中课程标准实验教科书《数学 4（必修）》第一章第五节《函数 $y=A\sin(\omega x+\varphi)$ 的图象》,是在学生已经学习了正、余弦函数的图象和性质的基础上,进一步研究生活生产实际中常见的函数类型:函数 $y=A\sin(\omega x+\varphi)$ 的图象。在解决这个问题的过程中,贯穿了由简单到复杂、由特殊到一般的化归数学思想。同时,还力图向学生展示观察、归纳、类比、联想等数学思想方法,通过本节内容的学习,可以使学生将已有的知识形成体系,对于进一步探索、研究其他数学问题有很强的启发与示范作用。

四、重点、难点分析

（1）教学重点:函数 $y=A\sin(\omega x+\varphi)$ 的图象及参数 A,ω,φ 对函数图象的影响。

（2）教学难点:参数 ω,φ 对函数 $y=A\sin(\omega x+\varphi)$ 的图象的影响及综合应用。

五、媒体和资源的设计

（1）教学媒体。

多媒体教室、多媒体课件、实物投影仪、视频、几何画板。

（2）教学资源。

教学资源如表5-2所示。

表 5-2　教学资源

知识点	学习目标	教学资源的形式、内容、作用
导入新课	引出问题	视频：弹簧振子、潮汐对轮船进出港的影响，引起兴趣
参数 A	A 对函数图象的影响	几何画板演示：函数 $y=\sin x$ 的图象变换得到 $y=3\sin x$ 的图象
参数 ω	ω 对函数图象的影响	几何画板演示：函数 $y=\sin x$ 的图象变换得到 $y=\sin 3x$ 的图象
参数 φ	φ 对函数图象的影响	几何画板演示：函数 $y=\sin x$ 的图象变换得到 $y=\sin\left(x+\dfrac{\pi}{6}\right)$ 的图象
参数 A,ω,φ	参数 A,ω,φ 对函数图象的形状和位置的影响	实物投影仪：展示各小组不同的探讨结果

六、教学过程的设计

具体的教学过程设计如表5-3所示。

表 5-3　《函数 $y=A\sin(\omega x+\varphi)$ 的图象》教学过程设计

教学环节	教师活动	学生活动	媒体演示
导入新课	播放视频，提出课题	观看视频，思考问题	视频：弹簧振子、轮船进出港
探讨参数 A	提出问题，四处巡视，适时参加小组的讨论，留心不同的探讨结果	分组合作探究，并选派一两个代表展示本组探讨结果	实物投影仪：各不同的探讨结果
	引发再探究	探究不同的结果的正误，并选代表加以说明	几何画板演示：函数 $y=\sin x$ 的图象变换得到 $y=3\sin x$ 的图象
探讨参数 ω	提出问题，四处巡视，适时参加小组的讨论，留心不同的探讨结果	分组合作探究，并选派一两个代表展示本组探讨结果	实物投影仪：各不同的探讨结果
	引发再探究	探究不同的结果的正误，并选代表加以说明	几何画板演示：函数 $y=\sin x$ 的图象变换得到 $y=\sin 3x$ 的图象
探讨参数 φ	提出问题，四处巡视，适时参加小组的讨论，留心不同的探讨结果	分组合作探究，并选派一两个代表展示本组探讨结果	实物投影仪：各不同的探讨结果
	引发再探究	探究不同的结果的正误，并选代表加以说明	几何画板演示：函数 $y=\sin x$ 的图象变换得到 $y=\sin\left(x+\dfrac{\pi}{6}\right)$ 的图象

续表

教学环节	教师活动	学生活动	媒体演示
课堂练习	形成性练习,开放性思考题	巩固、深化知识点	幻灯片展示:练习题的正确答案
课堂小结	引导回顾知识点	分组合作,形成结论,加以交流	实物投影仪:小结的结果

七、形成性练习题和开放性思考题的设计

设计思想:参数 A,ω,φ 对函数 $y=A\sin(\omega x+\varphi)$ 的图象的影响及综合应用,如表 5-4 所示。

表 5-4 设计思想

知 识 点	学习水平	题 目 内 容
参数 A	应用	函数 $y=\sin x$ 的图象如何变换得到 $y=5\sin x$ 的图象?
参数 ω	应用	函数 $y=\sin x$ 的图象如何变换得到 $y=\sin\left(-\dfrac{1}{3}x\right)$ 的图象?
参数 φ	应用	函数 $y=\sin x$ 的图象如何变换得到 $y=\sin\left(x-\dfrac{\pi}{3}\right)$ 的图象?
参数 A,ω,φ	综合	函数 $y=\sin 2x$ 的图象如何得到 $y=3\sin\left(2x+\dfrac{\pi}{3}\right)$ 的图象?

【案例分析与教学建议】

(1)案例分析:本课例首先通过对课本例1进行仔细分解剖析,进一步体会参数 A,ω,φ 对函数图象的形状和位置的影响;接着,例2的设计是上述三个过程的合成,这样安排既分散了难点,又使学生形成清晰的线索,从中能使学生学习如何将复杂的问题分解为简单的问题并"各个击破",然后"归纳整合",培养有条理地思考的习惯,有利于培养学生的逻辑思维能力。练习题的设计则降低对知识的要求,使得不同层次的学生都能得到相应的训练,提高课堂的思维效率;思考题的设计有利于延伸"图象变换"的方法,让学生寻找不同的变换途径,拓展思维;作业中的选做题为学有余力的学生提供进一步发展的空间。然而,在教学过程中还要更多地给学生自主探究的空间,加强对学生的引导和启发。

(2)教学建议:该课例采取探究式教学模式,贯穿"以教师为主导,学生为主体,问题为主线,探究为核心"的指导思想,转变教师的角色,促进学生学习方式的转变。通过"导入—启发—探究—协作—总结"等环节,有效培养学生问题解决的能力,形成协作探究的意识,学会合理利用几何画板进行数学探究发现的方法。在协作探究环节,教师必须注意适度诱导,同时也应使学生独立思考,多进行自主交流,教师只作为普通的一员参与活动,关键时辅以必要的质疑、点拨、补充,点到为止尤其关键。同时,学生在协作探究的过程中或许会得到许多"副产品",教师需要做恰当的点评,鼓励学生多思考、多探究、多质疑,充分发挥学生的创新精神和问题解决能力。

第三节　电子书包教学应用模式

电子书包作为一种新兴的教育教学工具,其最核心的价值不是用来呈现和提供信息,其不可替代的价值在于通过技术来增强学习者的思维能力,实现个性化、探究性、社会化、情境化、游戏化、自组织、深度的学习,从而转变教与学的方式,实现信息时代的教育变革。这不仅是电子书包的核心价值体现,也是我国电子书包教育教学应用的发展趋势。

一、电子书包对教学的影响

1. 对学生的影响

技术作为学生学习活动和思维发展的参与者与帮助者,在协助学生发展高阶思维能力中的作用早在国际教育界达成共识。新时代的学生本质上就是"数字原住民",技术是他们的第二天性。虽然已经有很多教师能够使用信息技术,但他们充其量是"数字移民"而已。在教育客观上就存在着"数字原住民"与"数字移民"之间的文化冲突。让学生使用技术学习,将电子书包的使用像衣食住行一样自然,成为一种"素养习惯"(literacy habits)或一种"学习生活方式"(learning life style),其实并没有我们想象的那么困难。引入电子书包后,班级差异化互动学习、数字化探究实验学习、小组合作项目学习、个性化按需兴趣学习、能力本位评估引导学习等新型学习方式都将成为可能。孩子们天生就是技术能手,我们所要做的只是给予必要的技术条件,创设应用环境并加以必要的引导,学生就会自然而然地将生活中的技术行为转变成课堂中的学习行为,而课堂中的学习体验又会自然而然地拓展为对整个社会生活的意义。

2. 对教师的影响

电子书包在教育教学中的应用使学生有了一个爱不释手的智能伙伴,这个智能伙伴成为教师与学生个体之间的"第三者",许多原本由教师承担的任务被机器分担了或替代了。教师要学会适应这种关系变革,把机器最擅长的事情给机器做,把人最擅长的事情留给人做。在这种电子书包所创设的新型信息化学习环境中,学生成了学习的主体,是自主探究者、问题解决者、知识建构者、协作反思者,教师应该转变课堂舞台主角的身份,自愿充当学生的导学者、促学者、助学者、评学者。此外,教师还应具备全新的教学时空观和教学设计理念,要关注学生的不同特点和个性差异,发展每一个学生的优势与潜能,对课前、课中、课后,班内、班外、校内、校外的学习活动进行通盘规划,为学生学习能力的发展创建创新的技术学习环境和学习体验。

3. 对教学的变革

从全世界来看,电子书包进入校园已成为一个不可逆转的趋势,而电子书包也必然会带来一场学习的革命。基于电子书包的"轻负担、高效益"的高互动课堂以及随时随地发起的随意课堂不再是一句空话;借助电子书包,对学生进行持续、精准的评估(无论是课内外,真实还是虚拟情境),支持个性化的普适设计并不断调整学习可达性,使每一个学生获得成功的体验;通过电子书包,教师、家长、学校、社会将形成一个紧密的关联圈,调动一切资源为每一个学生量身打造适合的学习环境,以促进学生健康、公平的发展。无论课堂内外,学生都可以获得一个有趣且强有力的个性化学习空间,优质的 e-Classroom、e-School、e-Home、e-Museum、e-

Library、e-Lab 随手可及;当与学习伙伴一起时,电子书包又转变为一个和谐高效的协同学习空间,一流教师的虚拟课堂可以自由参加,兴趣相近的研究同伴可以无障碍联络。但受现行考试制度与培养目标不协调等方面的制约,这些变革要实现起来并不是一朝一夕的事,需要师生共同进行实践探索,并在应用中不断反思、改进与创新。

二、电子书包教学应用模式

电子课本与电子书包的标准研究和行业发展最终均需服务于教学应用实践,并在教学应用实践中得到检验和发展。针对 2010 年前后电子书包试点项目的调研可以发现,2009 年马来西亚的"e-book 试验计划"、中国台湾地区的"电子书包试验计划",2010 年日本的"未来学校项目",2011 年韩国的"电子课本计划"、中国香港地区的"电子学习试验计划"、中国上海虹口区的"开展电子数字化课堂环境建设和学习方式变革试验"、中国佛山南海区的"智能课堂项目",2012 年上海闵行区的电子书包项目,出现了一批以政府及教育部门主导的电子书包推进项目,各地掀起了一股"电子书包"应用热潮。根据调研结果,从电子课本与电子书包的应用群体来看,当前电子书包的教学应用已经涵盖各个学段、涉及各个学科,以下是电子书包推广试验过程中应用比较广泛的几种教学应用模式。

(一)基于电子书包的"授导互动"教学模式

传统"授导互动"教学亦称"传递-接受"教学。所谓"传递-接受"是指在教学过程中教师通过口授、板书、演示,学生则通过耳听、眼看、手记来完成知识与技能的传授,从而达到教学目标要求的一种教学模式。其特点是教师易于组织、监控整个教学活动,便于师生之间的情感交流;有利于系统科学知识的传授,并能充分考虑情感因素在学习过程中的重要作用。其不足是:教师主宰课堂,忽视学生认知主体作用,不利于创新思维与创新能力的发展。尽管存在上述不足,但"传递-接受"教学模式仍然是我国基础教育常见的教学模式。基于电子书包的"授导互动"教学模式是电子书包在基础教育课堂的应用过程中逐步发展形成的,它实现了"传递-接受"教学与电子书包功能的融合,具有较强的实用推广价值。

基于电子书包的"授导互动"教学是指在电子书包平台支撑下,教师以讲授引导互动为主要手段,以知识学习为导向,向学生叙述事实、解释概念、论证原理和阐明规律,同时在教学过程中展开动态测评,并及时调整教学的一种教学应用模式。本研究分别从理论基础、教学目标、实现条件、操作程序及教学评价五个方面对上述两种教学模式进行对比,如表 5-5 所示。

表 5-5 "传递-接受"教学与基于电子书包的"授导互动"教学对比

比较项	教学模式	
	"传递-接受"教学	基于电子书包的"授导互动"教学
理论基础	有意义接受学习理论	建构主义学习理论与教学理论
教学目标	知识、技能学习	以知识、技能学习为导向,兼顾三维目标
实现条件	教学内容计划性强、缺乏变化	教学内容安排以计划为基础,教学中依据评测,动态生成、灵活调整教学内容
	黑板、投影等	电子书包、多媒体教学环境

比较项	教 学 模 式	
	"传递-接受"教学	基于电子书包的"授导互动"教学
操作程序	呈现先行组织者→呈现学习内容→正确运用教学内容组织策略→迁移运用新知识	回顾旧知→创设情境→授导互动→归纳练习→反思评价
教学评价	评价角度、方法单一	动态测评,多维度评价教与学

基于电子书包的"授导互动"教学模式充分发挥了传统"传递-接受"教学模式的特点,同时整合了电子书包的教学应用优势与特征。该模式的具体实施流程如图 5-3 所示。

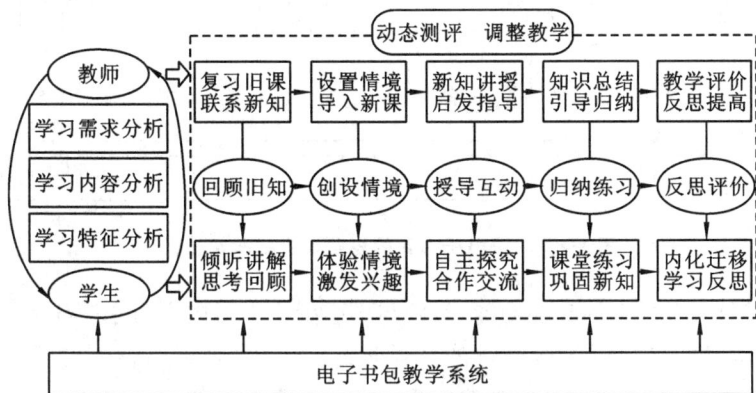

图 5-3 基于电子书包的"授导互动"教学模式

学习者是学习活动的主体,学习者具有的认知、情感、社会等特征都将对学习的信息加工过程产生影响。因此,对学习者的分析在教学过程中显得尤为重要。在该模式下,依托电子书包平台,课前,教师通过互动了解学生学习需求、知识能力基础、认知结构特点等,并据此对教学内容进行调整,为课程开展奠定基础。

(1)回顾旧知:在课前互动基础上,教师通过回顾旧知,建立新旧知识之间的联系,学习者倾听讲解,回顾所学知识,唤醒对已有知识、经验的记忆,为即将开展的学习做准备。

(2)创设情境:教师充分发挥电子书包平台多媒体特性,创设与当前学习主题相关、真实的情境。通过情境的创设,有效激发学生的学习兴趣,引导学生参与到课程的学习中来。

(3)授导互动:这一阶段包括教师授导、学生自主学习与协作学习。教师借助信息化的手段呈现学习内容,并对内容进行详细讲解与说明。学生在学习过程中,借助电子书包平台实现师生互动交流,围绕学习任务进行自主与协作学习。

(4)归纳练习:依托电子书包实时测评功能,教师及时发现学习中存在的问题,对教学过程中的内容及侧重点进行及时的调整,并动态生成新的教学内容。

(5)反思评价:借助电子书包平台,教师可以实现对课堂教学效果以及学生表现的评价,促进学生对于知识内化迁移与学习反思。基于电子书包的"授导互动"教学是以教师为主导、学生为主体的学习,电子书包平台发挥师生互动、资源呈现、评价测试的作用。在该模式下,教师需要有目的性、选择性地使用电子书包平台,充分发挥其功能,从而避免电子书包自身对教学的干扰,分散学生注意力。

（二）基于电子书包的主题探究式教学模式

基于电子书包的主题探究式教学,是指学习者围绕学习主题,运用电子书包进行自主和协作学习,并最终实现问题的解决,形成学习成果。其目的是培养学习者解决问题、自主探究以及协作学习等方面的能力,从而提升信息素养与学科素养。在学习过程中学生成为学习的主体,教师成为支持者和辅助者,学习的结果被弱化,学习过程与合作得到强化。基于电子书包的主题探究式教学是围绕教师与学生两大主线展开的,流程如图 5-4 所示。

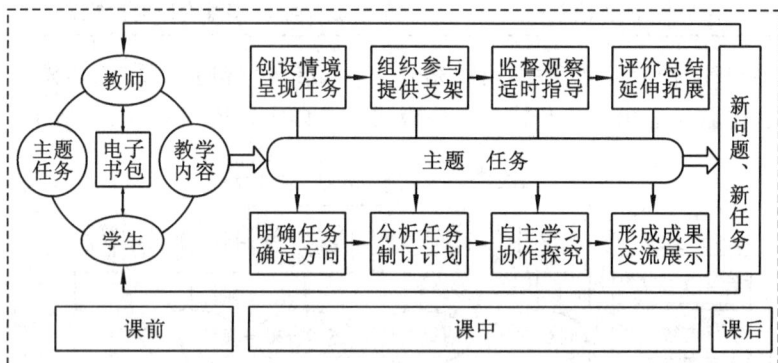

图 5-4 基于电子书包的主题探究式教学模式

借助电子书包平台强大的交互功能,教师与学生围绕学习内容与主题任务进行互动,通过互动,教师了解学习需求,学生对要学习的主题形成一定的了解,做到心中有数。

（1）创设情境,呈现任务。教师围绕探究主题,构建真实的问题情境,并呈现学习主题。学生对学习主题进行讨论交流,明确学习任务以及学习方向。

（2）组织参与,提供支架。教师组织学生分组,引导学生参与到主题探究中来,并提供学习支架辅助探究。学生以小组为单位对主题进行分析,制订探究的计划与组内分工。

（3）监督观察,适时指导。学生以小组为单位,借助电子书包的丰富资源和良好互动优势,展开探究性学习。探究过程中教师发挥指导、监督作用,保证学生探究方向的正确,并针对难题提供适时适当的指导。

（4）评价总结,延伸拓展。任务完成后,以小组为单位形成学习成果,并借助电子书包平台进行学习成果的交流与展示,师生对学习成果进行评价。教师引导学生进行总结归纳,实现知识的内化与提升。

另外,由于时间等方面的限制,在课堂探究学习的过程中会产生一些新的问题或任务,这些问题或任务可以作为下一次探究学习的起点。

三、电子书包教学模式应用案例

"眼睛的科学"教学设计案例

1. 教学目标分析

知识与能力:认识简单的眼睛构造,初步了解近视和眼睛构造的关系。

过程与方法:善于提出问题,并能进行问题筛选分析。应用感官观察并结合电子书包"解暗箱"的体验活动,了解眼睛的构造,并在不断认识的过程中,有意识地对眼睛的知识进行补充和完善。

情感态度与价值观:保持与发展想要探究与发现周围事物奥秘的欲望;同时,还要在科学学习中能注重事实,克服困难,乐于合作与交流;另外知道保护眼睛对于青少年的重要性。

2. 学习者分析

处于四年级的学生好奇心重,思维活跃,勇于表现自己。他们在之前的各学科学习中已经有了探究学习的经验,喜欢动手实验,并积极认真思考。但是在探究过程中,兴趣仅停留在探究工具上,并不重视探索事物本质、追寻问题解决的方式方法,教师要适时适度地给予帮助和指导,学生在学习本课前对眼睛的有关知识有浅层次的认识,在日常生活中,听说过假性近视、近视等眼睛相关名词,但是并不知道眼睛的内部结构和近视的成因。

3. 教学内容分析

"眼睛的科学"(第一课时)是天津路小学科学校本课程"我们的身体"单元中的第三课,本课让学生认识简单的眼睛构造,使学生初步了解近视和眼睛构造的关系,并培养学生发现、整理、筛选问题的能力,让学生能在已有问题、经验和现有信息的基础上,通过简单的思维加工,做出自己的解释或结论;能用自己擅长的方式表达探究结果,进行交流,并参与评议,知道对别人研究的结论提出质疑,同时培养学生搜集、整理信息的能力和自学能力。

4. 重点、难点分析

教学重点:了解关于眼睛构造的名称及位置。

教学难点:近视和眼睛构造的关系。

5. 方法和媒体的设计

本课教学内容更加注重过程的体验和能力的获得,因此采用自主探究和协作交流的教学方法。教学媒体采用电子书包、多媒体网络教学系统。

6. 教学过程的设计(见表5-6)

表5-6 教学过程的设计

教学阶段	师生活动	设计意图	整合点分析
创设情境导入课题	教师带领学生打开电子书包的"看一看"部分,其中有两幅图片,引导学生思考:我们眼睛看到的是不是真实的?学生看到图片的直观现象竟然与真实结果不相符,引发了学生对此问题的极大探究兴趣。进而引出本课主题:眼睛的科学	由于眼睛和学生的关系太密切了,他们会认为非常了解眼睛。教师在一开始上课时选择了"视错觉"这一现象,让学生对自己的眼睛产生了质疑,极大地激发了学生的探究兴趣	运用电子书包的"看一看"的动画资源,可以让学生真切地感知到有时候不一定"眼见为实"。这一动画资源极其形象逼真地向学生展示了"视错觉"这一现象,学生切身观察到眼睛直观表象与实际结果的反差,对眼睛有了浓厚的探究兴趣

教学阶段	师 生 活 动	设 计 意 图	整合点分析
组织投票确定问题	教师抛出问题:"关于眼睛,你们现在都知道些什么?"学生予以思考并积极作答,随后教师问:"关于眼睛,你们还有哪些不知道的或想了解的?"学生将问题发布到电子书包的答疑区中。学生写完问题后,由于课堂时间有限,不可能对学生的问题进行一一作答,只能选取大家最想知道、最基础的问题进行探究,学生可以利用电子书包的统计软件,在大家提出的问题中进行选择	教师从了解学生的原有知识基础出发,提出"关于眼睛,你们现在都知道些什么?"的问题。然后,引导学生继续发现自己还有很多不了解的问题。如果只是让学生泛泛地提出问题,然后选择两个问题解决,那么学生对于自己的提问很快会淡化,所以教师采取把问题发送到电子书包的答疑区的方式,加强学生的问题意识,同时也为后一部分的教学环节做了铺垫。在选择解决问题的环节,教师引导学生正确地整理筛选问题的方法:"这么多的问题我们不可能一起都解决,科学研究也要从基础开始了解,哪个问题是最基础的?"	在电子书包的答疑区中,学生可任意写入自己急于解决的问题,为学生的沟通交流提供便利。同时通过统计软件,可统计出学生最想知道的也最基础的问题作为探究问题,这种设计极大地凸显了学生的主体地位
小组协作自主探究	教师组织同学们互相观察眼睛的构造,并提出问题:通过观察知道了眼睛的哪些构造或有什么发现?再结合生活经验猜一猜,眼球里面还有什么是我们看不到的,它们可能有什么作用?教师给出导学案,导学案中包含探究目标、探究方法、探究时间、探究环节等,为学生的探究过程提供了详细而清晰的探究导向。学生运用电子书包作为探究工具及资源来探究眼球的重要构造,以及以小组为单位,协作探究眼睛近视和眼睛构造的关系,教师进行巡回指导	观察是科学学习的重要方式,所以,对于眼睛的外部构造,教师采取让学生互相观察的方式,既能提高学生的兴趣,又能激发学生的探究欲望。另外,学生以小组协作、自主探究的形式来获取知识,不仅可以加深对知识的理解,通过亲身体验探究过程,与其他同学交流,可提高探究和沟通能力	电子书包可为学生提供丰富而有针对性的探究工具和资源,电子书包中模拟仿真的三维动画,可帮助学生探究到眼球的重要构造。小组成员通过电子书包可以多种形式来探究眼睛近视和眼睛构造的关系。基于电子书包的探究式学习不再流于形式,学生利用此能够探究到问题本质,帮助学生解决问题

续表

教学阶段	师生活动	设计意图	整合点分析
强化练习 成果展示	组织学生选择不同的小游戏,来巩固了解关于眼睛的构造知识。学生进行游戏,游戏后,教师对学生的成果进行检验。通过提问交流,发现学生对眼睛的知识还需更深了解,因此指导学生回到电子书包的"学一学"部分进行更深入的学习。教师组织学生展示各小组的探究成果	利用小游戏,学生在电子书包上对眼睛结构认知的操作,起到了让学生的知识接受差异得到补充平衡的效果。小组成员运用电子书包进行成果展示,可将小组探究成果更形象、更逼真地呈现给大家	传统练习如回答课后练习,做试卷,学生会觉得枯燥与恐惧,学生在轻松自由的氛围中即电子书包提供的游戏中进行对知识的强化巩固,可以促进有意义学习的发生
再现新知 拓展学习	眼睛的每个部分大家都是一样的吗?变化了会怎么样呢?在电子书包中"自学区"内,可以解决你们的疑问,请大家认真学习,把你们的发现讲给同学们听	这里教师着重培养学生的自学能力,也关注自学方法的引导,即提出问题—选择资源—探究问题—解决问题—表达交流	在传统教学中,课后学习的部分仅仅是完成作业,然而电子书包支撑的课后学习可为学生带来拓展学习的资源,因为课堂有限,不能满足学生的所有知识习得,因此需要拓展学习以及资源工具。在电子书包的拓展区中,可为学生提供拓展资源与工具,同时也为学生提供了讨论区,学生可随时随地沟通交流。这不仅丰富了学生的学习生活,也为学生知识能力习得提供了有力而丰富的平台

(资料来源:王玉玺,张妲,钟绍春,钟永江.基于电子书包的探究式教学模式设计——以小学科学教学为例.中国电化教育,2014(2).)

【案例分析和教学建议】

(1) **案例分析**:以上是基于电子书包的主题探究式教学模式的应用案例。通过观察课堂实录,学生乐于通过电子书包来进行自主探究学习,在探究过程中能够积极主动,勤于思考。可以从某种程度上反映出利用基于电子书包的网络探究教学模式可有助于培养学生探究能力,提高教学绩效。

(2) **教学建议**:基于电子书包的主题探究教学中,学生可身临其境,真正能够让"问题"看得见,摸得着,学生在自由、开放的教学环境中,利用丰富的资源和有力的探究工具进行探究,师生角色极大转变,教师成为配角,在课堂中仅扮演情境创设者、促进者、组织者、帮助者,学生真正地主宰了课堂。电子书包可支撑个性化学习,并可实施公平教学,注重个体差异,极大地凸显了学生的主体地位。另外,电子书包成为学生家长共享应用的平台,为学生的课外学习和家校互通交流增添生机。基于电子书包的探究式教学希望能够为以后各学科开展探究式教学提供一定的理论和实践依据,并为信息技术与课程高效整合提供重要的应用契机。

第四节　翻转课堂教学模式

一、翻转课堂概述

翻转课堂出现于 2007 年前后,当时这种全新的教学模式在美国科罗拉多州的部分地区开始流行,但尚未能在更大范围内推广。直到三年之后,"可汗学院"的兴起才使翻转课堂真正将自身的影响力扩展至全美乃至全球。国内有关翻转课堂的实践开始于 2011 年重庆市聚奎中学校对适合本校的翻转课堂基本模式的探讨。直到备受关注的山东省昌乐一中课堂全翻转,以及 2013 年 9 月"C20 慕课联盟"(C 即 China,中国;20 即 20 余所国内知名高中/初中/小学)的组建,翻转课堂才开始成为国内教育信息化的热点。

所谓翻转课堂(flipped classroom 或 inverted classroom)就是在信息化环境中,教师提供以教学视频为主要形式的学习资源,学生在上课前完成对教学视频等学习资源的观看和学习,师生在课堂上一起完成作业答疑、协作探究和互动交流等活动的一种新型的教学模式。与传统的教学模式相比,翻转课堂具有如下特征。

(1)从教学流程的角度看,翻转课堂这一新型教学模式的实践尝试,直指我国传统教学一直以来存在的逻辑弊病,即"知识传授在课内,知识吸收与掌握在课外"的低效知识学习过程(事实上,传统教学中学生需要克服学习中的重点难点时教师并不在现场),通过对知识传授和内化过程的颠倒安排,对课堂时间的使用进行了重新规划,实现了对传统教学模式的革新。从师生角色的角度看,翻转课堂改变了传统教学中的师生角色,教师的角色由原来在讲台上布道传授的"演员"和"圣人"转变为教学活动的"导演"和学生身边的"教练",而学生则由原来讲台下被动接受的"观众"和"学徒"转变为教学活动的"主人公"和"决策者"。学生在教学过程中拥有更多的自由,在总体进度已定的情况下,学生可以按照自己的实际情况安排学习进程。

(2)从教学资源的角度看,短小精悍(针对某个特定的主题,长度维持在 10 分钟左右)的教学视频(或"微课")作为翻转课堂教学资源最为重要的组成部分,可以通过媒体播放器实现暂停、回放等多种操作,便于学生在学习过程中反复播放和思考复习,有利于学生的自主学习。

翻转课堂的有效实施有赖于信息技术的支持,即必须通过技术为学习者提供工具、资源、伙伴,或者借助技术为学习者提供多方面、广范围的支持力量。在以学生为中心、教学视频为核心结点的翻转课堂教学模式下,把电子书包作为为翻转课堂提供核心技术支持的工具和手段,可以全面整合线下课堂与网络空间,帮助教师有效地组织和呈现教学资源,动态记录学生的学习过程信息,及时了解学生的学习状况和遇到的困难,方便地进行个别化辅导;帮助学生制订学习计划、学习内容、学习速度,把握自身学习进度,高效便捷地实现自主学习与合作学习。通过电子书包学习系统,将课堂上的互动交流拓展至网络空间,大大增加了师生之间、生生之间的交互时间,提升了交互效果。总之,电子书包与翻转课堂的有效整合,解决了当前翻转课堂教学实践过程中存在的学习时空限制、学习资源匮乏、学习过程难以管控、学习数据记录与互通缺失、学习交互困难、学习评价体系不健全等问题,使翻转课堂的实施能真真正正地落到实处,这在一定程度上"激活"了翻转课堂。

二、翻转课堂教学模式的结构和实践案例

（一）翻转课堂教学模式的结构

翻转课堂教学模式主要由课前学习和课堂学习两部分组成，如图 5-5 所示。在这两个过程之中，信息技术和活动学习是翻转课堂学习环境创设的两个有力杠杆。信息技术的支持和学习活动的顺利开展保证了个性化协作式学习环境的构建与生成。

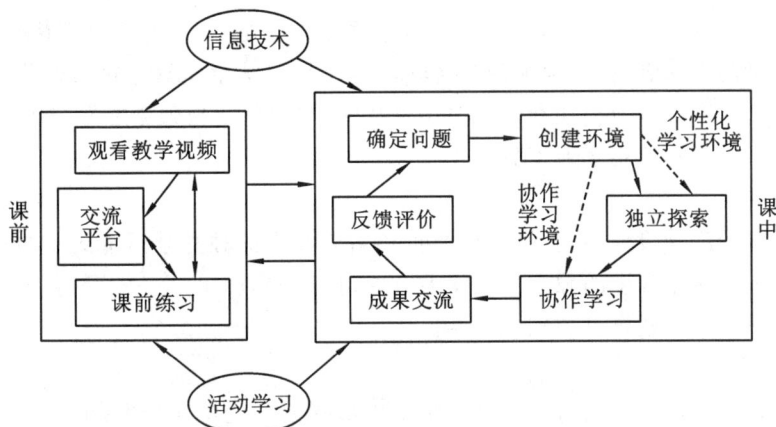

图 5-5　翻转课堂教学模式结构示意图

1. 第一阶段：课前设计模块

1）教学视频的制作

在翻转课堂中，知识的传授一般由教师提供的教学视频来完成。教学视频可以由课程主讲教师亲自录制或者使用网络上优质的开放教育资源。教师可以在优质的开放教育资源中，寻找与自己教学内容相符的视频资源作为课程教学内容，既提高了资源利用率，节省了人力、物力，也使学生接触到国际性优秀教师的最新教学内容。但是，网络上的开放教育资源往往并不能与课程目标、课程内容完全相符。

教师自行录制教学视频能够完全与教师设定的教学目标和教学内容相吻合，同时教师也可以根据学生的实际情况对教学内容进行针对性讲解，并可根据不同班级学生的差异性多版本地录制教学视频。在具备这些优势的同时，自行录制教学视频也给教师的教学技术和时间提出了挑战。教学视频的视觉效果、互动性、时间长度等对学生的学习效果有着重要的影响。因此，教师在制作教学视频时需要考虑视觉效果、支持和强调主题的要点、设计结构的互动策略等，帮助学生构建内容最丰富的学习平台，同时也要考虑学生能够坚持观看视频的时间。

2）课前针对性练习

在学生看完教学录像之后，应该对录像中的收获和疑问进行记录。同时，学生要完成教师布置的针对性课前练习，以加强对学习内容的巩固并发现学生的疑难之处。对于课前练习的数量和难易程度，教师要合理设计，利用"最近发展区"理论，帮助学生利用旧知识完成向新知识的过渡。

对于学生课前的学习,教师应该利用信息技术提供网络交流支持。学生在家可以通过留言板、聊天室等网络交流工具与同学进行互动沟通,了解彼此之间的收获与疑问,同学之间能够进行互动解答。

2. 第二阶段:课堂活动设计模块

1)确定问题

教师需要根据课程内容和学生观看教学视频、课前练习中提出的疑问,总结出一些有探究价值的问题,学生根据理解与兴趣选择相应的探究题目。在此过程中,教师应该有针对性地指导学生选择题目,并根据所选问题对学生进行分组。

在翻转课堂中,技术工具和信息资源是学生学习的基础,个性化学习环境的创建能够使学生成为自我激励的学习者,拥有强大的自主学习控制权。学生能够通过教学指导和技术工具进行自我组织的探究性学习。在翻转课堂个性化学习环境中,教师主要发挥领路人的作用,帮助学生制订学习计划和使用学习工具。

2)独立探索

在翻转课堂的活动设计中,教师应该注重和培养学生的独立学习能力。教师要从开始时的选择性指导逐渐转至学生的独立探究学习方面,把尊重学生的独立性贯穿于整个课堂设计,让学生在独立学习中构建自己的知识体系。

3)协作学习

协作学习是个体之间采用对话、商讨、争论等形式充分论证所研究问题,以获取达到学习目标的途径。协作学习活动有利于发展学生个体的思维能力,增强学生个体之间的沟通能力和学生相互之间的包容能力。此外,协作学习对形成学生的批判性思维与创新性思维,提高学生的交流沟通能力、自尊心与形成个体间相互尊重的关系,都有明显的积极作用。因此,在翻转课堂中应该加强协作交互学习的设计。常用的小组交互策略有头脑风暴、小组讨论、浅谈令牌、拼图学习、工作表等。

4)成果交流

学生经过独立探索、协作学习之后,完成个人或者小组的成果集锦。学生需要在课堂上进行汇报、交流学习体验,分享作品制作的成功和喜悦。成果交流的形式可多种多样,如举行展览会、报告会、辩论会、小型比赛等。在成果交流中,参与的人员除了本班师生以外,还可有家长、其他学校师生等校外来宾;除在课堂直接进行汇报之外,还可翻转汇报过程,学生在课余将自己汇报过程进行录像,上传至网络平台,老师和同学在观看完汇报视频后,在课堂上进行讨论、评价。

5)反馈评价

翻转课堂中的评价体制与传统课堂的评价完全不同,在这种教学模式中,评价应该由专家、学者、老师、同伴以及学习者自己共同完成。翻转课堂不但要注重对学习结果的评价,还通过建立学生的学习档案,注重对学习过程的评价,真正做到定量评价和定性评价、形成性评价和总结性评价、对个人的评价和对小组的评价、自我评价和他人评价之间的良好结合。评价的内容涉及问题的选择、独立学习过程中的表现、在小组学习中的表现、学习计划安排、时间安排、结果表达和成果展示等方面,对结果的评价强调学生的知识和技能的掌握程度,对过程的评价强调学生在实验记录、各种原始数据、活动记录表、调查表、访谈表、学习体会、反思日记等的内容中的表现。

（二）翻转课堂教学实践案例

翻转课堂在国内中小学教育中的有效实施有赖于长期的本土化实践和探索。根据环境条件的不同，当前我国基础教育阶段翻转课堂实践呈现出不同的实践模式。通过对六所学校翻转课堂实践案例的研究（见表5-7），可以分别从两个不同的视角来分析翻转课堂的本土化教学实践模式。

表 5-7 翻转课堂实践案例分析

实践案例	学习阶段	教与学活动	技术支持
山东省昌乐一中	自学质疑（晚自习）	自学教材；观看微视频；协作交流（面对面）；在线测试；提出问题	学案，微视频，"阳光微课"平台，学习终端（Pad）
	训练展示（课中）	小组合作突破疑难（面对面）；小组合作训练、解说、评价；互动质疑；评价点拨；总结反思	
上海市古美高级中学	课前	自学多媒体电子教材	多媒体电子教材；微视频；课堂交互系统；"录课宝"作业讲评系统；学习终端（Pad）
	课中	自学检测；反馈讲评；提出问题；师生活动，解决问题；课堂检测，及时反馈	
	课后	完成作业；观看微视频（作业讲评）	
温州市第二中学	课前	自学教材；观看微视频；完成练习；互动提问	微视频；互动平台；学习终端
	课中	以学定教，教师解答课前提问；合作纠错，掌握预习题；例题分析，变式提升；练习巩固，小组合作找易错点	
	课后	自主个性复习；进行下一节内容的学习	
青岛市实验初级中学	课前	观看微视频；话题讨论（基于微视频内容）；完成练习	微视频；学习平台（讨论、评测等功能）；学习终端（Pad）
	课中	话题分享，解决问题；问题迁移；达标检测	
	课后	拓展延伸练习	
广州数字教育城天云项目	学生自学	自学教材；观看微视频；完成学习任务；提出问题（使用平台）	微视频；学习平台；学习终端
	教师创设情境进行问题解决	创设情境，解决问题（自主探究、小组协作解决，教师答疑）；课堂测试；布置拓展练习	
深圳市南山实验学校	课前	观看微视频；完成练习	微视频；学习平台；学习终端
	课中	梳理知识；聚焦问题；合作学习；综合训练；评价反馈	

1. 视角一:教学过程的变化

教学过程的变化即突破教学全流程的翻转,根据学习场所的不同,呈现出两种翻转模式:以课前、课中为分界的家校翻转及校内翻转。家校翻转即课前由学生在家学习,完成知识传授,再参与课堂学习活动,此时要求学生回家后仍具备"先学"的技术环境;校内翻转即根据课时安排在校内完成知识传授与知识内化两个阶段,此时"先学"的技术环境由学校保障。通过对不同学习阶段教与学活动的统计发现,课前活动包括自学教材、微视频/多媒体电子教材,学案助学,课前检测,使用学习平台提出问题等问题诱发的过程。事实上,无论是学案助学还是微视频导学,它们都以教材内容为中心,都是引导学习者深读教材的一种手段。课内活动聚焦问题解决过程,包括互动质疑、反馈讲评、合作纠错、话题分享等。其中,高中阶段的课堂活动贯穿解题思路与核心知识点,初中、小学阶段则重在对知识要点的理解与掌握。

2. 视角二:课内教学活动的调整

课内教学活动的调整,即在一个课时的课堂教学中进行翻转。前半节课由学生借助微视频、学案等自定进度完成学习,并整理学习收获,提出学习困惑;后半节课则通过自主探究、协作讨论、展示交流、巩固练习等活动完成师生交互、问题解决。天河区"天云项目"的初三政治教师方老师结合初中政治的学科特点及家校的客观情况,将翻转的整个过程放在课堂内,并将所有的课设置成 A 型课和 B 型课。A 型课即学生的"先学"。教师为学生提供微视频、学习任务等学习资源,学生按照学习支架独立完成对基础知识的掌握,并完成相应的任务;同时也可通过平台将问题反馈给教师。B 型课即问题解决的过程。教师根据学生任务完成的情况,整理问题,并创设情境来解决学生自学中出现的问题;随后教师再通过课堂测试,加强学生对常考点和易错点的理解和巩固,也可再布置拓展练习,让学生以小组的形式合作完成。

第五节　网络学习空间教学应用模式

网络学习空间是在互联网时代背景下产生的新型学习空间,新时期互联网技术将学习活动由课堂教学为主推向以数据为主的时代,并且信息技术的进步使得网络教学不断创新,由 IT 时代发展至 DT 时代。构建网络学习空间促进应用型教学活动将更加注重信息内容的共享及交流,并且能够在云计算、大数据、人工智能等技术的推动下实现优质学习资源的合理配置,因此在 DT 时代网络学习空间将应用于各个教学活动中。网络学习空间能够为学习者及教育者提供数字化、网络化、智能化、便捷化的学习氛围及学习平台,是一种集合资源、工具、服务、管理、交流于一体的网络化学习环境(网络学习空间的相关概念见第三章)。

一、网络学习空间的教学应用功能

网络学习空间的建构模型目前尚处于探索的阶段,为适应不同的教学环境、硬件资源以及教学目的各有不同,各个云平台的功能也不完全相同。但狭义上网络学习空间的教学应用功能是一致的,主要由教师教学平台、学生学习平台和家校交流平台组成,如图5-6所示。

(一)教师教学平台

教师教学平台是为方便教师进行课程设计、备课、教学管理等日常教学活动所设计的各种

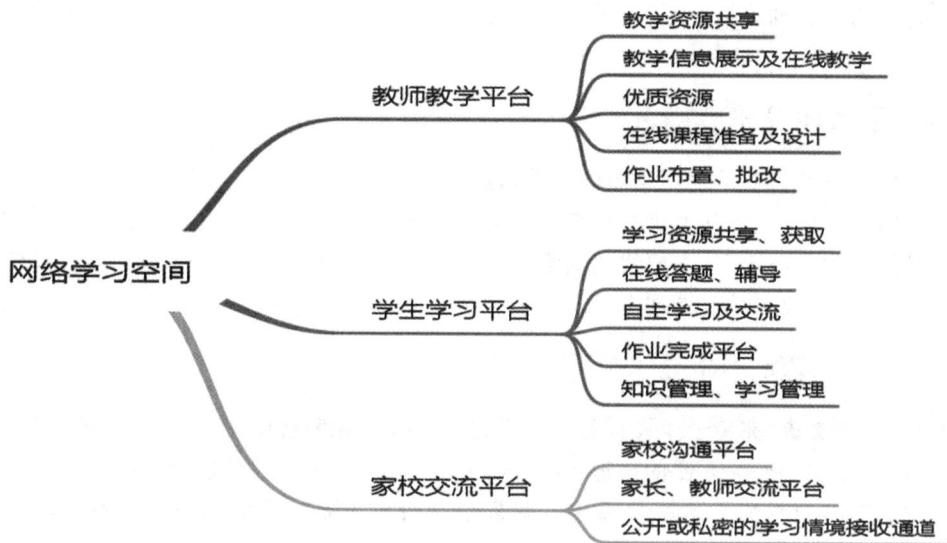

图5-6　网络学习空间的主要功能

在线功能模块的集合,主要由教学资源共享、教学信息展示、优质教学资源存储与发布、在线课程准备、课程设计、作业布置与收发以及其他实用性功能组成。

1. 教学资源共享

面向教师的优质教学资源共享,将分布在不同地理位置的教师以及其他个体所制作的优质教学资源、教学素材以图片、文字、音频和视频等文件形式进行共享,方便教师的资源查找。

2. 教学信息展示及在线教学

各个地区、班级或学校的教师将自己的课程信息、教学计划以及教学方案进行展示,用以互相借鉴和评价,取长补短,提升各自的教学质量。在教学的过程中,可以将课程安排、精彩教学环节以及具有特色的教学活动进行展示交流。

3. 优质教学资源存储与发布

教师或者个人将自己搜集、制作的教育教学资源在平台上进行存储或者发布,以便备份或者进行资源的共享以及交流使用,提供一个安全可靠的、永久性的网络存储和发布展示的平台。比如课堂上需要的一些电子课件、优秀作文案例以及讲稿和课程流程设计稿等进行在线存储与公开发布。

4. 在线课程准备以及课程设计

教师可以利用平台提供的在线或者离线工具,利用平台上既有的素材或者自行制作的素材进行课程的准备工作。同时可以借鉴其他教师在类似课程中的课程资料和教学信息,对自己的教学方案进行整改以提高教学的效率和质量,提高教学各个环节中的质量和水平。同时可以互相交流课程设计方案,以完善自身的课程设计。

5. 作业布置以及批改

教师可以利用教学平台的作业布置和批改功能方便地完成学生的课堂作业布置,可以进

141

行在线的作业收发、批改工作,及时了解学生的作业完成情况,同步或异步地完成课后指导、答疑工作。

(二)学生学习平台

在教育教学活动中,学生是学习的主体,也是学习行为的产生者,网络学习空间主要服务的对象也是在校学生或者其他受教育者。学生学习平台为学生提供方便快捷的学习资源获取渠道、大量优质的学习内容、方便快捷的学习任务完成方法、精准的答疑通道、个性化的推送服务以及各种知识管理和学业管理工具等。

(三)家校交流平台

为促进家校交流,完善学生在校教育教学情况的公开化和透明化,家长－学校交流平台为学生家长提供了一个快捷方便的渠道,使家长能够及时了解子女在校生活学习的情况,能够方便地和老师沟通,使教师了解学生、家长了解家庭教育中需要注意的问题以及不足,共同促进学生全面、个性化的发展。

除了上述的主要功能,网络学习空间还有促进教师教学和学生学习的个性化发展的功能,如教研活动、名师课堂、学习分析、智能阅卷等。

二、网络学习空间课堂教学活动

根据网络学习空间的功能,网络学习空间既可以运用于课堂教学活动,也可以运用于课外教学活动、自主学习、移动学习等学习活动。华中师范大学国家数字化学习工程技术研究中心周鹏等人(中国电化教育总第 387 期,网络学习空间课堂教学活动建模研究)通过对网络学习空间课堂教学活动的研究总结,归纳了包括教师讲授、随堂测试、分组合作探究、教师提问、自主探究、游戏竞赛、模拟实验在内的七种主要教学活动。这七类课堂教学活动涵盖了大部分网络学习空间课堂教学活动的内容,课堂活动反映网络学习空间的课堂教学形式,空间活动反映网络学习空间的后台行为动作,以数据形式记录,如图 5-7 所示。

三、网络学习空间教学应用模式

自从"三通两平台"特别是"网络学习空间人人通"确立为国家战略以后,我国"三通两平台"计划逐步实施,各省、市纷纷开始构建"网络学习空间人人通"平台。"网络学习空间人人通"是面向未来的应用发展方向,学术界讨论也非常热烈,主要研究基本围绕两条主线展开:一是对"网络学习空间人人通"体系、框架、模型、规划、构建的理论研究,二是对"网络学习空间人人通"的教学模式、教学策略、教学效果等方面的实践研究。根据网络学习空间的功能、特点,以及教学环境、教学对象和教学内容,网络学习空间的教学模式、教学策略和教学方法多种多样。教师应根据具体教学情况进行创新选择。下面介绍几种比较典型的网络学习空间的教学模式。

(一)网络学习空间问题探究教学模式

在网络技术逐步变革师生教与学方式的今天,网络学习空间为创新学生问题解决能力培养模式和方法创设了条件。我们充分考虑网络学习空间功能和对学生问题解决能力培养的积

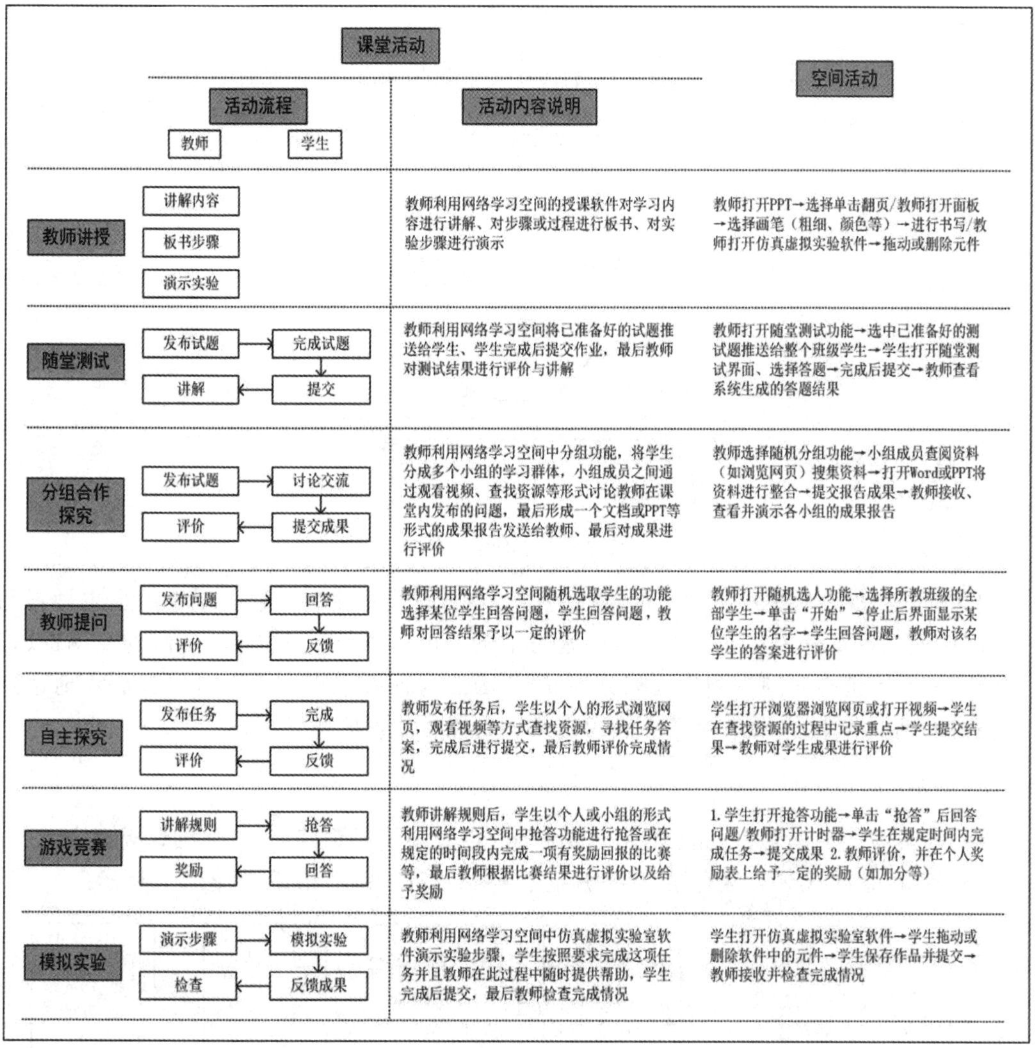

图 5-7 网络学习空间课堂教学活动

极作用,提出了网络学习空间的问题探究教学模式。

1. 特征

网络学习空间的问题探究教学模式是指在教学过程中,教师和学生在同一云平台的网络学习空间下,教师根据教学内容中的主要知识点提出问题、创设情境、提供网络资源,学生在教师的指导下,在网络学习空间进行自主学习、深入探究并进行小组合作交流,从而较好地达到课程标准中关于认知目标与情感目标要求的一种教学模式。这种教学模式有以下特征:

(1)教学活动在网络空间完成。教学系统中的教师、学生、教学内容和教学媒体等要素都处于同一云平台的网络学习空间,教与学的过程都在网络学习空间完成。各要素关系如图 5-8 所示。

(2)高度重视教学过程中教师的主导作用。在教学过程中强调学生的自主学习和自主探究,但是它并不忽视教师在教学过程中的主导作用。教师根据教学内容和教学目标设计要探究的问题、创设情境、提供学习资源,指导学生自主探究、合作交流完成学习任务。

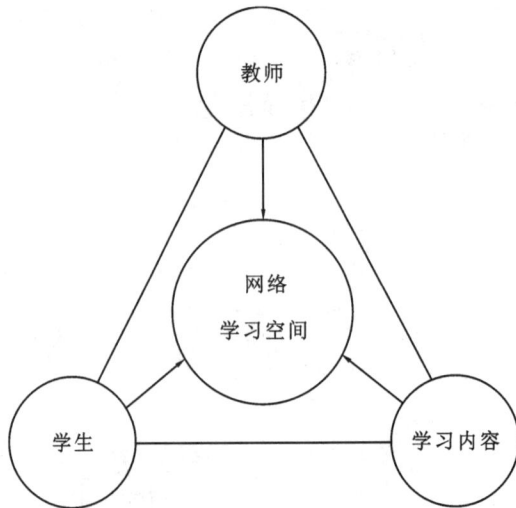

图 5-8　各要素关系图

（3）充分体现教学过程中学生的主体地位。在教学过程中特别强调学生的自主学习和自主探究，以及在此基础上实施的小组合作学习活动。由于在此过程中，学生们的主动性、积极性乃至创造性都能普遍地得到比较充分的发挥，因而这种教学模式不仅可以较深入地达到对知识技能的理解与掌握，更有利于创新思维与创新能力的形成与发展。

2. 结构

网络学习空间的问题探究教学模式的结构由创设情境提出问题、表述问题提出方案、实施方案问题探究、展示成果相互评价、过程反思教师总结五个阶段组成，如图 5-9 所示。

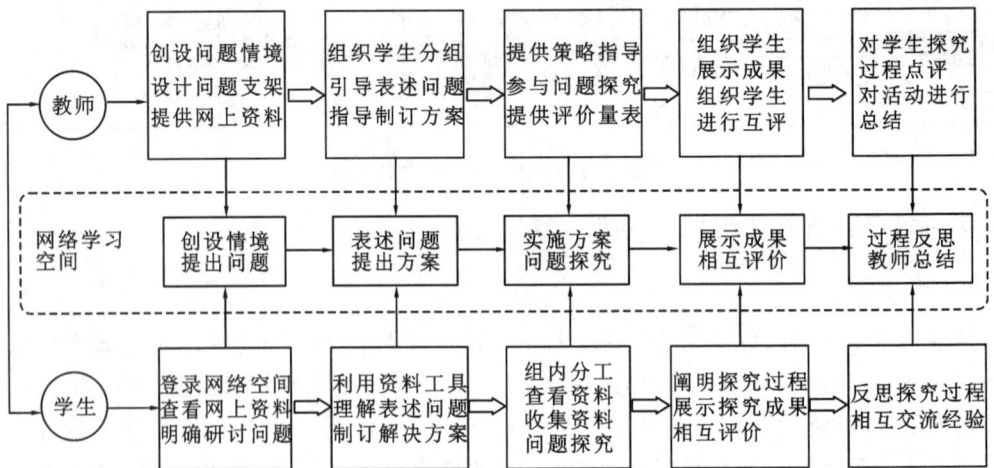

图 5-9　网络学习空间问题探究教学模式的结构

（1）创设情境、提出问题。

第一阶段：教师根据课程内容在网络学习空间布置学习内容，通过对学习的分析设计问题支架，创设情境，向学生提供学习材料，提出学习要求。学生登录网络空间查看教师提出的要求和教师提供的学习材料，明确学习内容和研讨的问题。

（2）表述问题、提出方案。

第二阶段：教师根据学习内容和问题组织学生分组（异质分组），引导学生表述问题、理解问题，指导学生制订解决问题的方案，并要求发布在学习空间。学生利用教师提供的学习材料和工具，理解表述问题，根据学习要求在教师的指导下自由分组，制订问题解决方案。

（3）实施方案、问题探究。

第三阶段：教师组织学生实施问题解决方案，组织学生自主学习、深入探究、合作交流，完成学习活动过程。教师要指导和控制学习过程，并参与到探究过程中。教师要提供评价量表，让学生明确需要得出哪些成果。学生在实施探究方案的过程中，进行组内分工，明确学习任务，查看教师提供的资料或自己收集资源，自主探究，合作交流，完成探究任务，解决问题得出探究成果，将学习过程中的观点、心得、成果记录在学习空间。

（4）展示成果、相互评价。

第四阶段：教师组织学生阐述探究过程、展示探究成果，组织学生开展自评和相互评价。学生在教师指导下，阐述本组的探究过程，将研究成果展示在多媒体网络教室的大屏幕上或电子白板上，然后小组间进行相互评价。

（5）过程反思、教师总结。

第五阶段：在第四阶段的基础上，学生在教师的指导下对研究过程进行反思，找出研究过程存在的问题和不足，最后教师对整个研究过程进行总结。

网络学习空间问题探究教学模式适合具有研究性的教学内容，适合在多媒体网络教室进行，要求有学习终端（计算机或平板）。根据教学内容和知识点，教学时长可以是一个课时或多个课时。

（二）网络学习空间翻转课堂教学模式

网络学习空间的翻转课堂教学模式强调网络学习空间对翻转课堂的支撑作用，由课前知识选择加工、课堂知识内化建构以及课后知识应用迁移三大模块构成，是一种充分体现以学习者为中心，丰富网络学习空间翻转课堂的课前课后学习活动设计，同时将网络学习空间的多种开放教育资源、优质教学方法、新型教学媒体有机融合，采用多元化的教学评价的教学方式。网络学习空间的翻转课堂教学模式有如下特征：

（1）丰富的个性化学习资源。教师根据学生特征和学习目标，在网络学习空间布置学习任务、设计学习问题，根据不同层次的学生提供学习资源，学生根据自己的认知能力选择学习资源进行学习，完成学习任务。

（2）强调学生自主学习和协作学习。学生在整个学习过程中，根据学习任务和学习目标在网络学习空间选择学习资源自主学习，在线交流协作学习，形成良好的学习习惯，提高分析问题和解决问题的能力。

（3）重视学生知识应用迁移。学生既要理解知识又要会应用所学知识，提高综合素质和实践能力。

网络学习空间的翻转课堂教学模式由课前知识选择加工、课堂知识内化建构、课后知识应用迁移三个阶段构成，如图5-10所示。

1. 课前知识选择加工

课前学习在网络学习空间展开，网络学习空间可以为创建课程的教师提供教学设计的引

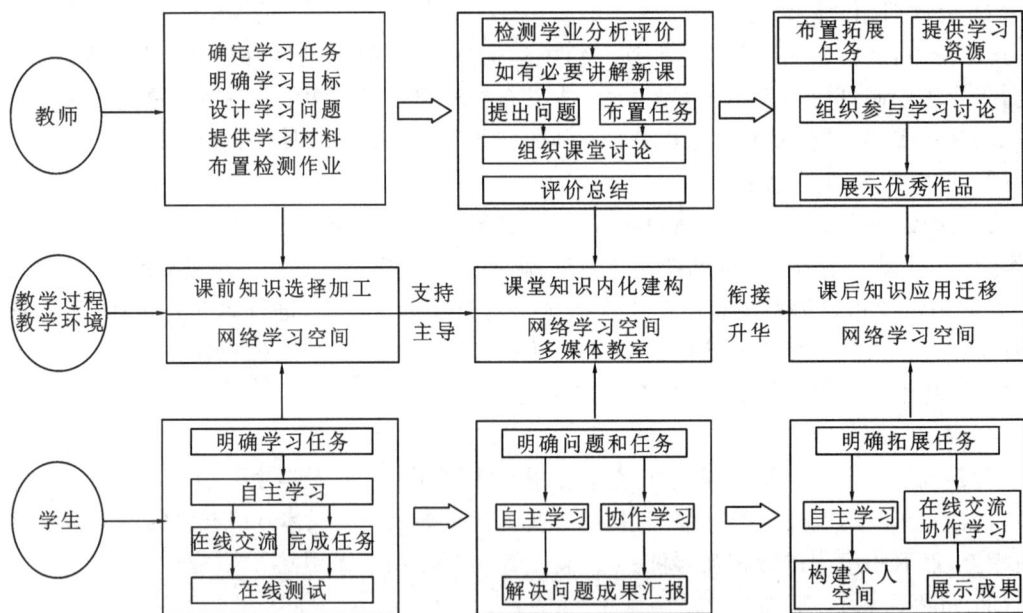

图 5-10　基于网络学习空间的翻转课堂教学模式

导环节,以便开发更有科学依据、更高效的教学资源。课前知识的选择与加工主要通过文本、图片图像、音频、视频、微课程等多媒体学习资源来完成,教师提供高质量教学资源成为关键,尽可能提供符合教学内容、教学目标和学生特征的微课程。微课程要求教学内容所包含的知识点不宜太多,突出课前教学的重点、难点、疑点等内容,或是反映某个教学环节、教学主题的教与学活动。

　　课前学习活动的设计中,教师要根据教学内容和教学目标,布置学习任务、设计学习问题,提供学习资源。要使学习者明确学习任务,了解学习过程;要求学生按照学习要求观看视频,配合教学课件进行知识的建构,同时学生可以在网络学习空间中搜集其他相关资源进行学习;根据问题或者困惑,参与教师和同伴的在线交流与在线探究活动;最后进行学习效果测试。经过"学习+探讨+检测"的学习过程,学习者完成知识的传递与加工,通过自由选择学习资源、掌握学习步调和进度,满足其个性化学习需要,并提升自主学习的能力。如果学习的主体是小学生,考虑到小学生年龄小,学习易受到外界干扰,学习行为具有不可控等因素,需要家长参与课前在线学习监督。在给予学习者充分学习自主权的同时,对其自主学习时间、效率、效果等进行有效监督,家长可以通过微信、QQ 等即时通信工具与教师或其他家长沟通交流遇到的问题,或者反馈学习者在线学习情况,以确保学习者真正做到课前有效学习。

　　2. 课堂知识内化建构

　　通过课堂学习活动完成知识的内化与建构是翻转课堂的关键。它需要教师根据课前在网络学习空间的学习情况有针对性地设计,目的是让学生亲历问题的解决,达成知识内化与建构。基础教育的学习者更适合以问题或任务为驱动的学习。

　　课堂学习活动在多媒体网络教室进行。首先,教师跟踪、收集与甄别学习者课前学习的难点、困惑或共性问题,学习者在教师指导下与同伴交流讨论进行解惑,通过回顾先前知识获得解决问题的方法,引导学生将新旧知识相融合,形成良好的认知结构,深化对新知识的理解。

然后,教师将课堂活动设置到有意义的现实情景中,为学习者提供多样化的问题情境或任务情境,通过协作学习或探究性学习来解决隐含在"问题"或"任务"背后的知识,发挥学习者的主观能动性,促进知识的内化与建构过程。最后,通过汇报成果的形式,检测学习者的学习成效,同时引领学习者对自身的学习情况进行总结反思,进而针对问题进行系统化的重点复习。在上述过程中,教师根据学习者的表现、状态对其进行以激励为主的评价,并随时随地关注学习者的学习反馈,及时进行沟通交流,以达到个性化教学的目的。

3. 课后知识应用迁移

学习是一个连续的过程,迁移是人在学习过程中新知识与已有知识体系同化和顺应的过程,对于知识技能的掌握具有积极的作用,能够提高学习效率。在基于网络学习空间的翻转课堂教学中,知识的应用迁移主要是在课堂和课后完成。

教师通过课堂开展丰富的教学活动,使学生在活动中感受、领悟、建构知识,将知识转化为技能;课后在复杂、多变的情境中应用技能,利用所学的知识完成真实任务或解决实际问题,实现对知识的深度理解与应用迁移。

课后的学习活动以任务拓展为主,学习者根据布置的课后作业进行创作,并上传作品至网络学习空间,实现资源共享,为同伴提供学习借鉴的机会,进一步丰富个人网络学习空间的内容和形式。最终通过师生间、同伴间的相互点评,挑选出优秀的作品进行展示。多元化的教学评价方式也是促进翻转课堂有效实施的关键。教师不能像在传统教学中根据学习者最终考试成绩进行教学评价,评价主体不再单纯是教师,还包括学习者自己、同伴及家长等,评价内容包括学习态度表现和学习成果质量两大方面。因此,基于网络学习空间的翻转课堂课前评价主要从学习者的任务完成和测试情况、线上互动交流中的表现和活跃程度以及家长反馈等方面获得;课堂评价从学习者的课堂状态和学习成果汇报中得以体现,包括自我评价、同伴互评、教师评价;课后评价通过对学习者上传作品的成绩以及个人空间构建情况等进行综合评定。

(三)网络空间学习项目驱动协作学习教学模式

网络学习空间的项目驱动协作学习教学模式是将所要学习的新知识隐含在一个总体项目与多个子项目之中,是以学生为中心,以发现主义学习理论、建构主义学习理论和实用主义教育观等理论为基础,以自主的探究活动与知识体系的构建为核心的教学方式。强调学生的主体性、教学的实践性和社会性。学生通过参与一个活动项目在网络学习空间和真实的环境中,调查、收集、查看信息资料,自主学习、在线交流、合作探究解决问题,以建构起学生自己的知识体系,并能运用到现实社会当中去。网络学习空间的项目驱动协作学习教学模式适合于课程比较复杂的学习内容或社会实践活动。教学时长可以是一周或一月不等。

网络学习空间的项目驱动协作学习教学模式具有如下特征:

(1)涵盖多个知识点,项目由框架问题驱动,项目包含了过程的、多种类型的评价;

(2)强调学习活动中学生分组、团队合作探究完成总体项目;

(3)在网络学习空间和真实的环境中获取信息资料;

(4)学生建构自己的学习空间;

(5)学习过程中需运用多种认知工具;

(6)学生通过探究获得学科知识,从而掌握技能。

网络学习空间的项目驱动协作学习教学模式有四大要素,分别为内容、活动、情境和结果。

内容是现实生活和真实情景中的各种复杂的、多学科知识交叉的问题。活动是指学生采用一定的技术工具和研究方法解决所面临问题采取的探究行动。情境是指支持学生进行探究学习的环境,包括网络学习空间和真实环境。结果是指在学习过程中或结束时学生所学会的知识或技能。网络学习空间的项目驱动协作学习教学模式的教学活动整体策略为:根据学习目标,选定教学项目,将教学项目分解为各个子任务并覆盖课程知识点,基于课堂教学和网络学习平台完成知识点对应的子任务,最后进行项目整合与评价,达到课程学习目标。网络学习空间的项目驱动协作学习教学模式的教学过程一般包括确定项目划分小组、明确任务制订计划、收集信息实施计划、展示成果活动评价四个环节,如图 5-11 所示。

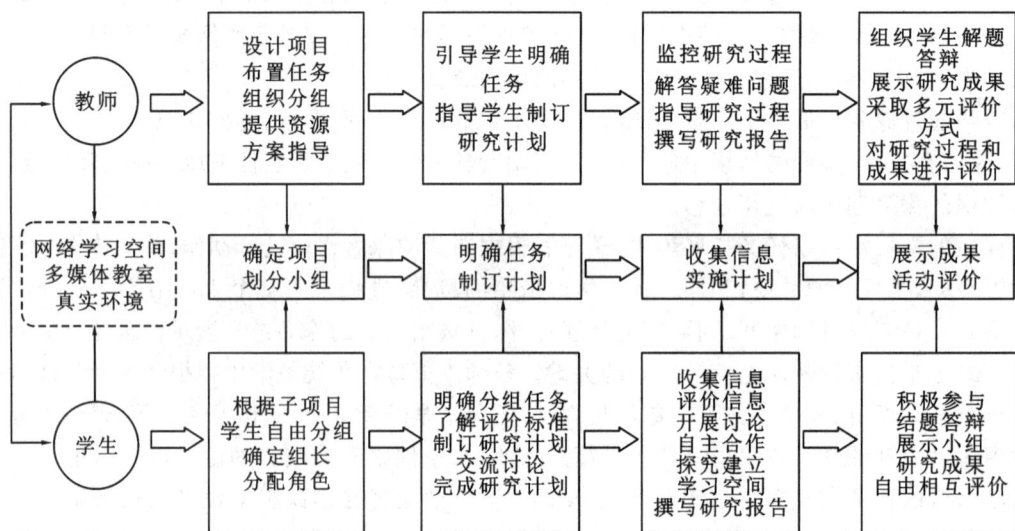

图 5-11 网络学习空间的项目驱动协作学习教学模式

1. 确定项目、划分小组

学习项目的确定是有效地把课程的核心概念和基本原理进行项目式转化的过程,这一过程必须根据教学环境、资源、学科和课程特点以及学生素质统筹进行。在项目教学开始前,指导教师先告知学生学习任务、学习内容和组织方式、学习结果评价方法,并将项目描述上传至网络学习空间教学平台,供学生讨论分组。为了使学生能够准确理解项目需求,必须选择贴合学生生活的主题作为教学项目。

以学生自由组合为基础,教师对小组进行适当调整,每个小组的人数为 3~5 人。小组中每个成员担当不同的角色。挑选具有较强能力和综合素质的学生担任小组组长,负责制订项目研究计划、协调整个小组成员的分工合作及项目研究进展。

2. 明确任务、制订计划

每个小组讨论和确定各自项目的研究问题和研究方法,形成研究计划,并在网络学习空间进行交流,听取班上其他同学和教师对计划的学术或社会价值、可行性等的意见,然后修改和完善研究计划。

3. 收集信息、实施计划

按照既定的方案,在网络和真实环境下分工采集数据,或搜索相关文献,或问卷设计和实施,或开展访谈,或进行实验等。然后把收集到的数据带到小组,开展讨论,对搜索到的文献要进行筛选、分析、评价、组织和整理;对采集到的数据要进行分析和解读。通过自主探究、小组合作交流完成小组研究任务,写出研究报告。这一过程中要求学生建立自己的学习空间,并将研究报告呈现在学习空间,以供小组间相互交流。

4. 展示成果、活动评价

这一环节要求在多媒体网络教室进行。以答辩展示的形式进行项目成果评价。每个成员都要参加结题答辩,针对自己在研究过程中参与的具体工作进行描述,并对自己的表现进行自评。根据项目驱动协作学习的特点,应采取多元评价方式,做到评价方式多样、评价主体多元、评价内容全面。将过程评价与结果评价相结合,根据协作学习过程给出形成性评价,根据项目成果汇报,形成总结性评价。

网络学习空间的项目驱动协作学习离不开教师的监控和指导,在协作学习开始前,教师应讲授学习内容、布置学习任务、辅导资源搜集和成果呈现等学习技巧。在面对面授课时,鼓励学生参与讨论,对项目任务达成共识,解决学生在实施项目过程中的共性问题。在网络学习时,师生之间通过网络空间平台提供的答疑室、讨论区、小组管理等功能采取同步异步相结合的方式进行协作交流。

四、网络学习空间应用案例

"网络学习空间翻转课堂教学模式"教学设计

设计者:刘珊　　执教者:刘珊　　课件制作者:刘珊 时间:2018 年 3 月 10 日　所教学校:洪湖市实验中学　　班级:七(1)班	

教学题目	Unit 2 What time do you go to school?　　Section A　(Grammar Focus-3c)

学科	英语	年级	七年级	学时	1 课时
教材			人教版		

一、教学内容简介

本节内容是人教版七年级英语下第二单元的 Section A,通过本节课的学习,让学生继续学习 when 和 what time 引导的特殊疑问句询问时间、运用数词表达不同的时间,围绕"What time do you do...?"话题,通过对目标语言的学习使学生学会更合理地安排自己的学习和课外活动时间。学会用"What time do you do...?"的句式及频率副词谈论自己日常生活的时间安排及习惯。

本节课的价值及学习内容的重要性:不仅仅是基于话题的练习,落实知识点,同时进一步提高学生听、说、读、写的综合能力;更重要的是,在学习语言的过程中,培养学生学会调整和安排自己的学习和课外活动时间,学会珍惜时间,并逐步养成良好的作息习惯。

二、学生特征分析

通过小 π 课堂平台上一个多学期的教学实践,已经积累一定的教学数据,通过对本班学生的评价数据的分析,再结合平时教学过程的观察、了解,有针对性地进一步了解学生学习本课的相关特征。

1.智力因素方面:从年龄特点分析,七年级学生通过前阶段的学习,已掌握所学单元的交际用语和单词,有了一定的语言能力,但对于本课未接触的语言点,仍有待教师的指导,综合运用英语的能力还有待进一步提高。本节课的中心话题与学生的生活密切相关,因此教师在教学过程中,应结合学生的实际情况,激发学生兴趣,让学生自主学习。通过学习,培养学生合理安排作息时间的意识、认识时间的重要性,并培养学生的自主学习和与他人合作的能力。

2.非智力因素方面:七年级的学生对上学时间并不陌生,也对身边的家人上班和朋友上学的时间比较熟悉。但对于以上问题了解不够深入,有必要在教学中逐步加以引导。在授课时,教师通过信息技术手段,如 PAD,让学生观看视频和对话,紧密结合学生的生活和认知实际,引导学生大量感知,从而提高学生的口头表达能力。信息技术在教师"教"和学生"学"的过程中,具有其他授课方式所不具备的特性,因此,教师充分发挥信息技术促进认知和情感激励的作用,利用展示、再现、交互和扩大信息量的功能,使学生积极主动地参与学习的全过程,自主探究,有利于三维目标的达成和学生自我学习能力的提高。

三、教学目标

1. Knowledge aims:Make the students use the new drills freely.

2. Ability aims:make new sentences by themselves.

Use "always, usually and never" correctly.

3. Emotion aims:Educate them to have a good living habit.

四、教学内容分析

1.知识点的划分与教学目标的确定:

课题名称	知识点	教学目标			
Unit 2 What time do you go to school?	1. what time	识记	理解	应用	综合
	2. always, usually or never	识记	理解	应用	综合

2.教学目标的具体描述:

知识点	学习目标	描述语句
What time	理解 应用 综合	能操练句型: What time do you go to school? I usually go to school at . . .
always, usually or never	理解 应用 综合	1.能结合例句理解 always, usually or never 的用法: I always go to school at 6 o'clock. I usually play basketball every day. I never watch TV on weekdays. 2.能用三个频度副词进行类似对话: A:Hello,what time do you usually get up? B:I usually get up at six o'clock. What about you? A:I always get up at six thirty.

3.分析教学的重点和难点：

Teaching key points：Use what time to make new sentences by themselves.

Teaching difficult points：Use "always, usually and never" correctly.

五、教学资源与工具的设计

知识点	学习目标	多媒体网络资源、工具及课件的内容、形式、来源	使用时间	多媒体网络资源、工具及课件的作用	使用的方法或教学策略
what time	理解应用	班级空间中课前学习资源的微课《what time is it?》（选自优酷）。介绍 what time 的句型，询问时间的表达，突出科技改变教育。	课前：2~5分钟	网络空间学微课：激发学习兴趣，便于启发思维，为口语交际提供语境，明确学习任务。网络空间议微课：根据课前任务单的要求，在线交流自主学习微课后的体悟，自由发表自己看法，如 what time 的句型能够基于一些场景……	明确学习任务、自主学习
always, usually or never	理解	班级空间中课堂学习资源的微课《always, usually, never》（自己制作）。小π课堂的在线评测系统。班级展示空间。	课中：自主探究环节10~15分钟	小π课堂的在线评测系统实时分析学情，确定课中待突破的难点。提出问题、布置任务，微课形象、直观地帮助学生自主学习难点，学生拍照上传小组协作绘制纸质学案上的手绘思维导图（分析三个频率副词）。班级空间展示区展示协作学习成果，交流展示，师生、生生互评。	自主探究、小组协作
What time; always, usually or never	应用综合	班级空间中课堂学习资源的微课《in my group》（自己制作）。	课中：协作探究、展示交流环节10分钟	网络学习空间的微课创设活动情境，明确活动任务、提供活动帮助：用 what time 和 when 小组对话。1.创设情境，基于问题，应用迁移。2.突出重点，突破难点。3.Interview three of your classmates. 通过采访活动，能够掌握 what time 和 when 询问时间句式表达。	情境模拟、任务驱动、小组协作、学以致用

注:本课在智慧课堂环境中实施,智能交互一体机 1 台,教师 PAD 1 部,每生 1 台平板电脑,多媒体 PPT 课件,Wi-Fi 全覆盖。

一体机、教师 PAD、学生 PAD 三端均安装小 π 课堂,课堂互动基于该网络学习空间展开,使用资源推送、在线评测、在线交流、多屏互动、聚光灯、手写板、手机跟拍等多种功能。学生通过 PAD 使用小 π 课堂 App 在小 π 课堂的班级网络学习空间中自主学习、合作探索。

六、教学活动过程设计

教学环节	教师活动	学生活动	网络学习空间	设计意图 媒体应用
课前学习活动	【教师端启动】 确定学习任务。 上传学习任务单: 1.明确学习目标。 2.设计学习问题。(利用《what time is it》作为导入视频,引发学生思考问题 What time do you go to school?) 【上传学习资源】 3.提供学习材料。 1)学件:《what time do you go to school?》。 2)微课: 《always,usually,never 的用法》。 3)电子教材 Grammar focus。	【接收任务、按要求自主学习】 1.明确学习任务。 2.思考老师所设计的问题,带着问题进行自主学习。 3.自主学习网络空间中提供的学习材料。 (学件、微课……) 4.合作互学、在线交流自主学习中存在的疑惑。	课前知识选择加工	媒体应用: 小 π 课堂教师端、学生端的班级空间－课表、学习资源。 设计意图: 课前教师端启动,确定学习任务;上传学习任务单－明确学习任务、目标;上传老师自制课件及选用的微课、电子教材等学习资源。 学生利用 PAD 在平台上接收。 学习任务,课前自主学习。

	【推送学习任务】 通过平板电脑布置检测作业——预习学案任务。	【自学检测、在线测学】 在平板上完成导学任务,在线提交到网络空间,线上与同学、教师交流课前预学困惑。		媒体应用:小π课堂教师端、学生端的班级空间—在线测试、交流系统。 设计意图: 课前教师推送前测评价任务,评价自学成果,了解学习起点。 学生用PAD在平台在线交流、测试,反馈课前学习成果。
课堂 学习 活动	【检测学业分析评价】 通过平板检测学生的课前自学成果,并分析和评价其结果。 ——判断授新的内容与任务 	学习平台的数据分析报告、接收学习任务。	课堂 知识 内化 建构	媒体应用: 小π课堂教师端、学生端的班级空间—预学反馈。 设计意图: 根据平台反馈的课前学习成果,确定新授点。 老师提出问题、布置学习任务;学生明确问题与任务。
	【提出问题】 Step 1 Leading-in 1. Greet to the students. 【布置任务】 2. Play a video about what time is it?	【自主学习】leading-in 在PAD上Watch the video完成任务。		媒体应用:小π课堂教师端、学生端的班级空间—学习资源(微课)。 设计意图:根据学习任务单,自主观微课,探究学习。

续表

| 课堂学习活动 | 【组织课堂讨论】
推送协作任务单到学生端:
协作任务 A:
introduce what time they get up or go to school.
协作任务 B:
Step 2 Presentation
1. Watch a video by IPAD, let the students to review the structures " what time..."and "when..."
2. Play a video, ask the students to introduce what time they get up or go to school, then write the answers on the IPAD.
【解决问题成果汇报】
3. Ask the students to go over the grammar box, then go over the questions and answers by themselves. Then practice. | 【协作学习】Presentation
Students use the IPAD to go over the grammar box, then go over the questions and answers by themselves.（ABC）
 | 课堂知识内化建构 | 媒体应用:小 π 课堂教师端、学生端的班级空间—学习资源(微视频、协作任务单)、作品展示区、拍照上传。
设计意图:根据教师端推送的协作任务单,学生在平台微视频的帮助下,协作学习。
在评价系统的支持下学生 PAD 与教室 IWB 的教师端互动,学生 PAD 拍照上传学习成果,教师端实时记录全体学生的学习过程,选取典型成果师生互评、展示交流。 |
| | 【课堂知识内化任务 2:语法归纳】
Step 3 Practice
【布置任务】
1. Watch a video about how to use always, usually or never.
2. 3a Ask the students to write answers or questions in 3a individually, using "usually, always, or never ". Then check the answers, ask and answer in pairs .
【组织课堂讨论】
3. 3b Show the IPAD, then ask the students to write some sentences using " always, usually, never" to describe their daily activities. In groups the students interview at least three classmates about their daily activities . Then write a report about the result of interview on the IPAD. | | | 媒体应用:
小 π 课堂教师端、学生端的班级空间—学习资源(微视频、学习任务单)、作品展示区、拍照上传。
设计意图:根据教师端推送的学习任务单,学生在平台微视频的帮助下,自主探究、协作学习。 |

| 课堂学习活动 | 4. Write answers or questions. Use always, usually or never and then show the answers on the IPAD. Then check the answers.

5. Brain storm. Talk about something you always do, Something you usually do, something you never do in the groups.

【解决问题成果汇报】

6. Write about something you always do, something you usually do and something you never do on your IPAD.

 | 【头脑风暴】写一写 something you always do/ usually do / you never do. Ss write and make new sentences on their IPAD.

Write and check their sentences.

【展示交流】

The students show the sentences to the partner in their groups by the IPAD. The deader gives the judge.

（AB）

 | 在评价系统的支持下学生 PAD 与教室 IWB 的教师端互动,学生 PAD 拍照上传学习成果,教师端实时记录全体学生的学习过程,选取典型成果师生互评、展示交流。 |
| | 【课堂知识内化任务 3】【归纳小结】
Step 4 Survey
【布置任务】
1. Sum up the usage of emphasize.
【组织课堂讨论活动】
2. Interview three of your classmates by your IPAD. Find out what time they do these activities.
3. Complete what time they do these activities.
【评价总结】教学评价 report 评出最优报告
4. Give a report to the class by your IPAD. At last, choose the best groups and show it on the screen
Step 5 Homework
【布置拓展任务】
1. Read the sentences in Grammar Focus.
2. Ask your family members about their daily arrangement. Then write a report. | | 媒体应用:
小 π 课堂教师端、学生端的班级空间—学习资源（微视频、学习任务单）、作品展示区、拍照上传。
设计意图:根据教师端推送的学习任务单,学生在平台微视频的帮助下,自主探究、协作学习。
在评价系统的支持下学生 PAD 与教室 IWB 的教师端互动,学生 PAD 拍照上传学习成果,教师端实时记录全体学生的学习过程。 |

课堂学习活动	【组织参与学习讨论】 基于网络平台在线学习。 【展示优秀作品】 师生、生生在线评选优秀作品。 	【自主学习】 课后在线自主学习。 【构建个人空间】 完善网络学习空间中的个人空间。 【协作学习】 在线交流、展示成果 1.拍摄课外阅读学习视频上传到平台; 2.完成家人日常安排报告上传到平台。	课后知识应用迁移	根据评价系统的分组评价,数据实时统计。 媒体应用:小π课堂教师端、学生端的班级空间—学习资源(微视频、学习任务单)、作品展示区、拍视频/照片上传、在线交流、在线投票 设计意图:根据教师端推送的学习任务单,学生在平台微视频的帮助下,课外自主学习。在作品展示区,拍视频、拍照上传学习成果,教师端实时记录全体学生的学习过程,在线展示交流,投票评选优秀作品。

七、板书设计

Section A Grammar Focus-3c

3a:1. I usually get up at 6:30 on schooldays.

2. What time does Rick get up?

3. I usually have breakfast at 7:00.

4. What time does Anna eat breakfast?

5. He always go to school at 7:40.

3b:always:I always get dressed at 6:40.

usually:My brother usually take shower at 9:00.

never:My sister never late for school.

3c. In our group, Jenny usually gets up late on weekends. She gets up at seven o'clock. She always exercises at eight o'clock. She usually eats dinner at six thirty. She usually takes a shower at nine o'clock. She usually goes to school at seven thirty on school days.

八、教学流程图（教学内容与教师活动、媒体的应用、学生的活动、学生利用媒体学习、教师进行逻辑判断）

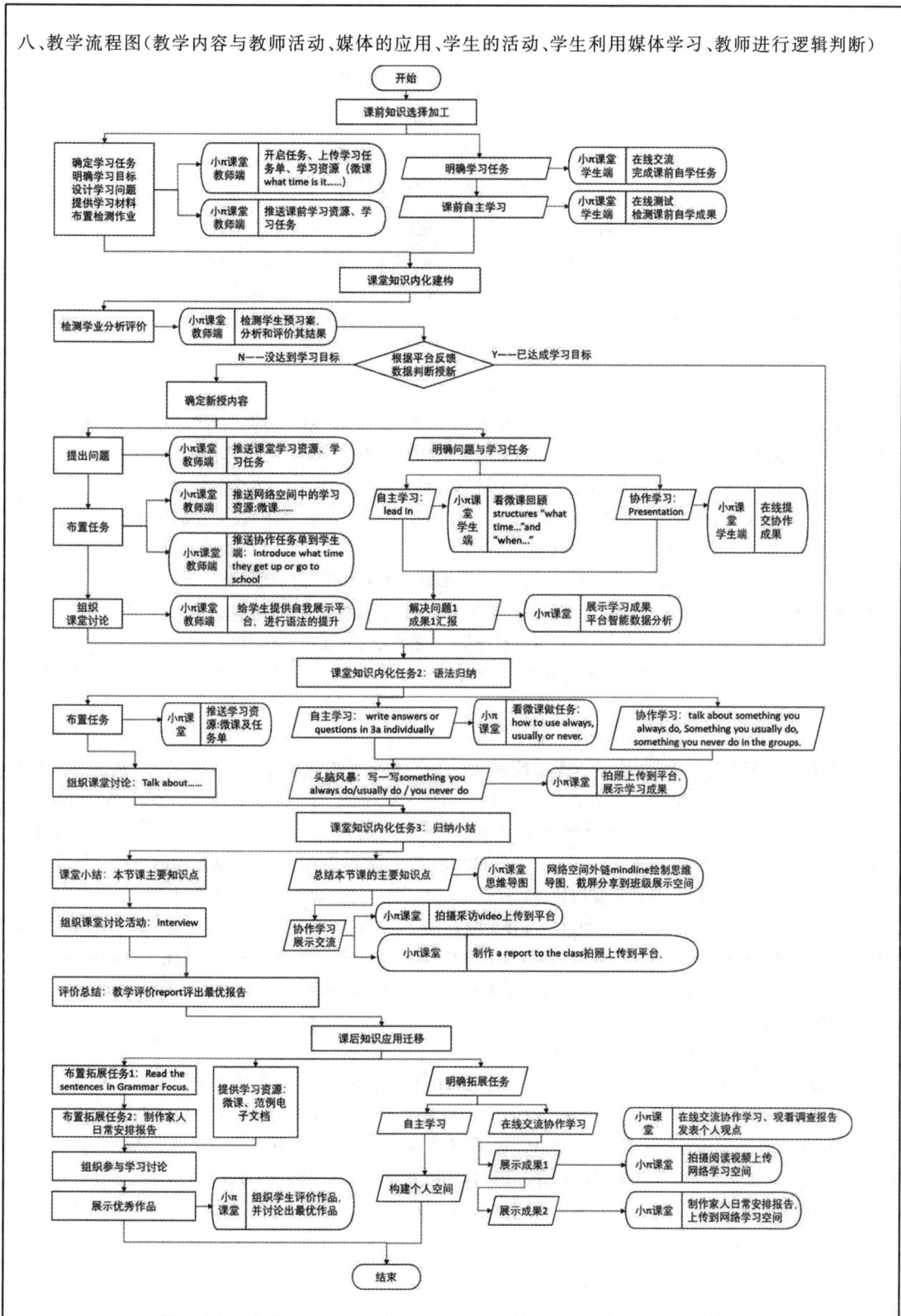

开始

课前知识选择加工

确定学习任务
明确学习目标
设计学习问题
提供学习材料
布置检测作业

小π课堂 教师端｜开启任务、上传学习任务单、学习资源（微课 what time is it……）

小π课堂 教师端｜推送课前学习资源、学习任务

明确学习任务

课前自主学习

小π课堂 学生端｜在线交流 完成课前自学任务

小π课堂 学生端｜在线测试 检测课前自学成果

课堂知识内化建构

检测学业分析评价

小π课堂 教师端｜检测学生预习案，分析和评价其结果

根据平台反馈数据判断授新
N——没达到学习目标
Y——已达成学习目标

确定新授内容

提出问题

小π课堂 教师端｜推送课堂学习资源、学习任务

明确问题与学习任务

布置任务

小π课堂 教师端｜推送网络空间中的学习资源：微课……

小π课堂 教师端｜推送协作任务单到学生端：introduce what time they get up or go to school

自主学习：lead in

小π课堂 学生端｜看微课回顾 structures "what time…"and "when…"

协作学习：Presentation

小π课堂 学生端｜在线提交协作成果

组织课堂讨论

小π课堂 教师端｜给学生提供自我展示平台，进行语法的提升

解决问题1 成果1汇报

小π课堂｜展示学习成果 平台智能数据分析

课堂知识内化任务2：语法归纳

布置任务

小π课堂｜推送学习资源：微课及任务单

自主学习：write answers or questions in 3a individually

小π课堂｜看微课做任务：how to use always, usually or never.

协作学习：talk about something you always do, Something you usually do, something you never do in the groups.

组织课堂讨论：Talk about……

头脑风暴：写一写something you always do/usually do / you never do

小π课堂｜拍照上传到平台，展示学习成果

课堂知识内化任务3：归纳小结

课堂小结：本节课主要知识点

总结本节课的主要知识点

小π课堂 思维导图｜网络空间外链mindline绘制思维导图，截屏分享到班级展示空间

组织课堂讨论活动：Interview

协作学习 展示交流

小π课堂｜拍摄采访video上传到平台

小π课堂｜制作a report to the class拍照上传到平台.

评价总结：教学评价report评出最优报告

课后知识应用迁移

布置拓展任务1：Read the sentences in Grammar Focus.

布置拓展任务2：制作家人日常安排报告

提供学习资源：微课、范例电子文档

明确拓展任务

自主学习

在线交流协作学习

小π课堂｜在线交流协作学习、观看调查报告 发表个人观点

组织参与学习讨论

构建个人空间

展示成果1

小π课堂｜拍摄阅读视频上传网络学习空间

展示优秀作品

小π课堂｜组织学生评价作品，并讨论出最优作品

展示成果2

小π课堂｜制作家人日常安排报告，上传到网络学习空间

结束

续表

九、形成性练习题和开放性思考题的设计

知识点	学习水平	题目内容
What time	理解 应用 综合	Look at 3a. Write something you always do, something you usually do and something your never do. I usually get up at six thirty on school days.
always, usually or never	理解 应用 综合	Interview a classmate then find out what time they do these activities. What time do you exercise? I usually exercise at eight. What time do you usually take a shower? I usually take a shower at nine.

十、教学反思及教学建议

本节课根据英语学科核心素养设计教学,依托网络学习空间,采用翻转课堂教学模式,在初中英语学科教学中创新融合教育信息化手段,优化了课堂教学转变学习方式,使自主、合作、探究学习等学习方式在课堂中得以充分应用,体现了新课程理念。整个教学过程真实、扎实、朴实,各环节的学习力求让学生都能亲历自主学习、合作交流的过程,使不同学习能力的学生都能有所感悟、有所收获,教学效果良好。

1.选择、加工课前知识——促进课前自主学习。

课上只有45分钟,但课外绝不止45分钟。如何提高学生自主学习的意识与能力,这是老师必须重视的问题。基于网络学习空间,启动学习任务、明确学习目标、提供学习资源、组织学习活动、评价学习成果。引导学生以网络学习空间为平台,在任务单的引导下,在教师选择、加工的学习资源支撑下,学习如何自主学习。在学习英语学科知识与技能的过程中,培养学生学会学习的好方法、养成学生自主学习的好习惯,教会他们学习。

2.练习、辨析课堂知识——内化建构课堂学习。

课堂中,教师充分调动学生的合作学习精神,尽可能为学生创造探究、交流、协作等学习环境。教室的IWB及老师PAD上安装的小π课堂智慧教师端,与学生PAD上的小π课堂学生端,在无线WI-FI环境下实现人与人、人与设备、设备与设备的交互,内化建构起课堂的学习。根据实时教学评价的分析、有针对性地及时推送学习任务、学习资源;PAD与IWB的多屏互动、实时点评,提升课堂互动的效益……教学充分体现了以学生为主体,提高了学生的协作、探究能力,授课时大大提高了学生的学习兴趣。

根据网络学习空间反馈的学生课前学习评价数据,突显需求,确定新授点what time;云上空间中的多样化学习资源,支撑学生辨析三个频率副词;云上思维导图、班级作业展示空间、推选优秀作品区等,梳理归纳、内化建构……活动层层递进,把学科核心素养潜移默化地融入轻松活泼的课堂活动,内化建构学生自己的知识体系。

3.应用、拓展课后知识——外延迁移课后学习。

课后布置2个拓展任务。一是要求学生将课后阅读过程拍摄成Video上传网络学习空间,更为立体直观记录学习过程,实现校内校外联动、帮助学习。二是要求学生采访家人,根据采访结果制作家人日常安排报告上传到平台。引导学生在数字化时代,运用IT工具支持学习与生活。将英语课上所学知识,内化、外延、迁移到现实生活中,学以致用。采访、拍摄都不是一个人能完成的,必须要与人交流、合作。在活动中培养学生协作、探究、交流的能力,这有利于学生间的交流协作,调动学生学习的积极性与主动性,增强学生学以致用的意识和团结协作的精神。

续表

4.基于网络学习空间的信息技术与教学的创新融合。

小π课堂智慧教学系统,基于云的网络学习空间串起课前、课中、课后,打造全方位学习空间;老师在云上的学习空间中提供微课、电子教材、PPT学件等多样化学习资源,帮助学习;云上班级空间的生生、师生在线交流,大小屏的多屏互动等,在线互动交流、实时了解学习过程;云上班级作品展示区,展示纸上学案的照片、上传学生学习、访谈的Vedio、分享电子学档等,立体展示学习成果;云上在线评选优秀成果,评价系统,多元评价学习过程;基于评价数据的实时分析反馈、精准确定新授任务,实现精准指导、个性学习,感受大数据时代的教育之智……

本课采用基于网络学习空间的翻转课堂教学模式,在减轻教师工作量的同时,提高了教学效率,使得教学过程更为科学、高效。在教学过程中,我在网络学习空间提供的学习资源还是以微课为主。今后,我要加强对课前知识、课堂知识和课后知识的教学方式的研究与创新,丰富学习资源的支撑形式,实现网络学习空间与翻转课堂更为有效的融合。

第六节　信息化学习方式

一、信息化学习方式概述

学习是指人类在认识与实践的过程中获取知识、经验,探索客观规律,实现身心发展的社会活动。学习的过程是知行统一的过程,是以现有的知识、经验、技能等作为认知基础,通过与其他客体信息进行双向互动,以充实或调整已有认知结构的相对持久的变化过程。学习方式是指学生在完成学习任务时基本的行为和认知的取向。简单来说,学习方式就是学习者进行学习的组织方式,也是学习者获取知识或经验的方式。

在信息化的时代大背景下,信息技术为学习的发展带来了诸多可能,学习的方式方法发生了巨大的改变,许多新的学习方式也相继涌现出来,这些新的学习方式借助技术的作用力图实现在传统学习中不可实现的做法。所谓信息化学习方式是指在信息技术环境下,学生在完成学习任务的过程中,利用信息技术进行有效学习行为和认知取向,是以学生有效利用信息技术获得主体发展为目的,以现代信息技术为基础的学习方式。简而言之,信息化学习方式就是利用现代信息化技术进行有效的学习方式。在教育者的引导下,学习者依托信息化学习环境,采用信息化学习方式方法,发挥学习的主动性、积极性和创造性,可以更好地达成学习目标,获得个体的发展。

与传统的学习方式相比,信息化学习方式具有如下基本特征。

(1)知识迁移能力和良好学习习惯的养成是信息化学习方式的基本目标之一。知识迁移能力是终身学习能力的重要基础,终身学习能力包括知识迁移、基于技术的学习、合作学习以及信息处理等多方面的能力。另外,培养良好的学习习惯是终身学习能力培养的重要组成部分。

(2)问题导向是信息化学习方式的起点。没有问题,就没有思考,也就没有知识的联结,当然也难发生深层学习。传统的学习方式主要包括课前预习教材、课堂听讲教材、课后复习教材等三个基本环节,所有环节围绕教材内容来展开,以"消化"教材内容为教学目的,以测量学生"掌握"教材的程度为考核目标。实践表明,传统的学习方式已很难适应今天的课堂教学,学生很难长时间保持注意力以聆听教师的讲授。信息化学习方式可以以问题或学习任务开始，学生是学习的主人，知识内容的消化和掌握以问题的解决与否或学习任务的完成程度为衡量依据，学生的学习热情更持久，内容理解更深入，知识内化更成功。

（3）开放课堂是信息化学习方式的实现基础。信息化学习方式拓展了教学情境，单一的课堂讲授形式已很难适应学生学习的需要。任务明确的个人学习、具有共同任务的小组合作学习、面向复杂过程或活动的体验式学习、面向现实或实践领域的问题解决学习等得到了越来越广泛的应用。

（4）信息技术和工具的有效使用是信息化学习方式的重要手段。不仅个人电脑在学习中越来越普及，各种手持设备和电子阅览工具也逐渐成为学生的必备品。信息技术不仅是学习的支持工具，还是学生学习的认知工具。如何利用信息技术进行学习是衡量学生是否"会"进行信息化学习的重要指标。

（5）社会交互是信息化学习方式不可或缺的环节。信息化学习中的互动方式不再仅停留在师生层面的交流。首先，学生之间的互动乃至校与校之间学生的交流将变得越来越重要，现代通信技术为学生之间的互动提供了便利。其次，利用媒体的学习将在学习中占有越来越大的比重，而有效的人机交互将提升学习效果和效率。最后，教师不再是知识的唯一"拥有者"，信息的易获取性使学生很多时候要比老师知道得还多，学生在教学过程中的知识贡献越来越不容忽视。

二、信息化学习方式

信息技术改变了原有的班级授课模式，信息化学习环境下，学习者可以根据教师所采用的信息化教学模式进行相应的信息化自主学习、信息化合作学习、信息化探究学习、移动学习以及混合学习等一种或多种学习活动。

（一）信息化自主学习

自主学习是指学习者独立地、积极主动地确定学习目标、选择学习策略，并完成富有创造性的学习活动。那么，什么是信息化自主学习呢？很显然，信息化自主学习就是信息技术与自主学习过程深度融合的结果，是指学习者利用信息化学习环境所提供的各种信息技术手段和资源积极地、主动地、探索性地进行学习的过程，就是学习者充分发挥主观能动性和创造性，在已有认知结构的基础上充实和调整认知结构过程，在这个过程中，学生的独立学习能力得到了发展，高级思维能力得到了提升。

信息化自主学习方式除了具有信息化学习方式的基本特征之外，还具有一般自主学习的所有特征。

（1）主体性，自主学习贯彻"以学习者为中心"的教育思想，在这种学习方式中教师不再是知识的传授者，而是教学内容、教学过程、教学活动的组织者、参与者和指导者。

（2）能动性，自主学习与传统的学习方式有很大的不同，自主学习把学习建立在人的主观能动性上，它是以尊重、信任、发挥人的主观能动性为前提的。只有学习者发挥主观能动性，自主学习才能顺利地进行下去。

（3）独立性，自主学习要求学习者摆脱对教师的依赖，独立选择学习内容、学习策略和开展学习活动，并解决最近发展区的问题。

（4）协作性，自主学习虽然强调独立性，但是师生之间、生生之间还是要平等地进行讨论与交流，实现个体与个体之间的协作学习，更有效地解决学习问题。

（5）创造性，在信息化学习环境中，学习者能够独立地、自主地学习，在学习实践中勤于思考，在与教师或者其他学习者交流的过程中注意吸纳和借鉴他人经验，融合自身已有知识，超越以往经验，创造性地解决问题。

（二）信息化合作学习

合作学习是当今基础教育改革所倡导的三大学习方式之一，美国的教育家帕克主张合作学习，并将这一学习方式引入了课堂教学。关于合作学习的定义，不同的学者有不同的看法。虽然如此，不同定义的合作学习的本质特征却是一致的：合作学习是以小组活动为主体进行的学习活动，其中小组是根据一定的规则划分的；合作学习是一种目标导向的学习活动，小组成员具有共同的学习目标；合作学习是同伴间互帮互助的学习活动，小组成员能够充分发挥各自的优势进行协作学习，实现优势互补。

所谓的信息化合作学习，是指在信息化环境下开展的合作学习，即为了达到共同的学习目标，完成共同的学习任务，学习者利用信息技术获取、分析和处理学习资源，并以小组为单位进行分工协作与交流，从而实现学习目标的过程。在信息化合作学习过程中，学习者要充分发挥学习的主观能动性，合理利用信息技术进行协作学习。信息化合作学习活动以学习小组为主，与信息化自主学习一样，需要学生积极主动地参与到学习过程中来，同时也需要教师对合作学习过程进行科学的组织、引导与监督。

信息化合作学习既有合作学习的所有特点，又具有与信息技术相结合的其他特质。采用信息化合作学习方式，不仅能帮助学生实现知识意义的建构，还能培养学习者多方面的能力。

（1）培养学习者的自主性和独立性。合作学习的前提就是自主学习，学习过程中学习者既要能够独立地、自主地完成小组分配的任务，充分发挥主观能动性，还要能积极参与小组的学习活动。

（2）培养学习者的交往能力。信息化合作学习中，无论是在线交流还是面对面交流，都是信息与思想的交换和碰撞，通过交流，学习者不仅可以了解他人的思想与观点，还可以获得他人的知识和经验。学习者通过对自己观点的表达与他人观点的听取，可以提高人际交往能力。

（3）培养学习者的合作精神。学习的合作精神体现为学习者在学习的过程中互相帮助、互相关心、互相促进，进而达到共同的学习目标，体现了"人人为我、我为人人"的价值追求。

（4）培养学习者的竞争意识。合作学习将整个班级划分为若干个小组，学习任务的完成过程中，组与组之间难免会存在竞争。但是竞争与合作并不是相对立的，竞争可以培养学习者的竞争意识，形成"你追我赶"的学习思想，使学习者积极主动地发展自我。

（5）培养学习者的创新精神。合作学习采用的是"组间同质、组内异质"的分组方式，每个小组成员的学习能力、学习兴趣和知识背景都不一样，因此，合作学习过程中思想的碰撞、观点的争鸣必然会引发一些新的观点、解决问题的新办法或者提出一些值得争论的问题，这些都是创新知识的源泉。

（三）信息化探究学习

探究学习是学生在主动参与的前提下，根据自己的猜想或假设，在科学理论指导下，运用科学的方法对问题进行研究，在研究过程中获得创新实践能力、获得思维发展、自主构建知识体系的一种学习方式。信息化探究学习是指在信息化学习环境中,学习主体利用信息技术,对具有时代特征的学习客体进行探究的学习活动。从广义上讲,信息化探究学习中,学习主体包括学习者以及与学习有关的所有人。学习客体就是学习对象,简而言之,就是我们探究的是什么。从狭义上讲,信息化探究学习是指学生围绕一定的问题、文本或材料,在教师的帮助和支持下,充分利用信息技术,自主寻求或自主建构答案、意义、信息或理解的学习活动和学习过程。信息化探究学习不只是为了寻找问题的答案,信息化环境下的探究式学习过程更关注学习主体全面、均衡地发展,更注重培养学习主体探究问题的能力和兴趣。信息化探究学习虽是更符合社会和时代发展需要的学习方式,但需要指出的是,信息化探究学习并不能完全取代传统的接受学习。信息化探究学习虽强调学生综合能力的培养且有助于学生对新知识、新概念的深入理解,但任何学习方式都是有其利与弊的,在实际教学过程中需根据教学情况选择适合当前教学内容的学习方式。

探究学习的思想由来已久,很多学者对其进行了大量的研究与探讨。通过对已有成果的研究与总结,我们可以将信息化探究学习的特点归纳如下。

1) 多样性

信息化探究学习的多样性表现在以下多个方面。

(1) 学习目标多样化。信息化探究学习不仅关注学生获取知识的能力,同时也注重培养学习者的科学素养和信息素养。通过多种多样的探究学习,学习者的综合能力能够得到长足发展。

(2) 学习资源多样化。信息化学习环境下,学生不仅能从书本上获取学习资源,也可以通过网络、电视等媒体获取大量的、丰富的学习资源。

(3) 设计模式多样化。根据获取信息的自主程度的不同,可以将信息化探究学习划分为接受式信息化探究与发现式信息化探究。在发现式信息化探究学习中,探究者要通过观察、实验、调查、解读、研讨以及整理发现来获得学习成果,且发现式信息化探究学习有多种学习模式(实验、观察、问题解决等)。

(4) 评价模式多样化。信息化探究学习评价的目的是提高学生的探究能力,而不是判断探究出来的结论是不是正确。因此,要将形成性评价、诊断性评价和总结性评价相结合,将认知过程的评价与创新能力的评价相结合,根据不同的学习目标选择不同的评价模式,促进学生的发展。总之,要综合多种评价模式进行科学的评价,引导学生积极反思,积累学习经验。

2) 体验性

根据马克思的观点,人类学习知识是由实践到认识,再由认识到实践的,在某种意义上讲,学习是实践和认识的统一。信息化探究学习要求学生亲自参与实际的情境,在解决实际问题的过程中获取知识、理解概念、培养技能。信息化探究学习的体验性主要包括实践性、过程性、情感性和理解性。

过程性是指在信息化探究学习中学生通过直接参与探究过程,思考所探究的问题,思考知识是怎么获取的,思考怎样利用知识来发现科学以及科学怎样更好地服务于社会等,思考的过程就是学习的过程。

情感的产生与信息化探究学习过程是相伴相生的,学生在探究学习中避免不了与他人的合作学习与沟通交流,这些人际往来和对学习的探究精神都是情感的发展。当然,在学习过程中有成就感也会有挫败感,通过亲身体验探究科学本质的艰辛,学生能够更好地理解探究科学的意义和价值。

信息化探究学习过程的顺利开展建立在学生对获取到的知识的深入理解上,通过这样一个持续的过程,可以激发学生对问题的探究欲望。

3）自主性

信息化学习环境中,任何一种学习方式本质上都具有一定的自主性。信息化探究学习强调培养学生的自主学习能力,要求学生能够独立地发现问题和解决问题,通过积极思考和主动探究来实现知识意义的自主构建。

4）技术性

信息化探究学习与传统的探究学习相比最大的特点就是具有技术性。学生能够上网收集资料,可以通过 QQ、E-mail 等网络通信工具随时与教师取得联系,可以将学习成果和相关学习资源上传到网上进行共享学习,学习的数据还可以通过计算机软件进行处理,等等。

（四）移动学习

移动学习的研究始于 1994 年美国卡耐基梅隆大学的无线基础设施建设研究项目,随后各国对移动学习展开研究。至今,移动学习的研究已经进入了学习服务建设阶段。目前,关于移动学习还没有一个统一的定义。Chabra 和 Figueiredo 给出了范围较广的定义:移动学习就是能够使用任何设备,在任何时间、任何地点进行学习。Dye 等人对移动学习做出了较为具体的定义:移动学习是一种在移动计算设备帮助下的能够在任何时间、任何地点开展的学习,移动学习所使用的移动计算设备必须能够有效地呈现学习内容并且提供教师与学习者之间的双向交流。

尽管不同的学者对移动学习的定义不尽相同,但通过对这些定义的深入分析和理解,不难发现,学者们对移动学习主要存在以下三种不同的理解。

（1）远程教育或数字化扩展。我国的移动学习定义也倾向于此理解,以网络教育为平台,借助传输技术实现原有数字化学习资源的优化、整合、自适应等,试图将其直接移植到移动设备上来。简而言之,将原来数字化的学习内容,借助于移动技术进行学习。

（2）可独立存在的学习过程。这种理解是从认知和学习的角度来看的,教师或者其他设计者根据教学策略,充分利用移动学习的移动性、情景相关性、实时交互协作性等特点,将移动学习设计为独立的学习过程,以激发学生的学习兴趣,优化学习效果。

（3）移动工具论。这种理解方式将移动学习视为辅助学习的一种移动技术或设备。

本书认为移动学习是指利用无线移动通信网络技术以及无线移动通信设备（如移动电话、个人数字助理 PDA、PocketPC 等）获取教育信息、教育资源和教育服务的一种新型的学习方式。首先,移动学习是基于一些便携式的移动设备的一种数字化学习方式;其次,移动学习是依赖无线通信网络技术实现的学习内容的传输;最后,移动学习是利用无线通信网络技术实现的一种师生能够实时交互的学习方式。

移动学习具有以下四个特点。

（1）便捷性:由于移动终端设备屏幕小、重量轻且便于携带,人们可以在任何时间、任何地点进行学习。

（2）个性化:学习者可以根据需要（时间、地点、学习情境等）个性化地选择学习内容和学习服务。

（3）社会交互性:在移动终端学习,学习者之间可以自由协作学习、实时交互,实现学习资源的共享。

(4) 互联性：利用移动通信网络技术通过移动终端将学习者连接到广泛的学习资源(包括数字化的学习资源、教师、专家以及学习的小伙伴等)网络中。

(五) 混合学习

在信息化学习环境中，人们发现任何一种信息化学习方式都有优点和不足，为了实现理想的学习效果，人们重新审视了信息化学习方式，将信息化学习与传统的学习相结合，取长补短，相互促进，这样一种新型的学习方式称为混合学习。那么什么是混合学习呢？国内外存在诸多说法。美国培训与发展协会将混合学习定义为一种学习方式，这种学习方式包括面对面、实时的 E-learning 和自定步调学习。Margaret Driscoll 认为混合方式有四个不同的概念：第一，结合或混合多种网络化技术(如实时虚拟教室、自定步调学习、协作学习等)实现教育目标；第二，结合多种教学方法(如建构主义、行为主义、认知主义)，利用或不利用教学技术产生的最佳的学习成果；第三，将任何一种教学技术与面对面的教室指导的培训相结合；第四，将教学技术和实际工作任务相混合或结合，以使学习和工作相协调。学者霍夫曼(Jennifer Hofmann)认为，在混合学习背后隐藏着一种思想，就是教学设计人员将一个学习过程分成许多模块，然后再去决定用最好的媒体将这些模块呈现给学习者。我国学者何克抗教授认为，混合学习就是把传统学习方式的优势和 E-learning 的优势结合起来，也就是说，混合学习就是既要重视教师的引导、监控教学的主导作用，也要使学生的积极主动性充分发挥出来。黎加厚教授将混合学习称为融合性学习，是指对所有教学要素进行优化选择和组合，以达到教学目标。

Harvi Singh 和 Chrisreed 从学习灵活性的角度解释了混合学习的本质。他们将混合学习定义为"五个恰当"：混合学习注重应用"恰当的"教学技术与"恰当的"个人学习风格相匹配，以便在"恰当的"时间将"恰当的"技能传授给"恰当的"人。分析这个定义我们可知：第一，运用混合学习首先考虑学习目标而不是传递的方式；第二，每个学习者都有不同的个性化的学习风格，在混合学习方式中我们应该支持；第三，每个学习者都会将新学习的知识与自己先前的经验相结合，并应用于实践中去；第四，学习讲求的是效率，最有效的学习就是即时和即需。

混合学习关注的不是混合哪些事物，而在于如何混合，旨在达到最佳的学习效果和经济效益，混合学习的关键在于合适。

混合学习是多元化思想的体现，这不仅仅是事物之间简单的混合，而是发生"化学反应"的混合，即质变的混合，在适合的时间混合适合的元素，得到预期的反应，从而得到最优的效果。混合学习的特点如下。

(1) 传统学习和信息化学习的混合。何克抗教授认为，混合学习就是两种学习的优势互补，这里的信息化学习在本小节前面的内容中就介绍了，而传统学习是相对信息化学习而言的，是被动地接受式学习，也是在非信息化环境下的学习。

(2) 教师主导和学生主体的混合。在混合学习过程中，教师和学生的地位都是不容忽视的，要充分发挥教师的主导作用，同时要体现学生的主体地位。

(3) 自主学习和协作学习的混合。自主学习似乎太倾向于自主，协作学习似乎不能培养学生独立学习的能力，将两者有效混合，才能达到最佳的学习效果。

(4) 多种教学模式的混合。为了达到教学目标，教师应该选择多种合适的教学模式相混合，进行优劣互补。

(5) 学习、实践和绩效支持的混合。知识就是从认识到实践，再从实践到反思再到认识的循环过程，即知识的内化到知识的外化，再到知识的内化的循环过程。因此将这三者混合可以优化学习效果。

（6）信息资源与非信息资源相混合。多种学习资源的混合是为了学习者能够获取更多的学习知识，丰富的学习资源有助于学习者的自主选择，扩展学习者的视野。

（7）多种学习环境的混合。例如教育技术学的摄影课，前期是在传统的教室学习理论知识，中期是在户外进行实践教学以方便学生取景，后期是在网络教室学习处理照片的技术，这样的混合优化了学习的效果。

三、信息化学习的典型应用——WebQuest

（一）什么是 WebQuest

WebQuest 是信息化探究学习的典型应用实例，在英语中，"Web"是指"网络"，"Quest"是指"寻求、探究"，因此"WebQuest"可以理解为"基于网络的探究活动"。Sernie Dodge 博士对 WebQuest 下的定义：WebQuest 是以探究为取向的学习活动，在这样的研究当中，学习者所需要的信息的一部分或全部来自网络。WebQuest 注重培养学生分析、综合和评价的技能，具体来说，它是指在网络环境下，利用互联网资源，由教师引导，以一定的目标任务驱动学习者对某个问题或某类课题自主地进行探究、探索和研究。按时间的长短，可以将 WebQuest 分为两种类型：短期型和长期型。短期型 WebQuest，学习者完成学习任务大约需要一个课时到三个课时，短期型的 WebQuest 注重学习者处理信息的能力以及运用所学知识解决实际生活中问题的能力。长期型 WebQuest，学习时间将持续一周到一个月，甚至更久，在长期型的 WebQuest 学习中，学习者有足够的时间深入挖掘知识的本质，并能够将知识转化为其他的形式。

WebQuest 将探究学习、自主学习和协作学习等学习方式有效地结合在一起，为学习者提供富有挑战性的任务并搭建有效的学习支架，让学习者能够利用网络技术和学习资源去解决实际的问题，提高了学生学习的主动性和积极性。

（二）WebQuest 的特点

1）多学科的交叉

WebQuest 学习中，问题的提出是基于生活实际的，因此与多个学科的知识背景相关，运用单一的学科根本解决不了这样一个富有挑战性的问题。只有综合多门学科与实际的生活经验，打破学科之间的界限，才能完成学习任务。

2）培养学习者的协作精神

WebQuest 学习中，学习者面临的问题是具有挑战性的，对于单个的学习者而言是有难度的，因此需要多人协作才能完成。只有大家齐心协力，积极主动地参与学习才能将学习任务完成。在 WebQuest 学习中，学习者要相互交流，这对培养学习者的协作精神有很大的促进作用。

3）培养学习者的信息素养

WebQuest 要求学习者必须利用信息技术解决问题，从而为培养学习者的信息素养提供了条件。在信息化学习环境中，学习者要上网查询学习资源，并进行加工整理，建构成为自己的知识，利用这些新的知识解决实际的问题。

4）培养学习者的问题解决能力

WebQuest 学习的任务往往是复杂的，不能一次性解决的。所以，在教师的指导下，将复杂的问题化难为易,找到突破口,将大问题分解为一个一个的子问题,一步一步解决,在这个解决问题的过程中,学习者解决问题的能力得到不断的提高。

5) 与实际生活有效地联系起来

WebQuest 提出的问题都是基于实际生活的,将学到的知识用于解决实际的问题。因此,它不仅仅是学习者的学习任务,同时也能与实际生活有效地联系起来。

(三) WebQuest 的组成模块

一个标准的 WebQuest 一般由引言、任务、过程、资源、评价、总结六个模块组成,每个模块既可以独立存在,又可以有机地组合成为完整的、严密的学习系统。WebQuest 是自主学习、探究学习和协作学习的交融,它不仅体现为探究的学习过程,还充分体现了自主学习和协作学习的特点。

1) 引言

引言部分提供相关问题的背景、动机因素以及明确的学习目标。这部分就是上述探究学习过程中教师设计的任务情境。在长期的 WebQuest 学习中,引言可以贯穿全过程,这样吸引学习者的材料能够使得学习者一直保持积极的学习状态,激励学习者不断地探究、找寻问题的答案。

2) 任务

任务这个模块要描述学习者要完成什么样的学习任务,要达到怎样的学习效果。教师应该找到适合主题的学习网站,整合网站的学习内容,给学习者设计一个可行、有趣的任务。教师要充分发挥创造思维和发散思维,设计各种任务,包括社会问题、历史问题、自然问题、主题研究等,这里的任务应该具有很强的实际性,能够激发学习者的学习兴趣。这个模块就是上述学习过程中学习者明确的要解决的问题和完成的学习任务。

3) 过程

过程模块描述学习者完成学习任务所经历的过程或者学习步骤。在这个模块中,学习者要了解要完成学习任务的子任务,包括子任务中的学习步骤以及学习者提出的建议。这个模块是探究过程中学习者探究学习的方案设计。

4) 资源

资源模块就是描述学习者获得资料的来源,包括专家列表、数据库、网站等,也包括非信息资源,如纸质图书、海报等。该模块是探究过程中学习者根据教师提供的资源范围收集和整理的有用学习资源。

5) 评价

在评价这个模块中,要对学习成果、学习过程、学生表现等做出评价,评价人员包括教师、家长、同学等,评价的方式可以是形成性评价、诊断性评价、总结性评价等。

6) 总结

总结模块是学习者对学习过程的反思和教师总结的阶段,是对探究学习过程中学习内容和学习经验的总结。总结内容包括学习内容和经验教训。教师还可以提出一些新的值得学习和讨论的问题,鼓励学习者继续深入学习。

（四）WebQuest 应用案例

探究中国的春节

1. 导言（introduction）

我们去年开始与美国北卡罗来纳州的 Bryson 城市的 East Swain County 小学四年级的学生建立了友谊，我们已经完成了中秋节和感恩节的共同协作研究项目，大家收获都很大。西方的传统节日圣诞节就要到来了，我们中国的春节也临近了。我们的美国朋友对中国很感兴趣，或许将来他们会像我们上次 Go-Fourth（美国罗得岛州诺基山学校）的交流伙伴一样访问中国，到我们韶关来。现在我们通过互联网再次与我们的美国朋友做一个网上远程协作式学习的研究项目：中国的春节与美国的圣诞节。

2. 任务（task）

在这个研究项目中，你和你们小组的朋友要探究人们是怎样过春节和为什么欢庆春节。

（1）学习有关春节的一些关键词。

（2）利用多种在线资源完成这个研究项目。

（3）汇报呈现出你找到的图片或自己拍摄的照片。

（4）通过多媒体手段分享你们找到的答案并为你们的美国朋友制作一张有关春节的电子贺卡。

（5）研究项目结束阶段，作一次小组的研究项目汇报呈现。

3. 过程（process）

为确保你能作一个精彩的研究成果汇报，提供下面一些值得你借鉴的操作步骤。

第一步，在研究项目中选择一个你感兴趣的话题，要确信它就是你感兴趣并想知道更多知识的话题。

（1）关于小孩的红包（压岁钱）的风俗；对应联想圣诞节小孩的礼物有_____。

（2）关于财神的风俗；对应联想圣诞节的人物有_____。

（3）过春节时吃的食物；对应联想圣诞节的食物有_____。

（4）舞狮；对应联想圣诞节的活动有_____。

第二步，与你们小组的其他同学共同策划并组合你们的研究信息。要求每个人都有分工负责的具体角色。

第三步，研究。要求尽可能多些组合信息，可以利用网页资源。

（1）浏览中文网页（了解春节的常识）。

（2）浏览英文网页，学会一些新单词和需要的英文句子。

（3）记录下有用的单词和句型。

现在你们对自己小组的话题已经有了一个很清晰的思路。

第四步，现在应该是考虑组合信息做汇报和制作电子贺卡的时间了。

（1）你们可以在电脑上写汇报，记得要经常在打字编辑后注意保存文件。

（2）为研究报告搜索一些照片或图片。

（3）使用 Word、PowerPoint 或 FrontPage 建立一个多媒体的研究项目汇报作品。

（4）为你们的美国朋友制作一张春节贺卡，你可以用手工做或电脑制作。贺卡的画面和祝愿语要与你们的话题相关。

（5）在你们的多媒体作品中加入贺卡。

第五步,准备项目汇报。

(1) 从屏幕上阅读你的汇报项目。

(2) 在你阅读时,检查修改其中的错误。

(3) 请其他的朋友阅读并检查错误。

(4) 告知老师你已经完成研究项目。

(5) 用口头讲解的方式讲解你的研究报告。

第六步,分享。

(1) 向班上的同学口头汇报呈现你的研究项目。

(2) 在网上与你的朋友们分享你的研究项目。

4. 分组学习资源(resources)

A 组学生研究关于中国红包(压岁钱)的风俗习惯。

http://www.cctv.com.cn/entertainment/2002spring/sanji/zhanggu_020110.html

http://www.chinavoc.com/festivals/spring/springf02.htm

(1) 为什么父母给小孩压岁钱?

(2) 父母什么时候给小孩压岁钱?

(3) 父母是怎样给小孩压岁钱的?

(4) 在圣诞节有类似的风俗习惯吗?

B 组学生研究关于春节迎财神的风俗习惯。

http://www.xcd.com.cn/files/cjzb/cjxs3.htm

http://www.chinatown.com.au/feature/article.asp? MasterID=97&ArticleID=425

(1) 财神象征什么?

(2) 财神是长什么模样的?

(3) 人们在什么时候迎财神?

(4) 圣诞节里有一个家喻户晓的人,他就是圣诞老人。圣诞老人和财神之间有哪些相同和不同之处?

C 组学生研究关于欢度春节时所吃的食品。

http://www.huaxia.com/wh/msqt/00167971.html

http://www.chinavoc.com/festivals/spring/springf03.htm#food

(1) 在中国北方最有名的春节食品是什么?

(2) 人们是在什么时候吃这些食品的? 人们为什么吃它们?

(3) 为什么中国南方的人喜欢吃橘子?

(4) 在圣诞节有些特别的食品吗?

D 组学生研究关于春节的舞狮。

http://www.bhnkc.edu.hk/mld/fhc/origin.htm

http://www.bhnkc.edu.hk/mld/fhc/ltype.htm

(1) 春节期间我们为什么会有传统的舞狮活动呢?

(2) 中国南方和北方的舞狮活动是一样的吗? 如果不一样,区别在哪里?

(3) 圣诞节有无类似的庆祝活动呢?

5. 评价(evaluation)

评价的标准如表 5-8 所示。

表 5-8 评价标准

评价等级	proficient (熟练)+30	consolidating (巩固)+25	developing (发展)+20	beginning (创建)+15	score (分数)
group cooperation 小组合作 (30分)	在实施协作式讨论学习的过程中,所有的小组成员都积极参与项目的研究并为研究的顺利完成做出了贡献	在实施协作式讨论学习的过程中,各成员都积极参与项目的研究并为研究的顺利完成尽了全力	在实施协作式讨论学习的过程中,小组中的大部分成员都参与了项目的研究	在实施协作式讨论学习的过程中,小组中的成员研究分工不合理,只靠一两个学生完成项目的研究	
research 研究 (30分)	除了项目研究所提供的信息之外,还能另外找到有用的信息来完成研究报告	能利用好所给出的信息资源完成研究报告	能利用所给出的信息资源,没有经过商讨完成研究报告	没有有效地利用信息,围绕话题的信息搜集很少或没有实质性有用的信息	
presentation 汇报呈现 (40分)	对研究所涉及的主要问题都进行了深入的讨论,研究小组能通过一些图片的信息进行汇报呈现	对研究所涉及的主要问题都进行了讨论,研究小组只使用了一两张图片信息进行汇报呈现	对研究所涉及的主要问题都进行了讨论,研究小组没有使用图片进行汇报呈现	只对研究所涉及的少数主要问题进行了讨论,研究小组没有使用图片进行汇报呈现	

(案例来源:游陆莲.探究中国的春节.信息技术教育.2005(1).说明:读者阅读这个案例时网址可能发生了变化,但本案例的目的主要是让读者了解 WebQuest 的过程和方法)

本 章 小 结

信息化教学模式根据现代化教学环境中信息的传递方式和学生对知识信息加工的心理过程,充分利用现代教育技术手段,调动尽可能多的教学媒体、信息资源,构建一个良好的学习环境,学生在教师的组织和指导下,依托这个信息化学习环境,充分发挥学习的主动性、积极性与创造性,实现知识意义的主动建构。本章在详细介绍了信息化教学模式及其相关概念的基础上,探讨了基于问题的探究式教学模式和翻转课堂教学模式的内涵与结构,并通过电子书包和网络学习空间等教学应用模式的详细介绍与说明,阐述了新型教学媒体和教学技术在教育教学中应用的方式方法。此外,本章还对信息化学习方式的概念和常见的几种信息化学习类型进行了介绍。

本 章 练 习

1．名词解释：

教学模式　信息化教学模式　信息化学习方式　信息化自主学习　信息化合作学习　信息化探究学习　移动学习　混合学习。

2．结合教学实际简述以下教学模式的概念和步骤：

（1）基于问题的探究式教学模式；

（2）翻转课堂；

（3）网络学习空间应用模式；

（4）WebQuest。

3．翻转课堂作为近几年国内教育信息化研究的热点，越来越多地被应用于基础教育之中，请结合自己的观点谈谈翻转课堂本土化实践中存在的问题和面临的挑战，并结合已有的研究成果或教学实践，谈谈如何更好地实施翻转课堂以及实施翻转课堂的过程中应该注意哪些问题。

4．信息技术虽然能优化和变革传统的教学模式，但是"水能载舟亦能覆舟"，把握信息技术在教学中运用的度决定着信息化教学模式实施的效果。请结合教学实际谈谈你对这个问题的看法。

第六章　信息化教学资源的设计

◎ **核心概念** ......

信息化教学资源
多媒体课件

➤ **学习目标** ......

(1) 掌握信息化教学资源的概念、分类及特点。
(2) 掌握多媒体课件的开发过程,并学会编写多媒体课件脚本。

知识概览 ......

```
                              什么是信息化教学资源
             信息化教学资源的概念   信息化教学资源的类型
                              信息化教学资源的特点

信息化教学                       什么是多媒体和多媒体课件
资源的设计                       多媒体课件的设计原则
                              多媒体课件的开发过程
                                                  编写稿本的目的
                                                  编写稿本应注意的问题
             多媒体课件的设计与开发过程   多媒体课件稿本的编写   多媒体课件文字稿本的编写
                                                  多媒体课件制作稿本的编写
                              多媒体课件稿本设计案例
```

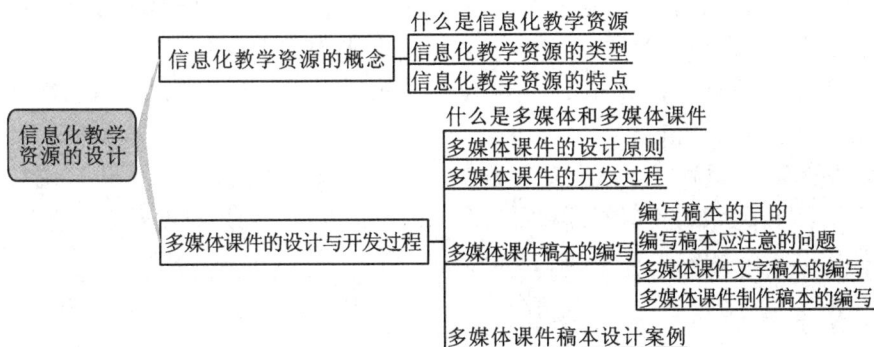

第一节　信息化教学资源的概念

信息化教学资源是信息化教学必不可少的材料。对于学习者来说,信息化教学资源的有效利用能够提高学习者的信息素养和自主学习能力,能够激发学生的学习兴趣;对于教学者来说,信息化教学资源为教学提供了帮助和支持,促进了教师专业化发展。

一、什么是信息化教学资源

教学资源是指支持教和学的资源,包括教学材料等软件资源、教学设备等硬件资源、环境资源、人力资源等。信息化教学资源则是指在以网络和计算机为主要特征的信息技术环境下,以教学为目的而专门设计或能被用于为教育目的服务的各种资源,是经过选取、组织并使之有序化的,适合学习者发展的大量教育信息的集合,包括教育环境资源、教育人力资源和教育信息资源。它的物化载体或表现形式有视听教材(如光盘等)、计算机课件、网络课程和教育网站等。

教育环境资源是指构成教育教学系统的各种硬件设备,如计算机设备、网络设备、通信设备等,以及维持教育教学系统正常运行的各类系统软件、应用软件、工具软件和教学软件等。

教育人力资源包括教育教学机构人员、任课教师、教辅人员、行政管理者,以及能通过互联网等现代通信工具联系到的各个领域的专家、学者。

教育信息资源是指经过数字化处理,可以在多媒体计算机上或网络环境下运行的多媒体信息材料,它能够激发学生通过自主、合作、创造的方式来寻找和处理信息,从而使数字化学习成为可能。

二、信息化教学资源的类型

信息化教学资源的分类方法很多,根据不同的原则有不同的分类。本节分别以资源的主要使用对象、资源的组织形式和资源与教育内容的相关性为根据对信息化教学资源进行分类。

(一)按资源的主要使用对象分类

(1)学习资源:供学习者使用的各学科的电子讲稿、网上教程、课程资料、学习论坛、讨论组、试题库、教学软件和招生信息等。

(2)备课资源:供教师备课使用的各种课程资料、教学软件、教案、指导刊物、学术会议资料及交流心得等。教师在教学准备过程中,需要搜集大量的资料。网络为教师制作各种类型的教材提供了丰富的教学资源,有利于优化教学设计,提高备课效率。

(3)科研资源:供教育科研人员及学习者使用的各学科的专业文献资料、各种政策法规、各种教育新闻和教育统计信息等。

(4)管理资源:供教育管理人员对各类教育信息资源及各类教学活动进行统一管理的数据库管理系统。学习资源、备课资源和科研资源的正常组织与使用离不开管理资源,否则教学活动过程将变得凌乱无序。

(二)按资源的组织形式分类

按资源的组织形式,可以将信息化教学资源分为以下八类。另外,还可以根据实际情况添加其他类型的教学资源,如电子图书、工具软件等。

(1)媒体素材。媒体素材是传播教学信息的基本材料单元,可分为文本类素材、图形(图像)类素材、音频类素材、视频类素材和动画类素材等。

(2)案例。如有指导意义和教学意义的代表性的授课视频资料或课件资料等。

(3)常见问题解答。常见问题解答是针对某一具体领域最常出现的问题给出全面的索引,如大型软件开发平台的帮助文档。

(4)文本资料。文本资料是指网上以电子文档形式传播和共享的资源。如关于教育的相关法规、关于某个学术问题的论文资料或各个学科有典型意义的试卷集合等。

(5)题库。题库是按照一定的教育测量理论,在计算机系统中实现的某个学科题目的集合,是在教学模型基础上建立的教育测量工具。

(6)网络课件。课件是对一个或多个知识点利用多样化的形式进行展现的软件。网络课件可以通过网络教学环境被大家共享,有些网站还能提供免费下载。

(7)网络课程。网络课程是通过网络表现的某门学科的教学内容及实施的教学活动的综合。它包括两个组成部分,即按一定的教学目标、教学策略组织起来的教学内容和网络教学支撑环境。

(8)网络教学平台。目前很多学校自主或联合开发了多种网络教学平台,集成了丰富的教学资源,可以提供学习者自主学习或协作学习的环境。

(三)按教学资源与教学内容的相关性分类

按教学资源与教学内容的相关性将软件教学资源分为内容特定软件教学资源、内容相关软件教学资源和内容无关软件教学资源。

(1)内容特定软件教学资源:根据教学目标设计的,表现特定的教学内容,反映一定教学策略的教学软件,如课件、网络课程、测试与练习题、案例和教学数据库等。

(2)内容相关软件教学资源:与课程内容相关的,如教学参考资料、教育游戏软件、电子百科、电子词典及一些辅助性教学软件等。

(3)内容无关软件教学资源:用于支持学习活动的工具性软件,如课件开发工具、通信工具等,其本身又可以划分为认知工具、协作工具、知识管理工具和通信工具等。

三、信息化教学资源的特点

与传统的教学资源相比,信息化教学资源除了具备一般资源的共同属性,如依附性、传递性、共享性、可选择性等,还具有多媒体、超文本、交互性、虚拟仿真、远程共享等信息技术和通信技术的属性。因此,信息化教学资源具有不同于传统教学资源的特性。

1.信息形式的多样性

网络上的信息化教学资源以超媒体形式组织。超媒体的组织形式不仅可以通过网络的超链接直接得到与主题相关的教学资源,还包括精美的画面、优美的音乐、逼真的动画和视频图像,极大地丰富了信息内容的表现力,有助于人们认识结构的更新和重构。

2.信息获取的便捷性

网络上的教学资源检索简单、快捷、方便,可通过网络终端随时随地获取,这就避免了其他媒体信息在查找时所受到的时间、空间等因素的限制。例如,我们可以通过互联网查询各在线图书馆的图书资料信息,而不用奔波于图书馆之间,节省了检索信息以外的时间。

3.信息资源的共享性

互联网上的教学资源除了具备传统资源具有的多人共享同一资源的特性之外,由于其信息的公开性,凡是能够使用互联网的用户均能够共享这一资源,不受副本数量的限制。同时,网络还提供了大量的免费检索工具、下载软件,并开发了大量免费的资源库供用户使用。

4.信息传播的时效性

由于网络信息更新速度快、信息容量大等特点,网络信息传播的时效性及其更新速度是任何媒体无法比拟的。学习者可以通过终端时刻关注信息的更新。

5.信息传递的互动性

交互性是 Web 2.0 时代的主要特点之一。网络信息教学资源不同于传统信息传递媒体的单向传递方式,具备同步和异步双向传递功能,用户可以实时或非实时地接收信息并做出反馈。其中用户可以是信息的发布者,也可以是信息的使用者。

6．信息内容的广泛性

网络信息资源快速地更新及容量的无限决定了信息内容的广泛性。例如,对于教师而言,可以在网上寻找自己所教科目的教案、相关教学资料和教学素材,以及各种学习平台等,同时可以跟同领域的专家、学者进行交流以获取信息,教师也可在网上观摩领域内专家的讲课视频,了解其他学校的教学状况等。

7．信息资源的创造性

用户可以在网上直接下载、使用信息化教学资源,也可以利用素材开发平台自己制作需要的素材,富有创造性。

第二节 多媒体课件的设计与开发过程

一、什么是多媒体和多媒体课件

1．媒体

一般来说,媒体有两层含义,一是承载信息的载体,二是存储和传递信息的实体。人们把媒体分为硬件和软件两大类。硬件是指那些传递、存储信息的物体和设备,如幻灯机、DVD、电视机、录像机和计算机等;软件是指那些能存储与传递信息的材料等,如记录有信息的胶片、磁带、光盘和计算机软件等。没有承载信息的物体,不能说是媒体,如空白录像带和白纸就不能称为媒体,而只能叫作材料;载有信息的录像带和纸才能称为媒体。硬件与软件是不可分的统一体,只有配合使用,才能发挥储存与传递信息的功能。

国际电话电报咨询委员会(CCITT)把媒体分成以下五类。

(1) 感觉媒体:能直接作用于人们的感觉器官,从而能使人产生直接感觉的媒体,如语言、音乐、自然界中的各种声音、各种图像、动画和文字等。

(2) 表示媒体:为了传送感觉媒体而人为研究出来的媒体,借助于此媒体,便能更加有效地存储感觉媒体或将感觉媒体从一个地方传送到另一个地方,如语言编码、条形码和电报码等。

(3) 显示媒体:用于通信中使电信号和感觉媒体之间产生转换用的媒体,如键盘、鼠标、显示器和打印机等。

(4) 存储媒体:用于存放某种媒体的媒体,如磁带、磁盘和光盘等。

(5) 传输媒体:用于传输某些媒体的媒体,如电话线、电缆和光线等。

其中,课件制作中所指的媒体素材,实际上是上面所说的"表示媒体"。

2．教学媒体

教学媒体是媒体的一个衍生概念,其定义为:直接加入教学活动,并在教学过程中传输有关教学信息的媒体,我们称它为"教育媒体"或"教学媒体"。比如,书籍、报刊、幻灯机、投影仪、录音机、VCD、DVD、录像机、电子计算机等,以及各种与其相配套使用的盘、片、带等均可称为教学媒体。教师不仅是教育信息源,也是教育教学过程中的特殊媒体。教师通过语言、声调、眼神、表情、形体、动作、板书、图板等来传递教学信息。

3. 多媒体课件

多媒体是指把文字、图形、图像、声音、动画等多种媒体有机结合成一种人机交互式的信息媒体。一般我们平常所指的"多媒体",不仅指多种媒体本身,而且指处理和应用多媒体信息的相应技术。因此,"多媒体"常被当作"多媒体技术"的同义词。多媒体技术的特点主要表现在信息处理的数字化、信息呈现的多样化、媒体的集成性和系统的交互性上。

(1)数字化:必须把文字、图形、图像、声音等信息进行数字化编码,便于计算机进行处理,并且这些数据编码具有不同的压缩方法和标准。

(2)多样化:计算机处理的信息多样化或多维化。多媒体技术致力于计算机能够处理更多种类的信息或多维空间的信息。

(3)集成性:一方面指多种媒体信息的集成,另一方面指显示媒体或表现媒体设备的集成。集成充分利用了各媒体之间的关系和蕴涵的大量信息,使它们能够发挥综合作用。

(4)交互性:可以实现人机交互功能,实现人对信息的主动选择和控制,而传统信息交流只能单向地、被动地传播信息。

课件是根据教学大纲的要求,在一定的学习理论指导下,经过教学设计、教学活动结构及软件设计等环节,而加以制作的教学软件。课件与课程内容有着直接联系,它根据一定的教学目标进行设计,表现特定的教学内容并能反映一定的教学策略。多媒体课件是指通过辅助教师的"教"或促进学生自主地"学"来突破课堂教学中的重点、难点,从而提高课堂教学质量与效率的多媒体教学软件,即以多种媒体的表现方式和超文本结构制作而成的课件,其本质上是一种应用软件。本章提到的多媒体课件即是通常所说的计算机辅助教学(CAI)软件或计算机辅助学习(CAL)软件。多媒体课件与一般的多媒体软件的不同之处在于,它是一种表现特定的教学内容、适合于某类教学对象、专门用于辅助某一学科教学的教学媒体。

二、多媒体课件的设计原则

好的多媒体课件依托其良好的交互性、图文并茂的信息传达等特点使教学过程变得活泼,将许多教学中抽象、枯燥的问题变得具体、生动,提高了学生的感知水平和学习兴趣,起到了优化教学效果的作用。而如何完美地将教学内容通过多媒体课件表现出来,使之更好地服务于教学,起到推动教学的作用,是多媒体课件制作过程中的核心问题。本节从教学设计、教育心理学和实际应用的角度出发,分别从教学性、科学性、艺术性、使用性、技术性、交互性、经济性等七个方面对多媒体课件的设计原则进行探讨。

1. 教学性

多媒体课件的最终目的是优化教学过程,提高教学效果。因此,在进行多媒体课件设计时首先不能忽视课件的教学价值。课件的教学性主要表现在:符合教育方针、政策,紧扣教学大纲,能够很好地体现教学目标,符合学生的认知规律,以及能够很好地呈现教学内容,给学生以启发。

教学目标是教学大纲中针对学生要掌握知识的深度和广度形成的文本说明。课件在制作过程中应以教学目标作为导向,合理地选取教学内容和组织策略。在目标确定以后,内容选取和呈现安排应符合学生的认知规律,适应学生的需要,化抽象为具体,对学生学习具有一定的引导作用。

2. 科学性

科学性是多媒体课件评价的重要指标之一。科学性的基本要求是：制作的课件不出现知识性的错误，逻辑严谨，层次清楚；对于素材选取、名词术语、操作示范等均符合有关规定。对于实验模拟型的课件，制作者应对课件有个整体的把握，在模拟原理正确的基础上，要反映实验的主要部分，细节可以淡化。

3. 艺术性

艺术价值高的课件能给使用者以赏心悦目的享受，对取得良好的教学效果有一定的促进作用，优秀的课件是高质量的内容和美的形式的统一。多媒体课件的制作除了选择适当的表达形式呈现教学内容以外，画面展示也要做到色彩柔和、搭配合理，对于特定的教学内容可以使用三维动画进行制作。对象的运动要流畅，不宜出现拖沓、跳跃的现象，声音尽量选择柔和的语音和音乐，给学习者一种美的享受。

4. 使用性

使用性是指课件的选择与设计要方便学习者的使用。快捷灵活、简便易用，便于教师和学生控制，导航清晰明了是使用性原则的基本要求。设计者往往会因为课件的艺术性而设计十分复杂的页面，最后导致课件的使用性不好。

课件安装要遵循简易的原则，在不同的环境下要能便于教师使用，不要有烦琐的使用说明。对于课件的导航及内容设置则以便于教学为主，不同部分的切换方便简单，避免层次复杂的交互和跳转菜单。由于使用者的不当操作容易造成课件运行出错，因此课件需要有很好的容错能力，避免因使用者操作的不当造成不可挽回的损失，同时要针对错误操作或不当操作给予提示，避免死机现象，提高可靠性。

5. 技术性

技术性反映制作者的技术水平，即如何将多种媒体素材进行集成来共同表现教学内容，为实现教学目标服务。制作者的技术水平主要表现在是否能够合理地设计声音、图像、动画、文字等内容，画面是否清晰明了，动画是否流畅无跳跃，视觉效果是否逼真等。这要求制作人员对使用的课件开发平台有全面的掌握，能够熟悉该平台的使用方法。例如用 Flash 制作课件首页导航，如何让用户界面更友好、如何让导航清晰、文字如何排版等都需要制作人员对 Flash 软件有较好的运用。

6. 交互性

交互性是现代多媒体课件最重要的指标之一，也是与传统多媒体课件的主要区别。交互性解决了学习者独立于课件存在的问题，让学习者亲自参与到课件模拟的环境中去。交互性设计的关键在于设计者要根据教学内容的需要和学习者的需求进行设计，能够引导学习者的学习并有一定的启发性，促进学习者深层次的思考和探索。

7. 经济性

由于各校教育经费的投入不同，不同多媒体课件相配套的硬件设施及软件设施的价格和投入的人力物力也不同。学校应根据实际情况进行选择和设计，尽量做到以最少的投入编制出高质量、高性价比的多媒体课件。

多媒体课件的设计原则是根据课堂教学目标、教学内容选择具体的开发平台及开发方法，主要以实际情况为导向，不应犯本本主义错误。在处理艺术性、技术性等容易出现矛盾的地方，要重点把握课件的教学性原则、交互性原则，综合考虑其他方面原则。例如由于学校经费有限，所能购买的硬件设备配置有限，因此对于动画制作过于精细的课件容易导致死机或停滞等问题，此时则应根据教学内容制作合适的课件，经过反复调试制作出优秀的多媒体课件。表6-1 将多媒体课件的设计原则进行了简单归纳。

表 6-1　多媒体课件的设计原则

设 计 原 则	具 体 内 容
教学性	符合教育方针、政策，紧扣教学大纲
	很好地体现教学目标，呈现教学内容
	符合学生认知规律
	注意启发，促进学生能力培养
科学性	没有知识性错误，逻辑严谨，层次清楚
	模拟仿真形象，重点突出
	素材选取、名词术语、操作示范等符合有关规定
艺术性	媒体多样，选材适度，创意新颖，节奏合理
	画面简洁、不拖沓，没有跳跃现象
	声音悦耳、柔和
使用性	界面友好，操作简单、灵活
	容错能力强
	导航清晰明了
技术性	声音、图像、动画、文字设计合理
	画面清晰，动画流畅，视觉效果逼真
交互性	交互设计合理，智能性好
	交互设计有引导性
经济性	以最少投入获得高回报

三、多媒体课件的开发过程

按照软件工程中生命周期法进行多媒体 CAI 课件的开发时，可以将整个过程大体上分为分析、设计、制作和测试与评价几个阶段，多媒体课件开发的一般流程如图 6-1 所示。

1. 系统分析

设计多媒体课件的目的就是发挥多媒体计算机的优势，以实现最优化的教学效果。为了最大限度地实现这种优化目标，在进行多媒体课件开发时，首先要对整个课件开发项目进行科学的系统分析。

（1）需求分析（分析课件开发的必要性如何）："为什么要开发这个课件"、"不使用多媒体课件对教学有何影响"。

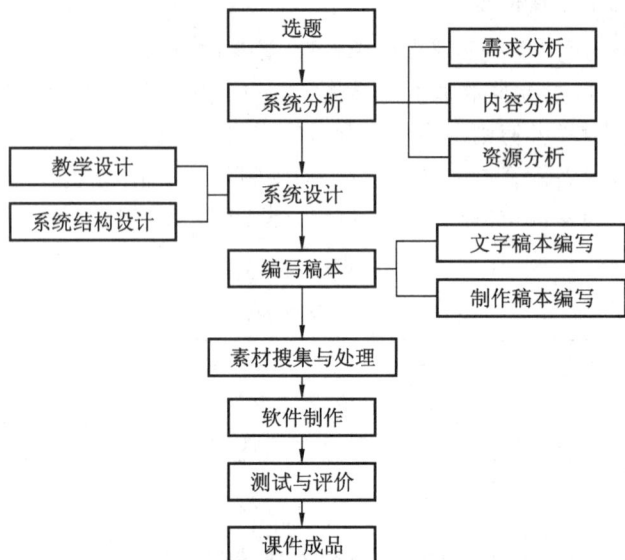

图 6-1 多媒体课件开发的一般流程

（2）内容分析："教什么"、"怎么教"。

（3）资源分析："多媒体课件开发的可能性如何"。

2．系统设计

系统设计是在系统分析的基础上，对系统的整体进行设计，确定课件开发的一套具体的方案、策略和技术方法。它主要包括教学设计和结构设计。

1）教学设计

根据需求分析的结果，对于一定的教学目标，在确定了其有必要学习而且它适合并可能用多媒体课件来表现后，就可以开始按照这一教学目标进行教学设计了。要进一步制定具体的教学目标，也就是目标的细化工作。在整个多媒体课件的开发过程中，教学设计有着举足轻重的地位。

有关教学设计中的若干关键问题，诸如学习目标的分解、教学策略的制定、课件模式的选择、信息媒体的选取与组合等，这里就不再展开了。

2）系统结构设计

多媒体课件信息量大，具有集成性、交互性、控制性好等特点，所以我们必须根据教学设计的结果对课件的整体结构做好设计和规划。系统结构设计是教学设计的基本思想在软件设计上的具体体现。多媒体课件的系统结构实质上就是多媒体教学信息的组织与表现形式，它定义了课件中各部分教学内容之间的关系及其发生联系的方式，反映了整个课件的框架结构和基本风格。

3．编写稿本

在完成了对课件的教学设计和系统结构设计以后，应在此基础上编写出相应的稿本，作为制作课件的直接依据。规范的稿本，对保证课件质量、提高课件开发效率将起到积极的作用。稿本设计是将课件的教学内容、教学策略进一步细化，具体到课件的每一屏的呈现信息、画面设计、交互方式及学习过程的控制。它是教学目标的实现手段和方法，是在教学内容、教学策略、教学模式、媒体选择决定的基础上进行的。

4.素材的搜集与处理

稿本设计阶段对课件制作提出了具体的要求,接下来的工作即是为课件的制作准备各种素材。多媒体课件中主要有文本、图形、图像、动画、音频和视频等媒体形式。多媒体数据资源的搜集是比较复杂的,一般都要有专用的设备和软件。不同类型的数据,其采集的方法不同。设计者可根据实际要求利用各种软件进行素材制作,如利用扫描仪预处理图形、图像,利用 Photoshop 进行图片处理,利用 Flash 进行动画制作,利用 Premiere 处理视频等。

5.软件制作

在稿本编写完成之后,素材设计人员就应按稿本的要求设计组织所需的多媒体素材(文本、图形、图像、声音、动画、视频图像等),程序设计员在选择合适的开发工具后把这些多媒体要素组织成一个完整的、接口友好的、交互灵活的具有较高的教学性、科学性、艺术性的 CAI 教学系统。

6.软件调试

尽管程序开发人员在开发过程中就对软件进行了调试,但是在整个软件代码编写完成后仍有必要进行反复调试,发现并去除其中难以发现的错误,特别是大的分工编写的多媒体系统。

7.软件评价

软件评价是教学软件设计不可缺少的一部分,它既是教学软件设计的结束,也是软件设计的开始。对教学软件的评价主要检查它是否达到了预期的教育教学要求和技术要求。目前,多媒体教学软件评价的方法和标准很多,在这里不做过多的介绍。

四、多媒体课件稿本的编写

多媒体课件稿本如同影视教材稿本一样,是指导多媒体制作的主要依据。多媒体课件稿本通常分文字稿本和制作稿本。文字稿本强调的是结构设计,涉及的是教学内容、教学方法、教学形式等;而制作稿本强调的是界面设计,涉及的是画面布局,交互的形式、跳转和返回,问题与响应等。

(一)编写稿本的目的

稿本在课件的开发中占有重要的地位,它不仅影响到课件的开发过程,还直接影响到课件开发的质量和效率。因此,编写稿本具有十分重要的意义。

(1)稿本是多媒体课件设计思想的具体体现。系统设计的结果只是描述了教学信息的呈现、教学流程控制等方面的思想,并没有给出多媒体课件制作中各种具体的指示和要求。通过编写稿本,可以设计各种信息的排列、显示和控制,并考虑信息处理中的各种编程方法和技巧,将课件设计的思想和方法具体体现出来。

(2)稿本是多媒体课件开发的直接依据。稿本不仅反映了教学设计的各项要求,还给出要显示的各种内容及其位置的排列。基于学生学习情况的各种处理和评价,以及学生学习所显示的特点和方法等,为课件的制作提供了直接的依据。

（3）稿本是沟通学科教师与软件开发人员的有效工具。在课件的开发中,除了具有丰富教学经验的学科教师和软件开发人员外,还需要有教学设计人员的参与。稿本将课件的设计、开发、使用紧密结合在一起。

（4）稿本设计是一项创造性的劳动。稿本设计不是系统设计结果的翻版,不是简单地决定各种信息的排列位置和显示方式。稿本设计是一项创造性的劳动。规范和有效的稿本,既能充分体现课件设计的思想要求,又能对课件的制作给予有力的支持。

（二）编写稿本应注意的问题

（1）选材要适当,要适合于用多媒体计算机来表现,体现出多媒体计算机的特长。如果用多媒体计算机来向学生传递一些简单的文字信息,这种用法就使得计算机大材小用了,多媒体计算机的性能价值比就大大地打了折扣。

（2）素材选择时应考虑到软件、硬件的可行性问题。比如,软件中的声音输出,是通过 PC扬声器输出,还是通过硬件解压或软件解压输出;假如在软件中要使用图片,那就应照顾到显示卡的性能的高低、软件存储空间的大小问题,还应注意图片的格式与开发平台的兼容性等问题。

（3）注意科学性与趣味性相统一,用软件进行教学的过程要符合教学规律和学生认知规律。

（4）局部设计与总体设计兼顾,尽量做到结构化、模块化设计,便于相似的画面或功能的反复调用,方便软件的利用,提高开发效率,减少开发中不必要的错误。

（5）软件的交互控制上既要方便教师的控制与调节,更要保证学习者能够自己控制学习进度,发挥自身的主动性,借助导航工具在多媒体环境下自主学习。

（6）用户界面设计是评估计算机应用软件成功与否的重要因素之一。创设友好的用户界面已成为人们探索和创新的焦点。界面设计要合理,图形、文字布局时,闪烁、滚动、旋转、切换等技术的运用力求达到良好的视觉效果。

（三）多媒体课件文字稿本的编写

1. 多媒体课件文字稿本的编写特点

多媒体课件文字稿本就是把准备制作成多媒体的全部内容用画面和解说词密切配合的形式,系统地写成书面表达材料。这里强调的是结构设计,明确教学目标,熟悉教学对象,分析教学内容,选择教学媒体,并要掌握一些基本方法,即呈现要点、设置支点、化解难点、强调重点。

呈现要点是在多媒体课件稿本的开头描述本课件的主要内容,使学习者心目中有一个总体印象,可直接标明哪些问题需要重点掌握,哪些问题需要一般了解,这样可使学习者有针对性、有计划地分配注意力。在展开部分采取多种信息传输手段,详尽呈现、论述、解析、归纳重点内容。

设置支点是通过重要的画面、文字、声音强调课件的知识点、重点、难点、兴趣点。支点可设置在主干结构中,也可以安排在分支结构中。各种知识点的排列组合,要讲究内在的逻辑,便于"透视知识点之间的有机联系,从而有助于形成符合科学逻辑的知识结构体系,使之转化为学生的认知结构"。

化解难点是利用多媒体课件的表达特点,调动计算机的综合优势,使那些平时讲解费力、学生接受费解的难点问题,化为容易理解、便于记忆的画面和文字。

　　强调重点一般在一开始就应把重点内容放在突出位置,给予较大篇幅并利用认知心理学原则,充分展示重要内容,用不同方法强调重点内容。

　　总之,多媒体课件的文字稿本与电视教材的文字稿本有许多相同之处,但在内容、思维方式与写作技巧等方面有其自身的特点。

　　(1)多媒体课件题材内容上求全、求完整。由于多媒体课件表现方式的特殊性,可以方便地进行人工控制,自由地交互,读者使用时,可以根据需要进行选择。这样更符合人类思维的多维性、发散性,所以,在内容上要尽量完整、全面,这对于个别化教学的课件尤其重要。即使是一个单一的主题也可以把与之相关的内容写进稿本中,作为主题的补充,使之更丰满、信息量更大。当然,在形式上可以作为次要的内容处理,比如通过热字作为资料性的查询,以不影响主体为原则。这与电视教材有所不同,因为电视教材是力求主题单一,只允许读者按照作者的思路去观察认识。由于受到线性播放的限制,必须砍掉一些与主题无关或关系不大的枝枝叶叶,有时甚至是忍痛割爱。

　　(2)在结构形式上,一般是顺序呈现,选择进入。这与电视教材结构方法大不一样。电视教材结构形式可以有多种多样,仅电视教材的开头就有释题法、侧重法、设问法、倒叙法、正误法、旁解法等。而一旦结构确定后,在呈现时就只能按顺序进行,线性播放,而不能像多媒体课件那样可以自由进入某一部分内容。所以,多媒体课件文字稿本在写作时一般按顺序来写,而在使用时,则可以根据读者的知识背景和偏好自由选择。比如,对于初学者可以从头学起,由浅到深,最后做练习;而对于复习者则可以先做练习或测试题,遇到问题再返回去学习。

　　(3)在画面的写作上以相对静止画面为多。由于多媒体课件的交互性,在使用中可以根据读者的需要或长或短地停止在某一页认真地读解,这样画面可以相对静止或循环再现。而电视教材画面是流动的,即使是一幅静态的画面,停留的时间也不能太长,少则一两秒钟,多则七八秒钟就要被下一个镜头替代。这就要求写稿本时,想象中的画面一定要有代表意义,能够代表这一页或这一段的主题内容。对画面的语言描述要推敲锤炼,可视性要强,使制作者从字里行间可以想象出画面来。

　　(4)在画面的过渡上相对松散。这是与电视教材相比较而言的。电视画面的过渡有技巧过渡和无技巧过渡,必须遵循蒙太奇原则,不可出现景别、轴线、逻辑上的混乱。而多媒体课件画面的概念则不是那样确切,看似一页画面,实际上可以由多层组成,画面上的许多元素都可以引起新的画面,而它们之间的联系除逻辑上和内容上的联系外,很少有蒙太奇中规定的转场和过渡关系。

　　(5)解说词的写作一般以知识点为中心展开。知识点是教学活动中传播知识信息的基本单位,教学活动就以知识点为线索,逐次展开内容。知识点的划分以教科书的内容为基本依据,但不拘泥于教科书,尤其不能与教科书的章节目录等同起来。作者应该按授课的内在逻辑,重新组织教学内容,必要时可以打破原章节安排,加以必要的重构,并且要把学科的最新进展加进去,有选择地将教科书中与知识点密切相关的内容用精练的文字写成解说词,使读者读起来朗朗上口,听起来易懂易记,将深奥的科学原理和繁杂的书本知识组织成与读者知识相适应的听觉元素,而不是生僻的名词、晦涩咬口的书面语,更不可书本搬家,照搬照抄。所以,解说词的写作要把书本的表达形式转化成口头表达形式,除以陈述性的语句阐述外,还应适当运用设问、对比等启发式语言,以提醒读者注意,引导读者思考。此外,在人称上要统一,通常以第一人称或第三人称为宜。总之,解说词要能够阐释画面的内在含义,解释和补充画面内容,加强和扩大画面的表现力,从知识方面补充画面不易表达的内容,使之系统完整,从艺术上增强感染力。

2. 多媒体课件文字稿本的形式

多媒体课件文字稿本没有固定的形式,一般采用卡片的形式进行描述,并按照教学过程的先后顺序综合起来进行排列,形成一定的系统,这种卡片称为文字稿本卡片。文字稿本卡片一般包含有课件名称、适用对象、课件类型、序号、内容、教学目标、媒体类型和呈现方式等。其基本格式如表 6-2 所示。

表 6-2　文字稿本卡片的基本格式

课件名称				
适用对象				
课件类型				
序号	内容	教学目标	媒体类型	呈现方式

(1)课件名称:用来标识不同课件的名字,一般根据该课件所呈现的内容取名。如高二复习课"易混时态讲解",课件名称为《突破时态易混点》。

(2)适用对象:课件的使用对象范围。

(3)课件类型:如课件属于模拟实验型、辅助测试型或作为课堂演示型课件。

(4)序号:在一定的程度上,可以认为文字稿本是文字稿本卡片的有序集合。文字稿本卡片的序列安排是根据教学过程的先后顺序来决定的。依据知识结构流程图,可划分各阶段的序号范围,并按先后顺序将文字稿本的卡片序号排列出来。

如果在讲授知识点的过程中配有相关的问题,那么可根据问题的设置加插相关的序号。

(5)内容:某个知识点内容或构成某个知识点的知识元素,也可以是与知识内容相关的问题。一般以文字、图形、图像、动画、解说、效果声等作为知识内容,以问题和答案及反馈信息作为练习与测试的内容。

(6)教学目标:对应的知识点讲解要使学生达到怎样的掌握程度。

(7)媒体类型:为使每个知识点的教学达到预定的教学目标,在多种媒体组合的课堂教学中,教师除使用传统的教学媒体外,还常常选择幻灯、投影、电视录像、录音等电教媒体进行课堂辅助教学。而在多媒体计算机辅助教学中,媒体类型是教师根据教学内容和教学目标的需要,结合各种媒体信息的特点,合理地选择文本、图形、图像、动画、解说、效果声等各种媒体类型。

(8)呈现方式:主要是指每一个教学过程中,各种信息出现的前后次序(如先呈现图像后呈现文字、先呈现文字后呈现图像或图像和文字同时呈现等)和每次调用的信息种数(如图文音同时调用、只调用图文或只调用文字等)。

(四) 多媒体课件制作稿本的编写

文字稿本是学科专业教师按照教学过程的先后顺序,将知识内容的呈现方式描述出来的一种形式。它还不能有效地指导多媒体课件的制作,因为多媒体课件制作时还应考虑所呈现的各种信息内容的位置、大小及显示特点(如颜色、闪烁、下划线、黑白翻转、箭头指示、背景色和前景色等),并要考虑信息处理过程中的各种编程方法和技巧。所以需要在文字稿本的基础上改写使其成为多媒体课件制作稿本。

通常,多媒体课件制作稿本应包含软件系统结构的说明、知识单元的分析、屏幕的设计、链接关系的描述等,最后才填写到制作稿本卡片上。

1. 软件系统结构的说明

依据教学内容的知识结构流程图,并考虑教学软件在实际应用中的具体情况,可以建立软件的系统结构。

2. 知识单元的分析

知识单元是构成多媒体教学软件系统的主要部分。一般情况下,知识单元即为某个知识点或构成知识点的知识要素,但也可以是教学补充材料或相关的问题或练习。

(1)知识单元的划分:不同的知识单元,在屏幕设计和链接关系上有很大的区别,因此知识单元的划分是非常重要的工作。知识单元的划分一般来说以下面两条作为准则:一是考虑知识内容的属性,即按照加涅的学习内容分类,可分为事实、概念、技能、原理和问题解决等五类,不同类型的知识内容应划分为不同的知识单元;二是考虑知识内容之间的逻辑关系,如因果关系的知识内容应划分为不同的知识单元。

(2)知识单元的屏数及其之间的关系:每个知识单元的呈现是由若干屏幕来完成的,屏数的确定可参考文字稿本中与该知识单元相对应的卡片数,并确定各屏之间的关系。

3. 屏幕的设计

(1)屏幕设计的基本内容:屏幕设计一般包括屏幕版面设计、显示方式设计、颜色搭配设计、字体形象设计和修饰。多媒体课件的要求比较高,除了追求屏幕的美观、形象和生动之外,还要求屏幕所呈现的内容具有较强的教学性。因此,多媒体课件的屏幕设计应该做到布局合理、整洁美观、生动形象、符合教学需要。

(2)屏幕版面设计主要是安排各种教学信息呈现区域、帮助提示区域和交互作用区域的位置及大小。

教学信息呈现区域主要呈现知识内容、演示说明、举例验证、问题提问等,它们是以多媒体信息来呈现的。在安排这些媒体信息的呈现区域时,重点是对各种可视信息,如文本、图形、图像及动画等进行定位和大小设计。整个教学信息呈现区域在屏幕版面上应处于醒目的位置并占有较大的面积。

帮助提示区域:多媒体教学软件中的导航策略很重要,它可以指导学习者沿着正确的路途进行学习,避免迷途或少走弯路。因此,在制作稿本时,应有相应内容的描述并在屏幕版面上有所考虑。

交互作用区域:交互作用区域根据学生操作习惯,一般位置是在右边、下面或右下角,也可放在上面,甚至利用热键形式放在屏幕的任意处。

多媒体课件的屏幕版面设计一般要求将教学内容作为主体,主体突出、交互操作方便、屏幕使用率高。

显示方式设计就是根据教学顺序和学生的认知规律,设计屏幕版面上各部分显示的方式。

该部分可依据文字稿本中的"呈现方式"来进行设计。

颜色搭配设计包括背景颜色、文字颜色及全屏幕色调的设计,一般要求色彩协调、醒目自然、美观大方,从而有利于教学内容的显示。

字体形象设计包括字形和大小设计,一般要求字形标准、规范,字的大小要求适中、清楚。按原国家教委有关多媒体课件制作规范中的规定,字体大小不得小于 12 号字。

除上述设计以外,为使屏幕形象更加美观,还需进行必要的修饰、点缀,但教学软件一般要求整洁、美观、大方。切忌屏幕内容摆放得太杂乱,背景太花,影响主要内容的表现,干扰学习者的学习。

4. 链接关系的描述

多媒体课件的超文本结构是通过链接关系来实现的。在制作稿本中,可从"进入方式"和"键出方式"两方面来描述节点与节点之间的联系。一般采用下面的语句来描述。

进入方式:由_____文件,通过_____按钮。

键出方式:通过_____按钮,可进入_____文件。

5. 片头、片尾设计

片头主要呈现多媒体课件的名称、制作和发行版权、课件主题等基本信息,片尾主要呈现多媒体课件制作单位和资料提供单位人员、鸣谢等内容。片头和片尾一般采用动画、音效等多种媒体形式,以增强课件的艺术氛围和感染力。为使设计说明更简洁、直观,设计者可填写成表格形式,如表 6-3 所示。

表 6-3　片头和片尾的设计格式

课程或教学单元_____				文件名_____					第___屏			
屏幕背景				交互方式					媒体内容、位置、艺术效果、呈现顺序、时间			
图案	交互方式及位置		基本内容	艺术效果	链接的节点名及各所在屏幕号或文件名、其他信息				文字	图形	动画	声音
					单击	双击	经过	自动				
	图标	热区										
		热对象										
	按钮	图形										
		文字										
	菜单	一级 二级										
		……										
	超文本热字											
	其他											
备注												

6. 主界面设计

主界面即进行教学的知识单元主菜单界面,主界面设计主要是总导航的设计。通过采用菜单、图标、热区等方式,为用户提供相关选择和链接。为使设计说明更简洁、直观,设计者可填写成表格形式,如表 6-4 所示。

表 6-4 主界面稿本格式

课件名称_____ 课程或知识单元名称_____ 文件名____ 第____屏

名称	屏幕背景			各种媒体特技与艺术效果						退出方式
	背景色	图案	动感	媒体	基本内容	特技或艺术效果及位置	长度(秒)	来源	各媒体呈现顺序	
				文字						
				图形						
				声音	解说词					
					背景音乐					
					音响					
				动画						
				视频						
备　注										

7. 多媒体课件制作稿本卡片的基本格式

多媒体课件是以一屏一屏的方式呈现给学习者进行学习的,每一屏如何设计、如何制作,应该有相应的说明。综合上述各项工作,我们设计了一种卡片,供大家参考,如表 6-5 所示。图 6-2 所示为多媒体课件制作稿本示例。

表 6-5 多媒体课件制作稿本的基本格式

软件名称		所属模块(单元)		文件名		序号	
画面					解说词		
进入方式: 1.由_____文件,通过_____按钮; 2.由_____文件,通过_____按钮。					本屏呈现顺序说明		
键出方式: 1.通过_____按钮,可进入_____文件; 2.通过_____按钮,可进入_____文件。							

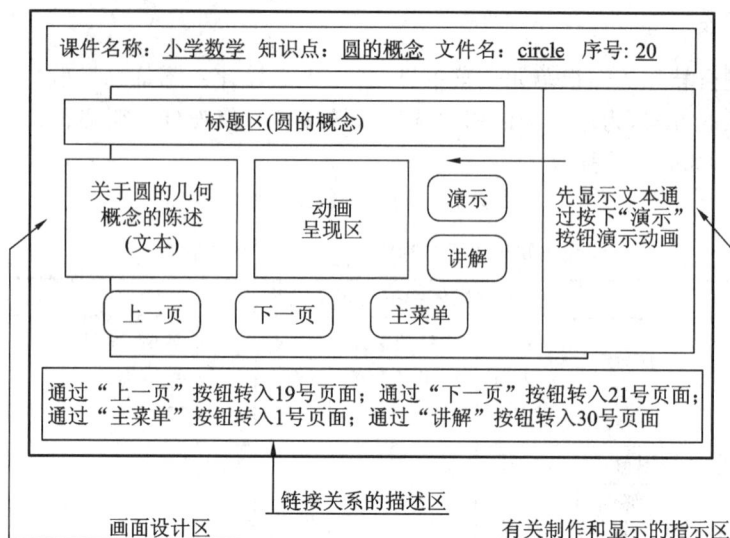

图 6-2 "小学数学"课件制作稿本示例

五、多媒体课件稿本设计案例

在多媒体课件开发的设计阶段,稿本是多媒体课件开发的蓝本,故而它的编写显得十分重要。在教学系统设计阶段会形成文字稿本和制作稿本,在此谨以《春晓》一课为例,介绍课件文字稿本和制作稿本的编写。

(一)《春晓》的多媒体课件文字稿本

文字稿本是按照教学过程的先后顺序,用于描述每一环节的教学内容及其呈现方式的一种形式,它是多媒体课件的教学系统设计结果。以下是《春晓》的多媒体课件文字稿本。

1. 导语

导语如表 6-6 所示。

表 6-6 导语

屏幕板书	图像、声音、视频素材	讲 解 文 字
春晓	一幅图画,画面上是一个古代女子,她左手拉起帘子,看到室外有桃花、小鸟和芭蕉等景物;小鸟的鸣叫声。	古时候,有许多人写了很多诗,这些诗就是古诗。《春晓》就是其中的一首。这首诗是诗人孟浩然隐居在鹿山门时所作,意境十分优美。诗人抓住春天的早晨刚刚醒来时的一瞬间,展开描写和联想,生动地表达了诗人对春天的热爱和怜惜之情。

2. 作者简介

作者简介如表 6-7 所示。

表 6-7　作者简介

内　　容	使用说明
孟浩然(689—约740),唐代著名诗人,汉族,本名名浩,字浩然,襄州襄阳(今湖北襄阳)人,世称"孟襄阳",与另一位山水田园诗人王维合称为"王孟"。他一生没有做过大官,大半辈子隐居农村,过着淡泊恬静的生活。壮年时曾漫游江浙,徜徉山水间,历览自然风光。他创作的诗中以无言律诗最负盛名。《春晓》就是其中的一首。	

3. 导读

导读如表 6-8 所示。

表 6-8　导读

内　　容	使用说明
学习目标: (1) 学会"晓、眠、觉、闻、啼"5 个生字,做到能读会写、能结合诗句讲解其意思; (2) 能理解各句诗的基本意思,能用自己的话讲解全诗的意思; (3) 能朗读、背诵、默写课文; (4) 体会诗的意境,产生"春天真美"的情感。 问题思考: (1) "春晓"中的"晓"和"春眠不觉晓"中的"晓"意思一样吗? (2) 这首诗可能写的是什么季节、什么时候的景色? 你是怎么看出来的? 诗人听到了什么? 想到了什么? (3) 这首诗表达了作者什么样的思想感情? (4) 学了这首诗,你有什么感想?	

4. 导读答案

导读答案如表 6-9 所示。

表 6-9　导读答案

内　　容	使用说明
(1) "春晓"中的"晓"的意思是早晨,"春眠不觉晓"中的"晓"的意思是知道。 　　(2) 这首诗可能写的是春天早晨的景色,是从题目"春晓"和"春眠"看出来的。诗人听到了鸟叫声,想到了昨夜的风雨声,花落了很多。 　　(3) 这首诗表达了作者热爱春天,珍惜春光之情。	

5. 注释

注释如表 6-10 所示。

表 6-10   注释

屏 幕 板 书	使用说明
春晓:春天的清晨。晓,指天刚亮的时候。 不觉:不知不觉,没有察觉到。 闻啼鸟:听到小鸟的鸣叫声;闻,听到;啼,鸣叫。 夜来:夜里。 眠:睡觉。 晓:知道。 处处:到处。	

6. 译文

译文如表 6-11 所示。

表 6-11   译文

屏 幕 板 书	使用说明
春天的夜晚一直甜甜地睡到天亮, 醒来时只听见窗外一片鸟鸣啁啾。 回想起昨夜好像下过雨又刮过风, 庭院石阶上一定铺满缤纷的落花。	在讨论分析的基础上逐句呈现。

7. 赏析

赏析如表 6-12 所示。

表 6-12   赏析

屏 幕 板 书	讲 解 文 字
思考问题: (1)诗人运用了什么写作手法? (2)诗人是如何通过描写情景来表达自己的情感的?	此诗没有采用直接叙写眼前春景的一般手法,而是通过"春晓"(春天的早晨)自己一觉醒来后瞬间的听觉感受和联想,捕捉典型的春天气息,表达自己喜爱春天和怜惜春光的情感。 诗的前两句写诗人因春宵梦酣,天已大亮了还不知道,一觉醒来,听到的是屋外处处鸟儿的欢鸣。诗人惜墨如金,仅以一句"处处闻啼鸟"来表现充满活力的春晓景象。但人们由此可以知道,就是这些鸟儿的欢鸣把懒睡中的诗人唤醒,可以想见,此时屋外已是一片明媚的春光,可以体味到诗人对春天的赞美。正是这可爱的春晓景象,使诗人很自然地转入诗的第三、第四句的联想:昨夜我在朦胧中曾听到一阵风雨声,现在庭院里盛开的花儿到底被摇落了多少呢?联系诗的前两句,夜里这一阵风雨不是急风暴雨,而当是轻风细雨,它把诗人送入香甜的梦乡,把清晨清洗得更加明丽,并不可恨。但是它毕竟要摇落春花,带走春光,因此一句"花落知多少",又隐含着诗人对春光流逝的淡淡哀怨以及无限遐想。

8. 朗读指导

朗读指导如表 6-13 所示。

表 6-13　朗读指导

屏幕板书	图像、声音、视频素材	使用说明
春眠/不觉/晓， 处处/闻/啼鸟。 夜来/风雨/声， 花落/知/多少。	《春晓》朗读视频	(1)"/"表示停顿。 (2)确定感情基调(赞美、喜爱)。 (3)晓、鸟、少押"ao"韵，读时声音适当拖长。

9. 练习

练习如表 6-14 所示。

表 6-14　练习

屏幕板书	使用说明
1."找朋友"(连词) 春(春风)(春雨)(春晓)(春光)(春花) 时(时节)(时间)(时光)(及时)(准时) 2.用下面的词语写句子 春天　　　春雨 3.说话练习 话题:春天来了。 要求:结合自己的生活经验,展开合理的想象,说说春天的美丽景象。	

10. 资料

资料如表 6-15 所示。

表 6-15　资料

屏幕板书	使用说明
1.朗读古诗时,句中停顿的规律与要求是什么? 　古诗的节拍(音步)跟速度有关,但跟停顿关系更密切。在每一个节拍后面轻轻拖腔之后,往往有短暂的停顿,这种停顿主要是为了突出节奏,这就是我们常说的句中停顿。节拍的划分一般都是五言三拍,二、三拖腔或二、四拖腔,即可在第二、三个字或第二、四个字后分别停顿;七言四拍,二、四、五拖腔或二、四、六拖腔,即可在第二、四、五个字或第二、四、六个字后分别停顿。另外在一首诗中,有的可能是同一拖腔,即采用同一种停顿方式,有的可能是两种拖腔同在,即要采用两种停顿方式,这应根据古诗的实际而定。 　2.为何"春眠不觉晓"? 　冬去春来,春暖花开,人们常常会觉得困倦,这种现象称为"春困"。"春困"期间,人特别爱睡,往往天大亮不知醒,所以诗人写出"春眠不觉晓"。 　从生理角度看,到了春天,气温回升,人体表面的毛细血管和毛孔逐渐舒张开来,体表的血液循环随之旺盛,流往大脑的血液和氧气也就相对减少,脑细胞的活动受到抑制,所以人便会感觉"春困",以至于天都亮了,还不知道醒过来。此外,春季昼长夜短,不够睡,气候宜人,催人欲睡,也是春眠不觉晓的原因。	

(二)《春晓》的多媒体课件制作稿本

本软件注重语文知识、生活常识和科学知识的有机结合,突出趣味性,注重训练学生的理解能力。软件的系统结构如图 6-3 所示。

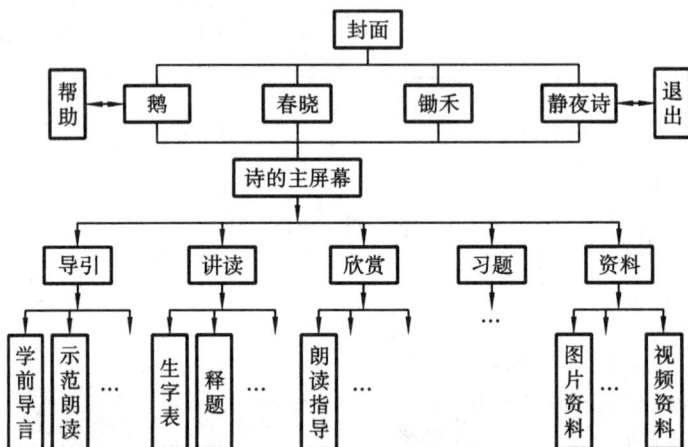

图 6-3 软件的系统结构

《春晓》的多媒体课件制作稿本如表 6-16 至表 6-19 所示。

表 6-16 《春晓》制作稿本 1

课件名称	古诗欣赏	内容	目录	文件名	gushi	序号	1

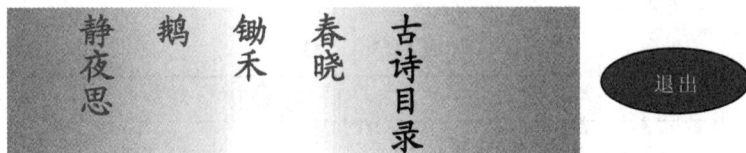

古 诗 欣 赏(标题)

内容呈现区域

进入方式: 由 __封面__ 页面,通过 古诗欣赏 按钮进入	本屏呈现信息顺序说明: 先呈现背景图,再呈现文字。
键出方式: 1.通过 退出 按钮,可结束播放 2.通过单击"春晓",可进入 2 号页面 3.通过单击"锄禾",可进入 8 号页面 4.通过单击"鹅",可进入 14 号页面 5.通过单击"静夜思",可进入 20 号页面	制作说明: 插入山水画作为背景图。

表 6-17 《春晓》制作稿本 2

课件名称	古诗欣赏	内容	春晓	文件名	gushi	序号	2

进入方式： 由 __1__ 页面,通过 春晓按钮进入	本屏呈现信息顺序说明： 先呈现背景图,再呈现文字、声音。
键出方式： 1.通过单击导引按钮,可进入 3 号页面 2.通过单击讲读按钮,可进入 4 号页面 3.通过单击欣赏按钮,可进入 5 号页面 4.通过单击练习按钮,可进入 6 号页面 5.通过单击资料按钮,可进入 7 号页面	制作说明： (1)插入背景图; (2)输入"春晓"全诗。

表 6-18 《春晓》制作稿本 3

课件名称	古诗欣赏	内容	讲读	文件名	gushi	序号	3

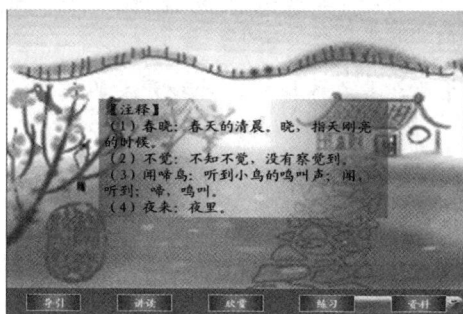

进入方式： 由 2、3、5、6、7 页面,通过单击讲读按钮进入	本屏呈现信息顺序说明： 先呈现图像,再呈现文字。
键出方式： 1.通过单击导引按钮,可进入 3 号 页面 2.通过单击欣赏按钮,可进入 5 号页面 3.通过单击练习按钮,可进入 6 号页面 4.通过单击资料按钮,可进入 7 号页面	制作说明： 插入山水画作为背景图。

表 6-19　《春晓》制作稿本 4

课件名称	古诗欣赏	内容	欣赏	文件名	gushi	序号	4

进入方式:	本屏呈现信息顺序说明:
由 2、3、4、6、7 页面,通过单击欣赏按钮进入	先显现文字、图像,再呈现声音。
键出方式:	
1.通过单击导引按钮,可进入 3 号页面	制作说明:
2.通过单击讲读按钮,可进入 4 号页面	插入"春晓"全诗的配乐朗诵。
3.通过单击练习按钮,可进入 6 号页面	
4.通过单击资料按钮,可进入 7 号页面	

(资料来源:http://wenku.baidu.com/view/1c6463fcfab069dc50220115.html? from=related&rl=regok)

实践活动 6-1

多媒体课件设计

【活动目标】

通过该实践活动,学习者了解多媒体课件设计和开发的基本流程,掌握运用现代教育理论和学习理论进行多媒体课件设计及编写稿本的方法。

【活动任务】

通过与主讲教师讨论,选择有实际价值的课题并完成多媒体课件的设计工作。

【活动步骤】

1.规划实践活动。

多媒体课件设计是一项综合性的工程,活动安排建议如下:

第一阶段,确定开发小组成员及小组负责人,并根据个人的优势进行任务分工;

第二阶段,根据教学内容,完成教学设计部分,并编写文字稿本、制作稿本,完成多媒体素材的准备工作。

2.课件选题和分析。

课件选题主要考虑以下几个方面:

(1)课件是否符合教学内容的需要,即使用多媒体课件进行教学是否能提高教学效率、改善教学效果;

（2）课件制作是否在实际条件允许的条件下，即制作者要考虑经费、时间、设备及所拥有的各种资源等因素，是否能够完成课件的制作。

3. 系统分析。

系统分析部分主要完成需求分析、内容分析和资源分析的工作，即对课件的可行性进行考察，回答"为什么要开发"、"开发什么内容"、"是否可行"等问题。

4. 系统设计。

系统设计部分需要完成教学设计和系统结构设计等工作。在教学设计部分，设计者要确定合适的教学目标，利用何种形式呈现教学内容等；系统结构设计则要关注多媒体教学信息的组织与表现形式，确定教学课件的整体风格。

5. 稿本编写。

稿本编写部分包括文字稿本的编写和制作稿本的编写。

文字稿本是根据教学设计部分对教学内容进行细致的描述，一般包括知识单元、目标描述、媒体类型和呈现方式。制作稿本则是制作者根据文字稿本编写的课件制作脚本，它要重点描述课件的交互、导航、屏幕呈现等内容，是多媒体课件制作的直接依据。

【活动成果】

（1）该实践活动结束时，小组成员要提交一份完整的活动报告，其中包括多媒体课件的各阶段设计稿本等。

（2）稿本提交之后，学习者分小组针对稿本设计过程和情况进行现场汇报。

本 章 小 结

信息化教学资源泛指各种为教育目的服务的资源，不同于传统教学资源，信息化教学资源除了具有一般教学资源的共同特性外，还具有多媒体、超文本、交互性、虚拟仿真等属性，这些属性是由教学资源所处的环境决定的。所以，在信息化教学环境下，合理地选择、设计、开发、利用教学资源就成为现阶段每一个信息化教学工作者的基本素养。本章以培养教师信息化教学素养为目标，分别介绍了信息化教学资源的类型、特点，以及信息化教学资源的主要组成部分——多媒体课件的设计开发过程，以方便各类信息化教学工作者认识、了解信息化教学。

本 章 练 习

1. 名词解释：

信息化教学资源　多媒体课件。

2. 信息化教学资源是信息化教学环境下信息化技术与传统教学资源的整合，在学习过本章后，请结合实际谈谈信息化与传统教学资源的整合需要注意些什么。

3. 请结合实际的案例，简述多媒体课件的开发过程和脚本编写的过程。

第七章　信息化教学资源开发

核心概念 ......

多媒体素材
多媒体课件
教育视频
微课

学习目标 ......

（1）了解多媒体素材的分类及相关处理工具软件。
（2）掌握应用 PowerPoint 开发多媒体课件的基本技术和方法。
（3）了解编制教育视频的基本方法。
（4）了解微课制作的基本方法。

知识概览 ......

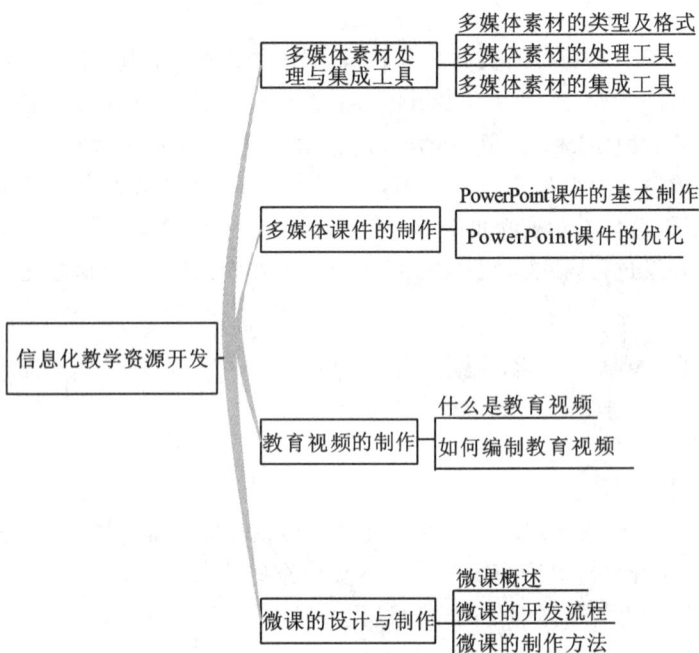

194

第一节 多媒体素材处理与集成工具

一、多媒体素材的类型及格式

根据媒体的不同性质,一般把媒体素材分成文字、声音、图形、图像、动画、视频和程序等类型。在不同的开发平台和应用环境下,即使是同种类型的媒体,也有不同的文件格式。如文字媒体常见的有纯文本格式(.txt)和 Word 文档格式(.doc),还有富文本格式(.rtf);声音媒体有 wav 文件格式(.wav)和 mp3 文件格式(.mp3)等。不同格式的文件用不同的扩展名加以区别。表 7-1 列举了一些常用媒体类型的文件扩展名。

表 7-1 常用媒体类型的文件扩展名

媒体类型	扩展名	说　　明
文字	txt	纯文本文件
	doc	Word 文件
	wps	WPS 文件
	wri	写字板文件
	rtf	Rich Text Format 格式文件,可以作为通用文件交换格式
	hlp	帮助信息文件
声音	wav	标准 Windows 声音文件,是波形文件的一种存储格式
	mp3	MPEG LayerⅢ声音文件
	wma	Microsoft 推出的声音文件
	mid(rmi)	乐器数字接口的音乐文件
	au(snd)	Sun 平台的声音文件
	aif	Macintosh 平台的声音文件
	vqf	最新的 NTT 开发的声音文件,比 mp3 的压缩比还高
	rm	RealAudio 流式音频格式
	cda	唱片采用的格式,一种波形文件
图形、图像	bmp	Windows 位图文件
	pcx	Zsoft 的位图文件
	png	针对 Web 开发的无损压缩格式
	gif	图形交换格式文件
	jpg	JPEG 压缩的位图文件
	tif	标记图像格式文件
	tga	计算机生成图像向电视转换的一种首选格式
	wmf	矢量图形格式,Windows 中常见的一种图元文件格式
	eps	Post Script 图像文件
	icon	图标格式
	psd	Photoshop 专用图形图像文件格式

媒体类型	扩展名	说　明
动画	gif	图形交换格式文件
	flc	Autodesk 的 Animator 文件
	fli	Autodesk 的 Animator 文件
	swf	Macromedia 的 Flash 动画文件
	spl	Macromedia 的 Flash 动画文件
	mmm	Microsoft Multimedia Movie 文件
	avi	Audio Visual Interleave,Windows 视频文件
视频	mp4	视频文件
	avi	Windows 视频文件
	mov	Quick Time 视频文件
	mpg	MPEG 视频文件
	dat	VCD 上的数字视频文件格式
	vob	DVD 上的数字视频文件格式
	rm	RealVideo 流媒体文件格式
	asf	微软公司的流媒体格式
	wmv	微软公司的数字视频文件格式
其他	exe	可执行程序文件
	wrl	VRML 的虚拟现实对象文件
	ram(ra、rm)	RealAudio 和 RealVideo 的流媒体文件

二、多媒体素材的处理工具

在多媒体课件中包含大量的多媒体信息,这些数字化教学信息的质量直接影响到软件的应用效果,因此有必要对其处理方法进行探讨。

1. 文本信息的处理

文字是日常交流最主要的信息交流手段,又称为符号化的媒体。在教学过程中,大量的教学信息都是通过文字信息实现的,例如各种原理、概念、计算公式等。我们通常将之称为文本,包括文字、字母、数字、字符、符号等。

文本信息的处理通常是指大量文字的输入和编辑工作。目前计算机上运行有各种强大的文字处理软件,如 Microsoft 的 Word、Kingsoft 的 WPS 等,使用这些软件可以方便地实现数字化文本制作。为了方便在课件制作工具中直接导入,一般情况下将制作的文本存储为 txt 或 rtf 文本。

如果输入的文本数量大并且有字形规范的原件,则可以考虑通过扫描仪使用光学字符识别(OCR)技术来将扫描所得的位图转化为文本。另外,语音和手写识别技术已逐步走向成熟,在合适的条件下可以通过语音输入或手写的方式来输入文本。

除了文字文本外,多媒体 CAI 软件中还包含位图形式的文本,它通常是在使用绘图软件时输入的文本。注意:对位图文本的处理一般需要考虑到文本信息的提示功能及与背景图像的配合效果等问题。

2. 图形信息的处理

图形是由基本图元单位组成的。与图像不同,图形文件不描述屏幕上每个显示像素的数据内容,而是描述产生这些点的方法。它通常包含产生矢量图形的指令数据,这些指令描述图中包含了线、面、体等几何要素及它们的色彩特征。与图像相比,图形占有较小的存储空间,但其生成需要较长的时间。在实际的屏幕交互过程中,图像作为一个整体接受用户操作,而图形则以图元为单位进行交互操作,它适合具有相应数学几何模型的知识点的教学表达。

多媒体课件中常用的图形生成途径通常有以下几种。

(1) 使用著作工具提供的绘图工具。几乎所有的多媒体著作工具(如 Authorware、Flash 和 PowerPoint 等)都提供绘制基本图形的工具,它们非常适合于在 CAI 课件中快速地制作图形对象。

(2) 利用图形制作工具。使用 AutoCAD、CorelDraw、3ds Max 等图形制作工具可以得到非常具有表现力的图形,这些软件都提供了丰富的处理功能,可以制作出高精度的专业图形。

(3) 使用程序设计语言。目前计算机的可视化编程工具(如 Visual Basic、Inprise Delphi 等)都提供了可产生矢量图形的函数语句,而多媒体著作工具中也提供了大多数简单的绘图语句。这种方法在需要对图形对象进行动态控制或实现依赖于坐标参数的复杂交互时应用。

3. 图像信息的处理

图像是人类视觉器官所感受的形象化的媒体信息,如周围的环境、景物照片、图画等。在教育教学中,图像是主要的多媒体信息,它不仅可以反映外观,还可以表达思想。用真实的场景、具有感染力的图像来表达比较抽象、难以理解的知识内容,可以渲染气氛,提高教学效果。

图像文件包含了对屏幕显示的每个像素的色值描述,它又称为位图。在 CAI 课件中图像文件常被用来制作整体交互的可视对象或各种显示元素的背景。在 CAI 课件中应用最为广泛的图像文件格式有 bmp、jpg、gif、tif、tga、wmf、dib、pic、png 等。制作和修饰图像的方法有以下几种。

(1) 使用 Windows 中的 PaintBrush 工具制作简单的图像。这个工具操作简单、便捷,生成的 bmp 文件为大多数集成工具所支持,适合于制作构成简单、色彩层次不是十分丰富的图像。

(2) 使用专业图像制作和编辑工具。如果需要图像具有较丰富的视觉表现,则可以考虑使用诸如 Photoshop、MetaCreation Painter、Microsoft PhotoDraw 等专业工具来制作。这些工具提供了丰富的绘图功能和逼真的绘图材质,可以制作出高质量的静止图像。在 CAI 课件的素材处理过程中还常常需要对已有的数字化图像进行修饰。另外,利用扫描等方法获取的图像中往往包含了噪声信息,需要加以清除。这时就必须应用专业的图像编辑工具进行处理,在这方面 Adobe 公司的 Photoshop 堪称典范。

(3) 利用数字化图像捕捉设备获取图像。数字化图像捕捉设备主要是指扫描仪、数码照相机和数码摄像机。随着相应硬件技术的提高,利用扫描仪和数码照相机已经可以得到高分辨率的专业图像。

(4) 使用屏幕捕捉软件。当课件中需要再现当前计算机屏幕显示的内容时,应该使用屏幕捕捉软件。优秀的屏幕捕捉软件如 HyperSnap-DX、SnagIt 等可以捕捉屏幕上用户定义的任何区域的内容。其操作简单,使用方便,可以得到高清晰度的图片。

4. 动画信息的处理

动画实质上是一幅幅静态图像的连续播放,一幅静态图像为一帧(通常为 8 帧/秒以上)。动画在制作过程中忽略了事物运动、变化过程中的一些次要因素,只强调其本质要素,有利于描述事物运动、变化的过程。动画是经过人工设计制作出来的,更加生动有趣,可用于激发学生学习的积极性。

动画信息适合于在多媒体课件中表现动态的或由复杂因素支配的过程。多媒体课件中常用的动画文件格式有 swf、flc/fli、avi、mov、mmm、gif 等。动画的制作方法有以下几种。

(1)利用一般动画制作工具。常用的二维动画制作工具有 Autodesk 公司的 Animator Pro 等,三维动画制作工具有 3ds Max 、MAYA、SOFTIMAGE、TRUESPACE 等。利用上述工具可以方便地得到形象而生动的动画。利用工具软件制作动画的效率较高,适合于表现复杂的动画效果;但制作的动画在程序运行时的可控性较差,一般被用来制作演示内容而不作为交互手段。

(2)使用多媒体著作工具的动画制作工具。诸如 Flash、Authorware、Toolbook 等专业著作工具都提供了实现动画效果的工具,利用它们制作的动画较为简单,具有一定的交互性能。相对而言,利用 Macromedia Flash 制作出的动画具有卓越的交互性能和专业的视觉表现,是在 CAI 课件中制作交互式动画的首选。

(3)利用程序设计工具。在专业编程工具中可以借助于一定的算法以动态显示图像的形式制作动画。这种方法的特点是可以实现灵活的控制,但开发时间长,效率不高。一个值得推荐的设计工具组合是 Microsoft Visual C++/Fortran PowerStation(这是因为 Fortran 语言在数值计算领域中具有独特优势)。

5. 声音信息的处理

声音是人类用于传递信息的最方便、最熟悉的方式。在教学中利用声音传递教学信息,利用声音的变化来吸引学生保持注意力。

在多媒体课件中声音信息被用来实现在线提示、解说、背景音乐等效果。多媒体课件中的声音信息主要包括语音和音乐。语音信息的制作是通过使用数字化声音处理设备录制,然后进行编辑处理来完成的。目前计算机的声卡大都支持麦克风和 Line 语音输入,它可以将语音模拟量转化为波形(即 wave 格式)数字化声音文件。同时有大量的波形声音编辑软件可供使用,它们的功能大同小异。对于录制的语音,经常进行的工作是去除杂音和调整音量,最后还可以和音乐混合。

多媒体课件中使用的音乐素材可以通过使用 CDDA 工具从 CD 唱片上抓取,也可以通过将 mp3 文件转化为 wave 文件得到。另外,还可以利用数字化作曲工具创作音乐素材,在这种情况下一般都制作成 midi 音乐文件。Cakewalk 是一种比较优秀的 midi 制作软件。

在实际制作时,应该根据声音信息的不同类型选用不同的制作标准,争取在实现清晰的播放效果的前提下尽可能减小文件的容量和播放时的系统开销。一般的录制指标(采样频率 22.05 kHz、单声道、8 位采样精度)即可满足收听要求,而音乐素材的制作实际要求可以有适当的提高(CD 音乐效果参考指标:采样频率 44.1 kHz、双声道、16 位采样精度)。

6. 视频信息的处理

视觉是人类感知外部世界的最重要的途径,视频是对真实世界的真实记录,常用来表现真实事物和运动场景。通常情况下视频同时伴随有声音、图片等,信息量较大,具有较强的感染力。在教学中,视频适用于呈现一些对学生来说比较陌生的事物或场景。视频根据处理方式的不同,可以分为模拟视频和数字视频。

在多媒体课件中需要展示真实的场景,就必须引入数字化视频信息。可以使用数字化的摄像机来实地采集,当前大部分数码相机、智能手机都已支持视频的拍摄。另外,还可以使用视频捕捉卡(如 Broadway、Snazzi 等)从外接模拟视频源中实时地将模拟视频信息(VCD、DVD 视频)捕捉到计算机上。

视频信息可以使用视频编辑工具进行编辑处理以适应课件要求。视频编辑工具包括Premiere、Camtasia Studio、剪映、会声会影等。Adobe 公司的 Premiere 是非常出色的视频编辑工具,利用它可以实现专业视频的编辑效果。会声会影则更适合家庭使用。

三、多媒体素材的集成工具

多媒体素材集成工具是指能够把文本、图形、图像、声音、动画和视频等多种素材集成为一个交互式软件(或课件)的工具软件。多媒体素材集成工具也常常被称为多媒体课件制作工具或多媒体编著系统。目前此类软件很多,其中运用最为广泛的包括 PowerPoint、SMART Notebook、Focusky、Flash、Authorware、FrontPage、Dreamweaver、几何画板等多媒体编著系统。

1. PowerPoint

PowerPoint(见图 7-1)是 Microsoft 公司推出的 Office 系列产品之一,主要用于设计制作广告宣传、产品演示的电子版幻灯片,也是目前开展多媒体教学、制作课堂教学课件的得力助手。

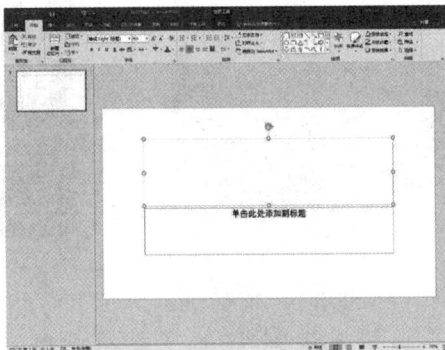

图 7-1 PowerPoint 软件

它继承了 Windows 的友好图形界面,包含多种模板和版式,我们可以根据自己的要求选择,以这些模板和版式为基础,制作课件变得简单容易。利用 PowerPoint 可以在幻灯片中加入各种颜色、图形、声音、影片剪辑等,制作出各种独具特色的演示文稿。制成的演示文稿可以通过不同的方式播放,可以在演示文稿中设置各种引人入胜的视觉、听觉效果;可以直接在计算机和大屏幕投影仪上播放使用,或借助互联网进行展示;可以将演示文稿打印成一页一页的投影片,使用投影仪播放;也可以制成135幻灯片。

有调查结果显示,PowerPoint是课件制作软件中操作最为简单、使用最为广泛的多媒体集成软件。它的最大优点是制作者可以很方便地输入文字,插入图片、声音、动画、视频等多媒体素材,并根据需要形成各种演示效果,不用编写复杂的控制程序便能实现生动、形象的课件制作。

2. SMART Notebook

SMART Notebook软件是针对电子白板设备的配套软件。只有当计算机安装了SMART Notebook软件,才可以使用该软件制作课件并且在白板教室使用电子白板功能,无论从使用角度还是今后发展趋势,SMART Notebook软件无疑是教师上课及制作课件比较理想的软件。如您的教室装有电子白板,您可以直接使用SMART Notebook(软件)搭配电子白板(硬件)上一堂高效率的课;如您上课的教室没有安装电子白板,您可以事先在SMART Notebook软件中导出PPT课件或用SMART Notebook这款软件编辑课件进行上课,非常方便。

SMART Notebook软件使用方便,和PPT制作方法相似,容易上手,一点就通,配上电子白板,效果更佳。

3. Authorware

Authorware是一种基于设计图标和流程图结构的编辑平台,如图7-2所示,它不仅具有强大的创作能力、简便的用户界面及良好的可扩展性,同时还具有丰富的函数和程序控制功能。它通过流程图将文字、图形、图像、声音、动画和视频等素材信息以图标方式依次连接起来,从而形成一个交互灵活的多媒体课件。它具有丰富的交互方式,适合制作多媒体辅助教学和培训演示课件。

图7-2 Authorware 软件

Authorware现在的版本已经发展到7.0,广泛用于多媒体光盘制作等领域。用Authorware软件来制作课件的教师人数也比较多。

4. Flash

Flash是Macromedia公司出品的一款二维动画软件,现在也越来越多地用于多媒体课件的制作。它能够集成文字、图形、图像、声音、动画和视频等多种素材,并以动画的形式展现教学内容。利用Flash内置的动作语言能够制作出复杂的交互性课件,对于实验演示有很好的表现效果。

Flash 的优点是体积小，可边下载边播放，这样就避免了用户长时间的等待。Flash 可以用其生成动画，还可在网页中加入声音，这样用户就能生成多媒体的图形和界面，而使文件的体积却很小。Flash 虽然不可以像一门语言一样进行编程，但用其内置的语句并结合 JavaScript，用户也可做出互动性很强的主页来。

2005 年 4 月 18 日，Macromedia 被美国著名图形软件开发商 Adobe 系统公司以 34 亿美元价格收购。2005 年 12 月 3 日，随着 Adobe 宣布完成并购，Macromedia 从此更名为 Adobe。2015 年 12 月 2 日，Adobe 宣布 Flash Professional 更名为 Animate CC（见图 7-3），维持原有 Flash 开发工具支持外新增 HTML 5 创作工具，为网页开发者提供更适应现有网页应用的音频、图片、视频、动画等创作支持。Animate CC 将拥有大量的新特性，特别是在继续支持 Flash SWF、AIR 格式的同时，还会支持 HTML5Canvas、WebGL，并能通过可扩展架构去支持包括 SVG 在内的几乎任何动画格式。

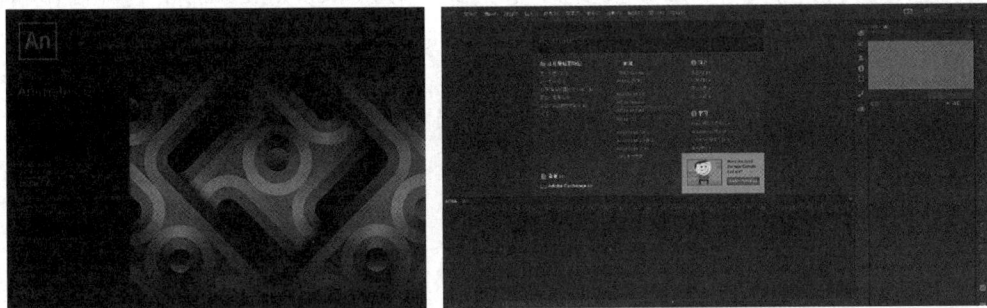

图 7-3 Animate CC 软件

5. 几何画板

几何画板是适用于数学、平面几何、物理的矢量分析、作图、函数作图的动态几何工具。

几何画板软件是由美国 Key Curriculum Press 公司制作并出版的优秀教育软件，1996 年该公司授权人民教育出版社在中国发行该软件的中文版。正如其名"21 世纪动态几何"，它能够动态地展现出几何对象的位置关系、运行变化规律，是数学与物理教师制作课件的"利剑"。（见图 7-4）

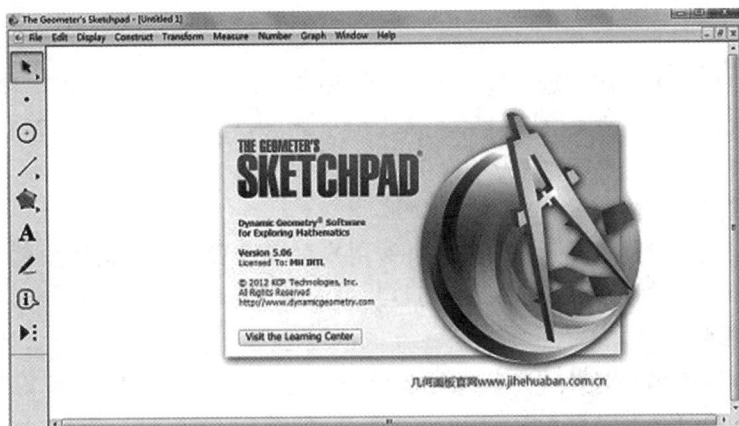

图 7-4 几何画板软件

6. HTML 5 制作工具

目前,有一些专业的 HTML 5 制作工具被社会广泛应用,比如易企秀、微页、兔展、MAKA、Wix 等。在这些工具出现之前,做一些 H5 特效的动态页面,需要专业技术团队和设计师耗时几周才能完成。现在通过 HTML 5 页面制作工具,用户几分钟就能免费创作自己的 HTML 5 页面。

HTML 5 制作工具一般是针对移动互联网营销的手机幻灯片、H5 场景应用制作工具,可以制作微信朋友圈会议邀请函、电子贺卡、动态音乐相册、电子微杂志等,易企秀等工具提供海量 H5 微场景模板,可以轻松实现一键生成 H5 页面。

第二节 多媒体课件的制作

多媒体课件的类型和制作工具较多,本书主要介绍 PowerPoint 课件的基本制作和优化方法。

一、PowerPoint 课件的基本制作

(一) PowerPoint 课件制作的基本操作

1. 创建演示文稿

可以利用模板和主题新建演示文稿。

2. 单张幻灯片的编辑

在单张幻灯片中根据需要插入文本、艺术字、形状、图片、表格和图表、音频、视频等素材。

3. 幻灯片管理

PowerPoint 创建演示文稿由多个幻灯片组成,幻灯片的管理包括添加、复制、移动、删除等基本操作。

4. 演示文稿的美化

1) 应用版式

版式是指幻灯片上标题和副标题文本、列表、图片、表格、图表、自选图形和视频等元素的排列方式。幻灯片版式包含要在幻灯片上显示的全部内容的格式设置、位置和占位符。可以利用版式来调整幻灯片的整体结构。

2) 应用背景

在默认的情况下,幻灯片的背景是白色的,用户可以设置成任何其他颜色,还可以用渐变色、文理、图案和图片做背景,或者在部分幻灯片后面插入图片作为水印。

3) 应用主题调整演示文稿外观

应用主题可以简化专业设计师水准的演示文稿的创建过程。可以通过变换不同的主题来使幻灯片的版式和背景发生显著变化。

4）在幻灯片之间添加切换效果

幻灯片切换效果是在演示期间从一张幻灯片移到下一张幻灯片时在"幻灯片放映"视图中出现的动画效果。用户可以控制切换效果的速度,添加声音,甚至还可以对切换效果的属性进行自定义。

5. 演示文稿的广播

1）控制演示文稿播放时间

通常在幻灯片放映时,是用单击鼠标的方法进行下一张幻灯片的放映的。我们也可以通过使用排练功能,在排练时自动记录时间,设置每张幻灯片在屏幕上显示时间的长短,自动进行幻灯片的换片。

2）切换视图及广播课件

视图是 PowerPoint 的人机交互工作环境。每种视图都包含特定的工作区、工具栏和按钮等组成部分。默认情况下,打开 PowerPoint 时会显示普通视图。演示文稿广播的时候切换到幻灯片放映视图即可。

（二）PowerPoint 课件的进阶制作

1. 创建或自定义幻灯片母版

1）幻灯片母版概述

幻灯片母版是幻灯片层次结构中的顶层幻灯片,用于存储有关演示文稿的主题和幻灯片版式的信息,包括背景、颜色、字体、效果、占位符大小和位置。

幻灯片母版影响整个演示文稿的外观,每个演示文稿至少包含一个幻灯片母版。修改和使用幻灯片母版的主要优点是用户可以对演示文稿中的每张幻灯片(包括以后添加到演示文稿中的幻灯片)进行统一的样式更改。使用幻灯片母版时,由于无须在多张幻灯片上键入相同的信息,因此节省了时间。

2）创建和编辑幻灯片母版的方法

最好在开始构建各张幻灯片之前创建幻灯片母版,而不要在构建了幻灯片之后再创建幻灯片母版。如果先创建了幻灯片母版,则添加到演示文稿中的所有幻灯片都会基于该幻灯片母版和相关联的版式。

创建和编辑幻灯片母版的具体过程和操作方法如下。

● 在"视图"选项卡上的"母版视图"组中,单击"幻灯片母版"(见图 7-5)。

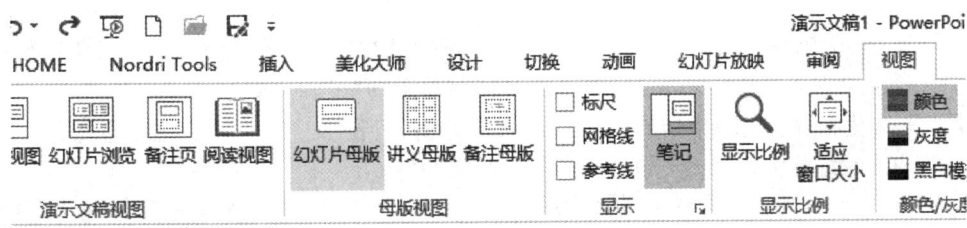

图 7-5　幻灯片母版

● 进入"幻灯片母版"视图,将显示一个具有默认相关版式的空幻灯片母版。在幻灯片缩略图窗格中,幻灯片母版是那张较大的幻灯片图像,相关联的版式位于幻灯片母版下方。

● 在"幻灯片母版"选项卡上的"编辑主题"组中,单击"主题""颜色""字体""效果"按钮,以及"背景"组中"背景样式"等按钮,可以设置幻灯片母版的新主题、颜色、字体、效果和背景,从而改变当前幻灯片母版的主题(见图 7-6)。

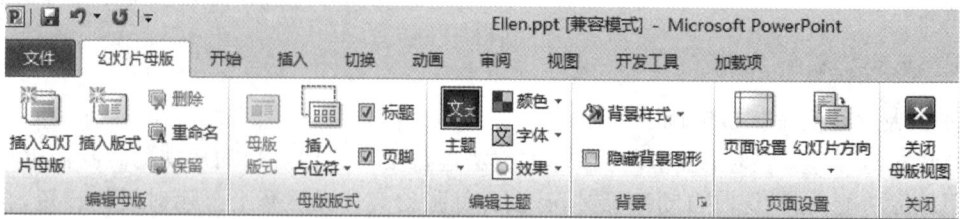

图 7-6　修改"幻灯片母版"主题

● 若要创建版式,请在"幻灯片母版"选项卡上的"编辑母版"组中单击"插入版式"。

● 若要自定义现有版式,请在幻灯片缩略图窗格中,单击要编辑的幻灯片版式,删除现有标题、文本、日期、幻灯片编号、页脚占位符,或者在"幻灯片母版"选项卡上的"母版版式"组中单击"插入占位符"或"标题"、"页脚"(见图 7-7),添加文本、图片、日期、幻灯片编号、页脚占位符,调整这些占位符的位置和大小。

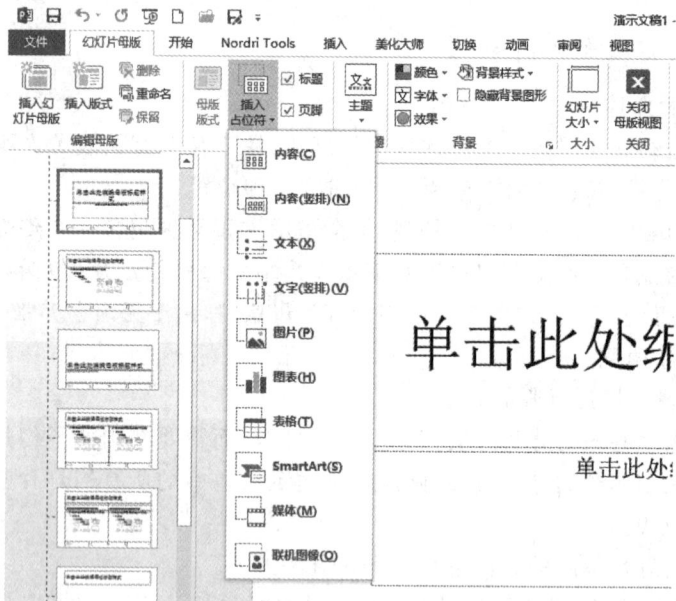

图 7-7　修改"幻灯片母版"版式

● 若要删除默认幻灯片母版附带的任何内置幻灯片版式,请在幻灯片缩略图窗格中,右键单击要删除的每个幻灯片版式,然后单击快捷菜单上的"删除版式"。

● 若要设置演示文稿中所有幻灯片的页面方向,请在"幻灯片母版"选项卡上的"页面设置"组中单击"幻灯片方向",然后单击"纵向"或"横向"。

● 在"文件"选项卡上,单击"另存为"。在"文件名"框中,键入文件名。在"保存类型"列表中单击"PowerPoint 模板",然后单击"保存"。可以创建一个包含一个或多个幻灯片母版的演示文稿,然后将其另存为 PowerPoint 模板(.potx 或.pot 文件),并使用该文件创建其他演示文稿。

● 幻灯片母版修改完成后,在"幻灯片母版"选项卡上的"关闭"组中,单击"关闭母版视图"结束编辑。

2．动画制作

1）动画效果介绍

动画就是给文本或对象添加特殊视觉或声音效果。例如，用户可以使文本项目符号点逐字从左侧飞入，或在显示图片时播放掌声。用户可以将 Microsoft PowerPoint 演示文稿中的文本、图片、形状、表格、SmartArt 图形和其他对象制作成动画，赋予它们进入、退出、大小或颜色变化甚至移动等视觉效果。

PowerPoint 中有"进入"、"退出"、"强调"、"动作路径"四种不同类型的动画效果（见图 7-8）。

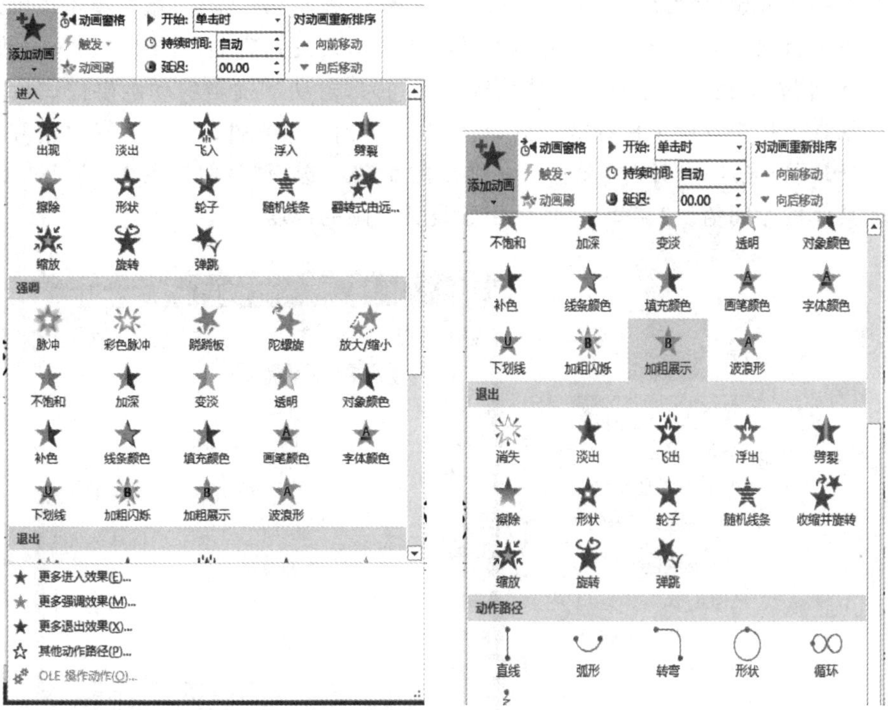

图 7-8　四类动画效果

（1）"进入"效果。使用这些效果可以使对象逐渐淡入焦点、从边缘飞入幻灯片或者跳入视图中。例如，教学课件中显示三角形以及表现试管溶液增加的动态效果，可以应用"进入"效果中的"擦除"实现。

（2）"退出"效果。这些效果包括使对象飞出幻灯片、从视图中消失或者从幻灯片旋出。

（3）"强调"效果。这些效果的示例包括使对象缩小或放大、更改颜色或沿着其中心旋转。

（4）"动作路径"。动作路径是指定对象或文本移动的路径，它是幻灯片动画序列的一部分。使用这些效果可以使对象上下移动、左右移动或者沿着星形或圆形图案移动。

2）使用动画

向对象添加动画的具体方法如下。

（1）选择要制作成动画的对象。

（2）在"动画"选项卡上的"动画"组（见图 7-9）中，选择所需的动画效果。单击"添加动画"

按钮,可以看到更多动画效果选择。

图 7-9　使用动画

(3) 设置动画开始的事件方式、时间和速度:在"动画"选项卡上的"高级动画"组(见图 7-9)中单击"动画窗格"按钮,弹出"动画窗格"对话框(见图 7-10),单击对话框中动画列表项目右边的下拉按钮后,在菜单中选择动画开始的事件方式。动画开始的事件方式包括"单击开始"、"从上一项开始"和"从上一项之后开始"。"单击开始"表示通过鼠标单击可触发动画事件,动画列表项目前,会有一个鼠标的图样,并标有表示触发先后顺序的 1、2、3……数字序列;"从上一项开始"表示在上一个动画事件被触发的同时,自动触发当前动画事件;"从上一项之后开始"表示在上一个动画事件播放完后,自动触发当前动画事件。上一事件之前和上一事件之后的具体时间要先通过"计时"设置。在弹出的菜单中选择"计时",在"计时"对话框的"延迟"中输入具体的时间值。"期间"设置项用于设置动画的速度。

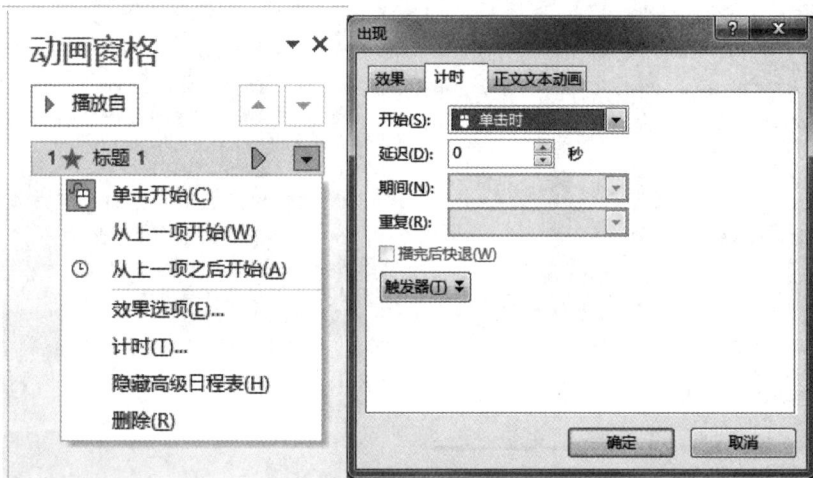

图 7-10　自定义动画

(4) 在"效果"选项卡(见图 7-11)中还可以添加效果音效,以及设置动画播放后变成其他颜色或隐藏、动画文本整批发送或按字/词出现等增强效果。

3. 使用交互

有两种方法可以控制播放进程以及实现与演示文稿的交互,一种是使用超级链接,另一种是使用动作。

1) 插入超链接

在 PowerPoint 中,超链接可以是从一张幻灯片到同一演示文稿中另一张幻灯片的连接,也可以是从一张幻灯片到不同演示文稿中另一张幻灯片、到电子邮件地址、网页或文件的连接。可以从文本或对象(如图片、图形、形状或艺术字)创建超链接。实现方法如下。

● 选择要用作超链接的文本或对象。

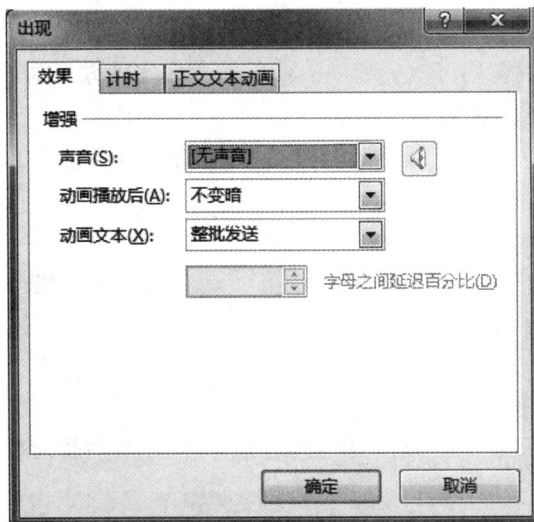

图 7-11 自定义动画的效果设置

● 在"插入"选项卡上的"链接"组中,单击"超链接"(见图 7-12)。

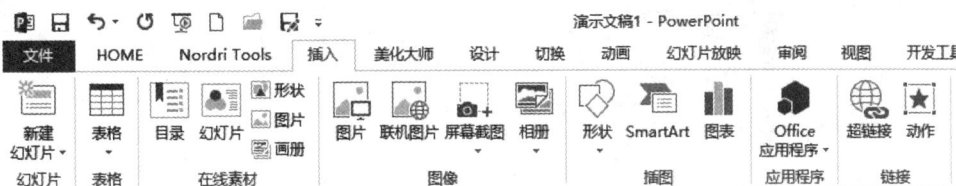

图 7-12 超链接

● 在弹出的"插入超链接"对话框中"链接到"(见图 7-13)下,单击选择"现有文件或网页"、"本文档中的位置"、"新建文档"或"电子邮件地址",再在对话框右侧做相应设置,最后单击"确定"按钮。

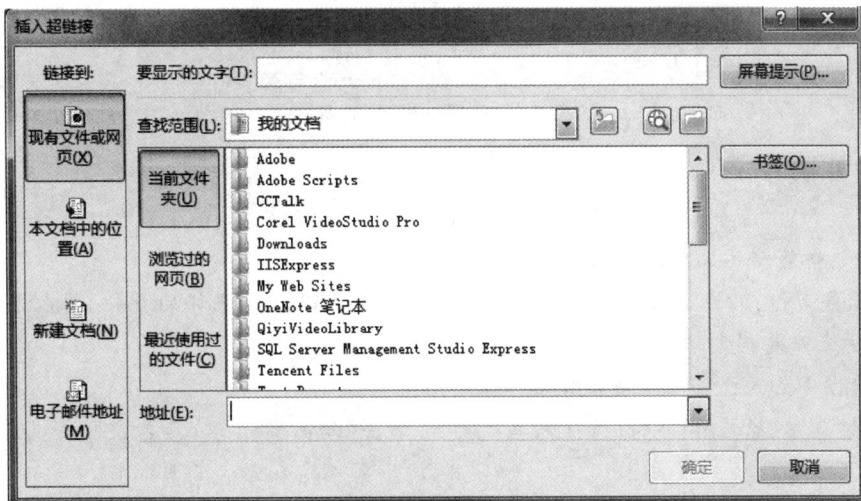

图 7-13 "插入超链接"对话框

2) 使用动作

动作是为所选对象添加一个操作,即单击对象或者鼠标在对象上悬停时应执行的操作。可通过动作实现超链接或调用可执行程序。动作的具体实现方法如下。

● 选择要添加动作的对象。

● 在"插入"选项卡上的"链接"组中,单击"动作"按钮(见图 7-14)。

图 7-14 动作

● 单击"单击鼠标"或"鼠标悬停"标签(见图 7-15),设置"超链接到"其他幻灯片。

图 7-15 "操作设置"对话框

【制作实例】

用 PowerPoint 制作语文课件

任务一:新建演示文稿及修改母版背景

(1) 准备工作:新建文件夹 A 用于存放 PowerPoint 课件和课件的素材,将收集和制作好的课件素材文件复制到文件夹 A 中。

(2) 启动 PowerPoint,单击添加第一张幻灯片。

(3) 在"视图"选项卡上的"母版视图"组中,单击"幻灯片母版"按钮,进入"幻灯片母版"视图。

(4) 在"幻灯片母版"选项卡上的"背景"组中单击"背景样式"按钮。在弹出的对话框中再单击"设置背景格式"按钮(见图 7-16)。

（5）在"设置背景格式"对话框（见图7-17）中，"填充"选择"图片或纹理填充"，"插入自"选择"文件"。选择文件夹A中的一幅莲花图像作为演示文稿的背景，设置图片透明度为88％。在"幻灯片母版"选项卡上的"关闭"组中，单击"关闭母版视图"结束编辑。

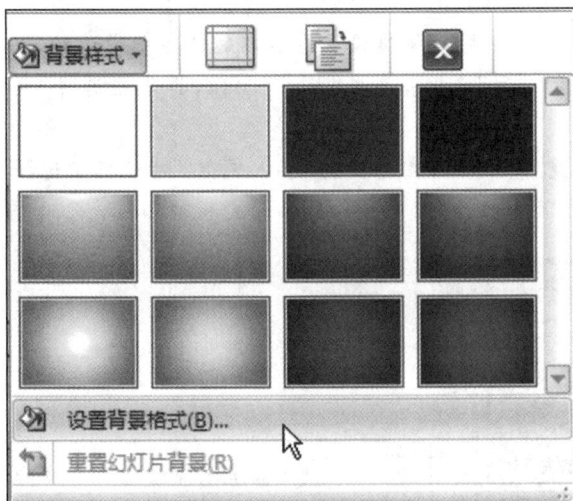

图7-16　背景样式

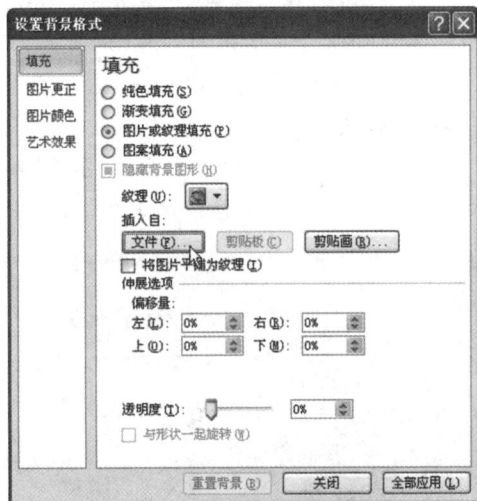

图7-17　"设置背景格式"对话框

任务二：制作课件的开始部分

本部分一共涉及6张幻灯片（见图7-18），其中第6张幻灯片中的动作设置在后期的任务七中进行。

图7-18　"爱莲说"语文课件开始部分

（1）编辑第1张幻灯片：在"插入"选项卡上的"图像"组中，单击"图片"按钮。在弹出的"插入图片"对话框中，选择文件夹A中的莲花图像文件名，单击"插入"按钮，将图像插入到演示文稿中。

（2）新建幻灯片，重复插入图片操作。如此，一共制作了5张幻灯片。

（3）在左侧窗格中，单击幻灯片缩略图，选择幻灯片5。在"插入"选项卡上的"文本"组中，单击"文本框"按钮后在幻灯片上单击以插入文本框。输入文字"爱莲说"，使用"开始"选项卡上的"字体"组中的命令按钮设置文字的颜色和大小。

（4）复制幻灯片5。选择幻灯片6。使用"开始"选项卡上的"绘图"组中的"形状"命令按钮插入矩形，输入文字"作者介绍"，使用"快速样式"命令按钮，应用样式将矩形制成按钮形式。同样方法，在幻灯片6上制作"课文学习"、"问题回答"、"类文赏读"按钮。

（5）添加幻灯片1至幻灯片5的切换效果：选择幻灯片1，在"切换"选项卡上的"切换到此幻灯片"组中，单击选择"擦除"切换效果。同样方法，应用"擦除"切换效果到幻灯片2至幻灯片5。

（6）添加幻灯片5的文本动画效果：选择幻灯片5，单击选择"爱莲说"文本框对象，在"动画"选项卡上的"动画"组中，单击选择"缩放"动画效果。

（7）添加幻灯片6的文本动画效果：选择幻灯片6，单击选择"爱莲说"文本框对象，在"动画"选项卡上的"高级动画"组中，单击"添加动画"按钮后，在"动作路径"组中选择"直线"动画效果，用鼠标调整路径终点。

任务三：制作课件的"作者介绍"部分

本部分仅涉及1张幻灯片（见图7-19），幻灯片中的超链接设置在后期的任务七中进行。

（1）新建幻灯片。在"开始"选项卡上的"幻灯片"组中，单击"版式"按钮，再单击选择"两栏内容"版式。

（2）单击幻灯片中左侧栏的"图片"按钮（见图7-20），在弹出的"插入图片"对话框中选择文件夹A中的作者头像图像文件名，单击"插入"按钮，将图像插入到演示文稿中。

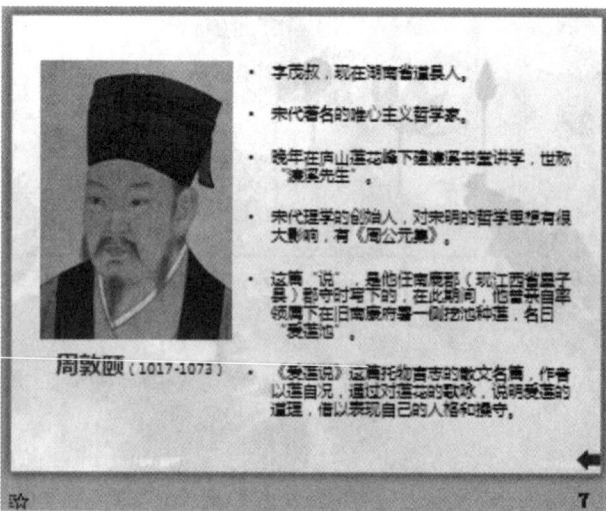

图7-19 "爱莲说"语文课件幻灯片7

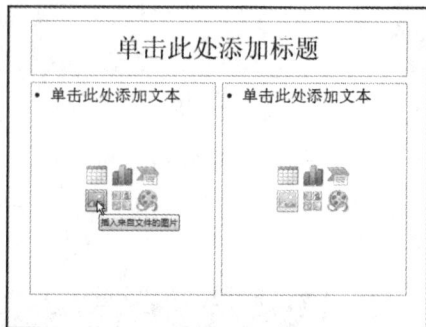

图7-20 插入图片

（3）单击幻灯片中右侧栏的"单击此处添加文本"占位符，输入作者介绍的信息。

（4）使用"开始"选项卡上的"绘图"组中的"形状"命令按钮，在箭头总汇组中选择"左箭头"，在幻灯片右下角插入一个左箭头，任务七设置其实现幻灯片跳转。

任务四：制作课件的"课文学习"部分

本部分共涉及9张幻灯片（见图7-21），幻灯片中的超链接和动作设置在后期的任务七中进行。

（1）制作幻灯片8：新建幻灯片，在"开始"选项卡上的"幻灯片"组中，单击"版式"按钮，再单击选择"标题和内容"版式。标题输入"爱莲说"，内容输入课文。调整文本框的宽度。使用"开始"选项卡上的"绘图"组中的"形状"命令按钮插入矩形，输入文字"重点字词"，使用"快速样式"命令按钮，应用样式将矩形制成按钮形式。同样方法，在幻灯片8上制作"谋篇立意"、"层次结构"、"写作特点"、"重点难点"按钮。使用"开始"选项卡上的"绘图"组中的"形状"命令按钮，在箭头总汇组中选择"左箭头"，在幻灯片右下角插入一个左箭头，任务七设置其实现幻灯片跳转。

（2）类似方法，制作幻灯片9～幻灯片16。

（3）添加幻灯片8的文本动画效果。

任务五：制作课件的"问题回答"部分

本部分共涉及8张幻灯片（见图7-22），幻灯片中的超链接设置在后期的任务七中进行。

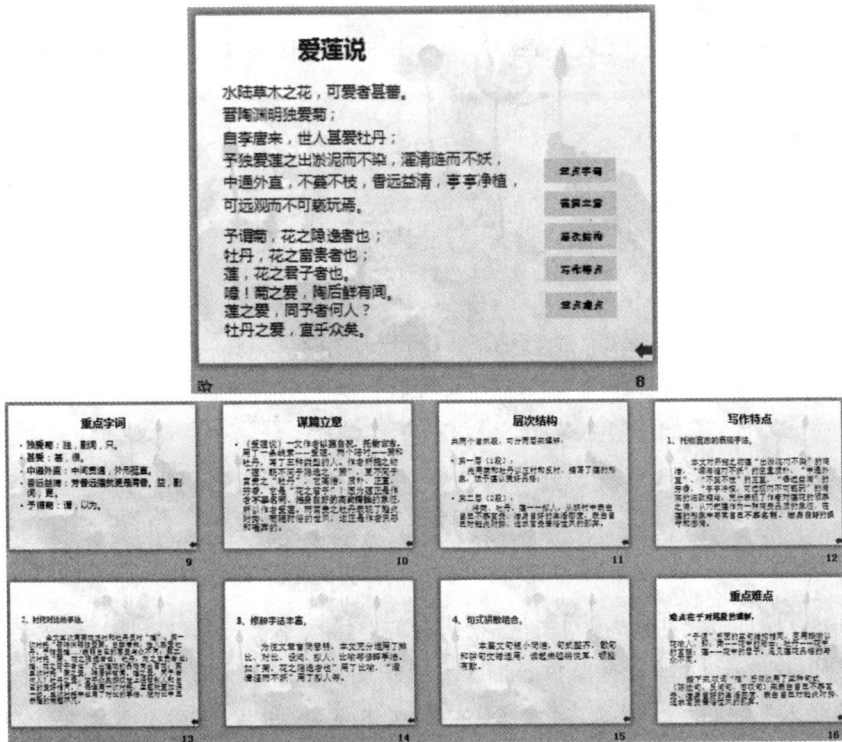

图 7-21 "爱莲说"语文课件"课文学习"部分

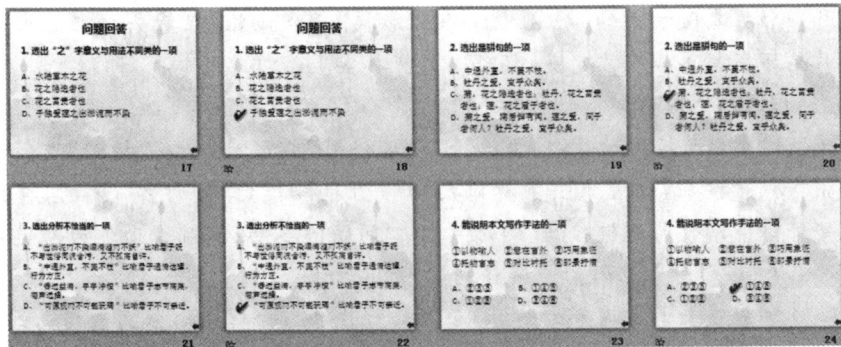

图 7-22 "爱莲说"语文课件"问题回答"部分

（1）制作幻灯片 17：新建幻灯片，在"开始"选项卡上的"幻灯片"组中，单击"版式"按钮，再单击选择"标题和内容"版式。标题输入"问题回答"，内容输入问题 1 的题目和选项。使用"开始"选项卡上的"绘图"组中的"形状"命令按钮，在箭头总汇组中选择"左箭头"，在幻灯片右下角插入一个左箭头，任务七设置其实现幻灯片跳转。

（2）复制幻灯片 17。选择幻灯片 18。在"插入"选项卡上的"图像"组中，单击"图片"按钮。在弹出的"插入图片"对话框中，选择文件夹 A 中的"红勾"图像文件名，单击"插入"按钮，将图像插入到演示文稿中。

（3）添加幻灯片 18 的"红勾"图像动画效果：单击选择"红勾"图像对象，在"动画"选项卡上的"动画"组中，单击选择"阶梯状"动画效果。

（4）按前面的制作步骤，制作幻灯片 19～幻灯片 24。

任务六：制作课件的"类文赏读"部分

本部分仅涉及 1 张幻灯片(见图 7-23)，幻灯片中的超链接设置在后期的任务七中进行。

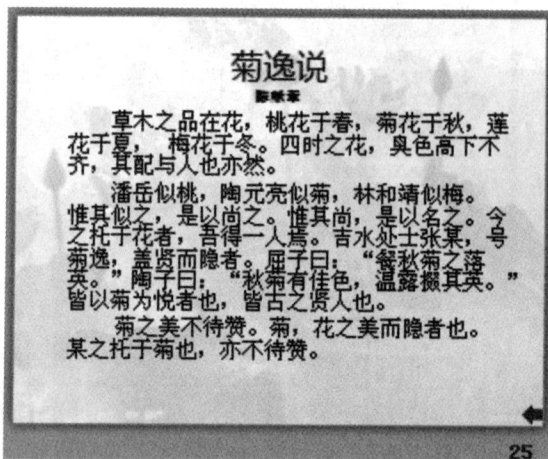

图 7-23　"爱莲说"语文课件"类文赏读"部分

(1) 新建幻灯片，在"开始"选项卡上的"幻灯片"组中，单击"版式"按钮，再单击选择"标题和内容"版式。标题输入"菊逸说"，内容输入文章正文。取消项目符号标记，调整正文格式。

(2) 在"插入"选项卡上的"文本"组中，单击"文本框"按钮后，在幻灯片上单击以插入文本框。输入文字"陈献章"，使用"开始"选项卡上的"字体"组中的命令按钮设置文字的大小、加粗等格式。

(3) 使用"开始"选项卡上的"绘图"组中的"形状"命令按钮，在箭头总汇组中选择"左箭头"，在幻灯片右下角插入一个左箭头，任务七设置其实现幻灯片跳转。

任务七：制作课件的超链接和动作

(1) 添加幻灯片 6 的按钮动作：单击选择"作者介绍"矩形对象，在"插入"选项卡上的"链接"组中，单击"动作"按钮，设置单击鼠标时的动作为超链接到"幻灯片 7"。同样方法，设置"课文学习"矩形对象动作为超链接到"幻灯片 8"、"问题回答"矩形对象动作为超链接到"幻灯片 17"、"类文赏读"矩形对象动作为超链接到"幻灯片 25"。

(2) 添加幻灯片 7、幻灯片 8 和幻灯片 17 至幻灯片 25 的超链接：分别选择幻灯片 7、幻灯片 8 和幻灯片 17 至幻灯片 25，单击选择右下角"左箭头"对象，在"插入"选项卡上的"链接"组中，单击"链接"按钮，设置超链接到本文档中的位置的"幻灯片 6"。

(3) 添加幻灯片 9 至幻灯片 16 的超链接：分别选择幻灯片 9 至幻灯片 16，单击选择右下角"左箭头"对象，在"插入"选项卡上的"链接"组中，单击"链接"按钮，设置超链接到本文档中的位置的"幻灯片 8"。

实践活动 7-1

用 PowerPoint 制作课件

【活动目标】

通过该实践活动，系统地掌握使用 PowerPoint 进行多媒体教学课件开发的步骤和有关技术。

【活动任务】

根据自身所学专业,选择相关课件题目,将 PowerPoint 的多媒体课件制作技术与相关课程整合,设计制作多媒体教学课件。

【活动步骤】

(一) 课件选题与需求分析

1. 首先对项目进行初步分析,构思创作计划,并填写项目分析表(见表7-2)。

表7-2　课件开发项目分析表

课件题目	
使用对象	
课件类型	◎助学(学生使用)　　◎助教(老师使用)
使用环境	◎单机使用　　　　　◎网络环境
教材依据	
开发工具	
项目限制条件	

2. 需求分析。

分析学习者特征:

_____

_____

功能分析:课件需要满足使用者的哪些需求?

_____

_____

_____

(二) 系统设计

首先进行教学设计,确定教学目标,选择教学策略和教学媒体。其次,进行系统结构设计,确定课件结构。

1. 教学内容分析:

_____

_____

2. 教学目标分析:

_____

_____

3. 教学过程:

_____

_____

(三) 稿本编写

稿本分为文字稿本和制作稿本。

文字稿本可以以卡片为单位或以列表形式进行编写。

制作稿本是课件制作者根据文字脚本编写的制作时的脚本,是多媒体课件制作的直接依据。PowerPoint 制作的演示文稿是基于幻灯片的,卡片的形式与幻灯片相似,因而制作脚本以卡片形式非常合适。

（四）素材准备

课件需要哪些主要素材？素材有哪些主要属性？分类列出需要准备的素材名称和属性。

1. 文本：

_____

_____

2. 图像：

_____

_____

3. 声音：

_____

_____

4. 动画：

_____

_____

5. 视频：

_____

_____

（五）创作设计

创作设计主要是按照制作稿本，使用 PowerPoint 完成录入文本、插入表格、插入图表等操作，对图像、声音、视频等外部素材进行插入、处理。首先完成各个单张幻灯片内容的制作，再进行幻灯片的美化以及设置幻灯片的播放进程。

（六）测试与评价

课件在使用过程中，会逐步暴露出许多不完善的地方，还要多次重复地进行测试、评价和修改，以获得比较满意的运行表现。

初步试用，你的课件还存在哪些问题？还需进一步改进的地方有哪些？

_____

_____

_____

【活动结果】

1. 书写课件介绍以及使用说明。

2. 将课件作品及文档资料上传至指导老师指定的 E-mail 邮箱，或通过课程网站上传提交。

二、PowerPoint 课件的优化

（一）PowerPoint 课件中文字的使用

1. 课件中文字的功能和特点

1）课件中文字的功能

文字是最基础的也是最重要的信息载体。正确传递信息是文字的主要功用。相比较图形

图像等其他媒体,文字适合对细节的描述。

文字是教学内容的重要表达方式,也是课件中最常用的信息呈现方式,无论是课件的标题,还是学习内容中的概念、定义或对事物的描述,使用文字都是非常恰当的。

2)课件中文字的特点

课件中文字的特点包括以下几个方面:

• 文字最大的优势在于表达的意义明确,能更好地起到引导、解释作用,但形象感差,适合表达概念性内容。图片与之正好相反,图片是形象感强,意义并不明确,每个人看到图片能获取具体的形象,但理解却各不相同。

• 概括性和抽象层次最高。

• 最容易编辑。支持文本编辑的软件很多,课件制作工具几乎都具备文字、文本的采集与编辑功能。文本的操作不多,主要是文本的输入以及格式的编排。

3)不同字体的特点及适用场合

计算机中的字体很多,有楷体、黑体(中黑、平黑、细黑、大黑)、等线体(中等线、细等线)、宋体(标宋、书宋、大宋、中宋、仿宋、细仿宋)、综艺体、倩体、舒(同)体、广告体、魏碑、隶书等。

• 黑体,是一种现代字体,虽无太大艺术性,但浑厚粗壮、方头方尾、庄重严肃、刚挺稳重、有力量感,很醒目,适合做标题但稍嫌笨重粗糙,后来发展出来的等线体精致耐看,很有现代气息,低调却不粗俗,自成一派。常用于内文标题、封面和广告设计。

• 宋体,也是一种历经几个朝代的字体,被前人们修饰得无可挑剔,横细竖粗、端庄秀丽,有贵族气质,字号越大越明显,方字,端庄大方,刀刻痕迹,刚柔兼济,醒目,最具有易读性,做标题和正文均适合,还有仿宋体,刚柔结合,精妙细腻,是很唯美的字体。

• 隶书,始创于秦,盛行于汉,是由小篆减省快写而成的一种应急字体,隶书最初的含义是徒隶(管狱讼之事的小官)所用的字体。隶书的形体略成扁方,笔画讲究波磔挑法,向背分时,笔势舒展,结构匀称,有“汉隶八分”之说,适合做正式文章标题。不过,用来做投影时慎用。

• 楷体,是一种非常经典的字体,经过一千多年文明和无数书法大师的不断锤炼,已经非常成熟了,每一个字都经得起推敲,具有很强的文化气质,因此在做具有文化感和传统味的设计中可以使用。儿童读物大多数用楷体。但发展到电脑的字体,较呆板,用来做投影时慎用。

• 综艺体,是很好的一款字体。综艺体的每一个字都趋于方形、笔画等粗和笔画分布中的比例,这三个特点的结合使它堪称优秀,字体中的创新性使它可以被选用在有关时尚内容的文字中,而字体的厚重感使它能够被选用在多种场合的文字中。可以说,综艺体的使用范围是比较广的。

• 倩体,另一款优秀的字体,不可否认,它还有一些需要改进的地方,例如笔画弯折的弧度问题等。但设计师巧妙地融合笔画的粗细对比和笔画的曲线美这两点的创意是令人鼓舞的,这一系列字体适合运用在优美、时尚的内容文字中。

• 舒(同)体,一款体现传统书法风格的字体,姑且不论舒体本身的书法境界高低,单单这一创新就是令人欣慰的。但传统书法字体的使用是有局限性的,它们更适合被选用在直接有关古文、诗词或书法内容的文字上,用在其他场合是需要设计师独具匠心设计的。因为这类字体强烈的书法风格往往会掩盖文字本身要传达的信息。

• 广告体,夸张、顽皮、充满童趣。但是很少会直接使用它去传达顽皮、童趣此类的情感,因为视觉传达的目的往往是多重的。有关儿童内容的主题,在字体设计上它不仅要传达童趣,更重要的是通过其他相关的图片、标志体现儿童趣味。如此直接而且夸张的字体是不能单独完成视觉任务的。

• 魏碑,是书法界对北魏乃至整个北朝碑志书艺的总称。名曰"魏碑体",或云"北碑""龙门体",习惯上称它"魏碑"。魏碑体的横和捺保持隶书的特点,常伸展到字形边界甚至超出边界;字形略方。突出的特点是撇捺向两侧伸展,收笔前的粗顿以及抬锋,使整个字形厚重稳健略显飞扬、规则中正而有动态,颇具审美价值。多用于标题。

PowerPoint课件制作中字体选择要注意以下三个方面:

• 在选用字体时,字体要醒目、清晰,可以让每个人都看得明白舒服。

• 一般宜采用微软雅黑、宋体、楷体、黑体和隶书。标题一般用微软雅黑、黑体。

• 不要使用过多的字体,对于关键性的标题、结论、总结等,可以用不同的字体、字号、字形和颜色加以区别,也可以使用字号的变化来代替字体的变化。

2. 课件中文字使用的主要问题

1) 色彩搭配不合理

色彩搭配不合理有以下一些具体表现:

• 有些幻灯片选用的文字颜色与背景色相近;

• 有些幻灯片使用过多的颜色。

文字和背景的颜色搭配要合理,字体的颜色选择是和背景颜色息息相关的,搭配要求醒目、易读,避免视觉疲劳。文字颜色与背景色要形成强烈反差,才能使字迹清晰显示,一般文字应选用暖色调或亮度高的颜色,背景选用冷色调或亮度较低的颜色。

一个句子内尽量用一色,如果用两种颜色,要在整个幻灯片内统一使用。单张幻灯片文本颜色数尽量不超过3种。

2) 文字过多

很多人在使用PowerPoint时,习惯在一张幻灯片上放太多的内容。文字不仅多,而且字号还小,这样不仅影响平面的美观,也影响阅读者的信息接收效果。

要记住,PowerPoint不是Word。

那么,一张幻灯片应该放多少文字合适呢? 一般而言,文字内容的字号要尽量大,标题一般用44号或40号,正文用32号,一般不要小于24号,不能小于20号。一行字数在20～25为好,尽量不超过6～7行,最多为10行。合理设定字间距和行间距,要留出适当的空隙。成段文字的行间距不应小于字高的0.5倍;正文的每一段文字首行应当缩进,但英文段落首行不缩进。

3) 文字不统一

文字不统一是指文字颜色使用风格不一致。

同一页和不同页中起相同作用的文字应该采用相同字体、字号以及颜色。

一致性能减轻人的学习负担,并通过提供熟悉的模式来增强人的认识能力。一致性能使用户基于以往使用的经验,预测出在某些特定情况下PowerPoint是如何呈现内容的。

4) 排版杂乱

文字编排基本的要求是重点突出,疏密有间,方便阅读。不排版,或过多不同的排版方式,会让人感觉杂乱。

PowerPoint排版应注意以下几个方面:

• 保留适当的间距。段落之间、字与字之间要有合理的空白。

• 对齐的把控。水平对齐和垂直对齐，都要设置恰当。（见图 7-24）

文字的对齐设置

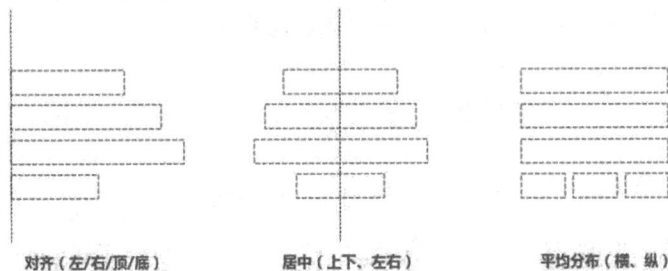

对齐（左/右/顶/底）　　　居中（上下、左右）　　　平均分布（横、纵）

图 7-24　文字对齐的方式

• 对称的把控。文字块左右对称，还是中心对称。

• 文字与图形图像相互配合。利用线做分割、做界线。用"线"勾勒出文字模块内容的边界，形成规矩、整齐的感觉。用"圈""框"更清晰地展示不同模块的内容。用"面"形成逻辑区域效果。用色块展示不同的模块内容。

• 字少时的排版：错落有致、突出重点。字多时的排版：合理布局、规整匀称。

• 无论字少、字多，都应尽可能做图表化处理。

5）序列不当

序列是被排成一列的对象。

PPT 一般都会有结构，既然有结构，那就意味着有多级标题，比方说一级标题、二级标题、三级标题。一个 PPT 主题下面可能有 3 个一级标题，每个一级标题可能有多个二级标题，每个二级标题下面可能还有三级标题，这些标题，或者说这些大大小小的要点搭配在一起，就构成了整个演示文稿的结构。

序列号用错或者序列号格式错误，都会影响学习者对演示文稿结构的认识，从而影响对教学内容的正确理解。

3. 文字的处理方法

1）强调文字的方法

突出关键信息最有效的方法是采用对比，使其与众不同。基本的方法是合理设置文字的格式属性以及采用图文相互配合。

使用"开始"选项卡的"字体"组和"段落"组中的命令可以设置文字各种格式属性，包括字体、字号、加粗、对齐等。（见图 7-25）

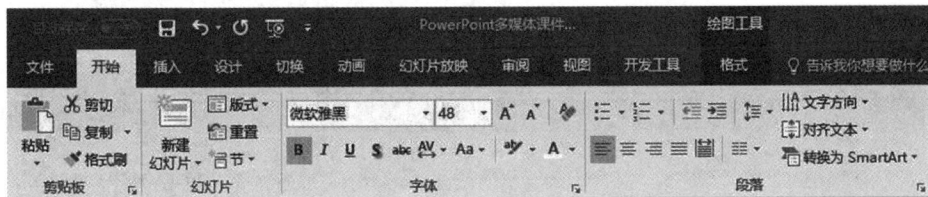

图 7-25　"开始"选项卡

常用的对比方法包括以下几种：

（1）对比色。

两种以上的色彩进行比较，得出明显的差别与相互关系，称为色彩的对比。对比色可分为同类色对比、邻近色对比、冷暖色对比、补色对比等多种情形。

对比色是指处于色相环上对比位置上的两种颜色，这种颜色因色相的对比关系明显，具有明快、活泼、强烈的特点，能达到刺激性、戏剧性的效果。但如果处理不好，会产生令人烦躁的不调和感觉。

每一种色彩均可以作为对比色使用，但应以一种颜色为主色调，使它占有较大的面积，同时辅以对比色起到点缀丰富的作用。（见图7-26）

（2）字体字号对比。

采用不同的字体，文字的形状呈现不同。采用不同的字号，会让文字大小产生差别。大小差别可以表现出文字的层级。增加字号大小，可以让关键性的信息得到强化。

（3）使用图片上的文字。

在文字下方添加与文字色彩对比强烈的自绘图形也是强化文字内容效果很好的方法。（见图7-27）

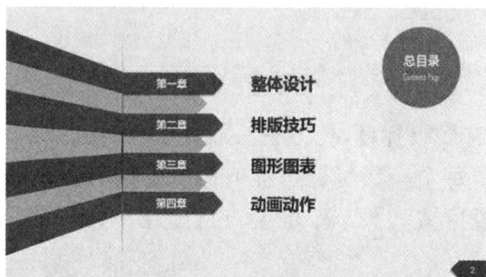

图 7-26　对比色在目录过渡页中的应用　　　　图 7-27　使用图片上文字的案例

具体操作方法和步骤：

① 使用"开始"选项卡的"绘图"组中的命令（见图7-28）或使用"插入"选项卡的"插图"组中的命令（见图7-29）添加自绘图形，设置形状填充的颜色。

图 7-28　"开始"选项卡（"绘图"组）

图 7-29　"插入"选项卡（"插图"组）

② 使用"插入"选项卡的"文本"组中的命令插入文本框,输入文本。设置文字的颜色。

(如果已先输入了文本,后添加自绘图形,则需要右键单击自绘图形,在快捷菜单中选择"置于底层"命令(见图 7-30),将图形置于底层即可。)

(4) 不同形式的对比。

对比是强化内容非常有效的方法。对比的方式很多,除了以上提到的大小、色彩等,制作课件时,经常需要对标题文字、重点文字等加下划线、加粗等修饰,这样做不但可以起到美观悦目的效果,并且对一些重点文字也起到了强调作用。

(5) 改变文字背景。

增加文字背景以及改变文字背景也可以起到突出文字的效果。

可以使用图 7-31 所示的"突出显示"命令给文字添加背景。

图 7-30　自绘图形的快捷菜单　　　图 7-31　"突出显示"命令

(6) 添加强化动画效果。

运动也是一种对比,它是静与动的对比。给需要强调的文字添加强化动画效果,比如闪烁,可以更好地引起人的注意。但这些方法的使用要适当,防止干扰学习内容,分散学习者的注意力。

可以使用 PowerPoint"动画"选项卡中的命令添加动画。PowerPoint 提供了丰富的动画样式。(见图 7-32)

(7) 利用框架。

增加框架,能形成与普通文字显示的差别。添加边框,可以引导学习者将注意力集中在框架内,从而起到强化的作用。恰当的边框,还具有一定的美化与修饰作用。(见图 7-33)

PowerPoint 给文本添加边框的方法:

① 选定文本,使用"开始"选项卡"绘图"组中的"形状轮廓"命令给文本边框添加颜色和样式。(见图 7-34)

② 将形状置于文字上作为文字边框。使用"开始"选项卡"绘图"组中的"形状"命令,绘制矩形等形状,将"形状填充"设置为无填充,并使用"形状轮廓"命令给形状边框添加颜色和样式。

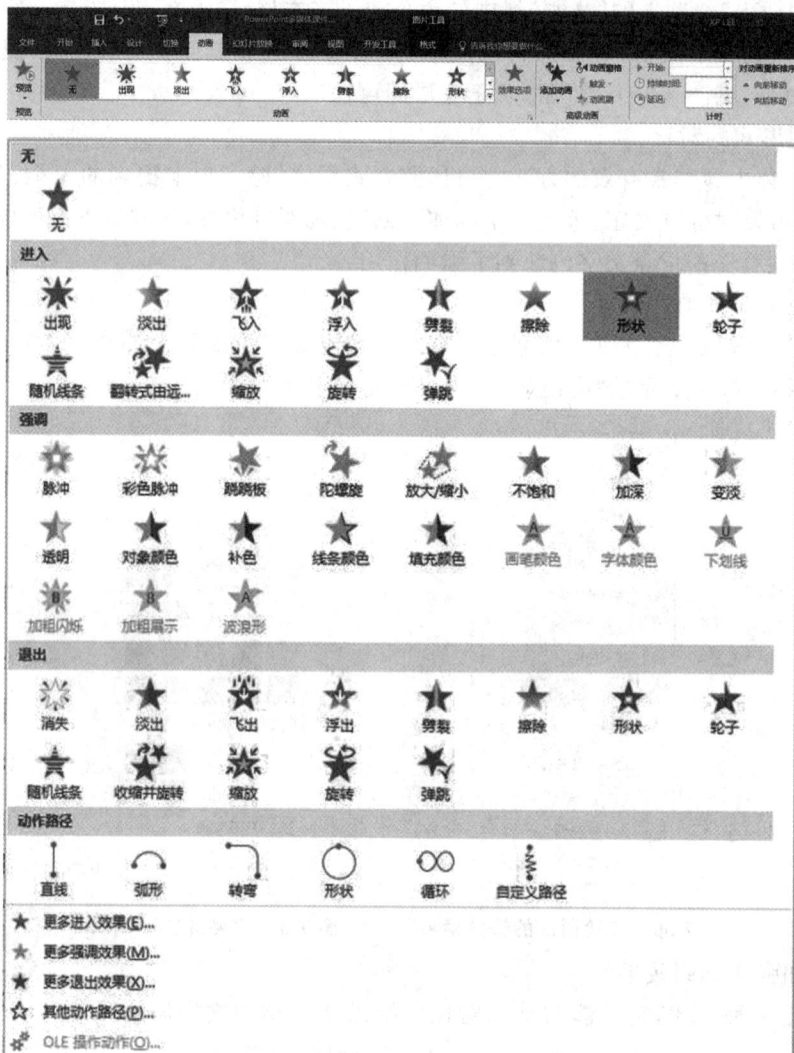

图 7-32 动画样式

图 7-33 边框应用案例

2）标题文字的处理

在课件作品中，标题文字往往会使用一些字体比较粗壮、明显的文字，用以吸引浏览者的目光，起到强调、突出的作用。（见图 7-35）

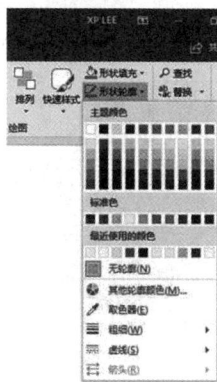

图 7-34　"形状轮廓"命令　　　　　　　　　图 7-35　标题文字设计案例

标题文字比较特殊，除了强调语意与信息的功能外，还要特别强调审美效应。因此，可以使用字体传达信息并起到装饰作用。一般计算机用户字库中的字体都局限于宋、黑、隶、幼圆、仿宋等几种字体，我们可以使用微软雅黑字体或者安装方正粗宋等新字体，用于制作标题文字以实现不同效果。

标题文字的字号要大于正文，颜色或其他格式修饰上与正文文本也可以有所差别。

另外，大标题与子标题代表不同的内容层次，应该在字体字号上有所差别。同级标题则应保持相同的样式。

3）内容文字的处理

单张幻灯片的内容文字不宜过多。对内容文字要进行概括和简化，提取关键词和重点信息，并对这些内容进行加工，如分类、设计概念图、排序等。具体步骤如下：

• 提取关键信息。检查用到的文字，尽量减少文字显示数量。对一种人物的介绍，可以概括出生平主要事件、生活环境、成长过程与取得的成就等。对于定理的推理与证明，要突出证明方法与过程，重点是其内在的逻辑。

• 区分层次。对这些内容进行加工，如分类、设计概念图、排序等。按层次决定文字的样式。

• 对齐。文字排版最基本的要求是对齐，包括文字与文字之间的对齐，也包括文字与其他元素之间的对齐。对齐不一定是完全左对齐、右对齐，还可以居中对齐，或是按一定的线条方向进行对齐。另外，还可以考虑用分栏的方式对内容进行排列。（见图 7-36）

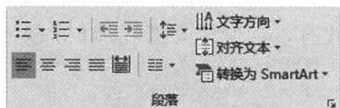

图 7-36　对齐命令

有次序和逻辑的内容会比没有顺序的内容更容易吸引注意力。使用序号和项目符号，可以对内容进行合理组织。

PowerPoint 使用"开始"选项卡"段落"组中的命令设置对齐，添加序列。

4）文字简化的方法

在制作课件时,我们强调的是不要在一张幻灯片上排满文字,不是不要在课件中使用太多文字。文字是传达教学内容非常重要的方式,在课件制作中是不可或缺的。如果需要呈现的文字内容比较多,单张幻灯片简化的办法有以下几种：

• 概括关键字。对文字内容进行概括和简化,提取关键词和重点信息。将描述、解释说明的部分剔除,只保留关键性的信息,以保证这些关键性的内容能被学习者注意到。

• 分解到多张幻灯片。将单张幻灯片文字内容分解到多张幻灯片上显示。

• 动画。用动画形式呈现文字内容。利用自定义动画,控制文字出现与消失的顺序,可以让文字不给人太挤的感觉。

• 图示。一些说明数据适合用表格或图表来替代文字描述。

• 备注。仅仅显示文字纲要,将其他文字放置在备注页。

5）文字美化的方法

（1）文字美化——字体。

不同的字体能呈现不同的字的形状。更换字体,就能让 PPT 大不一样,达到美化的效果。在 PPT 中安装一些常用字体,会让 PPT 文字表现力更丰富。

如果你正在使用 PowerPoint 2007 以上的版本,推荐你使用微软雅黑字体。

如果做各级标题,建议字体选 28 磅以上字号并加粗加阴影,效果更好。如果做正文文字,建议用 16、18、20 磅字号,不需要加粗。

从设计的角度讲,微软雅黑不是最漂亮的字体,但是它的兼容性最好。对于 PPT 而言,一个好字体的兼容性包括免安装,支持常用汉字多,投影效果好。（见图 7-37）

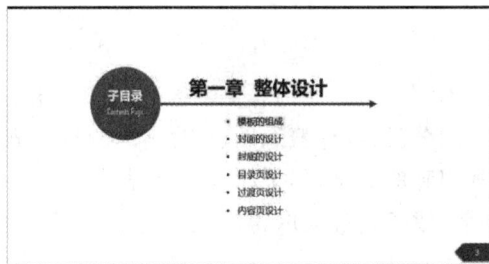

图 7-37 微软雅黑字体应用案例

在不同的场合,选用不同的字体,会大大提高幻灯片的表现力。

下面是一些常用字体推荐：

• 适用于课题汇报、咨询报告、学术探讨:方正综艺简体(标题)＋微软雅黑(正文)。

• 适用于政府政治公务场合:方正粗宋简体(标题)＋微软雅黑(正文)。

• 适用于卡通、漫画、娱乐、教育场合:方正喵呜体(标题)＋微软雅黑(正文),华康海报体、霹雳体。

• 适用于广告营销:华康俪金黑。

• 适用于文艺清新风格:全新硬笔行书简、方正静蕾简体。

• 适用于文化场合:方正黄草简体。

（2）文字美化——颜色。

不同文字颜色带来不同心理感受,如图 7-38 所示。

黑白　　暖色　　冷色　　渐变　　灰色

图 7-38　不同文字颜色带来不同心理感受

PPT 制作中应用不同颜色的文字有以下作用：

- 温和夺目，把用户注意力吸引到重要信息上。
- 突出信息的逻辑结构，便于对信息进行分类。
- 给缺少趣味的显示增添特色，改善人的视觉印象，使人愉快、兴奋、增强兴趣、减少疲劳。

PPT 制作中的文字应用颜色应注意以下几个方面：

- 标题字体的颜色可以和文本字体区别，同一级别的标题要用相同字体颜色和大小。
- 一个句子内尽量用一色，如果用两种颜色，要在整个幻灯片内统一使用。
- 文字和背景的颜色搭配要合理，字体的颜色选择是和背景颜色息息相关的，搭配要求醒目、易读，避免视觉疲劳。
- 一般文字颜色以亮色为主，背景颜色以暗色为主。
- 文字颜色与背景色要形成强烈反差，才能使字迹清晰显示，一般文字应选用暖色调或亮度高的颜色，背景选用冷色调或亮度较低的颜色。

（3）文字美化——字号。

改变文字的大小，可以突出重要的文字，甚至影响用户对信息的判断。

如果要通过字号变化突出重点内容，一般被强调的文字字号至少要加大 4 磅，这样效果才会更好。

综合文字字体、字号大小和颜色进行对比式文案设计，可以让 PPT 中的文字更富于表现力。

PowerPoint 中的字号调整对话框操作说明：

① 选择文字后，单击放大或缩小字号按钮，文字字号可以快速放大或缩小。放大或缩小按照下拉菜单默认的选项值依次变化。

② 也可以按快捷键"Ctrl＋Shift＋＞"放大字号，或按快捷键"Ctrl＋Shift＋＜"缩小字号。

③ 如果需要设置默认的选项值范围以外的字号，比如 256 磅字号，可选中需要调整的文字后，直接在字号对话框中输入数值。

④ PowerPoint 支持的最小字号为 1 磅，建议在 PPT 上最小的字号不要小于 10 磅。

（4）文字美化——方向。

通常状态下看 PPT 的文字我们习惯从左到右横着看，其实试试把文字竖着写、斜着写、十字交叉写、错位写，甚至把文字组成一堵"文字墙"，都会让文字别具魅力。

汉字是方块字，所以可以竖置排列，竖置排列和我们传统习惯相符。在演绎唐诗宋词等古文题材时，采用竖置排列特别有文化感。（见图 7-39）

无论是中文还是英文，都可以把文字斜向排列。斜向排列的字体往往打破了大家默认的阅读视野，有很强的冲击力。

（5）文字美化——标点。

标点符号是文字的标配，是从属的角色，但是有时候，标点符号也可以成为强化文字的武器。问号、感叹号、双引号都能起到很好的作用。

放大标点,一直放大到视觉上不可忽略,这个时候标点符号可以起到强调内容、吸引视线焦点的作用。

名人名言类的 PPT 很适合用这种方式排版。

(6) 文字美化——艺术修饰。

如果嫌文字太单调,那就学会美化它。图 7-40 所示的命令可完成文字常规美化,效果如图 7-41 所示。

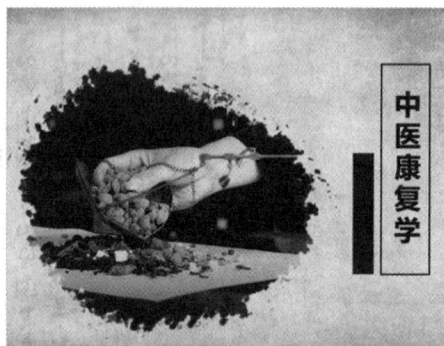

图 7-39 改变标题文字方向的案例　　　　**图 7-40 文字的一般格式命令**

一般文字美化菜单中常用的选项是加粗、颜色调整。对于大于 24 磅的字体,加上阴影效果,会增加文字的层次感。

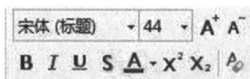

图 7-41 文字的一般格式效果

除了常规的文字美化之外,PowerPoint 还可以使用艺术字。具体方法和步骤如下:

① 使用"插入"选项卡"文本"组中的"艺术字"命令插入艺术字。或者选择输入好的文字,使用"插入"选项卡"文本"组中的"艺术字"命令将其转换为艺术字。

② 使用"格式"选项卡中"艺术字样式"组中的命令设置艺术字美化的特效。(见图 7-42)

• 文本填充:填充文字内部的颜色。

• 文本轮廓:填充文字外框的颜色。

• 文本效果:设置文字阴影等特效。

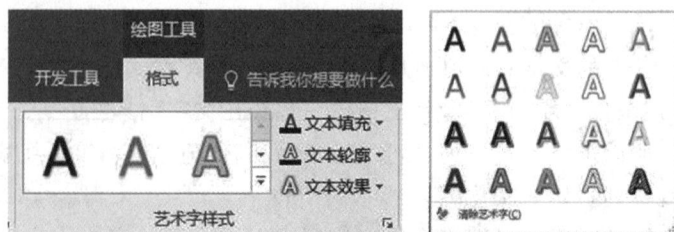

图 7-42 文字的艺术字样式

除了文字的"格式"选项卡,选中文字,选择右键菜单中"设置文字效果格式",软件右侧会出现"设置形状格式"的"文本选项",在这里也可以设置艺术字效果。(见图 7-43)

（7）文字美化——填充。

除了给文字填充颜色以外，文字也可以充当一种特殊的图片填充图案，形成有趣的图片字效果，这些效果都可以通过"设置文字效果格式"菜单里面的填充效果设置。

图 7-44 所示的特效，就是选择文字后填充图案获得的。

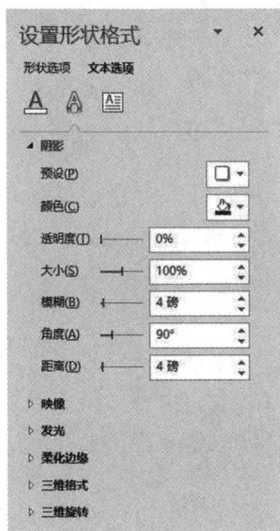

图 7-43　设置形状格式面板　　　　图 7-44　图片填充文字案例

（8）文字美化——化字为图。

如果换一种思维方式，把文本框里的文字都另存为图片，把文字当图片处理，又可以得到很多文字的特效处理结果。

双色字特效——把不同颜色文字另存为图片，其中一个裁剪为一半后叠加。（见图 7-45）

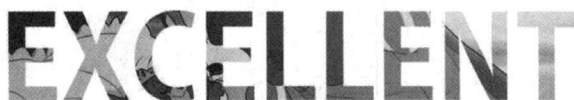

图 7-45　双色字制作

（9）文字美化——线条美化。

文字和线条结合起来，会制造出动感或者美感。

竖线对齐：

横线居中:

转换左近右远特效＋旋转＋下划线(由三角形拉长绘制):

倒梯形＋回车＋线条强调:

当然这里的线条,用矩形形状绘制更方便。

(10) 文字美化——形状美化。

在很多杂志中,我们注意到,文字一旦被各种形状包围,就会获得更具修饰感的文字形状。这样的思维也可以借鉴到 PPT 设计中。

图 7-46 所示,文字放在圆框中,起到了很好的修饰效果。

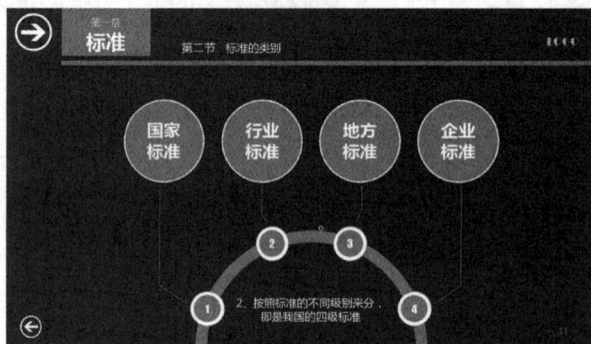

图 7-46 形状美化文字案例

(11) 文字美化——创意文字。

所谓创意文字,就是围绕文字的字体特点,把文字图像化,为文字增加更多的想象力。(见图 7-47 和图 7-48)

6) 文字处理的技巧

(1) 项目符号和编号。

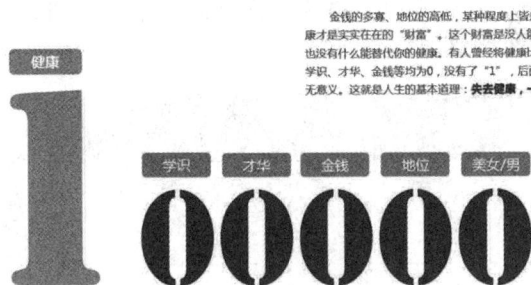

图 7-47　创意文字案例 1

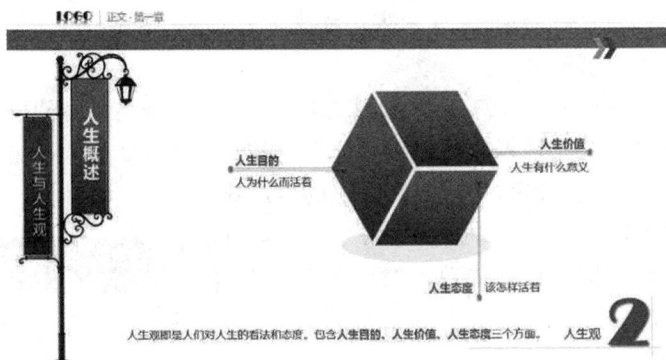

图 7-48　创意文字案例 2

在 PPT 中，为了使文本具有清晰的层次结构，常常会大量使用项目符号和编号。

添加项目符号的步骤和方法如下：

①选中需要添加项目符号的文本（选中多行文字可以实现批量添加），单击"开始"选项卡下"段落"组中的"项目符号"命令，将会自动填充项目符号。（见图 7-49）

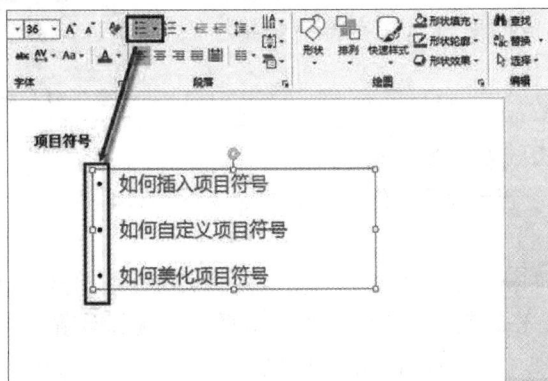

图 7-49　"项目符号"命令

②如果要修改项目符号，可以单击"开始"选项卡下"项目符号"图标右侧的下拉按钮，更换

符号或者通过"项目符号和编号"选用新图片定义新项目符号。

(2)段落设置。

设计 PPT 时,经常需要设置文本段落格式。常见的文本段落格式有对齐文本、文本段落缩进、间距、文字方向等,如图 7-50 所示。

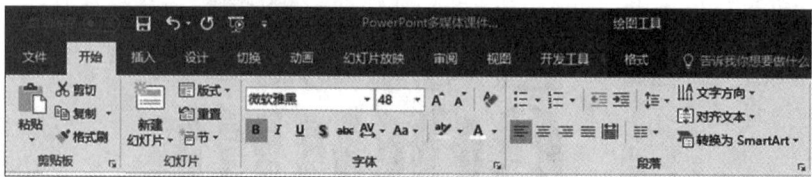

图 7-50　段落设置命令

①设置 PPT 文本对齐方式。

选中文本框,单击"开始"选项卡"段落"组中的"左对齐"按钮,如图 7-50 所示,文本框中文字向左对齐;若单击"右对齐"按钮,则文本框中文字向右对齐。

②设置 PPT 文本段落缩进。

如图 7-51 所示,先选中文本段落,在"段落"组中单击"对话框启动器"按钮,在对话框中的"缩进"组中找到"特殊格式",选择"首行缩进"选项,并在旁边的度量值中输入"2.5 厘米"(此值供参考),最后单击"确定"按钮,即可看到段落的缩进效果。

③设置 PPT 文本间距。

先选中文本段落,在"段落"组中单击"行距"图标,在下拉菜单中选择 1.5(参考值),文本段落的间距设置为 1.5 倍行距。

④设置 PPT 文本分栏。

先选中文本段落,在"段落"组中单击"添加或删除列"图标,在下拉菜单中选择"两列",文中段落自动变为两列。

⑤设置 PPT 文本方向。

先选中文本段落,在"段落"组中单击"文字方向"图标,在下拉菜单中选择"竖排",文字排为竖排方向。

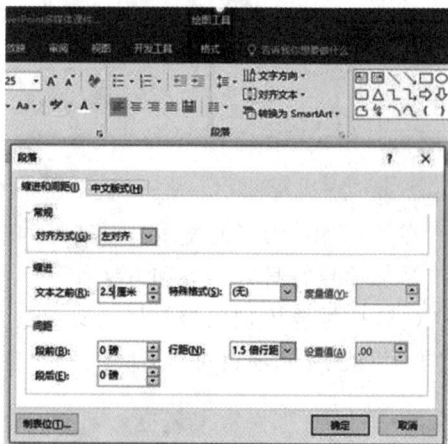

图 7-51　段落的缩进设置

(3)超级链接的色彩。

给文字添加超级链接的方法和步骤:

①使用鼠标左键选择若干文字,右键单击所选文字,在弹出的快捷菜单中选择"超链接"命令。

②在超链接编辑窗口中的地址栏中输入超链接的地址。我们可以链接到网页、文档中其他幻灯片、电子邮件地址等。其中,现有文件或网页可以选择计算机中的文件或输入网站地址。注意:网址必须是以 http:// 打头再加网址的域名,如 http://www.baidu.com,如图 7-52 所示。输入完成以后,单击"确定"按钮。

③设置好以后,我们在播放幻灯片时就可以单击文字,把界面带到超链接指向的位置了,如图 7-53 所示。

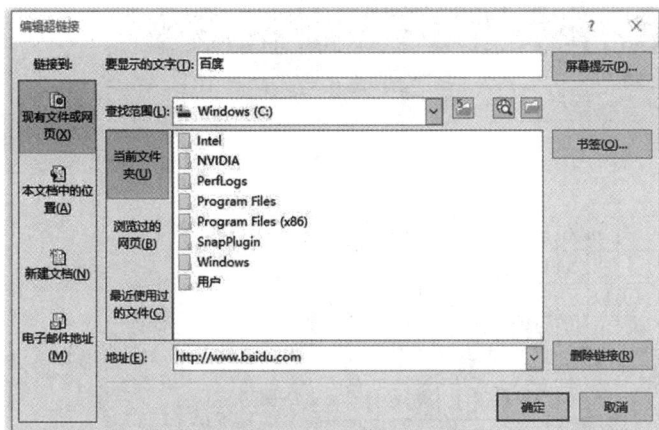

图 7-52 编辑超链接对话框

图 7-53 超链接效果

如果超链接的文字样式已经设定,蓝色文字,文字下方有下划线,那么如何修改超链接的色彩呢?

我们可以通过修改配色方案来实现。具体步骤如下:

①选择设置了超链接的文字,单击"设计"选项卡"变体"组中的其他按钮,如图 7-54 所示。

图 7-54 "设计"选项卡

②在弹出的窗口中单击"颜色",出现图 7-55 所示的窗口,选取需要的主题颜色即可实现超链接色彩的更改。

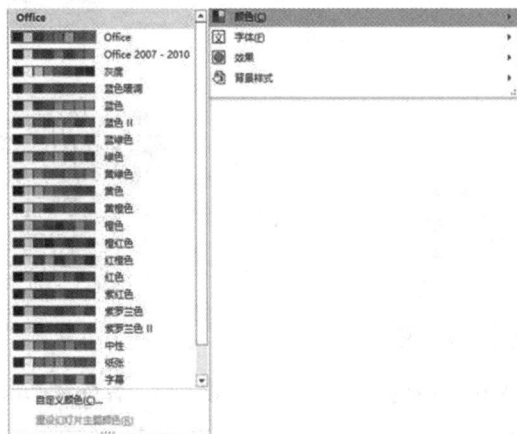

图 7-55 修改超链接的色彩——主题颜色设置

(4)特殊符号的输入方法。

① 利用 PPT 中集成的符号、公式输入。

在 PowerPoint"插入"选项卡的"符号"组中,使用符号或公式命令可以输入特殊符号,如图 7-56 所示。

图 7-56　符号命令及其对话框

②利用中文输入法软键盘输入特殊符号,如图 7-57 所示。

③在 Word 中输入,然后再进行字符的复制粘贴操作或抓图操作。

④手绘图片,当成图片插入进来。

(5)字体的安装。

在 Windows XP 系统下,首先把字体解压出来(见图 7-58),复制字体文件 TTF,将其粘贴到 C:\Windows\Fonts 就可以了。

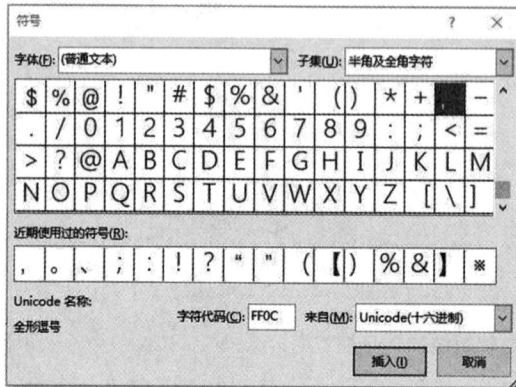

图 7-57　中文输入法软键盘　　　**图 7-58　存放系统字体的文件夹**

在 Windows 7/ Windows 10 系统下,安装字体很方便。解压下载的字体压缩包(一般都是压缩好的),得到 TTF 文件,右键单击字体文件,选择"安装"即可,如图 7-59 所示。

(6)字体的正常显示。

为了保证制作的课件可以在其他计算机上正常播放和显示,建议使用计算机中常用的字体,而尽量不用其他第三方字体。如果使用了第三方字体,应该将新字体嵌入 PPT 课件中——对于已使用的特殊字体,在保存时,单击其中的保存选项,选中"嵌入 TureType 字体",

图 7-59 安装字体

再选中嵌入的所有字体,确定后保存。

4. 在幻灯片中创建新表格

使用表格是组织 PPT 文本很有效的手段和方法。用户可以使用 PowerPoint 的"插入"选项卡中"表格"命令直接设计表格。(见图 7-60)

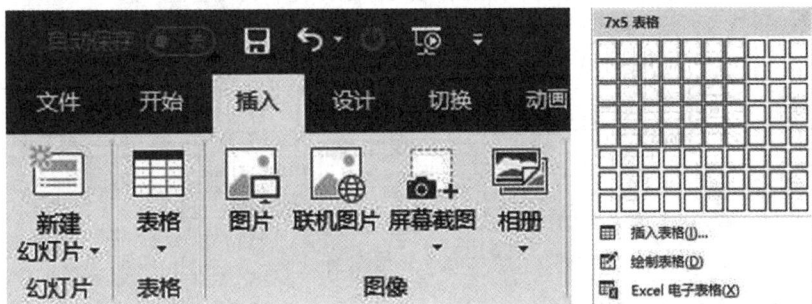

图 7-60 插入表格命令

具体方法如下:

• 插入表格:"插入"选项卡中单击"表格",用鼠标拖动就可以拖出需要的表格行列数。超过 10×8 的表格要手工输入。

• 绘制表格:用鼠标绘制表格。对于已有表格的单元格,可手工绘制输入横线、竖线和对角线。直接用绘制表格功能只能画出单个表格,而且表格的线型和颜色都很单调。如果想绘制出更富于表现力的表格,就需要用到表格的"设计"选项卡里面的功能。

• Excel 电子表格:调用 Excel 制作表格,输入完成后,将会插入 Excel 电子表格对象,双击该对象,可继续调用 Excel 编辑表格。

1) 表格的布局调整

利用表格工具的"布局"选项卡中的命令(见图 7-61),可以合并单元格,对行和列、文字对齐方式、表格尺寸等布局做进一步调整。

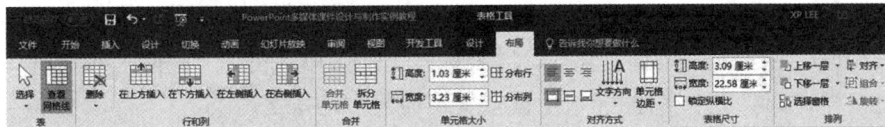

图 7-61 表格工具的"布局"选项卡

"行和列"组中的命令包括在上方插入、在下方插入行,在左侧插入、在右侧插入列。

"合并"组中的命令包括合并单元格、拆分单元格。

"单元格大小"命令包括:设置行高、设置列宽;在所选行中平均行高;在所选列中平均

231

列宽。

"对齐方式"组中的命令包括:三种水平对齐;三种垂直对齐;文字方向;单元格边距设置。

"表格尺寸"组中的命令包括高度设置、宽度设置、锁定纵横比。选择锁定纵横比之后,高度和宽度调整将会被关联,也就是说,调整高度,宽度将自动调整。

"排列"命令包括上移一层、下移一层、(层)对齐、(层)组合、选择窗格、(层)旋转。

2)表格的外观设计

用好表格是提升 PPT 设计质量和效率的最佳途径之一。

PPT 设计中,"文不如字,字不如表,表不如图"。事实上,大部分人制作 PPT 喜欢用图,很少注意表格,即使用到表格,大概也就像图 7-62 所示范例一样,简单到简陋。

序号	项目名称	变更项目数	供应商申报项目数	供应商申报金额	已完成审核项目数	已审核金额
1	A项目	15	21	18,000.00	14	5,900.00
2	B项目	10	5	30,000.00		0.00
3	C项目	2	3	16,000.00		0.00
4	D项目	1	3	4,000.00		
	合计	28	32	68,000.00	14	5,900.00

图 7-62 表格案例

用 PPT 的表格设计功能简单美化一下,配合字体的调整,表格的质量就会大不一样,如图 7-63 所示。

序号	项目名称	变更项目数	供应商申报项目数	供应商申报金额	已完成审核项目数	已审核金额
1	A项目	15	21	18,000.00	14	5,900.00
2	B项目	10	5	30,000.00		0.00
3	C项目	2	3	16,000.00		0.00
4	D项目	1	3	4,000.00		
	合计	28	32	68,000.00	14	5,900.00

图 7-63 表格设计案例

利用表格工具"设计"选项卡(见图 7-64)中的表格样式可以预设表格表头以及内部行列的样式。具体方法如下:

首先在"表格样式选项"组中勾选需要设定格式的表格样式选项,然后在"表格样式"组中选择表格样式就可刷新表格的样式。

我们也可以直接给选定的单元格通过"表格样式"组中的"底纹""边框"等命令单独设置底纹颜色、边框样式,在"艺术字样式"组中设置文字的艺术字样式。

3)插入 Word 或 Excel 表格

前面已经介绍,使用 PowerPoint 的"插入"选项卡中的"表格"命令可以插入 Excel 电子表格。这时,插入的是空的 Excel 电子表格对象,里面并没有内容。

人们习惯在 Word 或 Excel 中制作表格。那么,如何在 PPT 中导入用 Word 或 Excel 制作的表格呢?

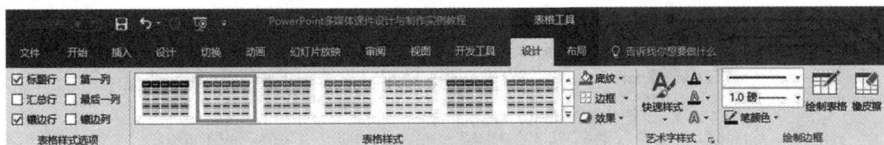

图 7-64 表格工具的"设计"选项卡

通常的做法是直接在 Word 或 Excel 当中复制,然后粘贴到幻灯片里面。在粘贴之前,如果在幻灯片上单击右键,可以在右键菜单中的"粘贴选项"中选择五种不同的粘贴方式,如图 7-65 所示。

这五种粘贴方式包括:

• 套用幻灯片主题格式;

• 保留源格式;

• 嵌入;

• 粘贴成图片;

• 仅保留文字。

①套用幻灯片主题格式(默认格式):这种粘贴方式会把原始表格转换成 PowerPoint 当中所使用的表格,并且自动套用幻灯片主题中的字体和颜色设置。这种粘贴方式是 PowerPoint 中默认的粘贴模式。

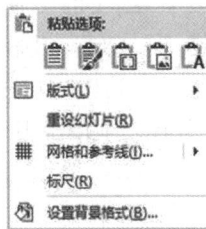

图 7-65 Word 或 Excel 表格的粘贴方式选择

②保留源格式:这种粘贴方式会把原始表格转换成 PowerPoint 当中所使用的表格,但同时会保留原来在 Word 或 Excel 当中所设置的字体、颜色、线条等格式。

③嵌入:嵌入式的表格在外观上和保留源格式方式所粘贴的表格没有太大的区别,但是从对象类型上来说,嵌入式的表格完全不同于 PowerPoint 中的表格对象。最显著的区别之一就是双击嵌入式表格时,会进入内置的 Word 或 Excel 编辑环境中,可以像在 Word 或 Excel 中编辑表格那样对表格进行操作,包括使用函数公式等。

④粘贴成图片:这种粘贴方式会在幻灯片中生成一张图片,图片所显示的内容与源文件中的表格外观完全一致,但是其中的文字内容无法再进行编辑和修改。如果不希望粘贴到幻灯片中的表格数据发生变更,可以考虑采取这种方式。

⑤仅保留文字:这种粘贴方式会把原有的表格转换成 PowerPoint 中的段落文本框,不同列之间由占位符间隔,其中的文字格式自动套用幻灯片所使用的主题字体。

使用以上五种方式粘贴到幻灯片当中的表格,都与原始的 Word 或 Excel 文档不再存在数据上的关联,需要对数据进行修改和更新时(图片方式无法修改数据),都仅在 PowerPoint 环境下完成操作。

如果希望粘贴到幻灯片当中的表格能够随着原始 Word 或 Excel 文档中数据的变化及时方便地更新,那么可以采用"粘贴链接"的方式在幻灯片中粘贴表格,同时保留这个表格与 Word 或 Excel 文档之间的关联关系。

5.创建新图表

图表能够让数字和表格形象化。在 PowerPoint 中,使用"插入"选项卡"插图"组中的"图表"命令即可创建新图表。(见图 7-66)

图 7-66　创建新图表——"插入"选项卡

一份完整的图表主要由图表区、绘图区、图表标题、图例项、横纵坐标轴、数据系列等构成。图表不是自己画出来的,而是依托于数据自动生成的,生成图表的数据称为图表的数据源,数据源改变了,图表也会随之改变。简而言之,图表和数据其实是同一种事物的不同存在形式。

如图 7-67 所示,比较常用的图表类型包括柱形图、折线图、饼图、条形图、散点图、股价图、曲面图以及雷达图。在科学图表中,散点系列图表、折线图、柱形图等图表较为常见;在商业图表中,折线图、面积图、柱形图、条形图和饼图较为常见。

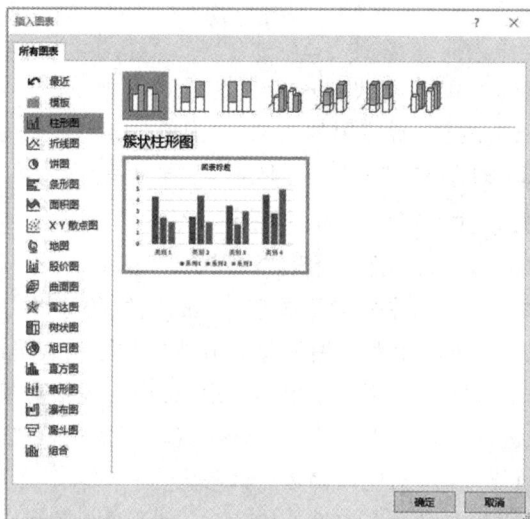

图 7-67　图表的分类

(二) PowerPoint 课件中图像的使用

1. 图像的功能和特点

图像(picture)有多种含义,其中最常见的定义是各种图形和影像的总称。在计算机中,构成影像的最基本元素是像点,即一个可见的显示像素,一个像点由若干个二进制位描述,这样的图像又被称为位图。而图形的描述不使用像点数据,而是使用坐标数据、运算关系,以及颜色描述数据。图形数据量很小。人们通常把图形称为矢量图。

1) 哪类信息适合用图像表示

据统计,一个人获取的信息大约有 75% 来自视觉。视觉信息适合用图像表示。

图像是客观对象的一种相似性的、生动性的描述或写真,是人类社会活动中最常用的信息载体。或者说,图像是客观对象的一种表示,它包含了被描述对象的有关信息。它是人们最主要的信息源。

在理科的学习以及日常的学习或统计中,图形是必不可少的组成部分,它为人类构建了一个形象的思维模式,有助于我们学习、思考问题。

2)图标等信息具有直观的指代作用

多媒体课件中要使用大量图像素材,其中包括图标的应用。图标是具有明确指代含义的计算机图形。其中桌面图标是软件标识,界面中的图标是功能标识。它源自生活中的各种图形标识,是计算机应用图形化的重要组成部分。

3)图像相比文字更易于创设情境

图像在课件中的作用十分重要。通常情况下,一幅图像所表达的信息可以替代好多文字,能够传递丰富的信息。另外,图像虽然具体、形象,但意义并不明确,每个人看到图像能获取具体的形象,但理解却各不相同。图像相比文字更易于创设情境。

4)图像相比文字更容易给人视觉冲击和吸引学习者注意

图像可以具有丰富的颜色,颜色的搭配可以带给人深刻的印象。另外,图像中的内容形式、排列方式可以是任意的、新奇的。而文字主要依靠文字内容本身传递信息,因此图像相比文字更容易给人视觉冲击和吸引学习者注意。

2. 课件制作中图像使用的主要问题

1)变形失真——如何解决图像变形

如果网上找到的图片不是矢量图格式,像素又不够大,放到 PPT 里面,把图片稍微放大一些就模糊了,或者图片的长宽因为调整而变形失真,怎么办?

办法一:把位图转换成能够无限放大的矢量图。

把位图转换成能够无限放大的矢量图,不需要安装 Illustrator、CorelDraw 这样专业的矢量图编辑软件,用 Vector Magic Desktop Edition(见图 7-68)就能够解决问题。

图 7-68 Vector Magic Desktop Edition 软件

把位图转换成为矢量图,只需要简单的四步就可以了。

第一步:拖放图像到软件窗口中,或从文件夹打开导入图片文件。

第二步:选择转换模式,包括全自动模式、基础模式、进阶模式,一般选择基础模式就可以了。

第三步:选择消除锯齿等,然后软件会自动处理。

第四步:保存。

办法二:使用图片无损放大工具。

总有一些图片能深深地打动你,用它们来传递你要表达的意境是如此贴切,但是这些图片却常常因为尺寸不够大做不了全屏照片。现在不用遗憾了,因为我们有图片无损放大工具:PhotoZoom Pro(见图 7-69)。

图 7-69 PhotoZoom Pro **软件**

PhotoZoom Pro 是一款技术上具有革命性突破的对数码照片进行放大的工具,它最大的特色是可以对图片进行放大而没有锯齿,不会失真。把需要放大的图片导入软件,选择需要放大的倍率和更改大小的方式,稍等一会儿,图片就被放大了。

虽然达不到无损的理想状态,但是效果要比直接用图片编辑软件或者 PowerPoint 软件放大要好很多,如果配合 Photoshop 适当锐化一下,效果还是很不错的。

2) 风格不一

图片的风格有很多。同样是在 PPT 中配图,有的人选择的图片很好看,有的人选择的图片就很难看,为什么图片会显得难看呢? 有的 PPT 显现出的是内容丰富,形式美观,为什么有的 PPT 则图片越多越觉得杂乱,整体性越差,缺少美感?

这些问题都与 PPT 中图片风格有一定的关系。

图 7-70(a)中的背景色太杂乱,导致无论你想在哪里放置文字,都会与图片产生冲突。在图 7-70(b)所示的图片中,背景色相对单一,凸显配色文字就容易得多。不过这两幅图片放在一个 PPT 中依然存在着风格不匹配的问题。

要保持 PPT 的基本风格,避免过多不同风格的图片放在同一演示文稿中。要注意协调不同风格的图片摆放。

PPT 图片的选择应该符合 PPT 内容的需要,形式上也应配合 PPT 整体风格。

3) 与主题无关

为什么 PPT 中要使用图片? 很多人的回答往往是图片好看,或者这幅图片有视觉冲击力。但是我们得明白,PPT 中之所以要用图片是因为一幅好的图片会讲故事,可以节约大量的文字去交代背景,从而节约演讲时间。

图 7-70 不同风格的两幅图片

有时候所谓的"图文并茂",其真相其实是滥用图片。

很多人用 PPT 的一个重要理由就是 PPT 里面能配图。俗话说"图文并茂"最吸引人,这实在是一种误解,因为 PPT 也完全可能会"文不对图,图不配文"。

请记住:图片也可以干扰视线,让观者在阅读时注意力分散,抓不住页面的焦点。其实最难的不是找图,而是克制自己用漂亮的图片填充页面来掩饰自己思路苍白的真相。

4) 信息多余——如何删除图片上的冗余信息

PPT 制作时,因为原图片上有冗余信息,很多图片直接拿来用会不合适。借助一些专业的图像处理软件,比如 Photoshop,可以进行专业的图像剪裁、图像美化以及图像合成来满足需要。如果不借助其他工具,仅仅利用 PowerPoint 自身的工具,解决的办法是图片的裁剪。

裁剪就是保留图片的局部。"好图片都是裁出来的",就是指调整图片的形状,可化腐朽为神奇。

应用图片剪裁的原图和结果图示例如图 7-71 所示。

图 7-71 应用图片剪裁的原图和结果图示例

在 PowerPoint 中进行图片剪裁的方法和步骤如下：

① 单击选中图片后会出现"图片工具"的"格式"选项卡,在"大小"组中可以看到"裁剪"命令,如图 7-72 所示。

② 单击选择"裁剪"后图片周边会出现拖动手柄,如图 7-73 所示。

③ 拖动手柄,图片就会沿着不同方向裁剪掉不需要的部分。

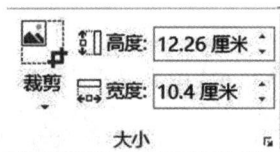

图 7-72 "格式"选项卡的"大小"组　　　　　**图 7-73 拖动裁剪手柄**

需要说明的是,裁剪只是隐藏所裁的图片,并非删除原图片内容,裁剪过的图片再次被选择裁剪操作时,可以反向拉出被隐藏的部分。

PowerPoint 2013 版本开始提供了形状裁剪功能,当选择"裁剪为形状"菜单中的各种图片时,如图 7-74 所示,可以把图片变形为各种允许的形状,默认按图片形状减去多余部分,且图片比例不会变形。

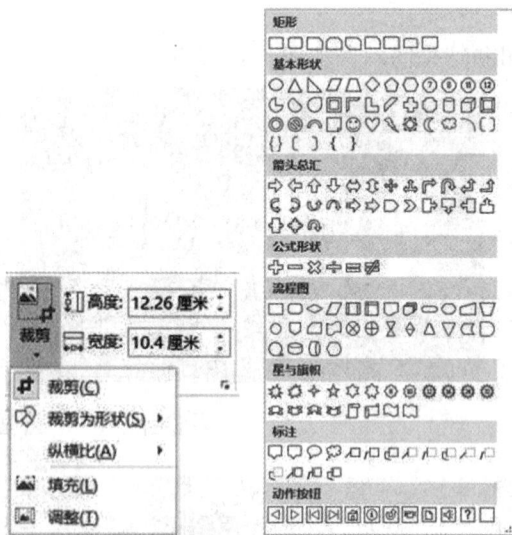

图 7-74 "裁剪为形状"命令

如果形状可编辑顶点,则图片会自动依据形状的变化自动调整适应。

如果选择的图片纵横比和裁剪的形状纵横比不一致,裁剪后最终图形会有一些变形。

图 7-75 显示的是一些形状裁剪后的图片效果。

纵横比裁剪:纵横比是按默认纵横比例关系裁剪图片的,纵横比无法手动调整,只能选择系统默认项。按纵横比裁剪过的图片可以继续进行其他裁剪操作,裁剪效果会叠加。

填充和调整：如果不知道图片是否被裁剪，选择"填充"命令会马上显示全部图片，如图 7-76 所示；而"调整"命令则是进入全部图片裁剪状态。

图 7-75 形状裁剪效果	图 7-76 单击"填充"命令的显示

5）图片模糊——如何寻找高质量的图片

幻灯片中插入的图片显示是模糊的，主要原因是使用图片的质量不高。如果不是矢量图形，那么需要图片是高分辨率的，比如 1600 像素×1200 像素，另外就是图片颜色数达到真彩色。这是高质量的图片要求。

（1）哪些网站的图片质量高？

高质量图片来源包括设计类网站、广告网站、微软官方等。

要找到好图片，就得收藏一些找图的好网站。不过要提醒各位，好图片往往都有版权，即使是网络上免费下载的图片，用于商业场合，也会涉及版权问题。

严格来讲，任何照片都是有版权的，网上的图片、视频基本上都有对应的著作权人，有的图片涉及人像，还有肖像权的使用问题。一般情况下，如果制作的 PPT 只是为了个人欣赏和学习，可以认为图片属合理使用。如果用于商业场合，则需要支付版权费用，搜图时常常看到的 RF 和 RM 提示，就是两种图片付费方式。

下面是我们推荐的一些常用的找图网站。现在主流图片搜索网站都提供了分类主题、关键词搜索、相似图片等搜图功能。

• 素材中国 16 素材网 http://www.16sucai.com/tupian/gqfj/：收集了海量的高清风景图片，专为设计爱好者提供山水风景高清图片。

• Yestone 邑石网正版图库网 http://www.yestone.com/showcase：提供摄影照片与设计素材的正版图片，图片多且质量高。

• 昵图网 http://www.nipic.com/：图片多，分辨率高，有明显水印，收藏了大量各行各业的海报图片，质量参差不齐。

• 全景网 http://www.quanjing.com/：图片可直接复制，分辨率略低，能满足 PPT 投影需要，水印不明显，商务感强的图片多。

• 素材天下 http://www.sucaitianxia.com/：图片多且质量高，特色是会定期整理各种结合热点和关键词的分类搜索。

• 华盖创意 http://www.gettyimages.cn/：图片多且质量高，有重大热点时事时，会推出系列精品图片，注册后可下载无水印图片。

• 中国新闻 http://www.cnsphoto.com/：国内唯一被授权发布各种官方的时事新闻图片的网站。

（2）别忽略强大的图片搜索引擎。

图片网站虽然好，但是别忘了强大的搜索引擎。不同的搜索引擎搜图功能各有侧重，总体来说，谷歌图片的搜图功能最为强大，其他搜索引擎各有特色。

• 假如是英文搜索，谷歌和必应的搜索结果领先。

• 选择什么样的关键词来应对不同的搜索引擎，搜索结果和搜索质量会差别很大。

• 色彩检索指搜索含指定颜色类型的图片，类型检索指搜索剪贴画、动态图片、壁纸、QQ表情类型的图片。

• "相似图片"指搜索引擎会推荐更多和搜索结果类似的图片，"更多尺寸"指搜索引擎会推荐更多不同尺寸的图片。

• "底部推荐"指搜索引擎主动推荐的相关关键词。

• "图片搜索"指上传一个本地或网络图片，搜索出和它类似的图片。

（3）为什么你搜图的质量总比我好？

① 关键词搜图法：当制作 PPT 时，如果需要某个话题的图片，就用这个话题作为关键词去百度图片或者谷歌图片搜索。一般谷歌图片的搜索质量比较高，但是百度图片偶尔也会带来惊喜。

比如想找一张反映"成长"的图片，可以试试用关键词"成长"来搜索。假如搜索结果让人不太满意，别着急，试试推荐的关键词，若还不行，可把"成长"翻译成英文"growing"，再看看搜索结果如何。

需要说明的是：

• 简单来说，搜图方法就是一句话：缺什么搜什么，中文不行试英文。

• 英文也有同义词和近义词，当搜索结果质量不高时，可以换换关键词，如果你英文不好，推荐用"谷歌翻译"找到中文对应的英文，用其他近义词、同义词再试。

• 搜索引擎的搜索结果是动态变化的，有时候能马上找出好图片，有时候需要多翻几页才能找到好图片，图片结果的排序也是随日期变化的。

• 个别搜索引擎尽管功能强大，图片质量高且丰富，但不够稳定，经常无法访问，而且搜索出来的结果也有很多不能访问。

② 联想词搜图法：使用关键词搜图法有时候难以找到满意的图片，这个时候就要借助发散思维来搜图。

这个过程好比你在大脑里尝试构思一幅画，试着描述你要找的图片是一个怎样的场景，把这个场景的灵感写下来。你写下的词语就是新的关键词，然后再用关键词搜图法去搜索。

比如要找一幅图片来表达"好奇"，无论是用中文还是英文关键词"Curious"搜索，结果都不理想，那么什么场景能表达"好奇"呢？

浩瀚的星空总是能激发人类的好奇心吧？——得到关键词"星空"。

孩子踮着脚趴在栏杆向外偷看是好奇吧？——得到关键词"踮脚"。

结合"相似图片"的搜索功能，最后我们可以得到越来越多合适的照片。

联想词搜图法无非就是把抽象的形象具体化，要找一幅完美的图片，你得有足够的发散思维能力。找到好图片的过程，也是一次愉快的思维漂流之旅。在百度和谷歌搜索出来的结果里面，往往有些图片场景很不错，只是图片质量不够理想，但也应该足够启发你把这个场景变成一个新关键词,用这个新关键词搜搜看,也许就会有惊喜。

另一个经常用到的方法是逆向思维,我们可以选择反义词搜索,例如要表达"坚持"的图片,可以选择"放弃"去搜索。

要说明一下:联想词搜图法也适用于一切支持图片搜索的网站,绝非仅仅在搜索引擎中成立。

在搜索时代,大部分做 PPT 的场合,其实并不需要一个超级图库,而是需要一个有发散思维能力的大脑。

再次友情提示:图片虽好,也有版权,商业使用,务必谨慎。

6)图片背景透明——背景的编辑

在 PowerPoint 幻灯片中插入图片时,为了让图片能够相互融合,只有设置图片背景透明才能具有比较好的显示效果。

要设置幻灯片中的图片背景透明,应优先选择 PNG 或 GIF 格式的图片,图片的背景最好是单色。

在 PowerPoint 中设置幻灯片中的图片背景透明有两种方法:

方法一:使用"图片工具"下"格式"选项卡"调整"组中的"删除背景"命令,如图 7-77 所示。

具体方法和操作步骤如下:

① 单击要删除背景的图片,如图 7-78 所示。

图 7-77　"图片工具""格式"选项卡的"调整"组

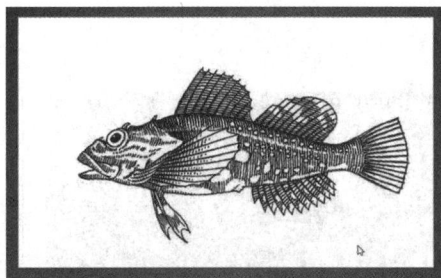

图 7-78　删除背景的原图片效果

② 在"图片工具"下"格式"选项卡的"调整"组中,单击"删除背景"命令,出现"背景消除"选项卡,如图 7-79 所示。

③ 单击点线框线条上的一个句柄,拖动线条,使之包含希望保留的图片部分,并将大部分希望删除的区域排除在外,如图 7-80 所示。PowerPoint 将自动进行背景消除。

图 7-79　"背景消除"选项卡

图 7-80　背景消除样例

也可以用鼠标画出图片背景的哪些区域要保留,哪些要删除。

如果要保留的图片部分被删除,单击"标记要保留的区域"并使用绘图铅笔标记图片中要保留的区域。

要删除更多的图片部分,单击"标记要删除的区域"并使用绘图铅笔标记这些区域。

值得说明的一点是,使用 PowerPoint,即使已经消除了图片的背景,仍然可以保存图片的原始版本。

④ 单击"保留修改",保留所有更改并退出背景消除,效果如图 7-81 所示。

方法二:使用"图片工具"下"格式"选项卡中"调整"组中的"颜色"命令,通过设置透明色去除指定颜色。这种方法适合处理背景是单色的图片。

设置透明色去除指定颜色的具体方法和操作步骤如下:

① 单击要删除背景的图片。

② 在"图片工具"下"格式"选项卡上的"调整"组中,单击"颜色"命令,弹出图 7-82 所示的面板。

图 7-81 背景消除后的效果

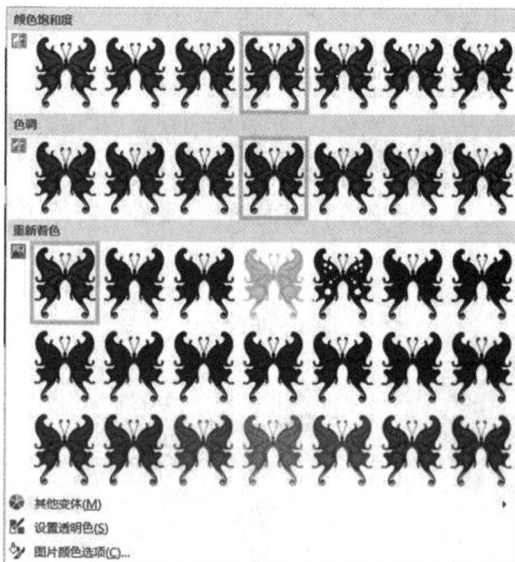

图 7-82 "图片工具"中的颜色面板

③ 单击"设置透明色"命令,用鼠标单击幻灯片中图片的白色背景,如图 7-83 所示。

接下来我们可以看到图 7-83 所示图片的白色背景被去除了,如图 7-84 所示。

图 7-83 设置透明色

图 7-84 设置透明色后的图片

3. 课件中使用图片的技巧

1）SmartArt 图示图形

SmartArt 是 PowerPoint 2007 版本以后新增的功能，在 Office 的其他组件例如 Excel 和 Word 当中也同样具备。它提供了一系列预先设定好的成组图形，用于展现列表、流程、循环、层次结构等多种不同的逻辑关系。（见图 7-85 和图 7-86）

图 7-85 "SmartArt"命令

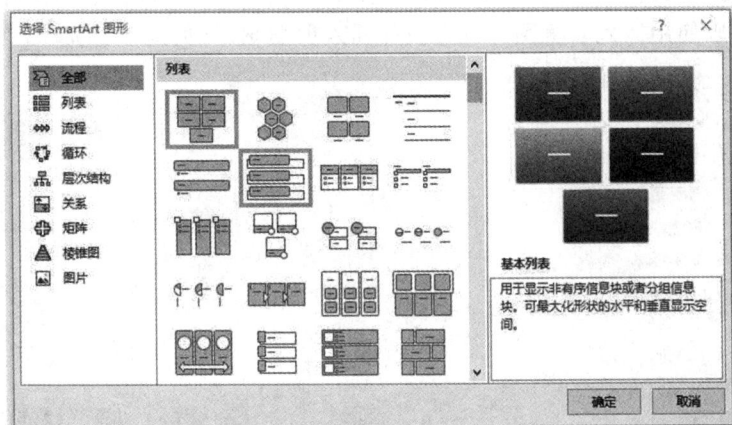

图 7-86 SmartArt 图形

SmartArt 类似于 PowerPoint 早期版本中的图示功能，但相比图示而言，SmartArt 的布局种类更丰富，外观形式上也因为与主题联系在一起，可以很方便地设定出很多不同的颜色和效果。

通常可以有两种方法来创建 SmartArt 图形。

方法一：直接创建。

依次单击"插入"→"插图"组中的"SmartArt"。

在对话框左侧选择图形类型，中间列表中选择具体布局样式，对话框右侧显示所选图形的效果预览。

选中后单击"确定"按钮插入图形。

在创建好的 SmartArt 图形中，可以直接在显示"文本"的位置编辑文字内容，也可以打开侧边的"文本窗格"，在其中输入和编辑文字。

方法二：通过文本框创建。

实际制作幻灯片时，在使用结构化的图形来表达某些关系或概念之前，通常事先就准备好了具体的文案内容。在这种情况下，利用这些文字直接来创建 SmartArt 图形能省去图形创建以后输入文字内容的步骤，会更加方便。

① 将需要放置在 SmartArt 中的文字内容添加到文本框中,分段排列。

② 选中文本框中的文字内容,然后单击右键,在快捷菜单中选择"转换为 SmartArt"(见图 7-87),在扩展列表中选择所需的布局样式,即可完成创建。

2)剪贴画(插入联机图片)

剪贴画是一种特殊的图片。一般图像处理软件生成的文档,如 BMP、WMF、JPG、GIF 等文件类型,属于位图图像,放大后会因为分辨率的关系变模糊。而剪贴画是矢量图。矢量图只能靠软件生成,它是根据几何特性来绘制的图形。矢量可以是一个点或一条线,点或线可以自由无限制地重新组合。它的特点是放大后图像不会失真,和分辨率无关,文件占用空间较小,适用于图形设计、文字设计和一些标志设计、版式设计等。

剪贴画可以平滑地缩放,也就是变大变小,图片都不改变,还具有方便去除自身图片背景,可以与其他图片很好融合的优点。因此,剪贴画很适合应用在 PowerPoint 制作中。

早期版本的 PowerPoint,可以直接使用菜单命令调用内置的剪贴画库插入剪贴画。

与某些早期版本的 PowerPoint 不同,PowerPoint 2013 和更高版本不再有内置的剪贴画库,不过,仍然可以使用插入联机图片以查找并插入剪贴画。(见图 7-88)

图 7-87 转换为 SmartArt 图形　　　　图 7-88 插入联机图片

具体方法和操作步骤是:在"插入"选项卡的"图像"组中,单击"图片";使用 Bing 搜索工具,输入"剪贴画"作为关键词;单击图片左上方的复选框以选择剪贴画图片,最后单击"插入"按钮,如图 7-89 所示。

3)应用图片样式

应用图片样式,可以使图片或剪辑在演示文稿中显得非常醒目。

图片样式是不同格式设置选项(例如图片边框和图片效果)的组合,以缩略图的形式显示在图片样式库中。当将指针放在缩略图上时,可以预先查看图片样式的外观,然后再应用这些样式。

应用图片样式的方法和操作步骤如下:

① 单击要应用图片样式的图片。

② 在"图片工具"下"格式"选项卡上的"图片样式"组中,如图 7-90 所示,单击所需的图片样式。若要查看更多的图片样式,可单击▼按钮。

图 7-89 插入剪贴画图片

图 7-90 "格式"选项卡的"图片样式"组

（三）PowerPoint 课件中声音的使用

1. 课件中声音的作用

多媒体课件中，必不可少的媒体之一是音频。它在课件中主要运用于三个方面：一是用作解说，它的作用与文字信息是一样的，用作叙述、说明课件的内容等；二是作为背景音乐，可以起到烘托气氛、渲染环境气氛、强调主题的作用；三是用作在特定场合产生如刮风、下雨、打雷、爆炸等特殊的效果，它可以起到文字、语言等无法替代的作用。

2. 课件中使用声音的常见问题

1）如何改变声音文件的格式

当我们给按钮添加音效时，PowerPoint 就要求来自文件的声音或已有的声音只能是WAV 格式，已有的 MP3 格式的声音素材不能使用。那么如何改变声音文件的格式呢？

PowerPoint 软件自身没有编辑声音素材的功能。改变声音文件的格式需要调用其他的工具软件。具体办法包括：

（1）使用格式工厂类的软件。这类软件不仅可以转换声音文件格式，还可以转换多种视频文件的格式。

使用格式工厂转换声音文件格式的方法和步骤如下：

• 打开格式工厂，选择要转换的声音文件的目标文件格式，如图 7-91 所示。

• 添加要转换的声音文件，如图 7-92 和图 7-93 所示。

• 单击"确定"按钮，回到上一级界面，单击"开始"按钮进行转换。

（2）使用专业的音频软件。这类软件包括专业的声音处理软件 Adobe Audition、Cool Edit、GoldWave 等。

使用专业的音频软件转换声音文件格式操作通常都很简单：使用"文件"选项卡中的"打开"命令打开声音文件，然后再使用"文件"选项卡中的"另存为"命令，选择需要的格式，保存即可，如图 7-94 所示。

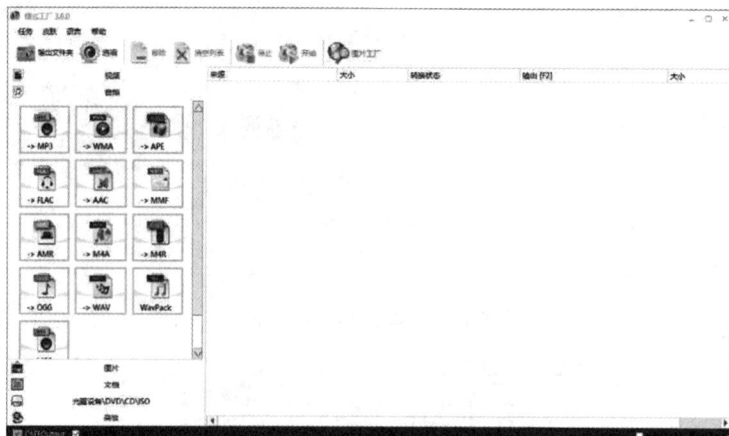

图 7-91　格式工厂——选择目标文件格式

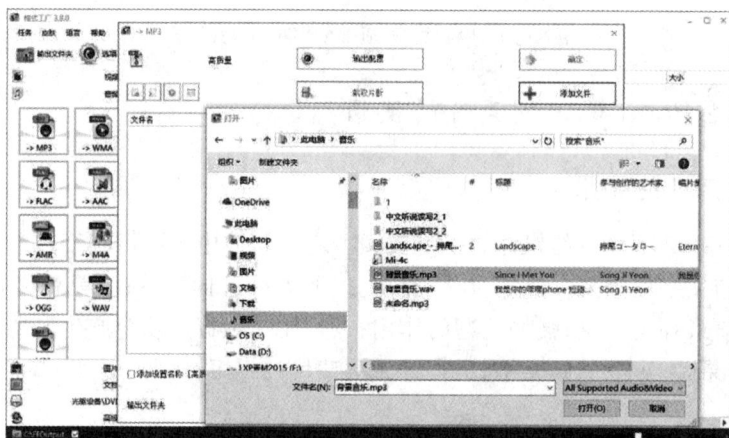

图 7-92　格式工厂——选择待转换的视频文件 1

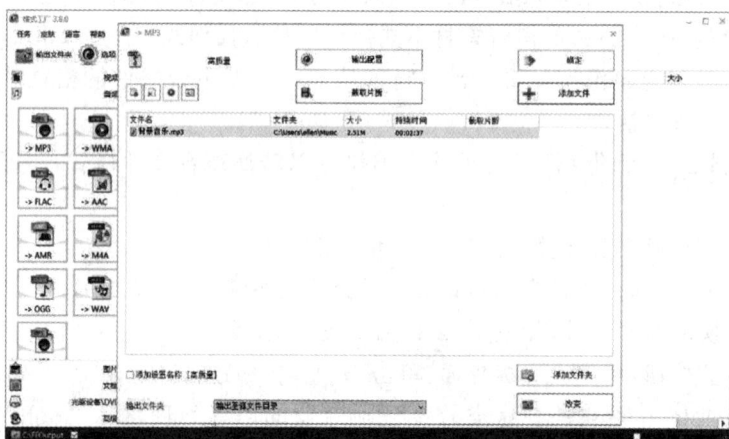

图 7-93　格式工厂——选择待转换的视频文件 2

（3）使用 QQ 影音类的视音频播放软件。这类软件主要用于音频视频媒体文件的播放，同时，也具备一些基本音视频的编辑功能。比如，音视频格式转换、截取等功能。这类软件的

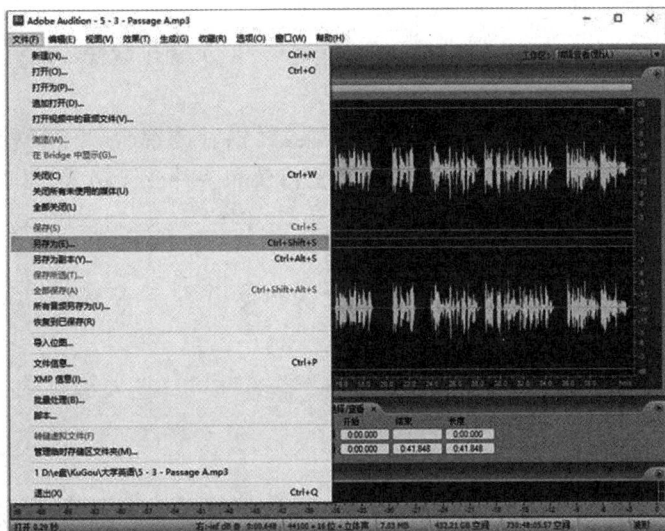

图 7-94 使用 Adobe Audition 转换声音格式

优点在于通常比较小巧,使用广泛,多为免费的,比较容易获得。

2) 如何改变录制声音的参数

（1）数字音频的参数。

声音是人们耳朵所感觉的空气分子的振动。它可以用一种连续的波形表示。波形描述了空气的振动。波形的最高点（最低点）与基线之间的距离称为该波形的振幅。振幅表示声音的音量。直线波形表示无声。

声音信息数字化的第一步是采样。采样指的是以固定的时间间隔对波形的值进行抽取。采样过程中,最重要的参数是采样频率,即一秒钟内采样的次数。采样频率越高,声音保真度越好,但所要求的数据存储量也越大。常见的采样频率有三种,分别是 44.1 kHz、22.05 kHz、11.025 kHz。

声音信息数字化的第二步是量化,即把每一个样本值从模拟量转换为数字量,该数字量用几个二进制位数表示,N 越大,量化精度越高,反之量化精度越低。常用的量化精度一般有两种:16 位和 8 位。

声音信息数字化的第三步是编码。声音信息的编码方法按照采样对象的不同分为波形编码和参数编码。按照声音格式其他要求进一步压缩编码后即成为相应格式的声音文件。

决定数字化声音的质量和存储容量的因素有三个:采样频率、量化精度和记录的声道数目。声音通道的个数标明声音获取过程只记录一个波形（单声道）还是两个波形（立体声）。立体声听起来比单声道声音的真实感更好,但需要两倍的存储空间。

表 7-3 是课件声音的一般参数信息。

表 7-3 课件声音的一般参数信息

类 型	采 样 频 率	量 化 位 数	文 件 格 式
人声	11.025 kHz	8-bit	WAV、MP3、WMA
音乐	44.1 kHz	16-bit	

(2)录制声音参数的改变。

录制声音可以使用 Windows 提供的录音机软件。但录音机软件功能有限,一般我们会选择使用其他专业一些的音频编辑软件。

Adobe Audition 是一种专业的音频编辑工具,提供音频混合、编辑、控制和效果处理功能,如图 7-95 所示。它支持 128 条音轨、多种音频特效和多种音频格式,可以很方便地对音频文件进行修改和合并。使用它,用户可轻松录制语音、创建音乐、制作广播短片。它是目前多媒体课件制作中常用的声音素材的处理软件。

下面我们介绍使用 Adobe Audition 录制声音以及对参数进行设置修改的具体方法和步骤。

① 安装好话筒,运行 Adobe Audition,单击"编辑"按钮,进入编辑视图模式,如图 7-96 所示。

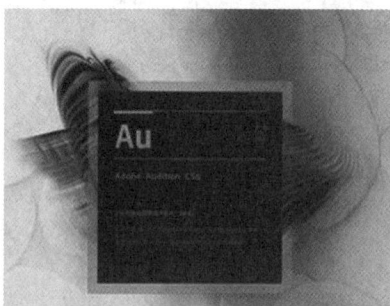

图 7-95　Adobe Audition 软件

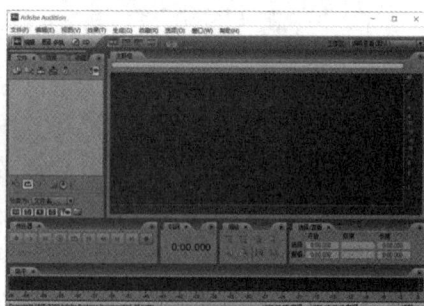

图 7-96　Adobe Audition 编辑视图下的窗口

② 单击"录制"按钮,在弹出的"新建波形"对话框中,选择录音文件的采样率、通道、分辨率,最后单击"确定"按钮开始录制,如图 7-97 所示。

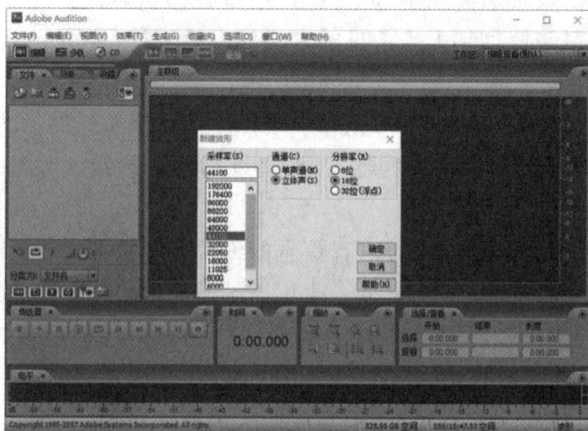

图 7-97　Adobe Audition 录音窗口

③ 录音结束之后,对录音进行适当的编辑,比如音量调整,最后选择"文件"选项卡中的"另存为"命令将其保存为指定格式的声音文件。

对于已经录制好的声音文件,如果要修改参数,可以使用 Adobe Audition 打开文件,然后直接选择"文件"选项卡中的"另存为"命令,在新打开的窗口中选择保存类型,单击窗口下方的"选项"按钮(见图 7-98),就可以进行参数的选择了。

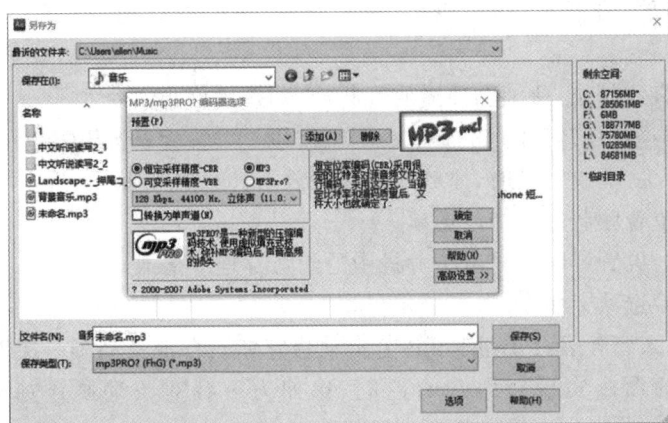

图 7-98   Adobe Audition **另存为窗口**

3）如何控制幻灯片中的声音

前面介绍了使用 PowerPoint 添加声音的方法和操作步骤，下面详细介绍如何控制幻灯片中的声音播放。

（1）使用"播放"选项卡命令，如图 7-99 所示。

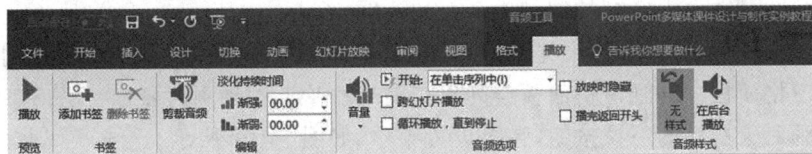

图 7-99   PowerPoint**"播放"选项卡**

以下是"播放"选项卡命令的说明：

• 添加书签：播放幻灯片上的音频时，单击该命令，将在音频剪辑的当前时间添加书签。书签是辅助音频编辑的标记，也是触发动画的事件。如何触发动画，本节后面将介绍。（见图7-100）

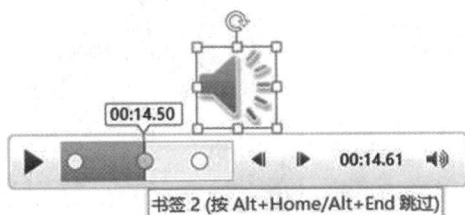

图 7-100   添加音频书签

• 删除书签：在音频剪辑的当前时间删除前面添加的书签。

• 剪裁音频：对音频进行剪裁，设置当前音频播放的区间段。

• 渐强：编辑音频效果，设置音频淡入的持续时间。

• 渐弱：编辑音频效果，设置音频淡出的持续时间。

• 音量：设置音频播放的初始音量。

• 开始：设置开始播放音频的事件方式，包括单击（鼠标）、自动。

· 跨幻灯片播放:音频不仅可以在本张幻灯片上播放,还可以持续在后面的幻灯片上播放。

· 循环播放,直到停止:持续循环播放音频,直到接到停止命令。

· 放映时隐藏:放映幻灯片时不显示小喇叭按钮。设置背景音乐需要用到此命令。

· 播完返回开头:播放音频时,播放完即将播放指针返回开头。

· 无样式:重置音频剪辑的播放选项。

· 在后台播放:设置音频剪辑以跨背景中的幻灯片连续播放。

(2)使用"动画"选项卡命令。

在幻灯片上插入音频后,PowerPoint 会自动将它加入自定义动画。接下来我们可以使用"动画"选项卡中的命令实现对声音的控制,比如为声音对象动画添加触发条件等。(见图 7-101)

图 7-101　PowerPoint"动画"选项卡

以下是"动画"选项卡音频控制相关命令的说明:

· 动画窗格:"动画窗格"命令位于 PowerPoint"动画"选项卡的"高级动画"组中,用于控制显示动画窗格面板。动画窗格面板会列出当前幻灯片上的动画对象。

单击动画对象右侧的下拉按钮,弹出设置菜单,如图 7-102 所示。

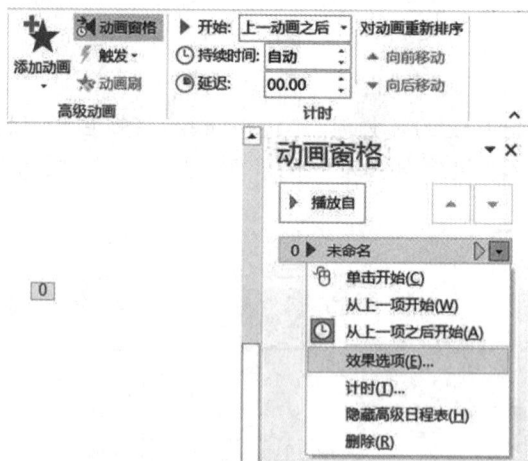

图 7-102　动画窗格面板

利用"单击开始""从上一项开始""从上一项之后开始"设置音频对象出现的时间。

单击"效果选项"命令后,将弹出播放音频对话框,如图 7-103 所示,用以具体设置效果和计时。

效果设置包括:音频开始播放的位置,包括从头开始、从上一位置以及指定开始时间;停止播放可选单击时、当前幻灯片之后或者指定幻灯片后,背景音乐跨幻灯片播放需要在这里设置;设置动画播放完是否变暗。动画播放完变暗是弱化已播放内容,而突出当前播放内容的手段。

•触发：设置动画的特殊开始条件。可以单击播放按钮开始播放，也可以当媒体播放到达指定书签时播放。这里的标签，可以是音频标签，也可以是视频标签。（见图7-104）

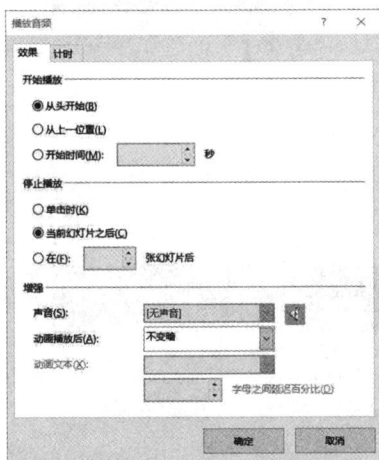

图 7-103 音频效果选项设置窗口

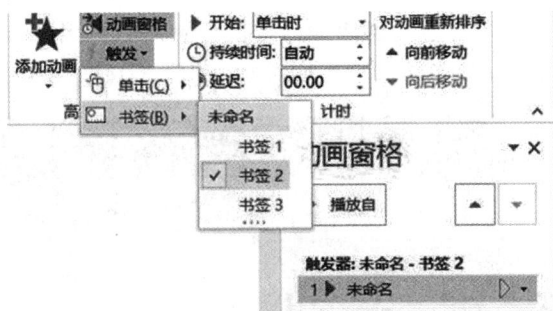

图 7-104 触发

•动画刷：可以向演示文稿中的其他对象应用指定动画效果。实现的操作步骤是：

①选择要复制动画样式的对象。

②单击动画刷。

③选择要自动应用动画的其他内容。

4）停止播放声音的新方法——动作设置

前面介绍了使用 PowerPoint 添加按钮音效的方法和步骤，如果使用动作设置实现停止播放声音，该如何进行呢？

比较图 7-105(a)和(b)，其不同之处在于图(b)在播放声音设置中，选择了声音选择下拉列表中的[停止前一声音]，如此设置，就可以实现单击按钮停止播放声音了。

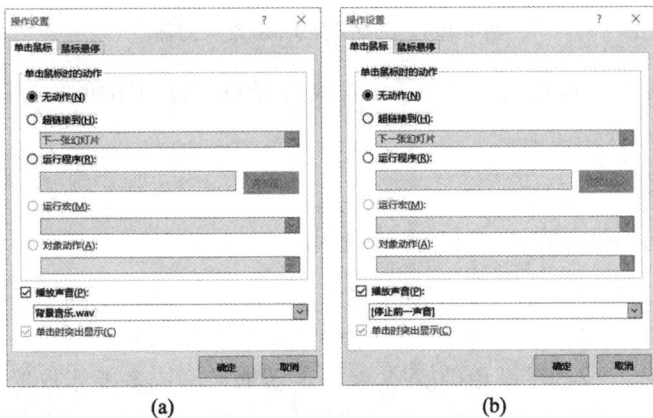

(a)

(b)

图 7-105 停止播放声音的动作设置

5）如何使用 PPT 剪裁音频

从 PowerPoint 2010 版本开始，能够直接在 PPT 中对音频进行剪裁。具体方法和步骤如下：

① 使用"插入"选项卡"媒体"组中的"音频"命令以及"PC上的音频"命令,添加音频到幻灯片,如图7-106所示。

图7-106 剪裁音频——插入音频

② 选项卡自动切换为"播放"选项卡,单击"编辑"组中的"剪裁音频"命令,如图7-107所示。

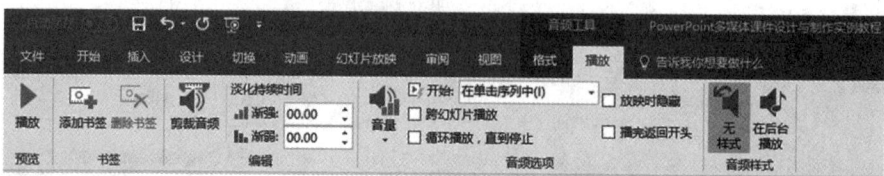

图7-107 "剪裁音频"命令

③ 在"剪裁音频"对话框中,如图7-108所示,拖动绿色滑块和红色滑块设置音频开始时间和结束时间的位置。也可以直接输入开始时间和结束时间的值进行设定。单击"确定"之后,PPT将按设定播放音频片段。

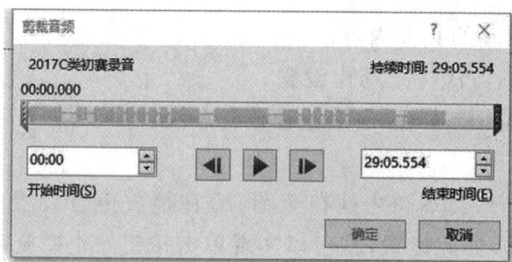

图7-108 设置开始时间、结束时间

需要说明的是,PPT对音频进行剪裁仅仅改变音频播放的起始和结束位置,并没有对音频文件进行物理性的改变。

(四)PowerPoint课件中视频的使用

1. 课件中视频的作用

视频影像来源于摄像机或录像机信号,经图像压缩后形成多媒体数据文件。视频影像是真实的人、物、景,表现的视听信息更加生动、形象。内容方面既可以是人们生活的记录和再现,比如电视新闻,也可以是人们对未来生活的设想,比如电影。在课件中运用恰当的视频影像信息,可以提高多媒体作品的表现力。

用PowerPoint制作多媒体课件的时候加入视频,其作用通常是:

• 展示教学内容。视频就是教学内容,比如介绍英语教学中的情景对话。

• 使用视频片段帮助创设情境,吸引学生注意。

2. 视频素材的获取方法和途径

视频素材一般获取途径如图 7-109 所示。

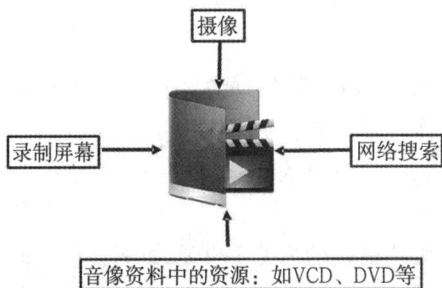

图 7-109　视频素材一般获取途径

(1) 摄像。使用摄像机、DV 或者手机等设备进行摄像。

摄录设备如果使用模拟技术,则需要把这些模拟信号转换成数字信号之后,计算机才能处理和管理。视频采集卡是连接摄像机、录像机以及激光视盘播放机和计算机的把模拟的影视信号转换成计算机能够处理的数字信号的设备。

如果摄录设备使用数字技术,我们可以直接得到数字视频文件。

(2) VCD、DVD 等音像资料,可通过购买或复制获取。

(3) 网络搜索,可购买或下载网络上共享的视频素材文件。

(4) 计算机屏幕录制。使用屏幕录像专家、Camtasia Studio 等软件进行计算机屏幕的录制,可以获得数字视频文件。

目前 PowerPoint 自身也提供了屏幕录制功能,这样就可以方便地获得计算机屏幕录制的视频素材。

PowerPoint 的"屏幕录制"命令在"插入"选项卡的"媒体"组中,如图 7-110 所示。

图 7-110　PowerPoint 的"屏幕录制"命令

在 PowerPoint 中进行屏幕录制与使用其他软件的操作过程类似。单击"屏幕录制"命令之后,弹出图 7-111 所示的面板。

图 7-111　PowerPoint 屏幕录制面板

首先使用该面板内的"选择区域"命令确定录制屏幕的范围,然后设置录制屏幕过程中是否打开麦克风(录制解说)以及显示鼠标指针,最后单击"录制"按钮开始录制。录制开始的时候 PowerPoint 屏幕录制面板将自动隐藏,并出现"按 Windows 徽标键+Shift+Q 停止录制"这样的停止录制提示,如图 7-112 所示。

3. 课件中使用视频的常见问题

1) 视频格式转换

PowerPoint 软件自身没有编辑视频素材的功能,改变视频文件的格式需要调用其他的工具软件。具体办法包括:

(1) 使用格式工厂类的软件。这类软件可以转换多种视频文件的格式。

图 7-112　停止录制提示

使用格式工厂转换视频文件格式的方法和步骤如下:

①打开格式工厂,选择要转换的视频文件的目标文件格式,如图 7-113 所示。

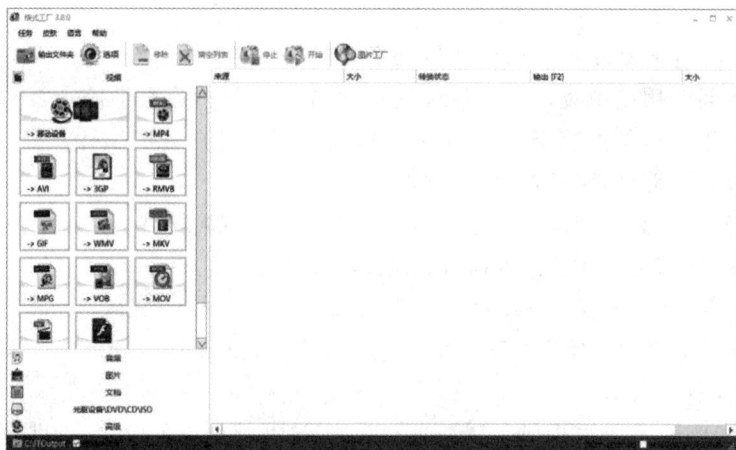

图 7-113　格式工厂——选择目标文件格式

②添加要转换的视频文件,如图 7-114 和图 7-115 所示。

图 7-114　格式工厂——选择待转换的视频文件 1

③单击"确定"按钮,回到上一级界面,单击"开始"按钮进行转换。

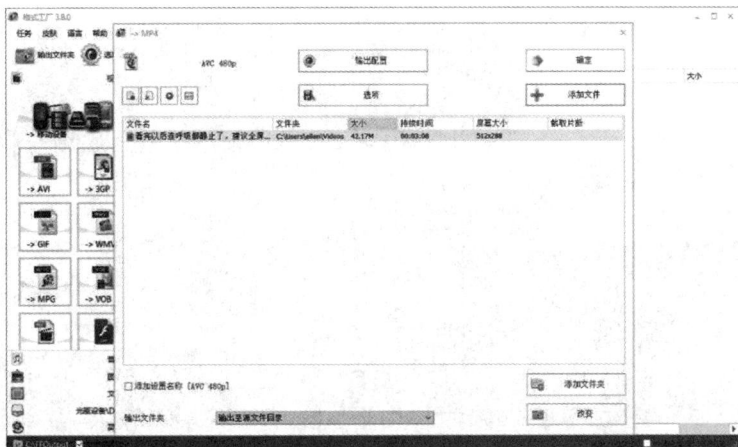

图 7-115　格式工厂——选择待转换的视频文件 2

（2）使用专业的视频软件。这类软件包括专业的视频处理软件 Camtasia Studio、Premiere、会声会影、Adobe After Effects 等。

使用专业的视频处理软件转换视频文件格式的操作要比声音处理软件转换声音文件格式复杂一些。通常都需要经历先导入视频文件到素材库，再将视频拖到时间轴的轨道上，然后分享输出，这样一个过程。

无论是声音文件还是视频文件的格式转换，都需要重新编码。视频文件的格式转换通常会耗时多一些。

（3）使用 QQ 影音类的视音频播放软件。这类软件主要用于音频视频媒体文件的播放，同时，也具备一些基本音视频的编辑功能。比如，视频格式转换、截取等功能。这类软件的优点在于通常比较小巧，使用广泛，多为免费的，比较容易获得。

2）视频内容裁剪

使用影视图像编辑工具，可以对影视图像进行插入、剪裁、粘贴、分离、覆盖等编辑操作；可以对影视图像进行一些特技处理，如视频滤镜处理、场景切换处理、重叠效果处理、运动效果处理等；可以给影视图像添加片名和字幕；可以把声音数据插入影视图像中。

Camtasia Studio 是美国 TechSmith 公司出品的屏幕录像和编辑的软件套装。该软件套装提供了强大的屏幕录像（Camtasia Recorder）、视频的剪辑和编辑（Camtasia Studio）、视频菜单制作（Camtasia MenuMaker）、视频剧场（Camtasia Theater）和视频播放功能（Camtasia Player）等。使用该软件套装，用户可以方便地进行屏幕操作的录制和配音、视频的剪辑和过场动画、添加说明字幕和水印、制作视频封面和菜单、视频压缩和播放。

Camtasia Studio 是目前很多教师广泛应用的微课制作工具。下面以 Camtasia Studio 为制作工具给大家介绍视频内容裁剪的方法和步骤。

① 运行 Camtasia Studio 软件，单击"导入媒体"按钮导入视频素材文件，如图 7-116 所示。

② 在弹出的"打开"窗口中，选择要编辑的视频素材，然后单击"打开"按钮完成导入，如图 7-117 所示。

③ 把导入的视频素材用鼠标左键拖至时间轴的轨道上，如图 7-118 所示。

④ 在时间轴的时间刻度上，通过拖动绿色和红色的滑块设置编辑的区域，如图 7-119 所示。

图 7-116　Camtasia Studio 的界面

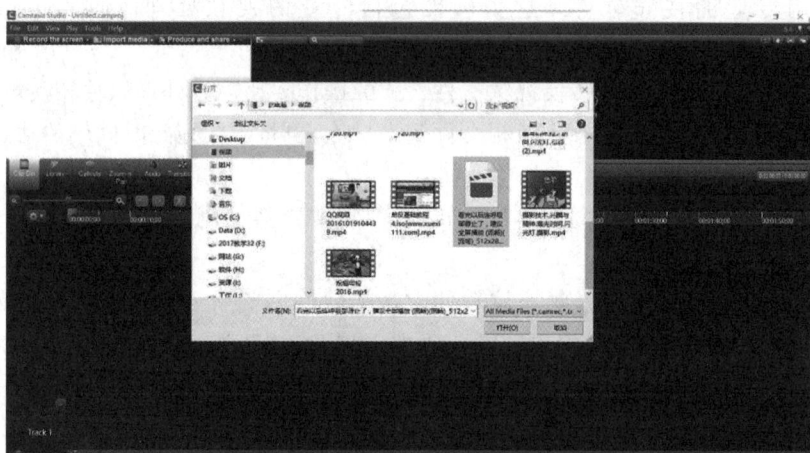

图 7-117　导入要编辑的视频素材

图 7-118　调用视频素材

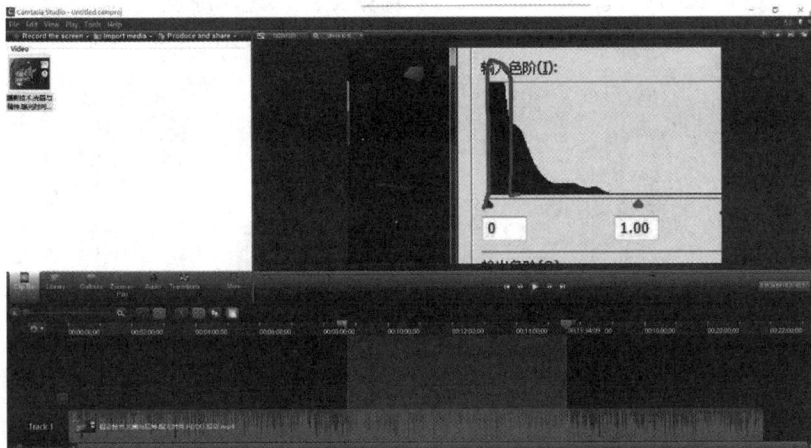

图 7-119　设置编辑区域

⑤ 使用时间轴上方的剪刀按钮对选择区域进行剪切。

⑥ 单击界面左上方的"Produce and share"(生成和分享)按钮,生成新视频文件。

3) 插入非 Windows 标准的视频

在 PowerPoint 中通过使用"插入"选项卡中的"视频"命令可以插入视频,尽管 PowerPoint 已经可以支持很多常用视频文件格式,但对于 RM 这样格式的视频,尤其是现在流行的 FLV 格式的文件,却是不支持的,这让大家在使用过程中感到了在 PowerPoint 中对视频文件支持的局限性。那么,如何让大多数的视频文件尤其是 RM 和 FLV 这样的视频文件也能够在 PowerPoint 中"安家"呢?

解决的方法有三种:

① 转换视频文件格式;

② 添加超级链接法;

③ 利用 PowerPoint 中控件工具箱中的控件来插入。

这三种方法各有优缺点。

可以通过其他的视频格式转换软件把 RM、FLV 视频文件转换成其他 PowerPoint 支持的格式的文件再插入,建议转换为 AVI 或 WMV 格式。这种方法的缺点是通常比较耗时,处理后的视频由于视频格式的改变视频效果可能会大打折扣,同时又会增加视频文件的体积。

添加超链接的方法,制作上总体说比较简单,但是使用时会另外弹出视频播放窗口,既不方便又不直观。

使用插入控件方法必须保证使用 PowerPoint 的系统中要安装有相关播放器(RealPlayer 播放器、Flash 播放器),制作过程相比较而言有些复杂。使用这种方法的优点是插入的视频文件有多种可供选择的操作按钮,播放进程可以完全自己控制,更加方便、灵活。该方法比较适合需要将 PowerPoint 课件中图片、文字、视频放在同一页面的情况。

转换视频格式的方法前面已经介绍,下面具体介绍另外两个方法的实现方法和操作步骤。

(1) 添加超级链接法。

① 运行 PowerPoint 程序,打开需要插入视频文件的幻灯片。

② 用文本框插入文字或者插入一幅图片作为播放视频的入口。

③ 选择前面插入的文字或图片,使用插入选项卡的超链接命令添加超链接。在"编辑超

链接"对话框(见图7-120)中,选择 RM 或 FLV 视频文件,单击"确定"按钮完成。

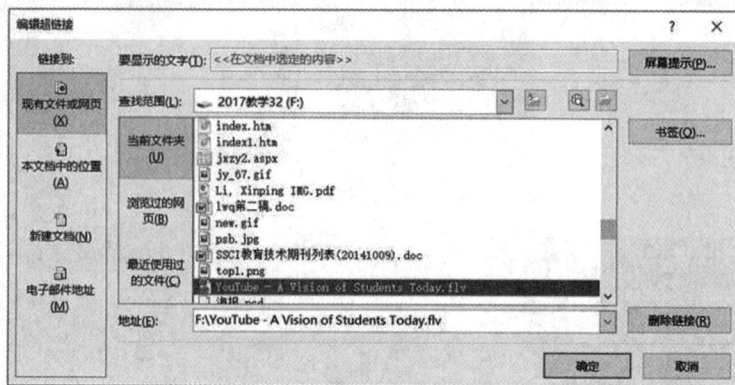

图 7-120 "编辑超链接"对话框

(2) 插入控件法——RM 视频文件的插入方法。

① 打开 PowerPoint 幻灯片文件,打开需要插入视频文件的幻灯片。

② 在 PowerPoint 菜单栏中寻找"开发工具"选项卡。如果未显示"开发工具"选项卡,请单击"文件"选项卡。单击"选项",在"PowerPoint 选项"对话框(见图7-121)中单击"自定义功能区",在"自定义功能区"列表中,选择"开发工具",然后单击"确定"按钮。

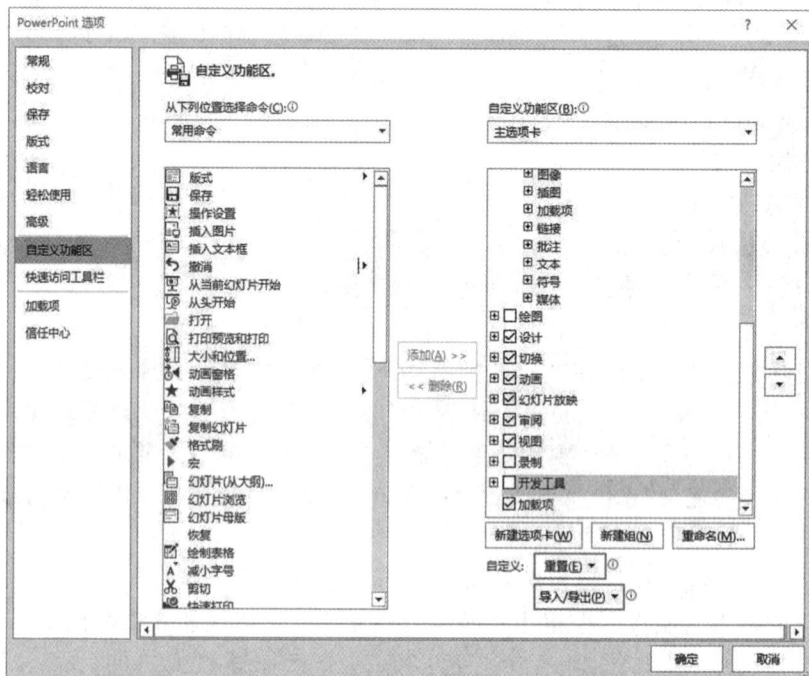

图 7-121 "PowerPoint 选项"对话框

③ 在"开发工具"选项卡上"控件"组中单击"其他控件"按钮(见图7-122)。

④ 选择"RealPlayer G2"(这时,该计算机必须已经装有 RealPlayer 播放器)。当鼠标变成"+"字形时,用鼠标左键在幻灯片上拖出大小合适的区域(此区域就是 RealPlayer 播放器的大小)。

图 7-122 "开发工具"选项卡

⑤ 在此区域上单击右键,在弹出的快捷菜单中执行"属性"命令,在弹出的属性对话框中的"Source"项后输入要插入的 RM 格式文件的详细路径和完整文件名(必须带上后缀.rm,例如 8.rm,否则不能显示),在"autostart"项后选择"false"表示播放时不自动播放视频文件。其他项默认即可。利用这种方法插入的 RM 视频文件,在播放时显示 RealPlayer 播放器界面,可以方便地进行音量、播放、停止、暂停、进度拖拽等操作。注意:使用此方法必须保证系统中安装有 RealPlayer 播放器。

4) 视频文件与 PPT 文档必须放在同一级目录下

用 PowerPoint 制作课件等演示文稿时,经常需要在幻灯片中插入图片、视频、音频等内容。一般要求在制作演示文稿前,先将 PowerPoint 待插入的视频、音频文件与 PPT 文档放在同一级目录下。这是因为 PowerPoint 插入的图片是内嵌式的,而视频、音频文件则是采用外链方式插入的。也就是说,视频、音频文件只是插入了一个链接路径,文件本身并没有被插入 PowerPoint 里面。播放视频、音频,是根据路径自动链接到那个视频或音频文件播放的。因此,如果要把制作好的 PowerPoint 演示文稿拿到别的计算机上播放,就需要连同原音频视频文件一块拷贝才行,并且还要保持原有的路径关系。

使用控件的方式播放视频文件同样要注意这个问题。如果视频文件与 PPT 文档放在了同一级目录下,在属性窗口"Movie"栏或"URL"栏填写视频地址的时候,仅仅需要填写视频的完整文件名就可以正常调用了。

综上所述,在 PowerPoint 演示文稿中插入视频,视频文件与 PPT 文档并非必须放在同一级目录下,只是放在同一级目录下,会减少出错,避免很多麻烦。

4. PowerPoint 视频新功能

1) 可以直接播放网页中的视频

使用"插入"选项卡"媒体"组中的"视频"命令插入"联机视频",可以将(微软)云端、YouTube 的视频插入,或者通过粘贴视频嵌入代码将指定网站播放视频的窗口嵌入当前的幻灯片上。(见图 7-123)

不过,目前仅可以在 PowerPoint 中嵌入 YouTube 视频,而且 YouTube 视频类型要求是 PowerPoint 所支持的。

2) 能够对视频直接进行裁切和剪辑

PowerPoint 2010 版本开始,能够直接在 PPT 中对视频进行剪裁。具体方法和步骤如下:

① 使用"插入"选项卡的"媒体"组中的"视频"命令以及"PC 上的视频"命令,添加视频到幻灯片。

② 菜单自动切换为"播放"选项卡,单击"编辑"组中的"剪裁视频"命令,如图 7-124 所示。

③ 在剪裁视频面板(见图 7-125)上,拖动绿色滑块和红色滑块设置视频开始时间和结束

图 7-123　播放网页中的视频

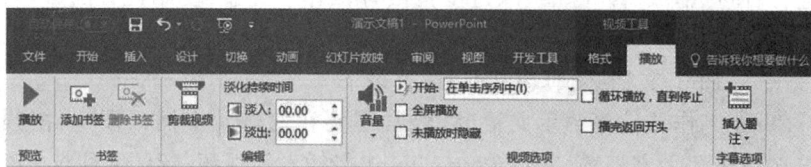

图 7-124　"编辑"组中的"剪裁视频"命令

时间的位置。也可以直接输入开始时间和结束时间的值进行设定。单击"确定"按钮之后，PPT 将按设定播放视频片段。

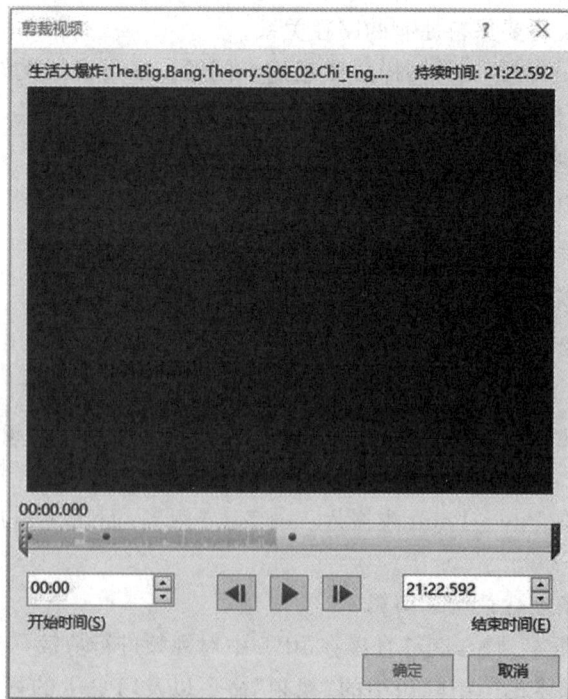

图 7-125　剪裁视频——设定开始时间和结束时间

第三节 教育视频的制作

一、什么是教育视频

教育视频是指具有特定的教学对象和明确的教学目标,用声画结合的电视艺术手法表现教学内容的视频。教育视频亦称电视教学片或教学录像片,是电视节目的一种类型。由于题材内容和表现形式的不同,可以对教育视频从不同的角度进行分类。按教育目的可以把教育视频分为思想政治教育片、科学知识教学片、技能技巧教学片;按教学任务可将其分为整门课程的教学片、专题教学片、教学片段片和教学参考片;按表达形式可将其分为讲授型、图解型、表演型和示范型。

随着计算机网络的发展和普及,教育视频已进一步发展为在计算机网络、手机、电视等多平台上共同应用,成为现代教育的重要教学手段。

二、如何编制教育视频

教育视频的编制过程一般包括准备阶段、前期摄录阶段和后期编辑阶段等三个主要的阶段。

(一)准备阶段

准备阶段主要包括选题、编写稿本、对拍摄工作的整体规划和组织拍摄队伍等环节。其中选题是关键,稿本则是工作指南。

1. 选 题

教育视频的选题一般可以从以下几个方面考虑。

(1)从教学目的和成本的关系来考虑,教育视频所选的课题应是传统教学方法或其他教学媒体不容易表达的教学重、难点。由于教育视频制作成本高,需要大量的人力物力,因此题材的选择应具有典型性,可以被教学人员广泛使用。

(2)从电视媒体的特点考虑,能发挥电视媒体表现力强的优势。

(3)从资源条件考虑,在现有设备、人员允许的情况下选择合适的题材。

2. 文字稿本的编写

文字稿本是在选题的基础上用来阐述教育视频内容的书面材料,即根据教学大纲的要求和教学内容的需要,按电视教学媒体的表现手法进行构思设计,写出的画面与解说相对应的文字材料。它决定了教育视频的框架结构和风格类型,通常由学科教师编写。

教育视频的表达形式不同,文字稿本写法也可以用不同的形式。较常用的是声画对应式文字稿本,它适合用于编写图解型、示范型的教育视频。常见的格式是画面和解说词对应,即左边描述画面,右边写解说词,如表 7-4 所示。

表 7-4　文字稿本的格式

画　面	解　说　词
一学生在作业休息时打开盛有葡萄糖的玻璃瓶子,用不锈钢勺满满地取出一勺,放进玻璃杯中,然后用热水冲调搅匀。	在我们日常生活中,每天都在接触溶液。
学生拿起杯子喝了一口,随即把杯子放在桌上。	
镜头推近玻璃杯,出现片名:"溶液"。	那么,到底什么是溶液呢?

3. 分镜头稿本的编写

分镜头稿本是根据文字稿本应用电视艺术的理论与技巧编写而成的,是教育视频编制过程的具体施工蓝图,通常由导演完成。分镜头的编写格式如表 7-5 所示。

表 7-5　分镜头稿本的格式

镜号	机号	景别	技巧	时间	画面内容	解说词	音乐	音效

(1) 镜号:教育视频的镜头画面的编辑序号。

(2) 机号:多机拍摄时所用摄像机的编号。

(3) 景别:拍摄取景范围的大小。拍摄范围从大到小可分为远景、全景、中景、近景和特写等。

(4) 技巧:镜头拍摄的运动技巧和镜头巧借。常用的拍摄技巧有推、拉、摇、移、跟等;镜头的巧借有切换、淡变、划变、叠化等。

(5) 时间:镜头的时间长度,常用秒表示。

(6) 画面内容:用文字描述拍摄的具体画面。

(7) 解说词:与画面相对应的解说内容。

(8) 音乐:根据画面内容所选的乐曲。一般应注明乐曲的名称、起始位置和进入方式等。

(9) 音效:为加强环境气氛效果选用的各种音响等。

(二) 前期摄录阶段

前期摄录就是根据分镜头稿本拍摄所需要的素材。拍摄时要特别注意画面的构图、景别和拍摄技巧的运用,要善于选择拍摄机位,引导学生从不同距离和方位去观察拍摄对象,尽量做到科学性、教育性、艺术性和技术性的统一。

1. 景别应用

在现实生活中,人们观察事物往往要远眺取其势,近观取其神。影视艺术正是为了适应人们的这种视觉心理需求,才产生了画面远景、全景、中景、近景和特写等不同的景别。

景别一般是按摄像画面表现出的景物范围划分的,这种划分通常以人的活动作为标准。

(1) 远景:是表现空间范围最大的画面。远景注重景物和事件的空间、规模、气势、场面等方面的宏观表现,人物在其中显得很小,基本上为一个点状,看不清细节。远景经常用来交代事物发生的地点及其周围的环境,也经常用来借景抒情,展示人们对景物和事件的感受。

(2)全景:是表现人物全身形象或某具体场景全貌的画面。全景主要表现人的全身动作和活动空间,或者某一具体事物的整体形态。拍摄全景时要安排好画面布局,调动各种视觉要素,突出主体。

(3)中景:是表现人膝盖以上部分或场景局部的画面。中景重视具体动作和情节,拍摄时必须抓住最能吸引观众的表情神态和动作姿势。中景非常适合观众的视觉距离,这是教学中常用的镜头景别。

(4)近景:是表现人胸部以上部分或物体局部的画面。近景可以用来表现人物的心理活动或物体富有意义的局部等。

(5)特写:是表现人肩部以上的头像或某些被摄体的细部画面。特写镜头画面简洁单一,视觉冲击力强,能通过面部细微表情的变化,揭示人的内心世界;能通过细部描写,揭示事物本质。

2. 运动拍摄

运动拍摄是教育视频的重要表现手段。常用的镜头运动有推、拉、摇、移、跟等。

(1)推镜头:产生的画面效果是由整体引向局部,突出介绍重点。

(2)拉镜头:产生的画面效果是由局部引向整体,突出介绍整体。

(3)摇镜头:在水平或垂直等轴线上改变拍摄方向,用来展示环境或景物之间的关系。

(4)移镜头:移动摄像机的机位进行拍摄,主题距离不变,背景变化,达到边走边看的视觉效果。

(5)跟镜头:摄像机镜头跟随主题进行拍摄,常用于表现事物的运动过程。

3. 拍摄过程中的注意事项

(1)做好场记,以便后期编辑时查找素材。

(2)录制同期音,以便配必要的现场效果声。

(3)场景不同时要保持全片色调的一致性。

(4)摄像师遵循"平、稳、匀、清、准"的拍摄要领。

(三)后期编辑阶段

后期编辑阶段主要是利用电子编辑方法把素材镜头组接成连贯教材的过程。

1. 镜头组接的基本原则

(1)镜头组接要符合逻辑。

(2)镜头方位要一致。

(3)景别过渡要自然流畅。必须遵循景别要有明显变化、景别变化不大时机位要变的原则。

(4)镜头组接要遵从"动接动,静接静"的原则。

(5)镜头组接的光线、色调要统一。

2. 编辑方式

1)线性编辑

线性编辑(linear editing)是传统的视频编辑方式。线性编辑系统由一台放像机、一台录像机和编辑控制器组成,也可以由多台录像机、放像机和特技设备组成复杂系统。通过放像机选择一段合适的素材,并把它记录到录像机中的磁带上,再寻找下一个镜头,然后再记录,如此反复,直到把所有的素材都按顺序剪辑记录下来。通常完成一个视频的剪辑要反复更换录像带,寻找需要的部分,整个制作过程非常烦琐,而且经过多次的重复编辑还会降低视频质量。

2) 非线性编辑

非线性编辑(non-linear editing)是针对线性编辑而言的,简称非编。非线性编辑系统实际上是扩展的计算机系统。由一台高性能计算机和一套视频、音频输入/输出卡(即非线性编辑卡),配上一个大容量 SCSI 磁盘阵列便构成了一个非线性编辑系统的基本硬件。非线性编辑系统直接从计算机的硬盘中以帧或文件的方式存取素材、进行编辑。它是以计算机为平台的专用设备,可以实现多种传统视频制作设备的功能,对素材可以随意地改变顺序,随意地缩短或加长某一段,添加各种效果等。

支持非线性编辑的软件有很多,按照应用领域的不同可以将其分为如下几种:专业级的有大洋 ME 和 Premiere,广播级的有大洋、索贝、新奥特等专业非线性编辑软件,家用级的有会声会影,以及一些近年来新兴的非线性编辑软件,如 Camtasia Studio、剪映、快剪辑等。

第四节　微课的设计与制作

一、微课概述

在国家大力推行教育信息化的今天,伴随着"微时代"的来临,以"微课"为代表的"微教育"受到人们的普遍关注。

(一) 微课的概念

微课又称微课程,英文译作"micro-lecture"。微课程的概念源自美国"一分钟教授"戴维·彭罗斯,2008 年他提出"一分钟微视频"的微课程概念,强调将教学内容和目标紧密结合,以产生一种"更加聚焦式的学习体验"。实际上,微型视频在微课程的概念出现之前,就已经悄然兴起。2006 年,美国教育工作者萨尔曼·可汗创办了可汗学院,他录制的教学视频风靡美国,并影响到世界各国。可汗录制的微视频被认定为微课的原型。

在国内,关于微课的概念没有一个统一的定论。在基础教育领域,以广东佛山市胡铁生为代表,高校理论研究人员对微课的定义,则以焦建利教授、张一春教授、黎加厚教授为主要代表。

胡铁生老师认为,微课又名微课程,是"微型视频网络课程"的简称,它是以微型教学视频为主要载体,针对某个学科知识点(如重点、难点、疑点、考点等)或教学环节(如学习活动、主题、实验、任务等)而设计开发的一种情景化、支持多种学习方式的在线视频课程资源。

焦建利教授认为,微课是以阐释某一知识点为目标,以短小精悍的在线视频为表现形式,以学习或教学应用为目的的在线教学视频。通俗地讲,微课是在线教学视频,以阐释某一知识点为目标,以短小精悍的在线视频为表现形式,以学习或教学应用为目的。

张一春教授认为,"微课"是指为使学习者自主学习获得最佳效果,经过精心的信息化教学设计,以流媒体形式展示的围绕某个知识点或教学环节开展的简短、完整的教学活动。

黎加厚教授认为,微课或者说微课程,是指时间在 10 分钟以内,有明确的教学目标,内容短小,集中说明一个问题的小课程。

综合以上观点,我们可以看到,在基础教育领域和高校理论研究领域,大家对"微课"的理解虽有不同,但在微课的本体特征上存在着很多的共识。具体来说,微课具有以下特征。

(1)以在线视频为表现形式。微课是在线教学视频,学习者可以通过网络,随时、随地进行学习。

(2)教学目标单一,主题明确。微课主要围绕教学中的重点、难点、疑点等展开教学活动,主题非常明确,教学目标常常集中于解决某一个知识点,相对单一。

(3)内容短小精悍。通常认为,微课的时长以 10 分钟以内为宜。鉴于不同领域的教学特点,中小学微课的时长一般为 5~8 分钟,在高等教育领域,时长一般在 10~20 分钟。这就决定了微课在内容的选择上必须短小精悍,以能在短时间内解决某一个问题为宜。

(4)结构独立。微课建立在某个知识点或者教学主题的基础上,各个知识点之间呈现出松散的状态,结构上相对独立。只有若干知识模块以某种意义联结在一起,才能形成主题明确、内容完整的结构化资源应用环境。

(5)资源丰富多样。微课以教学视频为主要载体,同时还提供习题作业、教学课件、互动等多种学习资源。

(二)微课的应用形式

微课的应用,最终是为了提高教学质量,促进学习者的自主学习。在具体的教学应用中,微课主要有以下几种应用形式。

(1)进行教学创新。利用微课进行教学创新,主要表现在,将微课作为课堂教学的一部分,创新教学模式,如翻转课堂。使用翻转课堂进行教学的课程,学生可以在课下利用微课学习相关的知识,在课堂上和同学、老师进行沟通和交流,进行知识的内化。

(2)作为课堂教学的补充。若学生在课堂学习后,对某些知识点仍然存在着困惑,这时候,就可以利用微课对相关知识点进行巩固、理解和学习。

(3)作为自主学习资源。微课资源是以促进学生自主学习为目的的,是支持学生个性化学习、在线学习和碎片化学习的重要手段。微课作为自主学习资源存在,能更好地帮助学习者进行知识的理解和建构。

(4)作为一种开放的教育资源,支持各种移动终端,开展移动学习实践。

二、微课的开发流程

微课作为一种微型化的学习资源或教学资源,它有效地撬动了学习者的碎片时间,广泛地应用于在线学习、移动学习和混合学习等多种学习环境中,极大地促进了学习者的自主学习。那么,一线教师应该如何开发微课呢? 实际上,微课的开发同其他课程的开发一样,都遵循课程开发的基本流程。具体来说,微课的开发流程包括选题、教学设计、教学准备、视频制作、反思与修改、上传到平台 6 个步骤,如图 7-126 所示。

1. 选题

合理的、恰当的选题是进行微课开发的第一步。鉴于微课自身的特征,在进行微课的选题

图 7-126　微课的开发流程

时,选题应细而小,不宜过大。尽可能地以教学重点、难点或某一教学主题为主,内容应短小精悍。

2. 教学设计

在选题确定以后,就必须从总体上对微课进行设计。所谓教学设计,就是应用系统方法,分析、研究教学中的问题和需求,确立教学策略、教学方法和步骤,并对教学结果做出评价的一种计划过程。教学设计是微课开发中的重要一环,因此,教学设计的好坏直接关系着微课水平的高低。教学设计主要包括内容分析、教学对象分析、媒体设计等。

在微课的设计过程中,对微课的学习者特征、教学任务和内容进行分析,明确教学目标,制定出符合学习者学习的教学策略和教学方法,选择合适的媒体呈现,设计教学视频的情境、案例、教学过程以及相关的网络教学支持材料和评价、反馈机制等。

在进行微课视频的制作过程中,要尽可能地降低学习者的认知负荷。根据认知负荷理论,学习材料的组织与呈现方式、学习材料的复杂性和学习者的先验知识是影响认知负荷的基本因素。短小精悍是微课的鲜明特点,因此,在设计微课的时候,要组织好教学内容,简洁、生动地呈现教学内容,避免给学习者有限的工作记忆空间带来太大压力。

3. 教学准备

教学准备就是要准备供教学所用的资源,包括课件、习题作业等,还包括微课教学过程中所使用的教具、素材等。

4. 视频制作

在选题确定,教学设计、教学准备完成之后,就可以开始进行微课的视频制作。微课的视频制作主要包括视频的录制和后期制作两个部分。

在视频的录制阶段,根据录制微课的类型不同,主要有两种方法,一种是录屏,另一种就是拍摄。

录屏就是利用录屏软件对教学过程进行录制,这种录制方法对软硬件要求很低,教师只需要准备一台装有录屏软件的计算机和一个麦克风就可以了。录制时,教师只用设置合适的视音频格式,将准备好的课件演示出来,软件就会自动地全程录制教师的屏幕操作和讲解,非常简单,容易操作。

拍摄就是利用摄像设备进行微课的拍摄,比如摄像机、手机等。利用拍摄方法录制微课时,要注意灯光的设置、摄像机的机位、画面的景别和角度等。此外,使用拍摄方式录制微课时,教师多出镜,因此教师要注意自己的仪态。在进行正式录制前,可以提前试讲,以保证正式录制时的最佳效果。

在视频录制完成以后,教师可以利用视频编辑软件如会声会影、Premiere 等视频剪辑软件对视频进行剪辑和处理。

5. 反思与修改

微课设计的过程,不断地伴随着反思与修改,既有设计过程的反思,也有实践过程中、过程后的反思。通过反思与修改,可以不断地改进、完善微课的教学过程,达到精益求精的效果。

6. 上传到平台

微课制作完成以后,就可以上传到相应的平台上。在上传到平台的时候应注意平台对微课视音频格式的要求。通常情况下,为了能够流畅地在线播放,微课的文件大小不宜过大,最好不超过 20M,文件格式一般为支持网络播放的流媒体格式,如.rm、.wmv、.flv 等,必要时可以通过视频转换软件进行格式转换,如格式工厂等。

三、微课的制作方法

根据录制方式的不同,微课的制作方式主要分为两种,一种就是利用录屏软件直接录制,另一种就是利用摄像设备进行拍摄制作。

(一)利用录屏软件进行微课录制

在制作录屏型微课时,所使用的录屏软件多种多样,常用的有 PPT、屏幕录像专家、微课宝、快课工具、Camtasia Studio 等。其中,Camtasia Studio 软件以其强大的录制和编辑功能及简单易用性深得广大老师的好评。Camtasia Studio 是美国 TechSmith 公司出品的一款屏幕录制和编辑软件,它不仅可以同时录制屏幕、录制声音,还可以对视频进行后期编辑,如标注、变焦、添加字幕、画中画等。Camtasia Studio 8 软件制作微课,既可以直接使用该软件进行录制,还可以将录制好的视频直接导入 Camtasia Studio 中进行编辑。下面就以 Camtasia Studio 2022 为例来讲解微课的制作方法。

1. 初识 Camtasia Studio 2022

在计算机上安装 Camtasia Studio 2022,双击桌面图标,打开 Camtasia Studio 2022 工作界面,如图 7-127 所示。

图 7-127 Camtasia Studio 2022 工作界面

(1)菜单栏。菜单栏提供了"文件""编辑""修改""视图""导出"和"帮助"六大类别命令。

(2)工具栏。工具栏设置了"媒体""库""注释""转换""动画""旁白""音效""字幕"等 13 种工具,用户可以通过各个工具面板,实现对视频添加特效、字幕、旁白等。

（3）预览窗口。通过预览窗口，可以对录制的素材以及正在编辑的素材进行预览。

（4）时间轴面板。在这里可以对素材进行剪辑。

（5）属性面板。单击时间轴或者画布上的一个对象，可查看其属性。

2. Camtasia Studio 2022 制作微课

用户使用 Camtasia Studio2022 软件录制微课，一般要经历录制、编辑、生成和分享三个步骤。

1）录制

录制微课时，用户打开 Camtasia Studio 软件，单击工作界面左上角的"录制"按钮即弹出窗口，单击红色按钮可直接开始录制视频。录制界面如图 7-128 所示。

图 7-128 Camtasia Studio **2022 录制界面**

在录制之前，还可以设置录制区域。单击"区域"右边的下拉按钮，可以设置录制的范围，Camtasia Studio 2022 版本提供了全屏、自定义、宽屏、社交媒体等几种录制区域。录制时，若需要录制外接摄像头画面和麦克风、系统声音，只需要连接好相关设备，打开"系统音频"选项，就可以将外接摄像头的画面和麦克风的声音录制进去。录制完成后，按 F10 即可停止录制。

2）编辑

录制完成以后，录制好的视频自动在时间线上显示，这时就可以对其进行编辑了。时间轴上的剪辑工具，可以实现对素材进行基本的剪切、复制、粘贴、拆分等操作，如图 7-129 所示。同时 Camtasia Studio 2022 强大的工具栏面板，可以轻松实现对视频进行添加字幕、特效、旁白、注释、测验、鼠标样式等功能。这些功能，可以帮助用户很快完成对素材的编辑。

图 7-129 Camtasia Studio **2022 时间轴界面**

3）生成和分享

对视频编辑完以后，就可以生成最终的作品。用户在生成作品的时候，只需要单击"导出"按钮，在"生成向导"界面设置好需要的格式，就可以生成所需要的作品了，如图 7-130 所示。

（二）利用摄像设备录制微课

使用摄像设备录制微课，通常的做法有摄像机录制、手机拍摄、IPAD 拍摄等多种方式。在使用摄像设备进行录制时，首先要对自己使用的摄录设备性能非常熟悉，其次，要掌握基本的视频拍摄的技巧，如固定画面的拍摄、运动画面的拍摄、画面的景别和角度等，同时还应注意

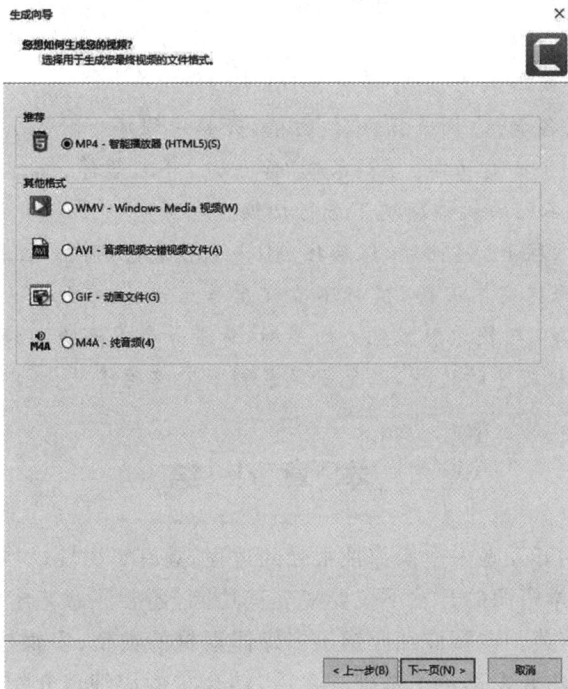

图 7-130 "生成向导"界面

灯光、场景的布置,教师自身的仪态等。

在用摄像设备录制好视频素材后,还需要通过非线性编辑软件如会声会影、Premiere、Vegas 等视频剪辑软件对素材进行剪辑和处理,直到完成满意的作品。

通过本节内容的学习,你是否了解了微课设计和制作的方法,下面就自己动手制作一个微课吧。

实践活动 7-2

利用录屏软件录制微课

【活动目标】

掌握利用录屏软件录制微课的过程和基本方法。

【活动任务】

确定选题,教学设计,制作 PPT,利用录屏软件录制微课。

【活动步骤】

1. 确定选题,选择自己感兴趣的课题,选题应细而小,不宜过大。尽可能地以教学重点、难点或某一教学主题为主,内容应短小精悍。

2. 教学设计,在选题确定以后,就必须从总体上对微课进行设计,具体来说,对微课的学习者特征、教学任务和内容进行分析,明确教学目标,制定出符合学习者学习的教学策略和教学方法,选择合适的媒体呈现,设计教学视频的情境、案例、教学过程以及相关的网络教学支持材料和评价、反馈机制等。

3. 制作 PPT。

根据上述的教学设计,制作PPT供录制微课时使用。

4. 录制微课。

(1) 将计算机的分辨率调为1024像素×768像素。

(2) 计算机录音设备调试:调节扬声器(方法:开始—程序—附件—录音机)。

(3) 熟悉录制软件快捷键功能。F2:录制、停止键。F3:暂停、继续键。F11:打开、关闭屏幕画板。Alt+Tab:在不同的软件环境下进行切换。

(4) 在录制课件时,按F2键播放,然后按Alt+Tab进行切换。注意要关闭一切计算机上的其他软件(如QQ),保持室内安静,鼠标不要在屏幕上乱晃。在讲解知识时,在屏幕上鼠标不易太快,画面保持整洁,与教学内容无关的图标、背景等都要删除。停止录制时,要稍等3秒再关闭计算机,给计算机缓冲的过程,以免出现录制不完整的情况。

本 章 小 结

信息化教学资源的开发是一个操作性很强的过程,具有实用性,对学生动手能力和信息技术要求比较高,信息教学资源的开发不仅要实现其功能,还要注意艺术性,开发出的产品要能够符合大多数学生的审美。本章详细介绍了多媒体素材的类型、多媒体素材的处理工具和集成工具,为多媒体课件的开发奠定了基础。之后,结合实例详细地介绍了PPT课件的制作方法和过程。在探讨教育视频编写相关知识后,介绍了微课的特点和制作方法,为教师制作教学课件提供了帮助和支持。

本 章 练 习

1. 名词解释:

多媒体素材　多媒体课件　教育视频　微课。

2. 结合自己的实际经验,谈谈PPT课件和Flash课件哪个更加受教师的欢迎,为什么?

3. 大家知道哪些处理音视频的软件?课下,学习其他处理音视频的软件,并与同学交流分享。

4. 结合实例,简述在制作微课的过程中我们应该注意什么,什么样的课题属于微课,微课具有哪些特征。

第八章 智慧教育理论与应用

核心概念

智慧教育
人工智能
教育大数据
教育数据挖掘

学习目标

（1）理解智慧教育的基本概念及发展沿革。

（2）了解智慧教育与智慧学习、智慧学习环境、智慧教学、智慧评价等概念的关系，能够举例说明智慧教育各要素的引用场景。

（3）了解人工智能的基本概念及其在教育领域的前沿发展，并能够结合案例进一步深入理解人工智能的应用场景。

（4）了解大数据的基本概念和发展历史，并进一步认识大数据对教育各方面的影响。

（5）理解教育数据挖掘的内涵，通过学习相关案例初步认识数据挖掘技术与方法。

知识概览

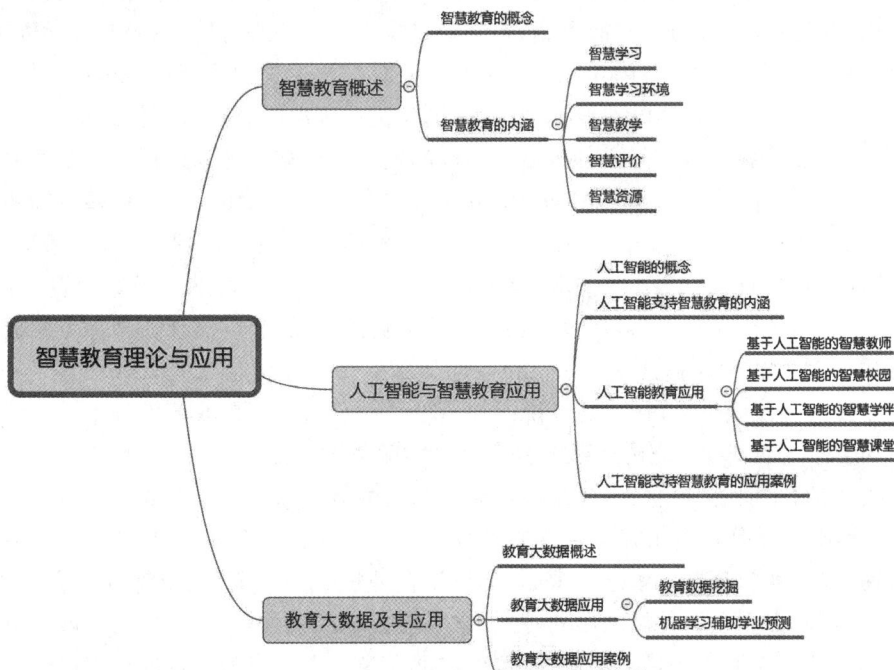

步入 21 世纪,我国越来越重视教育信息化和"互联网＋教育"的发展,2018 年 4 月 13 日,教育部印发《教育信息化 2.0 行动计划》,深刻阐述了教育信息化对于教育现代化发展的重要意义。2021 年 12 月 12 日,国务院印发了《"十四五"数字经济发展规划》,在社会服务数字化提升工程中明确提出要"深入推进智慧教育",具体包括推进新型基础设施建设,构建高质量教育支撑体系,进一步完善国家数字资源公共服务体系,提升在线教育支撑服务能力等要求。现在,5G、云计算、人工智能、虚拟现实等新一代信息科技再一次推动了教育新基建的发展,教育信息化也将迎来新一阶段的革新。

信息科技高速发展背景下的智慧教育对比传统的信息化教学有着更丰富的内涵,什么是智慧教育,如何应用新技术赋能教育教学,如何构建新的教育生态与模式,从而为学习者带来更多便利,都面临着新的挑战与机遇。本章我们将重点探讨这些问题。

第一节　智慧教育概述

一、智慧教育的概念

要了解什么是智慧教育,我们要结合智慧教育这一名词的起源来探讨。随着信息科技的高速发展,人们认识到信息技术对社会各方面影响越来越深入,IBM 公司在 2008 年就提出"智慧地球"的概念,其对"智慧地球"的解释是:在新一代信息技术(物联网、3D 打印、大数据分析等)的强力支持下,让地球上所有的东西实现被感知化、互联化和智能化(instrumented, interconnected and infused with intelligence)。在这一思想引领下,"智慧城市""智慧医疗""智慧家居"等理念纷纷被提出,"智慧教育"这一概念也应运而生。IBM 公司在 2009 年提出的"智慧教育"包括五大方面的内容:学习者的技术沉浸,个性化和多元化的学习路径,服务型经济的知识技能,系统、文化与资源的全球整合和 21 世纪经济发展的关键作用。同时,IBM 公司也提出了智慧教育应当具有的内涵:教学要以学生为中心进行设计;要对教学资源集中管理、实时监测、科学分配,并进行实时统计与分析;要对教学过程和管理过程实现智能化的决策与管理;要实现没有时空限制的在线互动教学;要让优质资源随时随地便捷共享。

韩国也高度重视智慧教育的研究,该国制订的发展智慧教育计划包括了五个主要方面,即 self-direction(自我导向)、motivation with fun(兴趣激发学习动机)、adaptive based on level(支持分层适应式教学)、resource free(丰富的免费教学资源)、technology-embedded(技术融入)。该计划对智慧教育的解释与 IBM 公司有一定的重合之处,均认可智慧教育必然是以学习者为中心,应用各种新技术为教育环境建设、教学资源开发、教学质量评估等方面提供支撑。也是在韩国,2010 年 9 月召开 e-Learning Week 2020 会议,该会议正式将智慧学习(smart learning)作为关键议题进行讨论,这也说明韩国很早就开始对智慧教育进行布局。

从字面意思来看,IBM 公司和韩国政府提出的智慧教育是"smart education",smart 具有"聪明的、机敏的、智能的"等含义,泛指学习能力和理解能力强。结合 IBM 公司对智慧教育的解释,不难看出 IBM 公司对于智慧教育的理解在那个年代已经具有相当的前瞻性和启发性。在这一时期,以智慧教育这一概念为中心,智慧教育环境、工具、资源、模型等研究马上成为热门研究领域,同时市面上的各类学习软件、教学系统、教育平台等也如雨后春笋般地出现,大量数字化的学习工具获取了海量教学数据,这些数据又为各类系统和平台的改善提供了支持,如此形成了一段时期的良性循环。需要引起注意的是，在梳理国外智慧教育相关研究时，采用 smart/intelligent education/learning 进行检索，精确匹配的论文并不多，大量的研究都聚焦在智慧教育环境（smart environment/classroom）、智慧学习设备（smart device）、智慧学习工具（smart tool）等主题。

在其后的十几年直至今日，随着教育理念和信息技术的进步，部分学者开始用"intelligent education"代替"smart education"，其含义更偏向于学习能力、逻辑思维、善于思考和推理等，在这一时期，人工智能、脑科学等更多学科与技术逐渐影响到教育领域，智慧教育的内涵在技术的迭代革新下被不断丰富，如基于人工智能的智能导师系统、智能学伴，基于海量数据支持的实时学情分析技术，基于可穿戴设备的智慧学习环境，自适应推送的数字化学习资源等。可以说，如今的教育理念、教学环境、教学方法、学习工具、学习资源、教育评价工具等各方面，无一处不呈现出智慧的特征，因此，试图用简洁的话语概述智慧教育的内涵并不是一件容易的事。

我国对智慧教育的探讨也有着清晰的研究脉络。钱学森先生早在 1997 年就前瞻性地倡导"大成智慧学"，英译为"science of wisdom in cyberspace"，这一理念强调"大成智慧"的特点是沉浸在广阔的信息空间里所形成的网络智慧，核心是技术科学与哲学的结合。这一理念与外国研究相比，不仅强调了智慧教育的技术支撑，也体现了其哲学内涵。

2012 年，祝智庭初步构建了智慧教育研究框架，该框架涵盖了智慧环境、智慧教学法、智慧评估等概念，他认为智慧教育是通过构建技术融合的生态化学习环境，通过配置人机协同的数据智慧、教学智慧与文化智慧，本着"精准、个性、优化、协同、思维、创造"的原则，让教师能够施展高成效的教学方法，让学习者能够获得适宜的个性化学习服务和美好的发展体验，使其由不可能变为可能，由小能变为大能，从而培养具有良好的人格品性、较强的行动能力、较好的思维品质、较深的创造潜能的人才。也是从此时起，如智慧学习、智慧教学环境等围绕智慧教育的各种概念和研究开始蓬勃发展。

黄荣怀提出智慧教育是教育信息化的高端形态，是一种由学校、区域或国家提供的高学习体验、高内容适配性和高教学效率的教育行为（系统），它能利用现代科学技术为学生、教师和家长等提供一系列差异化的支持和按需服务，能全面采集并利用参与者群体的状态数据和教育教学过程数据来促进教育公平、持续改进绩效并孕育教育的卓越。该定义将教育技术学领域关心的问题和目前教育学领域关心的问题有机关联到了一起，并尝试从教育方针、政策、信息化的角度来解决教育公平的问题，但更多的是为了解决教育的卓越问题，即我们下一代培养的人是否卓越的问题。

钟绍春在 2018 年在以上两个定义的基础上再次梳理了教育信息化与智慧教育的关系，并进一步提出智慧教育是指在"互联网＋"、大数据、人工智能、虚拟仿真等信息技术的支持下，让学生能够主动学习、根据自己的需要学习、按照适合自己的方式学习、找到适合自己的学习环境学习、找到最适合自己的伙伴学习、得到最适合自己的教师帮助学习。简而言之，就是教育各方面的因素都要在信息技术的支持下实现智慧化。

在各位学者多年的研究基础上，结合当下不断迭代更新的智能技术，我们认为智慧教育是在国家教育方针的指导下，以新时代信息技术为支撑，通过感知、采集、存储、分析各种教育教学相关数据，构建以学习者为中心的资源适配、开放合作、体验优化的教育生态，促进教育教学全方位改革创新的过程。

从 2012 年智慧教育研究框架初步提出，信息技术就为智慧教育的实现提供了强有力的保障，为学生的个性化学习和创新能力培养提供了有效途径。近年来在各位学者的思想基础上，新一代技术与教育相结合再次碰撞出更为亮眼的火花,基于人工智能、大数据、区块链等技术的智慧学习、智慧环境、智慧评价等研究越来越丰富,结合这些引领者的思想和研究,我们可以更深入地探讨智慧教育的内涵。

二、智慧教育的内涵

通过梳理前人的研究我们可以发现,智慧教育的内涵是随着理论和技术的革新而不断发展扩充的,早期的智慧教育脱胎于教育信息化,内涵与定义和教育信息化有诸多重合之处。随着教育理论的发展,人们认识到智慧教育与教育信息化紧密相关但又是截然不同的概念,但无论是早期简单的信息技术教育应用还是近年来人工智能、云计算、元宇宙等技术和概念在教育行业的深度融合,智慧教育的以下几个主要内涵都是被学界所公认的。

(一) 智慧学习

学习者是教育活动中的重要因素,智慧学习是学习者在信息社会灵活而充分利用恰当的技术、资源、环境和方法,科学选择知识性和实践性的内容进行有效学习、高效学习、创新学习、创造学习的学习范式。智慧学习概念的提出不仅突出了信息技术对学习活动越来越显著的支撑作用,更是新时代以学习者为中心这一教育理念的重要体现。

回顾我国的教育发展历程,在很长一段时期大众将"教"的地位置于"学"之上,认为教师教学是影响学生学习、成长的最主要因素,即便是现在,我们也常常能听到"请老师多管管我们的孩子"之类的言论,在部分家长的心中,课堂即是教育的一切,因此,传统的教学活动中大多以"满堂灌"的教学形式为主,这一点也是我国教育一直存在的问题。然而近十年以来,当教育信息化开始进入人们的视野,"以生为本""以学习者为中心"的声音越来越大,这一现象引起了我们的思考:我国教育发展多年,为何正好现在"以学习者为中心"被越来越多地提及?

事实上,我国古代教育领域的重要思想之一"因材施教"就囊括了以学习者为中心这一理念,教师关注学生个体的差异性,从而进行有的放矢的教学活动,协助学生扬长避短,实现真正意义上的教育公平。然而,我国的教育基础薄弱,在新中国成立初期大量人口不具备任何文化知识,教育的目的在于消除文盲,尽可能提升全民的基础素质,因此,大班教学、基础知识、基本技能是我国早期教育的主要形式和内容。如今,在几代人的奋斗下,我国发生了翻天覆地的变化,更先进的教育环境、更科学的教学方法越来越深刻地影响我国的教育理念,小班教学、关注每一名学生、教育公平等是我国人民对教育提出的更高一级要求,恰在此时,智慧学习为新时代的教育行业带来了解决方案。

智慧学习不仅包括了传统的知识、技能培养,更包括了多种在技术支持下的新型学习方式,如联通式学习、跨学科学习、以创新为导向的自主学习、跨时空的学习,是比原有学习有着更高期待,并要求人们付出更多智慧并走向更大智慧的学习。

联通式学习具有鲜明的信息时代特点,在如今信息爆炸的环境下,信息和知识对于普通学习者来说不再是丰富的程度,而是已经到了"冗余"的地步,几乎每个学习者都需要根据自己的需求对网络上的知识进行筛选,那么基于联通主义的联通式学习是学习者的重要选择。信息时代的知识学习相当一部分是通过联系、连接自身与外界,在点与点之间筑起学习通道,进而建构自己的学习与经验,并在此基础上研究与创造。在学习过程中学习者要能够自主建立学习空间、资源、技术、服务、人等多对象之间的联系通道,构建属于自己的个人学习空间,这种高度个性化的学习空间真实反映了学习者的思维特点,也有助于学习者从全局的角度吸收知识、发展技能。

随着人类社会体系的不断发展,学科和行业也在不断分化和更替,一个学科的发展也离不开其他学科的支持。就如教育从来不是单一、孤立的学科,赫尔巴特明确地提出了教育学的学科基础是心理学和哲学,在教育学发展的过程中又派生出了实验教育学、文化教育学、实用主义教育学等流派,发展到当代,更是出现了庞大的分支。每一次学科的交汇和碰撞都是大量创新思想爆发的契机,因此,智慧学习也注重跨学科的融合学习,这也给我们带来了更为广阔的发展空间,有助于孕育更有价值的创新思想。

我国在教育信息化的进程中已经开始提倡教师和学生角色的转变,学生要从被动的知识接受者的角色转变为主动的学习者,而在智慧学习的概念中,进一步强调了知识的自主学习要走向创新创造为主导的自主学习。这种新型自主学习不仅要求学习者在学习目标、学习内容、学习工具、学习资源的选择上更加灵活和科学,还在学习路径的探究、保持学习毅力方面遵循信息社会的学习规律,在碎片化学习等学习方式中构建牢固的系统知识结构,打造坚实的基础,同时科学运用自我激励和反思,不断进行自我校正和优化,从而全方位体现出智慧、创新、开放、科学等特点。

在当下经济全球化、生产方式智能化的社会发展趋势下,世界经济、社会发展秩序正在经历信息时代的深刻变革和重构重组,学习者可以获得几乎无限的学习资源,每个个体都有着无限可能的发展方向,因此,智慧学习让学习者真正成为知识的创造者,而不是搬运工。

(二)智慧学习环境

当今的中小学生是真正意义上的"数字原住民"(digital native),也被称为"划一代",他们对于数字技术、设备有着天生的亲和力,在他们的认知中,手机本来就是划动操作的,每个地方都应该是有网络信号的,扫码支付也是理所应当的,相比于老一辈的"数字移民",孩子们更容易接受数字化的学习环境和工具。

我们在这里探讨的环境指的是教学或学习环境,传统课堂,也就是具有现代意义的学习环境是在夸美纽斯提出"班级授课制"后出现的。我国的教育信息化进程及"宽带中国"等信息化发展战略极大地促进了信息化基础设施的建设水平,"三通两平台"工程确保我国几乎所有的中小学生都能够接触到信息化的教学环境,这为智慧学习环境的升级打下了良好的基础。

一般认为,智慧学习环境是一种能感知学习情境、识别学习者特征、提供合适的学习资源与便利的互动工具、自动记录学习过程和评测学习成果,以促进学习者有效学习的学习场所或活动空间。智慧学习环境是普通数字化学习环境的高端形态,是教育技术发展的必然结果。表 8-1 归纳了普通数字学习环境和智慧学习环境的主要区别。

表 8-1 普通数字学习环境和智慧学习环境的主要区别

项目	普通数字学习环境	智慧学习环境
学习资源	(1)倡导资源富媒化; (2)在线访问成为主流; (3)用户选择资源	(1)鼓励资源独立于设备; (2)无缝链接或自动同步成为时尚; (3)按需推送资源

续表

项目	普通数字学习环境	智慧学习环境
学习工具	(1)通用性工具,工具系统化; (2)学习者判断技术环境; (3)学习者判断学习情境	(1)专门化工具,工具微型化; (2)自动感知技术环境; (3)学习情境被自动识别
学习社群	(1)虚拟社区,侧重在线交流; (2)自我选取圈子; (3)受制于信息技能	(1)结合移动互联的现实社区,可随时随地交流; (2)自动匹配圈子; (3)依赖于媒介素养
教学社群	(1)难以形成社群,高度依赖经验; (2)地域性社群成为可能	(1)自动形成社群,高度关注用户体验; (2)跨域性社群成为时尚
学习方式	(1)侧重个体认知建构; (2)侧重低阶认知目标; (3)统一评价要求; (4)兴趣成为学习方式差异的关键	(1)突出群体协同知识建构; (2)关注高阶认知目标; (3)多样化的评价要求; (4)思维成为学习方式差异的关键
教学方式	(1)重视资源设计,重视讲解; (2)基于学习者行为的终结性评价学习结果; (3)学习行为观察	(1)重视活动设计,重视引导; (2)基于学习者认知特点的适应性评价学习结果; (3)学习活动干预

结合信息技术的发展,智慧学习环境主要包括以下特征:

(1)智慧学习环境应实现物理环境与虚拟环境的融合。在智慧环境中,对物理环境的感知、监控和调节功能进一步增强,增强现实等技术的应用使虚拟环境与物理环境无缝融合。

(2)智慧学习环境应更好地提供适应学习者个性特征的学习支持和服务。智慧学习环境强调对学习者学习的过程记录、个性评估、效果评价和内容推送;根据学习者模型,对其自主学习能力的培养起到计划、监控和评价作用。

(3)智慧学习环境既支持校内学习也支持校外学习,既支持正式学习也支持非正式学习。这里的学习并非只是校内的学习者,也包括在工作中有学习需求的所有人。

智慧学习环境的构成在学界有不同的看法,从国外的四要素说、六要素说,以及国内的学习生态说等,我国学者黄荣怀在结合各学说的基础上,归纳了智慧学习环境的构成因素包括资源、工具、学习社群、教学社群、学习方式、教学方式六个方面,这些因素之间的互相关联和作用让智慧学习环境促进学习者更轻松、投入、有效地学习。

在技术层面,智慧学习环境也有了更为突出的特点,具体包括:

(1)记录学习过程。智慧学习环境能够通过动作捕捉、情感计算、眼动跟踪等感知并记录学习者在知识获取、课堂互动、小组协作等各方面的情况,追踪学习过程,分析学习结果,建立学习者模型,这些多模态的数据记录,为教育决策者能够更加便捷、全面、科学地评价学生提供了数据支持。

(2)识别学习情境。智慧学习环境能够识别学习者所处的学习情境,如学习地点、活动类型、学习时间等,根据学习者模型和学习情境为学习者提供个性化的学习资源和工具,以促进有效学习的发生。进一步,当下已经发展出了自适应学习环境适配技术,在大数据和高效计算的支持下,智慧学习环境已经可以根据学习者所处的物理空间结合线上虚拟资源构建合适的学习情境,为泛在高效学习提供了支持。

(3)感知物理环境。智慧学习环境能够通过各种传感器技术监控学习者所处的物理环境,包括空气、温度、光线、气味等物理环境因素,从而提供合适的学习情境以及为学习者提供舒适的学习环境。

(4)连接学习社群。智慧学习环境能够为具有相同学习情境的学习者建立学习社群,在该社群中由于学习者具有高度的相似性,因此更有效地促进学习交流,为学习者之间形成高效联通机制和交流支持,同时在云计算、虚拟化技术的支持下,现在学习社群的建立又具有了更高的灵活性和沉浸感,进一步提高了学习效率。

(5)促进轻松的、投入的和有效的学习。智慧学习环境的目标是为学习创建可过程记录的、可情境识别的、可环境感知的、可社群联接的条件,促进学习者轻松、投入和有效的学习。

以上五个技术特征被总结为智慧学习环境的 TRACE³ 模型,如图 8-1 所示。

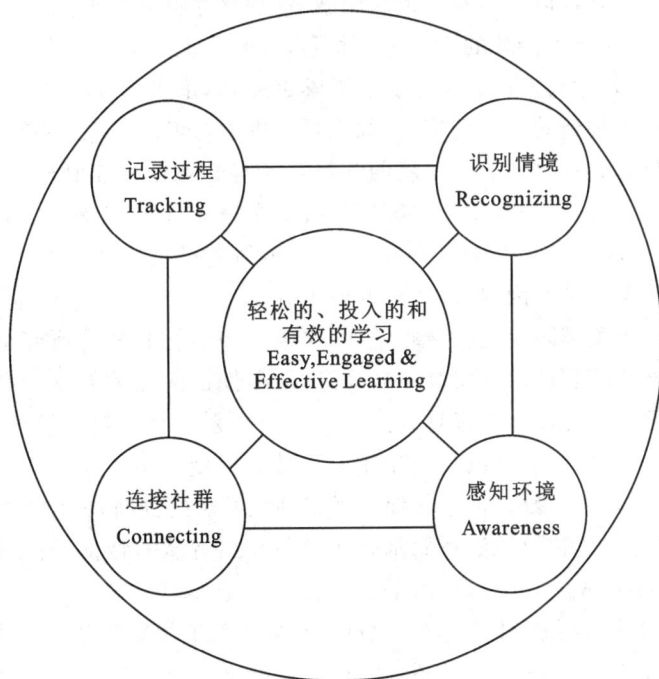

图 8-1 智慧学习环境 TRACE³ 模型

(三)智慧教学

尽管我国的信息化基础设施建设取得了令人瞩目的成就,但智慧教育的配套软件与新时代学习者的需求还有着较大的差距,学习者渴望通过各种新颖的学习方式,从不同的途径获取各种知识。在教育信息化发展的初期,人们对于信息技术的认识更多是基于纯粹的技术应用和效果呈现,在进行教学活动时制作的幻灯片、多媒体课件大部分是传统教学资料的复制版本,没有根据媒体的特点进行适当的优化。举例来说,在幻灯机教学时代,会有教师将板书照搬到幻灯片上,通过幻灯片的播放来实现板书的切换,在一定程度上节省了教师重复性的工作;在多媒体教学时代,有教师将书本上的概念、定义相关的大篇幅文字照搬到课件,教学方法只是从对着书本念换成了对着课件念,本质上还是照本宣科,无法体现出多媒体优势。造成这种现象的原因主要在于部分教育工作者对于信息化教育的理解不够深入,对技术的应用停留于表面,没有认识到信息化教学活动的灵活性、科学性,这样的信息化教学是僵硬的、死板的。

纵观教学模式的演进历史,我们经历了传统课堂面对面教学到信息技术支持的"Web1.0"面对面教学、"Web2.0+数字工具"的面对面教学、"Web2.0"时代的在线教学、混合式教学,以及"互联网+"概念领导下的教学变革,人们对于信息时代智慧教育教学的认识越来越深刻,越来越多的教学工作者开始思考在不同的技术环境下教学模式、方法的选择策略,不仅要保证传统面对面教学的优势,还要结合信息技术、智能技术促进学生创新能力培养,构建规格多样、路径多样、评价多样的教学生态。

在以上新技术和教学模式的支持下,教师教学与学生学习都会发生革命性的变化,如教学模式倾向于任意时间(anytime)、任意地点(anywhere)、任意方式(anyway)、任意步调(anypace)的4A模式,即使是从字面上理解,也能看出这种模式能够最大化地让学生的多样性和个体差异性得到充分体现,"以人为本""因材施教"的理念才得以实现。

同时,学生学习也突破了传统的学校正式学习,走向了正式学习和非正式学习的融合。从内涵上来看,正式学习是学校控制教学目标和教学进度,非正式学习是学习者自己控制学习目标和学习进度。面对这种新的学习者特征,如果再考虑学习者的意愿,那么我们对教学活动的设计就需要更加细化和有针对性。学习者的学习意愿与学习目标控制构成了四种特征,一是学生容易偏离规定的目标,二是学生能够按照学校要求完成目标,三是学生能够完成他需要的学习,四是学生容易偏离他自定的学习目标,面对这四种特征的学生,教学活动的实施者要能够分辨并进一步分析深层次原因,提出适当的解决方案。

智慧教学的另一个关键因素是智慧教学法,这也是当前智慧教育研究框架中重点提及的内容。信息化教学方法随着技术的发展不断演进,从早期的多媒体教学,到线上教学、混合式教学、智能教学,教学活动的设计越来越智能化、人性化、系统化。教育信息化进程中,面向教师视角,整合技术的学科教学知识(TPACK)受到了广泛的肯定,在这一框架中,教学法(pedagogy)是教与学的核心,教育信息化促进了多种教学法的创新,如计算思维、混合学习、游戏化教学、体验学习等。智慧教学法在此基础上要凸显出智慧的特征,对于教学活动的设计、教学情境的构建、教学资源的开发都提出了更高层级的要求。

那么,真正的智慧教学法是什么呢?一般认为,新时代的智慧教学法至少应体现"精准、个性、优化、协同、思维、创造"中的某个或某些特征。从教学者角度来看,根据教学形态的不同,以教师为中心的授导型教学可以结合模拟学习、协作学习、案例学习等方法,引导课堂教学向问题化学习、项目学习等研创性学习方法转变。

翻转课堂作为教育信息化时代标志性的创新课堂形式,得到了世界各国教育研究者的广泛关注。一般的翻转课堂会包括自主探究、案例学习、协作学习等各种学习方法,解决的问题是让教师充分了解学生的学习状态,并能够有针对性地进行指导。但是从智慧教学的角度来看,这种翻转并未对学生的个性化、创造性学习产生较大的助益。因此,有研究者在翻转课堂的形式上引入了基于问题的学习或基于项目的学习,让学生不仅进行了问题的自主思考,还能够基于教师提出的问题进行协作或主动探究,进而促进翻转课堂的智慧化,以此类推,还有更多的传统教学法可以在智慧教育的引领下有所创新。

从学习者的角度来看,为体现"精准、个性、优化、协同、思维、创造"这些特性,结合不同规模的学习群体,学界提出四层智慧学法:面向班级的差异化教学、面向小组的合作研创型学习、面向个人的自主适性学习、面向全体的互动生成性学习。班级差异化教学主要是让学习者掌握基础知识与核心技能;小组合作研创型学习主要是培养学习者的综合应用能力;个人自主适性学习主要是根据个人偏好与发展需要,自主选择学习资源;群体互动生成性学习是在网络上通过互动、广泛联通生成学习,实现知识在网络个体与连接网络间的循环发展。

面向学习者的智慧学法并不互斥,学习者可以根据学习环境、学习任务、学习群体规模自由搭配。以创客教育为例,基于"从做中创造"这一核心理念,创客教育天生具有"个性、创新"这些特性,而且在创客活动过程中既可以自主探究,也可以协同开发,面对创客个体,教学者需要更加注重基础知识的讲解,面对合作,教学者要教会创客如何与他人有效沟通。

【课外阅读】

教育创客空间,最初是由家庭改造车库发展而来,逐步演化成为智能化、平台化、集成式的个体创造性思维交流与创新实践表达的场所,尤其是在互联网技术、移动通信技术、开源编程社区、创新创业文化的影响下,强调学生应该"成为事务的创造者,而不仅是事务的消费者"。如今,各种科技节、机器人竞赛、博览会让学生能够参与到具体的创客事务中,体验创造和技术带来的成就感和乐趣,并产生了更加积极的学习态度。

(四)智慧评价

教育评价一直是教育领域的重要研究方向,无论是教育技术学最初的 AECT94 定义,亦或是现在的教育大数据、智慧教育时代,评价作为教育教学的重要环节,是教育改革、教学改进的重要依据。传统的教育评价经过了测量时代、描述时代、价值判断时代和意义建构时代,各阶段的代表性研究包括:桑代克(Thorndike)发表的《心理与社会测量导论》,它标志着教育测量时代的正式来临;泰勒于 1930 年首次提出以教育目标为指导的评价理论,并首次提出了教育评价(education evaluation)这一概念;其后布卢姆提出了教育目标分类理论,并根据分类学思想,将教育目标分为认知领域、情感领域和动作技能领域;比贝首次提出"价值判断"才是教育本质的观点,这一思想迅速风靡全球教育界,他将教育评价定义为"系统地收集信息和解释证据的过程,在此基础上做出价值判断,目的在于行动",并依此确定了教育评价的第三时代——"价值判断时代";20 世纪 80 年代,库巴和林肯提出了"第四代教育评价"这一概念,他们认为评价就是对被评事物赋予价值,本质上是一种心理建构,因此第四代教育评价也被称为"心理建构时代"。

相比于传统教育评价的哲学基础,如今信息时代的教育评价充分体现出了"数据"的重要性,人们为追求更加客观的评价结果,对学习者的学习过程进行全方位的记录和追踪,评价形式也从传统的总结性评价、形成性评价向过程性评价倾斜,如基于学习档案袋的评价等。

智慧评价要体现出基于数据证据的六大特征,即主体多元化、内容多维化、方式多样化、形式个性化、监测全程化、结果可视化。评价的主体不仅有教师和学生,还有学伴、智能环境等;评价的内容不仅关注学习的过程表现和学业成绩,真实情景中的迁移应用也同样重要,尤其是当今逐步重视核心素养的情况下,在生活中运用知识和技能来解决实际问题被认为是一项重要的评价指标;评价方式除了教师点评外,还应包括学生自评、小组互评、展示评论等方式;评价形式不再限于纸笔测验,同时还要重视个人发展数据档案袋、绩效评估结果。

要做到以上这些智慧评价的方方面面需要不断追踪、记录、获取学生、教师、环境的各项数据,在这些数据的支持下,通过数据挖掘、学习分析等技术和方法突出学生的学习模式,最后以可视化手段(数据报表、仪表盘等)进行呈现。这些工作中的每一个环节都需要信息技术、智能技术的大力支持,如智慧教学环境的数据自动采集技术、高度自动化的阅卷系统、人工智能组卷系统、学习者认知追踪技术等,均在智慧评价中扮演了重要角色。

智慧评价的关键是要能够对学生进行准确、快速的特征建模(学习者画像),该模型包括了过程模式和能力结构。过程模式有学习投入、学习偏好、行为印记、情绪波动、认知顺序等;能力结构包括学习能力、3R(Reading, wRite, algoRithm)基本能力、7C(critical thinking, creativity, collaboration, cross-culture, communication, computing, career)高阶能力,3R 与7C 刚好是 21 世纪学习能力框架的主要内容。至此,智慧评价与 21 世纪人才培养要求刚好契合,根据这些评价要求,智慧评价绝不仅仅是一个简单的分数就可以作为最终结果的,往往需要一个结构化的评价报表或报告单。教育评价的理论支撑着各种评价活动,各种评价方法相互联系,相互渗透,对教学的各方面展开了全面的评价,促进了教与学的发展。

(五)智慧资源

智慧资源是指以培养具有 21 世纪生存技能的智慧创造者为目的,支持智慧学习和智慧教学活动的有效开展,具有泛在性、情境感知性、联通性、进化性、多维交互性和个性化智能推送等核心特征的新型数字化学习资源。

在某种程度上,我们可以将智慧资源视为学习资源的升级版,从使用的角度来说,智慧资源与学习资源都是为促进教学工作绩效而专门设计或者能被用于为教育目的服务的各种资源。但是,智慧资源应为智慧化的教学和学习提供必需的支撑,弥合正式学习和非正式学习,满足学习者智慧化的发展需求,学习者可以不受时空的限制,获得符合个性需求的学习资源,走出封闭、僵化的教室,自由徜徉在情境化和社会化的真实环境中,实现个性化学习、共同体学习、探究式学习、基于问题的学习和工作场所中的学习。根据该定义,智慧资源应具有如下七大核心特征:

(1)语义聚合与联通性。与 Web2.0 理念下传统数字资源的协同建设及机械化地导入导出的管理方式不同,智慧资源所采用的语义网络技术和本体技术能实现资源的智能化组织、汇聚、联通和管理。

(2)深层开放与共享性。以发展学习者智慧为根本目的的智慧教育需要全方位开放共享资源的支持。智慧资源的深层开放和共享性表现在四个方面:①资源(库)的建设和开发遵循统一的建设标准,实现最大规模的开放和共享;②资源的建设和共享达到跨地区、跨省市、跨国甚至是全球领域的规模,实现资源的深层整合与共享应用;③资源的使用者由单纯的"消费者"转变为"产消者",其产品是可供开放和共享的优良资源;④在保留资源原作者版权的基础上,任何具有权限的人能够获取、使用、修改和共享资源,促进资源的持续进化。

(3)进化与再生性。智慧教育环境是一个复杂的、开放的和动态的生态系统,而智慧资源是该生态系统的关键物种之一,具有"有机体"的核心特质,即生存、发展、繁衍、进化,遵循优胜劣汰的自然法则。智慧资源能够智能地添加语义描述和标注,以用户的需求为根本动力,以外部资源、用户消费资源过程中的生成信息和根据语义相关度自动汇聚而成的主题资源圈为养料,实现进化和再生。

(4)多终端自适应性。智慧资源可以从以下四个方面"智慧"地自动识别各种终端设备,并做出相应调整:①自动识别智能终端性能并相应地调整内容;②根据终端的运算能力与操作的便捷性,适应性地呈现学习活动,实现交互学习的自适应;③根据网络状况,自动连接服务器获得反馈,或在本地数据库中获取满足需求的资源信息;④对地理位置的自适应,发现周边学习者,满足实时交流互动的需求。

(5)海量与泛在性。随着云计算、物联网、情境感知、大数据等新一代信息技术飞速发展及在教育中的广泛应用,智慧资源呈现出海量化、泛在化的特性。人们在生活、学习和工作的过程中会产生大量的信息,并且被各种传感器和物联网便捷地获取,通过网络将这些信息上传到云端进行分析处理、语义关联和存储。资源需求者可以在任何时间与地点通过智能手机、平板电脑等智能终端获取所需资源。

(6)个性化智能推送。在智慧教育环境中,正式学习和非正式学习的界限逐渐模糊。无论是发生在教室、博物馆、海洋馆等室内场所的学习,还是发生在车站、交通工具及田野等室外场所的学习,都可以利用 GPS、RFID 等情境感知技术和传感技术,智慧感知学习者的个性化学习偏好、认知特征、学习风格及所处的物理位置、周围环境,智能分析学习者潜在需要的信息和资源,并进行个性化推送。智慧资源的个性化推送特征能够满足学习者的个性化需求,实现多样化、差异化的学习方式。

(7)多维交互与人机合一性。随着可穿戴设备的智能化、微型化发展,人与资源之间不再是通过简单的听觉、视觉和触觉通道进行交互,而是通过语音、动作、神态与媒体、系统和资源进行更加自然、轻松、健康地交互。交互不再局限于工具有限的功能,而是由人完全能动地主导工具,交互自然而然地发生,实现人机合一。资源之间的交互突破了以往发生在简单、静态的独立系统之内的局限,改变了资源和知识之间的简单树形上下位关系,形成了语义关联和网络联通的动态交互关系。

结合教学资源的定义和智慧资源的特点,我们不难设想未来智慧资源的广阔应用前景。在这个信息爆炸、数据爆炸的时代,能够结合学习者特征分析、学习环境分析、学习情境分析,进行资源的智能适配和推送,必定能够更有力地支持各种教学活动与学生发展。

第二节 人工智能与智慧教育应用

一、人工智能的概念

人工智能(artificial intelligence)是计算机科学的一个分支,它是研究、开发用于模拟、延伸和扩展人的智能的理论、方法、技术及应用系统的一门新的技术科学。该领域与机器学习有所重合,这一概念最早是在 1956 年达特茅斯学会上提出的。在那以后,众多相关的理论和原理快速发展,逐渐对其他学科产生影响。

在 1959 年,亚瑟·塞缪尔在 IBM701 计算机上编写了西洋跳棋程序,该程序战胜了当时的西洋跳棋大师,塞缪尔通过让计算机遍历所有可能的跳法,寻找出了最佳路径,取得了胜利,这是人工智能最早与人类互动的活动。此后直到 1973 年,人工智能的研究在各领域都有所建树,但也就是在这一年,英国数学家莱特希尔(Lighthill)经过三个月的调研,发表了莱特希尔报告,该报告表明,人工智能研究自动化和计算机模拟神经和心理具有一定的研究价值,但其对机器人和自然语言处理等领域提出了严重质疑,也就是说,当时的研究者们发现,即使是让程序对这个世界的认知达到儿童的水平也是十分艰难的,因为没有人能够做出足够大的数据库,也没有人知道如何让一个程序去进行学习,这也拉开了人工智能寒冬的序幕。大量研究表明,人工智能确实还有很长的路要走,模拟人类视觉就需要极大的算力,同时也缺乏大量的常识数据作为支撑,因此在当时看来,人工智能确实是一个遥不可及的梦想。

1980 年后,经历了人工智能寒冬的神经网络有了新的进展,英国科学家霍普菲尔德(Hopfield)发现了具有学习能力的神经网络,该网络在图像识别、语音识别等领域得到大量应用,并取得了较好的效果。1989 年,乐昆使用卷积神经网络技术实现了人工智能手写识别。1997 年,人工智能"深蓝"在国际象棋上击败了人类世界冠军卡斯帕罗夫,虽说大师被击败了,但"深蓝"的机制仍然是遍历所有路径选择最优的思想,可以说其依赖的是计算速度和大量的算力。现在,人工智能已经发展到了深度学习,基于深度学习算法的 Alpha Go 在围棋上也击败了人类顶级棋手,并且其机制不再依赖于大量的算力,而是基于对众多棋谱的归纳,这意味着计算机真正开始了学习。人们认识到神经网络的强大之处后,开始在这一方面投入大量的研究力量,在人工智能的发展历程中,神经网络也经历了几次重要的发展和创新。

自从 20 世纪 40 年代人工神经网络(artificial neural network,ANN)被提出后,在大规模并行处理和自组织学习方面取得了较好的效果。该技术参考了神经元的特征,人工神经网络由大量简单的基本元件神经元互相连接形成一个自适应的非线性动态系统,大量简单神经元组成的神经网络却具有极高的系统行为复杂性,它在结构和原理上更接近人脑,不需要像传统的计算机原理那样进行线性计算,而是通过总结规律得出结果。

除了人工神经网络,卷积神经网络(convolutional neural networks,CNN)等算法也在人工智能领域产生了较大影响。卷积神经网络与一般神经网络有一些不同,它是一类包含卷积计算且有深度结构的前馈神经网络,该网络仿照生物视觉机制构建,可以进行监督或非监督学习。在卷积神经网络的技术上,人们又提出了时间延迟网络(time delay neural network,TDNN)和 LeNet-5 等神经网络,在各领域展开研究。

在教育领域,尤其是在深度知识追踪(deep knowledge tracing)等领域,神经网络的思想体现出了巨大的潜力,学生的学习过程十分复杂,基于循环神经网络(recurrent neural network,RNN)及其衍生长短期记忆神经网络(long short-term memory,LSTM)的相关技术也被用于学生学习分析,在数据量越来越多的情况下,经过大量数据集训练过的神经网络在学生特征识别或表现预测方面有时比大数据挖掘的效果更出色。

因此,人工智能在当今的各行各业均占据了举足轻重的地位,我国也关注到了这一点,2022 年 7 月 29 日,科技部、教育部等六部门发文统筹推进人工智能场景创新,强调以促进人工智能与实体经济深度融合为主线,以推动场景资源开放、提升场景创新能力为方向,强化主体培育,加大应用示范,创新体制机制,完善场景生态,加速人工智能技术攻关、产品开发和产业培育,探索人工智能发展新模式、新路径,以人工智能高水平应用促进经济高质量发展。

【课外阅读】

人工神经网络是 20 世纪 80 年代以来人工智能领域兴起的研究热点。它从信息处理角度对人脑神经元网络进行抽象,建立某种简单模型,按不同的连接方式组成不同的网络。在工程与学术界也常直接简称为神经网络(neural network)或类神经网络。神经网络是一种运算模型,由大量的节点(或称神经元)之间相互连接构成。每个节点代表一种特定的输出函数,称为激励函数(activation function)。每两个节点间的连接都代表一个对于通过该连接信号的加权值,称之为权重,这相当于人工神经网络的记忆。网络的输出则依网络的连接方式、权重值和激励函数的不同而不同。而网络自身通常都是对自然界某种算法或者函数的逼近,也可能是对一种逻辑策略的表达。

M. Delgado Calvo-Flores 通过 Moodle 平台进行学习时的学习日志分析,他的研究采用人工神经网络算法预测学生的分数。由于网络平台记录的数据种类是一定的,关键在于选取哪些数据可以更有效地对学生的分数进行预测,在这一平台中,数据种类包括学生的 IP 地址、开始学习的日期、基础信息、学习行为(浏览资源、课程、上传、讨论等)、最终分数等,进行筛选之后,保留了姓名、注册次数、考试次数、分数、进入系统的总次数、浏览资源的次数、浏览率、访问不同资源的数量、每种资源访问的百分比、每年按月分段的访问次数以及每月的分隔访问比,将这些数据采用 K-means 和 ANN 等算法进行计算和比较后,对这种基于交互数据的学生分数预测达到了 80% 的准确率。

二、人工智能支持智慧教育的内涵

智慧教育的实现除了需借助人工智能的技术与思想,还应获得包括脑科学、学习科学等领域的强力支持。在诸多学科的交融下,智慧教育又得到了再一次的发展,具备了深度学习这一内涵。

在人工智能的语境下,深度学习指的是一种新的算法,它通过模拟人类神经网络,构建具有多隐含层的机器学习模型和海量的训练数据,让机器自动学习有用的特征,从而提升分类或预测的准确性。在语音识别、图像理解、自然语言处理等领域,采用深度学习算法之后,其准确性都得到了极大的提升。正是这种算法模型的突破,让机器拥有了类似人类的智慧,引发了新一代人工智能的崛起。巧合的是,深度学习既是决定人工智能兴衰的关键所在,也是决定未来教育成败的关键所在。人类要想从人工智能时代的职场中胜出,就必须从强调记忆和练习的传统学习中脱离出来。学习绝不能停留于知识的表面理解和重复记忆,学生要在已有知识的基础上,将所学新知与原有知识建立联系,获取对知识的深层次理解,建立一套自己的思维框架,并有效迁移到其他的问题情境中。

深度学习包括五个环节:一是还原知识的丰富情境,知识从哪里来,深度学习的起点就应该从哪里开始;二是面向实践的学习活动,鼓励学生用所学知识解决实际问题,以任务驱动的方式组织学习,提供接近专家及其工作过程的机会;三是用不同视角透视学习,提供社会化软件及其他认知工具来支持学习,允许共同体成员拥有不同的角色和身份,鼓励提出不同观点,让学生在对话和互动中建构知识;四是提供成果展示及表达的机会,促使思维清晰化,引导学生进行反思,实现对知识的深度理解;五是建立更加立体的评价,把关注点从教师的教转向学生的学,强调学生在学习活动中的参与程度、积极性以及突破原有框架的创造力,利用学习分析、课堂观察等技术手段,为不同的学生制定不同的标准,让每一位学生都有出彩的机会。

三、人工智能教育应用

人工智能对教育的影响正在不断加强,而且还将继续深化。近年来,国内外相关研究有一个热门词汇"赋能",即让某个对象具备什么能力,讨论最多的就是人工智能赋能智慧教育。这一说法有着明确的理论支撑,因为人工智能本身就是通过模拟、拓展、增强乃至重构人类能力,提供超越人类固有局限的问题解决方案。因此,人工智能的教育应用场景不仅为教育教学带来了深刻的变革,还有效地促进了教育理论与实践的发展。目前人工智能的教育应用场景主要有以下几种:

(一) 基于人工智能的智慧教师

鉴于人类世界的信息呈现出增速加快、体量增大、结构复杂的特点,若要帮助教师更好地理解和适应这种变化,有关人士可以借助外部智能设备,从数据计算、模式认知、特征感知和社会交互四个层面对教师进行认知增强,进而打造出"人工智能＋教师"的智慧之师。针对乡村教师的这些需求,基于人工智能技术的应用和思想为我们提供了全新的思路。

在辅助教学领域,早在 20 世纪学界就展开了多项关于人工智能导师等方向的研究,发展至今日,一些研究成果已经可以胜任部分教师的工作,尤其是在知识授导、媒体呈现和兴趣激发方面具有显著效果。当下教师的工作内容以知识授导为主,大多数为重复性的工作,智能导师应用可以胜任大部分此类任务,不仅可以基于学生数据分析开展自适应学习和教育资源适配推送,更重要的是解放了教师的时间和精力,从而让他们能够有更多的时间从事学习和创造性的工作,以及关注学生个体发展。

(二) 基于人工智能的智慧校园

我国于 2019 年以国家标准的方式正式发布了智慧校园的总体框架(《GB/T 36342—2018》),该文件明确定义了智慧校园是物理空间和信息空间的有机衔接,使任何人、任何时间、任何地点都能便捷地获取资源和服务,并确定了智慧校园应具备的环境、资源、管理、服务等因素。

步入人工智能时代后,人们开始探索以"人工智能服务教育"为指导理念,以"5G＋人工智能技术"为实现基础,以智能虚拟助理、智能学习平台、智能教学场等应用场景为支撑,建设基于人工智能的智慧校园。智慧校园提供了无缝互通的网络通信,能充分感知校园的物理环境,识别学习情境,并有效支持教学、教研和智能决策等,利用校际间、校企间的资源共享,提供开放的学习环境。尤其在安全方面,在教育智能技术加持下打造的智慧平安校园,利用万物互联,集智慧安防与教学为一体,围绕学生的学习生活轨迹,为学生的安全提供高清视频安防及预警服务,对学生的学习活动、校内外生活进行智能分析,提供 360 度全方位、全过程的安全保障服务。

(三) 基于人工智能的智慧学伴

在学习过程中,尤其是少儿在发展学习技能时,对于群体活动有着明确的要求,许多技能和心理素质的发展依托于与他人的社交活动。基于这些需求,智慧学伴作为人工智能与学科教育相融合的产物被提出,并在技术的支持下有了新的发展。它可以通过学习者数据建模进行精准测评、辅助学习,从而匹配相适应的教学模式,有针对性地推荐学习资源,以此来辅助学科教学与兴趣拓展学习。同时,还可以结合当下热门的 5G 技术,在万物互联与数据支持的场景下,通过对学习者测评分析的数据运算、认知追踪,精选适配于学习者的教学模式,以激发学习动机与兴趣。高速网络与人工智能相结合,记录学习者各个学科的学习过程,分析个性化知识体系,进行精准教学,有效地提高学习效率。

(四) 基于人工智能的智慧课堂

人工智能技术让课堂教学出现了更加翻天覆地的变化,在授课方式、师生互动、课堂评价、教学情境创建等方面都为学习者提供了前所未有的新体验。尤其是在课堂教学评价方面,智慧课堂以大量课堂教学实录数据源为基础,结合个体检测、人脸识别和骨架提取等人工智能技术,智能获取教师动作行为的统计结果,从而根据注意力分析算法,将捕捉到的行为进行分类,为后续的教育教学诊断与改进提供科学依据,进而创设基于人工智能的智慧课堂。

智慧课堂在智慧教学环境的基础上,结合人工智能技术,可以实时感知当前学习情境的变化,甚至根据教学内容和方法的需要,自动构建适合当前学生学情的教学场景,让课堂情境更真实、学习体验更沉浸,有助于学生产生"我要学""我想去体验""我要参与"的想法,以此激发学生的学习动机与兴趣。

四、人工智能支持智慧教育的应用案例

(一)人工智能助力教师开展个性化教学

作为山东省安丘市第一批人工智能教育应用试点单位,青云学府电教中心在试点工作中,每个学生有专属的平板电脑,以及带有微型摄像头、可以记录书写全过程的碳素笔。因为每个学生的学习情况不同,传统的教学无法捕捉到学生的每一步解题思路,而人工智能会分析每个学生的学习行为及过程,为每个学生出具个性化的学习分析报告。这相当于为一个班 50 个孩子,个性化定制了 50 位教师。因此教师们纷纷反映这种方式有助于把教师从事务性的工作中解放出来,为学生量身定制个性化的学习方案。

除了教学管理,还有作业批改等事务均在人工智能的帮助下得到了解决。在之前的传统教学中,教师每天需要花三四个小时批改作业、统计分数等,现在利用人工智能后,变成了几分钟后即可查看每个学生及全班学生整体的学习报告。人工智能还可以自动生成错题本,提供诊断报告,推送相应练习。老师可以把更多的精力放在课程设计、教研和管理方面,学生漫无目的的做题练习大大减少,强化了有针对性地解决问题的练习,大幅减少了"刷题"量,大大提高了教学效率。

(二)贵阳普及人工智能教育

贵阳市实验小学、贵阳三中、贵阳六中的学生通过开设的人工智能编程、机器学习、人工智能神经网络等公开课学习人工智能相关知识,并在老师指导下开展实践。学生的编程作品不仅能够联结各种感应设备,还能够结合自然语言处理技术与学生进行互动,如"人脸签到机"等,这些作品的完成和展示不仅有效调动起学生的学习热情和好奇心,更是培养学生在不断尝试失败的情况下不怕困难、解决问题的精神,这一系列工作与我国当下提倡的核心素养中自主探究、责任担当、科技素养等完美结合,让学生成为真正的社会需要的人才。

一般人眼中的人工智能教育往往属于"高大上"的科技,人们处于天生对未知事物的畏惧心理,不敢去尝试。普及人工智能教育有助于让这一类高新技术更加"接地气",让技术与学习实际相结合,通过大数据画像、人工智能导游等应用引导人们主动接触、推广人工智能应用,促进整体人群的信息素养发展。

(三)课后服务 AI 智能排课

随着我国教育形式的发展,课后服务、"双减"等政策陆续出台,学校、教师、家长、学生都面临着新的问题,如大部分学校的课后服务能力不足,只能以课堂自习等方式进行托管,导致家

长不愿为课后服务买单,教师抱怨课后服务反而加重了自身负担,学生也没有得到相应的素质能力提升等。

结合各级教育管理部门的经验,教育部开展了课后服务信息化管理工作,旨在利用信息化赋能课后服务质量提升,进一步优化课后服务全流程管理,丰富课后服务内容,强化家校社协同育人,增强课后服务有效性吸引力。在这一行动中,有一项特殊的"人工智能辅助排课"功能,即平台通过任课教师工作时间、学生选课情况、学校教师安排情况、家长接送孩子放学时间等因素进行 AI 自动排课,这种课表可以面向全班,也可以面向学生个人,服务对象从个人到集体不限规模,同时支持人工微调,形成让每一名学生、家长、教师都满意的课后服务排课方案。可以预见,在积累了大量的学校数据后,AI 排课的逻辑将更加科学,面对不同的学校情况也能提出适当的解决方案。

第三节　教育大数据及其应用

一、教育大数据概述

(一) 大数据相关概念

大数据(big data)是规模大到在获取、存储、管理、分析方面大大超出传统数据库软件工具能力范围的数据集合,具有海量的数据规模(volume)、快速的数据流转(velocity)、多样的数据类型(variety)和价值密度低(value)的特征,简称 4V 特征。实际上,学界对于大数据的特征还有 3V、5V 等说法,3V 指高速(velocity)涌现的大量(volume)的多样化(variety)数据,而 5V 是在 4V 的基础上增加了真实性(veracity)这一特征。下面我们分别对这些特征进行解释。

大量:大数据的"大"首先体现在数据量上。在大数据领域,需要处理海量的低密度的非结构化数据,数据价值可能未知,例如 Twitter 数据流、网页或移动应用单击流,以及设备传感器所捕获的数据等。

高速:大数据的"高速"指高速接收乃至处理数据,数据通常直接流入内存而非写入磁盘。在实际应用中,某些联网的智能产品需要实时或近乎实时地运行,要求基于数据实时评估和操作,而大数据只有具备"高速"特性才能满足这些要求。

多样化:可用的数据类型众多。通常来说,传统数据属于结构化数据,能够整齐地纳入关系数据库中。随着大数据的兴起,各种新的非结构化数据类型不断涌现,例如文本、音频和视频等,它们需要经过额外的预处理操作才能真正提供洞察和支持性元数据。

价值密度低:大数据遵循"全面获取"的规则,不会去讨论数据是否有用,可能大量的数据对于关键信息或特征的提取起到的作用微乎其微,但并不会因此就舍去。基于大数据的分析往往能够看到平常看不到的问题,也正是基于这些价值密度低的数据,人们可以合理地运用大数据以低成本创造高价值。

真实性:数据的真实性尤为重要,如今数据作为一种重要资源甚至资本,各大企业创造的价值都源于它们掌握的数据,通过对数据的分析改进产品、不断创新,为支撑这些工作,数据必须要保证真实,否则极有可能将企业、科技的发展引入歧途。

大数据自出现以来,在各行各业都取得了令人瞩目的成果,但是在教育领域,从前受制于技术的发展,用于分析的数据以学生的学业数据为主,实际上并不具备大数据多样化、高速等特征。随着近年物联网、5G 等技术的发展,教育研究者重新开始审视教育大数据的发展与应用。

(二)教育大数据概述

在大数据相关概念和技术的影响下,教育大数据是在教育领域面向特定教育主题的多类型、多维度、多形态的数据集合,也是面向教育全过程的数据,通过数据挖掘和学习分析支持教育决策和个性化学习。

目前结合教育大数据的研究还存在一定的争议,随着人工智能、大数据、云计算等技术与教育行业的深度融合,大多数研究是从正面探讨如何应用以及应用后可能带来的种种好处,人们一般也多持正面、积极、乐观的态度,认为大数据时代给教育带来了美好的前景和无限的潜力,在情感计算等技术的普及后,甚至有学者提出"一切皆可量化"的口号,试图将一切与教育教学相关的内容进行数字化后分析。这种思想较为激进,甚至有将生物学意义上的人看成数据意义上的人的趋势,这是有一定的危险的。在教育信息化进程中,人们就曾经试图用信息技术取代传统教育的方方面面,事实证明这种思路还不可行,教育是涉及人的认知发展、思辨、情感交流等多方面的思维活动,至少在目前,还无法通过信息技术完全解析。因此,我们要正确对待大数据和教育大数据的火热现状,一方面要利用好技术服务于教育教学,另一方面又要深刻地认识到大数据教育应用本有的和应有的各种"限度",才能更加理性和全面地把握大数据之于教育的真实意蕴,助成恰当的教育变革。

二、教育大数据应用

(一)教育数据挖掘

教育大数据的相关研究主要集中在教育数据挖掘,早在 2012 年 10 月,美国教育部发布的题为 *Enhancing Teaching and Learning through Educational Data Mining and Learning Analytics：An Issue Brief*(《通过教育数据挖掘和学习分析技术来提高教与学:问题简述》)的报告中明确指出:大数据在教育中的应用主要依靠教育数据挖掘(educational data mining,简称 EDM)和学习分析(learning analytics,简称 LA)这两个技术的支持。

教育数据挖掘也是近年来较为热门的研究领域,最权威的解释来自国际教育数据挖掘协会的说明:教育数据挖掘实际上就是基于计算机系统的学习系统,交互学习环境,模拟学习环境,现有学校学习系统等采集用户学习行为数据。在心理学和学习科学的理论指导下,利用计算机科学、数据挖掘等领域的知识,发现学生如何学习。

从数据挖掘任务上来说,数据挖掘可以分为聚类、分类、回归、关联规则等方面,一般研究根据挖掘任务的需要选择合适的挖掘方法,聚类和分类技术是最为常用的数据挖掘方法,在学生建模、行为建模等方面具有较好的效果。

传统的聚类方法包括基于划分的方法、基于层次的方法、基于密度的方法、基于网格的方法和基于模型的方法,此外还有布尔矩阵、相关性聚类等方法,但是被应用最多的还是前三者。教育数据挖掘领域的大数据应用集中在以下几个方面:数据的分析与可视化、为教师提供反馈、对学生的建议、预测学生表现、学生建模、发现学生不良行为、学生分组、社交网络分析、开发概念图、课件制作、计划与调度等。

在具体应用方面,数据挖掘技术早已被用于学习的能力评价,常见的如决策树、线性回归、K临近、支持向量机等算法都被投入教育教学评价中,并被开发成了相应的能力或表现评价工具。如学生成绩水平预测,以及检测大规模评估中与学生学术成就相关的因素等就与决策树等算法有着紧密联系。

早在 2014 年,集成了部分数据挖掘算法的分析系统就被开发了出来,该系统设计的主要功能是评估用户如何与资源进行交互以及师生之间如何交互。为了支持持续的能力评估,该系统可以跟踪学生的发展数据,这项研究提供了一个普遍的能力评价框架,为后续的研究打下了基础,但是该方法仅支持从网络获取学生数据,对于课堂教学来说,具有一定的参考性,也仍存在较大限制。

此外,统计分析的方法被大量应用于能力评价中,如采用隐马尔科夫模型的方法尝试基于几个学期的学生成绩数据来预测毕业情况,通过设计课程数据变量,构建概率矩阵,形成预测结果,但是该方法仍然存在一定的主观性,即评价指标在一定程度上依赖于观察者的印象,因此我们还需要结合更客观的指标来评价。

根据文献调查显示,目前教育大数据研究应用最多的方法是分类、聚类、回归与关联规则;在挖掘方法上,使用最多的方法是贝叶斯方法、决策树、基于实例的学习以及隐马尔科夫模型,在挖掘技术上,涉及最多的技术是逻辑回归、线性回归、频率和层次及聚类;挖掘算法被提及最多的是 K-means、期望最大化、J48、朴素贝叶斯,此外,还有部分研究采用了数学统计与描述统计方法。总体来说,这类研究就是用各种方法在数据中找出学生或学习活动的特征,用以改进和促进教学的发展。

需要讨论的是,很多数据挖掘算法对数据量和数据结构具有一定的要求,但是大数据又固有大量、多样性的特征。举例来说,当前我们可以采集和提供的学生数据具有海量、高维度、多模态的大数据特点,但是部分数据挖掘算法有一个参数"时间复杂度",简单来说,该参数代表着该算法在解决问题所需要的时间长短,在进行数据处理时如果数据复杂度过高、数据结构过于复杂,时间复杂度往往会呈指数增长。因此,教育大数据挖掘的算法与技术,需要研究者有深刻的理解和优化手段。

学习分析与教育数据挖掘在很多情况下被共同提起,其应用场景和涉及的技术与概念也有许多相似之处,如分析的对象、技术和方法,但严格来说,二者还是存在一些区别的。徐鹏指出教育数据挖掘是综合运用数学统计、机器学习和数据挖掘的技术和方法,对教育大数据进行处理和分析,通过数据建模,发现学习者学习结果与学习内容、学习资源和教学行为等变量的相关关系,来预测学习者未来的学习趋势;根据美国教育部的定义,学习分析是综合运用信息科学、社会学、计算机科学、心理学和学习科学的理论和方法,通过对广义教育大数据的处理和分析,利用已知模型和方法去解释影响学习者学习的重大问题,评估学习者学习行为,并为学习者提供人为的适应性反馈。

结合文献可以发现,实际上在许多研究中研究者并不会太在意其研究到底属于教育数据挖掘或是学习分析,更重要的是研究的目的是什么,如预测学习者未来发展趋势、对学生的表现或行为进行建模等。

(二)机器学习辅助学业预测

近年来,除了数据挖掘,机器学习相关研究也需要大量数据作为训练支撑,同时结合教育行业,也成为热门研究领域。机器学习是研究如何使用计算机模拟人类学习的过程,机器学习这一概念虽然在近些年才被提出,但追溯其理论起源,可上溯至 17 世纪,如贝叶斯理论和马尔科夫链均已在很久以前就被提出,这些数学理论构成了机器学习的基础。依据研究途径和目标,可以将机器学习划分为四个阶段。

第一阶段是 20 世纪 50 年代到 60 年代中叶,该时期的研究主要集中在调整机器的环境数据改变检测系统的反馈,如最早的教计算机学习国际象棋,就是最初的机器学习案例;第二阶段是随后的十年,到 70 年代中叶,该阶段研究者结合图论和逻辑结构等系统知识,结合各种符号表示机器语言,将人类的知识加入系统里,并取得了一定的成效;后面十年为第三阶段,这一时期的研究者们不断探索不同的学习策略和学习方法,把学习系统与应用结合起来,提出了专家系统,极大地刺激了机器学习的研究和发展,在这之后机器学习方法得到了大量应用;此后一直到现在,是机器学习的最新阶段,现在的机器学习不仅在数学理论、数据科学的研究上取得了巨大进展,还结合了生物学、计算机科学、心理学等多学科共同奠定了机器学习的基础,一些高度集成的机器学习系统被设计出来并投入应用。现在,机器学习的研究分为两类方向:一类是传统机器学习相关研究,主要与学习机制有关;另一类是大数据环境下的机器学习,侧重于从大量的数据中获取有效的、隐藏的知识,该思想与数据挖掘有一定重合。

机器学习代表性的算法有决策树、随机森林、贝叶斯方法等。决策树算法是在已知各种情况发生的概率上,通过构成决策树求期望值大于零的概率,是利用概率分析的一种图解法,一般用于预测工作,代表了对象属性与对象值之间的一种映射关系(见图 8-2)。1979 年,昆兰结合信息熵的概念提出了决策树最早的 ID3 算法的原型,该算法的原理在于通过熵来表示样本划分信息的变化,熵的改变越大,说明该特征效果越好,随后他又提出了 C4.5 算法,该算法选择信息增益率为标准选择特征,解决了"信息增益偏向于选择特征值个数较多的特征"这一问题。昆兰的算法都是基于分类思想的,回归思想也同样适用于决策树,如经典的 CART 算法,该算法使用最小剩余方差来判断数据集的划分情况,误差方差越小,说明划分越合理。这些算法在多年后的今天依旧应用广泛,决策树易于理解和实现,且能够直接体现数据的特点。对于决策树来说,数据的准备要求不高,对分类型和连续性变量均有较好的效果,但是,决策树也存在一些缺点,如对预测的字段有一定要求,针对有时间序列的数据,需要进行预处理,另外在多维数据方面,随着维度的增加,决策出错的可能性就会大大增加。

随机森林由布雷曼提出。随机森林是一个包含多个决策树的分类器,相比于决策树来说更加复杂,从一棵树的概念提升到了多个决策树之间的关联,其优点在于这是一种灵活的算法,大多数情况下会带来比较好的结果,不仅可以用于分类,还可以用于回归任务,相比于决策树,由于通过平均决策树,过拟合的风险性大大降低,在预测结果上,除非超过半数以上的决策树出现错误,否则随机森林的结果一般不会受到太大影响,具有较好的稳定性。随机森林存在的问题在于其计算复杂度较高,因为该算法包含了大量的决策树,另外就是由于其本身的复杂性,时间成本和计算成本会更高。

贝叶斯方法是采用了贝叶斯理论的众多算法的总称,该方法严格上来说是算式统计学的分类方法,利用概率统计知识进行分类。在许多情境中,贝叶斯分类算法可以表现出优秀的性能,且方法简单,准确度高,速度快。比较常见的如朴素贝叶斯算法(Naive Bayes),首先输入往期数据,通过计算每个类别在训练样本中的出现频率及每个特征属性划分对每个类别的条件概率生成分类器,将该分类器用于新数据的运算,此时该分类器会根据新数据输出分类结果。朴素贝叶斯算法需要一定的前提条件,如各属性之间相互独立,否则可能出现分类准确度

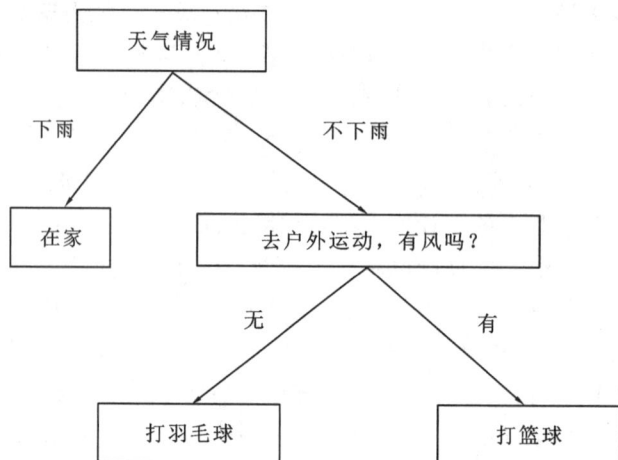

图 8-2　决策树算法示例

较低的情况。对于属性之间存在依赖关系的情况,树增强型朴素贝叶斯算法可以通过发现属性对之间的依赖关系来降低朴素贝叶斯中任意属性之间独立的假设。除了贝叶斯分类方法,该理论还被运用于其他领域,模式识别的贝叶斯分类器、贝叶斯学习。人工智能的贝叶斯决策、贝叶斯推理、贝叶斯网络等,这些均说明该理论在如今数据科学领域产生的重要影响。

【课外阅读】

1.马尔科夫方法

马尔科夫方法是基于马尔科夫模型(Markov model)的一系列统计学研究方法,广泛应用在语音识别、词性自动标注、音字转换、概率文法等各个自然语言处理应用领域。经过长期发展,尤其是在语音识别中的成功应用,使它成为一种通用的统计工具。

例:Amy Craig Reamer 采用马尔科夫方法对小学生的数学能力进行评价,通过记录学生从三年级到八年级的数学表现,以数学分数为指标,预测学生到达八年级时候的数学水平,这里很少见没有采用常用的机器学习方法,而是采用数学统计方法来完成预测,这种采用数学模型参数来对应教学过程中的数据,然后采用已有的数学模型来模拟的研究方法也不在少数,这种研究可以说是结果性的评价,只将学生的成绩作为参考指标,完全以概率来考虑学生成绩的变化情况,从教育学的角度来看,我们应该将学习者作为一个复杂的个体,需要从更多的方面进行考量,这种方法可以作为一种参考,但我们还应当注重学生的情感、动机等非量化因素。

2.决策树方法

决策树(decision tree)是在已知各种情况发生概率的基础上,通过构成决策树来求取净现值的期望值大于等于零的概率,评价项目风险,判断其可行性的决策分析方法,是直观运用概率分析的一种图解法。由于这种决策分支画成图形很像一棵树的枝干,故称决策树。

例:Janice D. Gobert 通过采集学生的在线实验室活动数据,统计了学生参加活动次数、完成实验次数、总的实验次数、模拟暂停次数、模拟参数变更次数等指标,然后采用 C4.5 和 J48 决策树对学生的科学能力进行评价。Srecko Natek 也采用 J48 和 M5P 决策树对大学生的经济学成绩进行预测,采用的指标有学年、年龄、性别、是否工作、测试类型、活动分数、测验分数以及最终分数,先找出与最终成绩相关性较高的几个变量(学年、最终分数、活动分数、测验分数),然后采用这些变量建模,最后用 REPTree、J48 与 M5P 决策树算法对学生的期末成绩进行了预测。

三、教育大数据应用案例

(一)学业预测与评价

学业预测与评价是教育大数据最早投入应用的方向,如今已经有了成熟的研究方法和预测模型,并在我国全面推动义务教育优质均衡发展的背景下,进一步深化教育评价改革,促进学生发展。

宁波慈溪市研发了教育大数据平台,整合原有的综合素质评价和学业水平评价系统,开发了全新的综合素质评价系统。该大数据平台涵盖了从小学到高中全学段数据的采集、存储、处理和应用,评价系统内容包括品德表现、学业水平、运动健康、艺术素养、创新实践等五大维度,并且充分考虑了小学、初中和高中3个学段的有效衔接。

结合大数据评价,学校不仅能够对学业成绩进行评价,还能够结合品德表现进行综合素质评价,利用大数据、云计算技术,评价改革进入"智评"模式,逐步从注重结果转向注重过程。同时,在省、市、县不同层级行政单位,该模式还可以进一步推进精准评价,提高教学效益,提升管理层次。

这种"以评促学"充分运用了大数据平台的优势,可以做到三个"随时",即数据随时采集、评价随时反馈、结果随时共享,由此将评价与日常教学紧密结合起来,引导教师和家长更多地关注学生成长的过程。该评价系统采用教育管理部门、学校、教师、学生、家长的多角色多通道设计,调动了各方共同参与的积极性,同时,简捷高效的操作大大减轻了学校和教师、学生、家长的负担,也提升了教育行政部门的科学分析决策水平。

(二)课堂教学诊断

合肥市蜀山区部分学校及教师通过"课堂e观察平台"对课堂教学行为的收集、筛选、分析和处理,形成报告,指导教师反思教学行为,改进教学策略。

同样的一节课,在传统教师的眼中是一节教师语言简练、教学有条不紊,学生在实际操作中能够体现所学知识和技能的教师主导、学生为主体的好课,但通过大数据诊断分析,在师生互动行为上,学生活动偏多且师生活动交换程度较低,在师生言语互动上,常规提问远高于创新提问。分析报告说明本节课是由教师问题驱动学生回答,学生学习主动性不太理想,探究能力受到限制,并不是一节真正的好课。授课教师也反映"以前不知道自己的课有这么多问题,看到数据报告才发现自己需要改进的地方还有很多"。

还有教师表示"以前知道自己的课有问题,但是问题在哪,概念模糊。听到一些名师授课,觉得人家讲得真好,但好在哪,我也说不清。现在通过同课异构多数据的对比报告,我立刻明白了差距所在"。上海市青浦区博文学校青年教师张佳韵和合肥市蜀山区颐和佳苑小学老教师周先梅就《我是一只小虫子》一课第2课时开展同课异构。大数据平台通过数据呈现、数据分析找出两位老师的相同点与不同点,并根据具体行为进行评价,提出解决对策。例如通过师生语言互动比率分析,两位老师的共同点是学生回答后教师及时追问的频次较高,课堂提问模式均为常规型;不同点是周老师课堂师生语言互动更融洽,师生共情、教师鼓励、梳理总结运用形式丰富,师生有深层次的情感共鸣。

（三）精准教育资助

2021 年 9 月,云南省楚雄彝族自治州的杨浩(化名)独自来到 2000 多公里之外的安徽师范大学,这位大一新生看到床上铺好了卧具,桌上洗漱用品一应俱全,他给奶奶打了个电话:"我在学校一切都好,什么都不缺。"

早在学校给杨浩建档时,就已经将他的家庭情况记录在学校智慧资助大数据平台上了。为了帮助这个从小失去父母关爱、由奶奶拉扯长大的男孩消除异地求学的后顾之忧,该校学生资助管理中心在他报到前就做好了准备:免学费、发放生活补助、报销机票、买齐生活用品等。

能够进行贫困生精准资助,正是利用智慧资助大数据平台,学校第一时间生成与家庭情况相匹配的资助方案。智慧资助大数据平台是学校自主研发的数据抓取和分析系统,能对所有学生进行全方位画像,学生资助管理中心再量身定制"菜单式"资助方案,实现精准识别、资助、育人和评估,绘就贫困学子成长之路。

"同学你好!学校了解到你目前生活存在困难,向你校园卡打入 500 元生活补贴,帮助你缓解压力,希望你能够安心学习。"这是该校 2018 级法学院学生梅林(化名)在端午节前收到的一条短信。

起因是智慧资助大数据平台发出了梅林同学的消费异常预警,该校学生资助管理中心的金捷老师收到提示后,仔细查看了该同学的消费记录:5 月 7 日—6 月 7 日,她的单次最高消费额都不超过 5 元,总消费额也明显低于平均水平。辅导员对接核实后,学生资助管理中心为她提供了"一卡通隐形资助"项目。该平台会跟踪分析困难学生在校消费情况和生活费来源,构建数学模型计算资助需求,实施消费预警和资助预警,实现"一生一策"精准帮扶,资助经费点对点发放,不需第三方证明。

对于老少边穷地区学生,系统定期推送路费和日常生活补助;对于家庭突遭重病或自然灾害的学生,系统及时推送临时困难补助;对于短期内无法缓解家庭困难的学生,系统会提示办理助学贷款,并提示所需材料和办理流程。智慧资助大数据平台默默帮他们克服困难,让他们安心读书。

本 章 小 结

智慧教育是经济全球化、技术变革和知识爆炸的产物,也是教育信息化发展到 2.0 阶段以后的新形态,从智慧教育的内涵可知,新时代高速发展的信息技术为智慧教育提供了支持和保障,教育理论也与时俱进,引导教学活动的正常发展,尤其是人工智能技术和大数据技术,在智慧教育的各方面有着不可取代的重要作用。

本 章 练 习

1. 名词解释:

智慧教育　人工智能　教育大数据　教育数据挖掘。

2. 简述数据挖掘、机器学习、人工智能概念的异同。

3. 大数据在各行业尤其是工业、经济等领域均取得了令人瞩目的成果,你认为教育大数据还有哪些方面可能对教育领域产生较大影响?

4. 现在有一种说法是人工智能会取代教师的位置,你认为这种说法是否合理? 简述你的理由。

参 考 文 献

[1]　顾小清.信息技术与课程整合教程[M].上海:华东师范大学出版社,2008.

[2]　祝智庭.现代教育技术—走进信息化教育[M].北京:高等教育出版社,2001.

[3]　黄荣怀.信息技术与教育[M].北京:北京师范大学出版社,2002.

[4]　雷体南,金林.教育技术学导论[M].武汉:湖北科学技术出版社,2006.1.

[5]　雷体南.现代教育技术教程[M].武汉:华中师范大学出版社,2001.7.

[6]　傅钢善.现代教育技术[M].西安:陕西师范大学出版社,2008.2.

[7]　杨九民.现代教育技术[M].华中师范大学出版社,2005.12.

[8]　张剑平.现代教育技术——理论与应用(第2版)[M].北京:高等教育出版社,2006.6.

[9]　黄河明.现代教育技术[M].北京:高等教育出版社,2004.11.

[10]　王素荣.教育信息化理论与方法[M].北京:社会科学文献出版社,2006.7.

[11]　曾录华.论现代教育技术的发展趋势.希望月报,2007.10.

[12]　孔令旗.云计算对教育影响的探讨[J].焦作师范高等专科学校学报,2011(3).

[13]　贺志强,庄君明.物联网在教育中的应用及发展趋势[J].现代远程教育研究,2011(3).

[14]　教育部办公厅.《中小学教师信息技术应用能力标准(试行)》[S].2014.05.27.

[15]　教育部.《关于实施全国中小学教师信息技术应用能力提升工程的意见》[R].2013.11.19.

[16]　孙雷,周凌波.信息技术人才:两种文化间的成长[M].北京:清华大学出版社,2006.1.

[17]　侯耀先,李建鹏.信息技术条件下学生学习角色和行为的变化[J].安康学院学报,2009.6.

[18]　李清平.试论信息时代大学生学习能力的构成及其影响因素[J].法制与社会,2008.11.

[19]　李颖.解读教师专业化发展的系统结构[J].东北师大学报,2005.6.

[20]　刘芳.论教育技术能力标准与教师专业化发展[J].教育与职业,2007.4.

[21]　成艳萍,邱服斌.信息时代教师角色的重新定位[J].山西医科大学学报(基础医学教育版),2004.2.

[22]　夏宗禄.信息时代对教育与人才培养的要求[J].九江学院学报(哲学社会科学版),2004.4.

[23]　苗露.教育科研促进教师专业化发展实施策略的研究[J].东北师范大学硕士学位论文,2005.5.

[24]　陈列尊,皮修平,陈卫东.提高信息素养与教育技术能力促进教师教育信息化[J].湘潭师范学院学报(自然科学版),2009,3.

[25]　张宏.教学情境创设的基本思路与方法[J].吉林教育,2014,14:22.

[26]　郭绍青,金彦红,黄建军.开放式学习平台中的学习活动及多媒体资源设计[J].中国教育信息化,2010,21:35-38.

[27]　陈作锋.课堂教学活动设计概念的初步构建与分析[J].文教资料,2009,05:125-126.

[28]　李赫,陈晓慧.信息化环境下的教学设计操作模式[J].电化教育研究,2003,11:58-60.

[29] 何克抗.信息技术与课程深层次整合理论[M].北京:北京师范大学出版社,2008.8.

[30] 张升武.关于教学模式的探讨[J].教育研究,1988.5.

[31] 吴也显.课堂教学模式浅谈.教育研究与实验,1988.1.

[32] 柳海民.略论教学过程模式研究的意义.东北师大学报(教育版),1988.4.

[33] 叶澜.新编教育学教程[M].上海:华东师范大学出版社,1993:104.

[34] 李艺,李冬梅.信息技术教学方法:继承与创新[M].北京:高等教育出版社,2003.

[35] 李芒.技术与学习-论信息化学习方式[M].北京:科学出版社,2007.

[36] 余胜泉,张建伟.教育技术理论导读-信息时代的教学与实践[M].北京:高等教育出版社,2001.

[37] 赵居礼,梅创社.信息化教学模式的实践与探索[J].陕西工业职业技术学院学报,2008.9.

[38] 李芒,郑葳.信息化学习方式的历史审视[J].电化教育研究,2006.5.

[39] 李红梅.网络环境下信息技术与阅读教学的整合.课程.教材.教法[J],2004.5.

[40] 余胜泉等.信息技术与课程整合(网络时代的教学模式与方法)[M].上海:上海教育出版社,2005.1.

[41] 赵建华,周秋怡.基于交互式电子白板的课堂教学过程分析[J].中国电化教育,2011,01:92-96.

[42] 吴筱萌.交互式电子白板课堂教学应用研究[J].中国电化教育,2011,03:1-7.

[43] 孔晶,赵建华,刘家亮.交互式电子白板支持探究性学习活动过程分析[J].电化教育研究,2014,12:86-92+120.

[44] 祝智庭,管珏琪,邱慧娴.翻转课堂国内应用实践与反思[J].电化教育研究,2015,06:66-72.

[45] 钟晓流,宋述强,焦丽珍.信息化环境中基于翻转课堂理念的教学设计研究[J].开放教育研究,2013,01:58-64.

[46] 朱宏洁,朱赟.翻转课堂及其有效实施策略刍议[J].电化教育研究,2013,08:79-83.

[47] 董黎明,焦宝聪.基于翻转课堂理念的教学应用模型研究[J].电化教育研究,2014,07:108-113+120.

[48] 刘繁华,于会娟,谭芳.电子书包及其教育应用研究[J].电化教育研究,2013,01:73-76+85.

[49] 祝智庭,郁晓华.电子书包系统及其功能建模[J].电化教育研究,2011,04:24-27+34.

[50] 胡卫星,张婷.电子书包的系统构建与教学应用研究[J].现代教育技术,2011,12:120-123.

[51] 钱冬明,管珏琪,郭玮.电子书包终端技术规范设计研究[J].华东师范大学学报(自然科学版),2012,02:91-98.

[52] 祝智庭,钱冬明,管珏琪,何超.电子书包:从一堂课走向常态化[J].中国教育网络,2014,07:68-69.

[53] 吴国新,吉逸.计算机网络(第2版)[M].北京:高等教育出版社,2008.4.

[54] 石明贵.教育多媒体软件开发.清华大学出版社,2003.8.

[55]   李焕勤,郭峰.多媒体网络教学资源库的开发与应用[J].现代教育技术,2005.15.

[56]   尹睿.区域基础教育信息资源共建共享机制的研究[J].中国电化教育,2007.9.

[57]   徐建中,李有彬.教育资源整合因素分析[J].现代远距离教育,2006.4.

[58]   周跃良.中小学虚拟学习环境设计与应用[M].北京:人民教育出版社,2006.6.

[59]   王慧芳.网络教育技术基础[M].北京:国防工业出版社,2003.9.

[60]   柯清超,马秀芳.基于学习对象的专题学习资源设计[J].中国电化教育,2004.8.

[61]   刘国丽,李玉海,郭淑霞,高敬惠.网络教学平台的设计[J].中国电化教育,2004.5.

[62]   李兆延,傅建,邓英.网络教学平台的设计与实现[J].高等教育研究,2008.9.

[63]   宗思生,胡仁喜,熊慧.FlashCS4 入门与提高实例教程,机械工业出版社,2009.4.

[64]   吴飞,吴兵,申志斌.新一代网络教学平台特征和技术难点的分析与探讨[J].开放教育研究,2008.9.

[65]   余胜泉,何克抗.网络教学平台的体系结构与功能[J].中国电化教育,2001.8.

[66]   李青,刘涛,徐鹏.网络教学平台的可用性测试研究[J].现代教育技术,2009.7.

[67]   林宏伟.中学物理教学互动网络平台的设计与实现[D].山东师范大学,2007.4.

[68]   张志刚.一个网络教学管理系统中的设计和实现[D].华中科技大学,2006.10.

[69]   王秀丽.网络环境下 Moodle 在教学中的应用研究[D].辽宁师范大学,2007.5.

[70]   汪琼,费龙.网上教学支撑平台现状分析[J].电化教育研究,2008.18.

[71]   王志军.多媒体教学软件设计与开发,高等教育出版社,2006.7.

[72]   彭宗勤,孙利娟,徐景波.Flash8 中文版基础与实例教程,电子工业出版社,2008.7.

[73]   袁海东.深入 Authorware7.0 编程.电子工业出版社,2004.3.

[74]   Moodle 中国[EB/OL].http://www.cmoodle.cn.2010-8-28.

[75]   Moodle 官网[EB/OL].http://www.moodle.org/.2010-8-28.

[76]   P.L.史密斯,T.J.雷根.庞维国、屈程译.《教学设计》华东师范大学出版社,2008.7.

[77]   何克抗,郑永柏,谢幼如.教学系统设计.北京大学出版社,2002.10.

[78]   朱仁成.多媒体 CAI 课件制作实用教程(第三版).西安电子科技大学出版社,2009.9.

[79]   张卫平.教学媒体概论[M].昆明:云南大学出版社,2005.7.

[80]   易康,范宁,李光明.多媒体课件设计与制作[M].北京:冶金工业出版社,2003.1.

[81]   吴疆.多媒体课件设计与制作[M].北京:人民邮电出版社,2002.1.

[82]   项国雄,周勤.多媒体课件设计基础[M].北京:高等教育出版社,2000.1.

[83]   丁革建.多媒体素材采集与制作[M].北京:高等教育出版社,2000.7.

[84]   乌美娜.教育电视节目制作[M].北京师范大学出版社,1993.1.

[85]   李宏虹.电视节目制作与非线性编辑[M].中国广播电视出版社,2008.1.

[86]   美 A·F 奥斯本,王明利等译.创造性想象.广州:广东人民出版社,1987:199-216.

[87]   游陆莲.探究中国的春节.信息技术教育,2005.1.

[88]   王国胜.《会声会影 X4-从入门到精通》.北京:中国青年出版社 2011 年 11 月第 1 版.

[89]   孟祥增,刘瑞梅,王广新.微课设计与制作的理论与实践[J].远程教育杂志,2014 年第 6 期.

[90]   张琛.微课的设计与制作[J].中国职业技术教育,2013 年第 35 期.

[91] 单从凯,王丽.微课程的开发与应用[J].中国远程教育.2013年12月.

[92] 刘红霞,赵蔚,陈雷.基于"微课"本体特征的教学行为设计与实践方式[J].现代教育技术.2014年第2期.

[93] 梁乐明,曹俏俏,张宝辉.微课设计模式研究-基于国内外微课程的对比分析[J].开放教育研究.2013年第1期.

[94] 汤才梅,鲍贤清,李娇娇,陈倩.基于CamtasiaStudio的微课程设计与制作[J].软件导刊.教育技术.2014年第5期(下半月).

[95] 郑旭东,饶景阳,贾洋洋."三个课堂"促进义务教育优质均衡发展:演进历史、战略价值、关系解析与概念框架[J].现代教育技术,2021(06):14-22.

[96] 蒋东兴,吴海燕,袁芳."三通两平台"建设内容与实施模式分析[J].中国教育信息化,2014(03):07-10.

[97] 徐雅斌,武装."三通两平台"总体架构研究与设计[J].互联网天地,2015(06):16-21.

[98] 祝智庭,管珏琪."网络学习空间人人通"建设框架[J].中国电化教育,2013(10):01-07.

[99] 吕红军,杜阳阳."网络学习空间人人通"体系的构建与思考[J].现代教育,2016(10):22-23.

[100] 郭炯,黄彬,郑晓俊.《网络学习空间建设与应用指南》解读[J].电化教育研究,2018(08):34-38.

[101] 李易俞,陈金华.国内外智慧校园研究热点、发展趋势与异同比较[J].现代教育技术,2020(03):88-94.

[102] 刘钧,张中梅.基础教育资源公共服务平台探讨[J].教育观察,2022,8(5):43-53.

[103] 陈琳,华璐璐,冯熳,王丽娜.智慧校园的四大智慧及其内涵[J].中国电化教育,2018(02):84-89.

[104] 杨萍,姚宇翔,史贝贝,王运武.智慧校园建设研究综述[J].现代教育技术,2019(01):18-24.

[105] 中央电化教育馆.数字校园综合解决方案2020[M].北京:国家开放大学出版社,2020.

[106] 刘译蓬,基于网络学习空间的初中语文教学模式探究[J].中小学电教,2018(11):46-48.

[107] 周鹏,刘佩,文张丹,王紫琴,吴砥.网络学习空间课堂教学活动建模研究[J].中国电化教育,2019(4):44-51.

[108] 杨滨,汪基德.网络学习空间DPSC教学应用模式构建研究——网络学习空间人人通促进教与学深度变革实践反思之一[J].中国电化教育,2018(5):44-52.

[109] 郝新春,翟红宇.网络学习空间:为学习者搭建个性化学习平台[J].中小学管理,2016(7).

[110] 刘双平,戴心来,刘蕾.基于网络学习空间的翻转课堂教学模式设计研究[J].软件导刊,2018,17(8):75-77.

[111] 网络学习空间建设与应用指南,教育部,2018年4月.

[112] 国务院.关于印发"十四五"数字经济发展规划的通知[EB/OL]. http://www.gov.

cn/zhengce/zhengceku/2022-01/12/content_5667817. htm. 2022-01-12.

[113] Jim Rudd, Chistopher Davia and Patricia Sullivan. Education for a Smarter Planet: The Future of Learning CIO Report on Enabling Technologies [EB/OL]. https://www. redbooks. ibm. com/redpapers/pdfs/redp4564. pdf. 2009-09-04.

[114] 全国十二所重点师范大学联合编写. 教育学基础[M]. 北京:教育科学出版社. 2002.

[115] 黄荣怀,杨俊锋,胡永斌. 从数字学习环境到智慧学习环境——学习环境的变革与趋势[J]. 开放教育研究, 2012, 18(1).

[116] 杨俊锋,施高俊,庄榕霞,等. 5G＋智慧教育:基于智能技术的教育变革[J]. 中国电化教育, 2021(4).

[117] 祝智庭,魏非. 教育信息化2.0:智能教育启程,智慧教育领航[J]. 电化教育研究, 2018, 39(9).

[118] 陈琳,陈耀华,张虹,等. 教育信息化走向智慧教育论[J]. 现代教育技术, 2015, 25(12).

[119] 吴文峻. 面向智慧教育的学习大数据分析技术[J]. 电化教育研究, 2017 (6).

[120] 杨欣. 人工智能立场中的智慧教育:理据、内涵与特征[J]. 现代教育技术, 2021(4):5-12.

[121] 钟绍春. 人工智能如何推动教育革命[J]. 中国电化教育, 2020(3).

[122] 艾兴,赵瑞雪. 未来学校背景下的智慧学习:内涵、特征、要素与生成[J]. 中国电化教育, 2020(6).

[123] 祝智庭,贺斌. 智慧教育:教育信息化的新境界[J]. 电化教育研究, 2012(12).

[124] 曹培杰. 智慧教育:人工智能时代的教育变革[J]. 教育研究, 2018, 39(8).

[125] 邵晓枫,刘文怡. 智慧教育的本质:通过转识成智培育智慧主体[J]. 中国电化教育, 2020(10).

[126] 马小强,施建国,程莉莉,等. 智慧教育的发展及价值取向分析[J]. 中国电化教育, 2017(12).

[127] 钟绍春,唐烨伟,王春晖. 智慧教育的关键问题思考及建议[J]. 中国电化教育, 2018(1).

[128] 顾小清,杜华,彭红超,等. 智慧教育的理论框架、实践路径、发展脉络及未来图景[J]. 华东师范大学学报:教育科学版, 2021, 39(8).

[129] 余胜泉,刘恩睿. 智慧教育转型与变革[J]. 电化教育研究, 2022, 43(1).

[130] 贺斌. 智慧学习:内涵、演进与趋向——学习者的视角[J]. 电化教育研究, 2013, 34(11).

[131] 张永和,肖广德,胡永斌,等. 智慧学习环境中的学习情景识别——让学习环境有效服务学习者[J]. 开放教育研究, 2012, 18(1).

[132] 赵铮,李振,周东岱,钟绍春. 智慧学习空间中学习行为分析及推荐系统研究[J]. 现代教育技术, 2016, 26(01):100-106.

[133] 陈琳,王蔚,李冰冰,杨英. 智慧学习内涵及其智慧学习方式[J]. 中国电化教育, 2016(12):31-37.

[134] 郑亚博,魏海政. 编程思维和人工智能"飞入"寻常课堂[N]. 中国教育报,2019-07-23(3).

[135] 景应忠. 贵阳:普及人工智能教育进行时[N]. 中国教育报,2019-11-09(3).

[136] 王志鹏. 合肥市蜀山区:大数据精准问诊课堂教学[N]. 中国教育报,2019-11-09(3).

[137] 史望颖. "以评促教"构建教育新生态[N]. 中国教育报,2021-01-27(1).

[138] 夜读团队. 大数据助力贫困生成长[N]. 中国青年报,2021-11-09.